英語へのまなざし

斎藤英学塾 10 周年記念論集

Viewing English from Japan:
Essays in Celebration
of the 10th Anniversary
of Saito's School of English Studies

斎藤兆史 監修
北 和丈
城座沙蘭 編
髙橋和子

ひつじ書房

まえがき

　本書は、斎藤英学塾 10 周年を記念して出版する論集である。面白いものに仕上がったとの喜びもさることながら、活動を開始してもう 10 年も経ったのかとの驚きを禁じ得ない。

　塾を開いたのは、至極当たり前の経緯によるものであった。私が駒場に赴任して 3 年後の 1993 年に発足した東京大学大学院総合文化研究科言語情報科学専攻は、講座の区分こそあったものの、専攻全体として 1 つの大講座を構成しているものとし、師弟関係の枠を取り払って全教員が全学生を指導するという理念を奉じていた。事務上の指導教員として、あえて学生とは専門を異にする教員が選ばれることもあった。とはいえ、時が経過し、教員と学生とが学術的な関係性を結ぶようになると、当然ながら専攻の構成員はそれぞれの専門性に応じて分化し、研究会を作るようになった。そして、私の指導学生の中からも研究会のようなものを作りたいとの声が上がった。そこで生まれたのが我が英学塾である。2005 年のことであった。塾の名に冠した「英学」の二文字が意味するものは、明治初期の実学ではなく、英語でEnglish Studies として括られる学問分野の広がりである。英語の運用能力も高く、英文学もきちんと読めて、さらにすぐれた英語教師にもなれる、そんな塾生を育てたいとの思いに、研究会の設立を提案した学生たちが賛同してくれた。以後、今日に至るまでの 10 年間、途中私の勤務部局は駒場の上記研究科から本郷の大学院教育学研究科に変わったものの、月例会を中心とした活動を行なってきた。塾の運営や研究・教育に対する塾生たちの意識もきわめて高く、お互いに切磋琢磨しあう中で人を育て、自らを成長させようとの姿勢には、いつも感心させられている。

　設立当初は思いもよらなかった幸運として、塾の趣旨に賛同してくれた東

大内外の先生方の顧問としての参加が挙げられる。比較的早い時期から言語情報科学専攻・英語部会の山本史郎先生には塾の指導をお願いし、私が2010年にサバティカルを取って海外に滞在していたときには、月例会の運営までお願いした。地域文化研究専攻・英語部会のアルヴィ宮本なほ子先生も有難い学内顧問の一人である。中尾まさみ先生からも折に触れてご支援を頂いている。学外の顧問として、明星大学の笠原順路先生と早稲田大学の森田彰先生も加わってくださった。さらには、私自身が学生時代より、英語を使い、英文学の研究をする上で手本と仰いできた東大名誉教授の山内久明先生が塾の活動に参加してくださっている。私は勝手ながら特別顧問と呼ばせていただいている。また、月例会の講師としてお招きした先生方のうち、東大名誉教授の行方昭夫先生、関東学院大学の奥聡一郎先生（塾ができる以前の私の指導学生でもある）からは、折に触れてご指導・ご支援を頂いている。有難いことである。

　本論集の仕立てとしては、まず第1部として山内先生の巻頭論文に続いて、上記の先生方のご論考、お言葉を収録した。第2部が塾生たちの論文、第3部が創作となっている。一般的に学術的な書籍の中に作品が含まれることはまれだが、私自身は創作も立派な学問業績だと考えている。もっとも、その発表の場はほとんどないので、このような機会に作品を載せる場を設けた。じつのところ、自作を載せたかっただけである。

　その拙文について個人的な思いを記すことをお許しいただきたい。じつは、私は高校3年のときに英語による小説の執筆を思い立ち、途中まで少し書いたものの、そこであきらめた。創作ノートの冒頭に、私自身も忘れていた次のような日本語の文句が記されていた。

　　この英文は僕が高3の時書きはじめたものである。はじめの部分を少し書いただけで、しばらくそのままになっている。入試のせいもあるが、それよりは、むしろ英語を学ぶにつれ、自分の実力の程からして、英語で小説を書こうなどという試みはとてつもないことであることを知

ったためである。しかし、これは不可能なことであるとは思わない。英
文学を勉強すれば僕にはきっとできると思う。

　本書に収めた拙文の書き出しは、そのときの作品の書き出しと同じになっ
ている。小説のテーマ自体は変わってしまったが、書きはじめて 40 年後に
1 つの区切りがついたことを喜んでいる。英学塾 10 周年が私の創作開始 40
周年記念に当たるのも、何かの縁だろうか。

　本論集の編集に当たっては、英学塾一期生の髙橋和子、城座沙蘭、北和丈
の三氏の尽力が大きかった。執筆希望者の募集から査読、校正までじつに丁
寧に編集の作業を行なってくれた。この場を借りて感謝を申し上げたい。ま
た本書の出版を引き受けてくださったひつじ書房の松本功社長と渡邉あゆみ
さんにもお礼申し上げる。

平成 27 年 7 月

斎藤兆史

目　次

まえがき ……………………………………………………………… iii

第 1 部　斎藤英学塾 10 周年記念に寄せて

英語を学ぶ
―母語と異文化のはざまで―

……………………………………………………… 山内久明　3

岡倉天心エピソード註解
―斎藤英学塾創立 10 周年に寄せて―

……………………………………………………… 笠原順路　25

比較と科学
―斎藤英学塾 10 周年によせて―

……………………………………………………… 森田彰　49

斎藤英学塾 10 周年に寄せて

……………………………………………………… 奥聡一郎　53

第 2 部　論文

Revisiting Primary English Education in Japan

………………………………………………………Daichi Ikutani　59

日本の小学校英語教育の課題
―韓国の事例研究を踏まえて―
.... 早瀬沙織　69

新任高校英語教員の授業形成過程
―授業観察・インタビューから―
.... 山田雄司　91

英語力を測る手段としての英文和訳問題
.... 河内紀彦　125

日本の国立大学共通英語教育プログラムについて
―横断的調査―
.... 小泉有紀子　131

「先生、フランス語やって何になるんですか？」
―第二外国語から大学英語教育を考える―
.... 鈴木哲平　149

国会における英語教育政策に関するテーマの変遷
―国会会議録の計量テキスト分析を用いた概観―
.... 青田庄真　165

"Glocalization" of English Language Teaching in Japan:
Establishing Global Principles and Adopting Locally Appropriate
Practices
.... Saran SHIROZA　191

目次　ix

藤村作の英語科廃止論に見られる問題意識
―漢文科廃止論への言及を端緒に―
……………………………………………………………………………… 柾木貴之　213

言語が誘発するサスペンス
―犯罪小説を例に―
…………………………………………………………………… 麻生有珠・林田祐紀　241

情報時代における英語・英文学をめぐる知識作法
……………………………………………………………………………… 井田浩之　269

計算ずくの詩学
―計量的創作文体論とリメリック創作―
………………………………………………………………………………… 北和丈　295

精読の授業における文学的テクストの特徴
―*A Room of One's Own* に対する学習者の関心と反応―
……………………………………………………………………………… 久世恭子　317

「コミュニケーション英語Ⅰ」・「読むことを中心とした活動」と文学教材
―物語文を中心に―
……………………………………………………………………………… 髙橋和子　345

知識構成型ジグソー法を用いた英詩解釈授業の提案
―多層的な英語表現理解を目指す協同学習として―
………………………… 和田あずさ・畑アンナマリア知寿江・ショルティ沙織　377

第 3 部　創作

Prof.

·· Kazutake Kita　413

The Country of Fallen Blossoms

·· Saito Yoshifumi　415

付録 I　斎藤英学塾のあゆみ ·· 420

付録 II　歴代幹事名と任期 ·· 424

執筆者紹介 ·· 425

第1部　斎藤英学塾 10 周年記念に寄せて

「新制大学のなかにあって比較的旧制高校的な教養に近いものを伝授できる場として、（教師を中心とする）研究室、ゼミ、あるいは自主研究会などの小グループがある。教養課程の授業のなかにも演習形式のものはあるから、そのカリキュラムと連続性を持つ、あるいは重なり合うものと考えることができるかもしれない。

　そのような小グループの多くは、専門的な学問を深めるために構成されたものである場合が多い。だが、そこでの親密なやり取りや精神的交流を通じてその構成員が知識を獲得するのみならず、ものの考え方、議論の仕方、学問の倫理などを学ぶことが多いように思われる。

　また、そのようなグループのなかでは、お互いの、あるいはとくに指導的立場にある人間の話し方や立ち居振る舞いを無意識のうちに真似ていることがあるようだ。手本がよければ、そのような「まねび」は効果的な場合が多く、それだけに教師の役割が重要になってくる。」

（斎藤兆史『教養の力』2013, p.97）

英語を学ぶ
―母語と異文化のはざまで―

山内久明

1. はじめに

　英語学習・英語教育をめぐる近年における顕著な話題として、1つは学術・外交・経済活動などの場における高度な発信力の問題、もう1つは英語学習の早期化の問題が挙げられる。

　日本の初等教育に英語学習を導入する早期英語教育に関してその是非をめぐる議論がたたかわされたが、すでに開始されたいま、今後何がなされるべきか。

（1）実施に先立って行われた議論における賛否両論のそれぞれが、実施後の効果に即して検証されること。

（2）早期英語教育が中等教育段階の英語教育にいかなる影響と効果をもたらすか。

①早期英語教育と、中等教育段階における英語教育と、それぞれの役割分担はどう行われるのか。

②早期英語教育は、中等教育段階の英語教育の質的向上と高度化に資するものなのかどうか。効果が顕著であれば早期英語教育の評価は肯定的となり、逆の場合は否定的となる。

（3）同様に、早期英語教育は高等教育段階における英語教育にいかなる影響と効果をもたらすか、これも検証が必要となる。

　他方、外国語による高度な発信力の養成に関して、高等教育段階の英語教

育は何をなし得るのか。これは高等教育では完結せず、無限につづく問題であろう。初等教育段階における早期英語教育がいわば「入り口」の問題に関わるのに対して、こちらは「出口」に関わる、はるかに重要かつ複雑で困難な問題である。そもそも「出口」は、はるかかなたにあるのかもしれない。「入り口」に関わる議論と施策が、「出口」問題とは無関係に先行したのが現実である。

　外国語による高度な発信力が、大部分の人にとって「手段」として考えられることは、必要性の観点から致し方ないことかもしれない。しかし、言語の本質に関わる別次元の問題が存在することが忘れられてはならない。他者としての外国語と異文化に向き合うことが、それによって自己の存在が根底から揺らぎ、他者と自己との間で絶え間のない作用と反作用を繰り返しつつ自己が新たにつくりかえられていく体験となる場合がある。この場合、外国語と異文化に向き合うことが、自己の生業はもちろん、生き方そのものに関わることを意味する。その究極の姿の根源的意味を、いくつかの典型的な事例に即して考えるのが本稿の目的である。筆者は英語覇権主義者ではなく多元文化社会を信じ、外国語教育は英語がすべてではなく多言語教育が必要と考えるが、便宜上ここでは話題を英語に限定する。

　本稿の主題は「英語を学ぶ」であるが、比較対照のために視点を逆にして、先ず日本語を母語としない人びとが「日本語を学ぶ」場合、その後に、日本人が「英語を学ぶ」場合について考察する。

2.　日本語を学ぶ

（1）アーサー・ウェイリー（Arthur Waley 1889–1966）[1]

　研究対象が日本、中国、チベットなど東アジア全域にわたるウェイリーは、『源氏物語』の英訳（*The Tale of Genji* 1925 年に刊行開始、1933 年に完成）によって広く知られる。マラルメ（Stéphane Mallarmé 1842–1898）の言葉に倣い詩人の使命を「自国語を純化すること」（to purify the dialect of the tribe）と定義した T. S. エリオット（T. S. Eliot 1888–1965）の言葉を借りると、翻訳は自国語を磨き「純化する」効果を持ち、『源氏物語』は英訳によって英語文学を豊かにしたが、それと同時に、ヴァージニア・ウルフ（Virginia Woolf 1882–1941）の書評にもたすけられて、イギリスならびに英語文化圏で幅広い層の読者を獲得し、世界文学の中での地位を確立した。その後、英訳はサイデンスティッカー（Edward Seidensticker 1921–2007）、タイラー（Royall Tyler 1936–）に受け継がれるが[2]、ウェイリーの翻訳は不朽の価値を持つ。

　ウェイリーはケンブリッジ大学で古典学を学んだ。「ブルームズベリー・グループ」の文人と親しく、大英博物館東洋部門に勤務（1913–1929）するかたわら、アメリカからやって来てイマジズム運動を展開したパウンド（Ezra Pound 1885–1972）との交流を通じて、『源氏物語』に先立ち中国詩の翻訳を手がけた。

　ウェイリーの教えを受けたブラッカー女史（Carmen Blacker 1924–2009）から生前に伺った話によると、ウェイリーがどのようにして日本語を学んだかは不明である。サトウ（Ernest Satow 1843–1929）の日本語教本、遡ってロドリゲス（Joan Rodorigues 1561–1633）の文典や日葡辞書しかなかった状況下で、自学自習により『源氏物語』を訳し始め、全訳を進める過程で日本語と日本文化に対する理解を深めたのが実状である。

　このように、ウェイリーは日本語の学習環境が存在しないにもかかわらず、個人の非凡な才能と努力によって高度の成果を達成した稀有の例といえる。なお、イスタンブール以東に旅したことはなく、むろん日本、中国を訪ねたこともない。

（2）「戦中ロンドン日本語学校[3]」と戦後英国の日本研究

　第二次世界大戦中、ウェイリーも動員された英国情報局（Bletchley Park）とならんで「ロンドン日本語学校」の活動が注目される。場所はロンドン大学東洋アフリカ研究学院（The School of Oriental and African Studies: SOAS）、

目的は敵性語としての日本語速成教育、集められたのは、古典学、ヨーロッパ近代語・近代文学などを専攻する語学の才に秀でた学生であった。学習は、候文、公文書・暗号解読、尋問日本語などに細分化されていた。

重要なのは、戦後、学生の半数は本来の専攻に復帰した（例えばダラム大学フランス文学教授ルイ・アレン［Louis Allen 1922–1991]）が、残り半数は日本研究をつづけ、英国における日本研究の第一世代として大成したことである[4]。戦時中、日本の国策が、敵性語としての英語を排斥した状況とは対照的である。

同じくアメリカにおいても、戦争遂行目的で動員された優秀な人びとが、戦後の日本研究の第一世代として活躍した。その代表がドナルド・キーンとサイデンスティッカーである。

（3）ドナルド・キーン (Donald Keene 1922–)／鬼怒鳴門[5]

日本研究の最高峰を極め、東日本大震災を機に日本に帰化したキーンは、1940年、18歳でウェイリーの『源氏物語』英訳に出会う。コロンビア大学では、角田柳作（1877–1964）から日本語・日本文化を学び、アメリカ海軍語学学校 (Boulder, Colorado) で訓練を受け、戦場で日本軍と日本語で接触した。

キーンは1948年から1953年までケンブリッジ大学で教え、イギリスの研究者と交流、コロンビア大学に帰還後は、モリス (Ivan Morris 1925–1976) と、のちにサイデンスティッカーも招聘して、日本研究の一大拠点を樹立した。師と仰ぐウェイリーと同じく、キーンの研究領域も膨大で、古典から現代にわたる文学だけでなく、明治天皇研究、日本作家の戦中日記の研究など幅が広い。時代別分冊の日本文学史を単独で書く離れ業は類がない。日本語・日本文化の真髄を会得・体現し、その帰結が、帰化という究極の選択となった。日本語、日本文化との出会いが生き方そのものを決定づけた典型である。

（4）リービ英雄（Ian Hideo Levy 1950–）[6]

アメリカに生まれ、外交官の父親に随って台湾、香港で育つ。1967 年、17 歳の時来日、新宿を彷徨う日々を送る。プリンストン大学で日本研究専攻、その後、頻繁にアメリカと日本の間を往復、スタンフォード大学准教授となる。『万葉集』の秀逸な英訳が高く評価されるが、1989 年、40 歳の時、職を辞して来日。重要なのは、「星条旗の聞こえない部屋」で、日本の読者を対象に、日本語で創作、評論を書くこと。日米往還に加えて中国を旅し、創作、評論の幅を広げた。

日本語で書かれたリービの著作から、本論の主題に関わる言説を要約・抜粋する。

①仕事の場をアメリカから日本に移した当時、「ガイジン」は外部から日本人とは違う視点で英語によって日本文化を語ればよい、それが「ジャパノロジーの伝統」だとみなされていた。　（『我的日本語』29）

②「英語は中心であり普遍である。日本語は周辺であり特殊である。」「中心からやってきた人が、周辺国の体験を、あえて周辺言語で語ろうとすること」に日本人は懐疑的であった。　　　　　　　　（30）

③「日本語をつかんで、西洋中心主義を超えて」日本人となり、「日本人に認められ」るために書いたのが『星条旗の聞こえない部屋』。

　「ところが、日本語の「内部」にいるというアイデンティティは、依然として与えられはしなかった。当時、日本語を母国語としないものは、いくら努力しても、「外部」のものであることが、運命づけられていた。」　　　　　　　　　　　　　　　　　　（98）

④しかし、リービよりもはるかに深刻だったのは在日朝鮮・韓国人の立場。その傑作が李良枝の『由熙』。　　　　　　　　　　（100）

⑤「明治以降、人種、民族、文化、そして言葉」は等号で結ばれていた。しかし今や、「言葉が、異民族のものにもなった。異民族の人たちと共有された。」　　　　　　　　　　　　　　　（104–105）

⑥日本語とドイツ語の両方で創作する多和田葉子は、「言葉そのものよ

りも二ヶ国語の間の狭間そのものが大切であるような気がする」と言う。　　　　　　　　　　　　　　　　　　　　　　　　　　　　（111）

⑦しかしながら、「国籍や民族などを全部超越したところで、決してニュートラルな世界言語ではなく、限りなくある固有の言語それぞれの歴史が、そこに存在しているということが、分かってくる。」　（120）

⑧李やリービによって日本語が共有されるとき、日本の単一民族神話が崩壊し、それはリービによると、「日本語の勝利」を意味する。（121）

⑨他方、水村美苗によると「日本における〈大学〉とは、大きな翻訳機関＝翻訳者養成所として、日本語を〈国語〉という、その言葉で〈学問〉ができる言葉に仕立て上げていった場所である。」(181) その状況が変わるとき日本語が滅亡する可能性を水村は憂慮する[7]。

⑩日米間だけでなく、中国も視野に収めて日本語で書くリービは、「周辺の言葉で中心を表現する」。　　　　　　　　　　　　　　　（202）

⑪リービが使う「中心」と「周辺」は、1970 年代に山口昌男によって確立された「中心」と「周縁」と置き換えることが可能である。リービは自ら進んで「中心言語」から出て「周辺言語」に参入した。また、リービが、「コミュニケーションのことば」から区別する「表現のことば」(『日本語を書く部屋』51–54) は、単なる手段ではなく、『万葉集』の研究と翻訳を通じて発見した「言霊」を持つ日本語で、リービの探求の究極にあるものである。自らの創作・評論活動で用いる日本語も「表現のことば」である。

3.　英語を学ぶ

(１) 夏目漱石 (1867–1916)[8]

　明治の文人の常として漱石の教養の原点は漢学であった。明治 12(1879)年に入学した東京府立一中は「正則」の学校で、英語は正課に含まれない。2 年後に転校した二松学舎は漢学中心でこれも正則。ようやく明治 16(1883)

年に入学した成立学舎が「変則」、つまり英語を正課とした。漱石は漢学と英学、2つの素養を持つが、英語学習を始めたのは 16 歳で、後発といえる。明治 17（1884）年に入学した大学予備門（第一高等学校）では、スコットランド人マードック（James Murdoch 1856–1921）から、一週 5 ～ 6 時間、英語を教わる。マードックはのちにオーストラリアに移りシドニー大学で日本研究を創設、教授となり、その『日本史』は英語文化圏で広く読まれた[9]。東北大学「漱石文庫」には、漱石の蔵書だけでなく、マードックが添削した漱石の英作文なども所蔵されている。ペン書きの漱石の繊細な自筆はまことに美しい。漱石の英文に対するマードックの評価はきわめて高い。（この時期漱石が書いた英文ならびに後述の『方丈記』英訳は岩波版『漱石全集』第 26 巻、滞英中と帰国後に書いた英詩は第 13 巻所収。）

　明治 23（1890）年東京帝国大学文科大学に入学。「お雇い外国人」の時代で、漱石に英文学を教えたのはスコットランド人ディクスン（James Main Dixon 1856–1933）、その後任がアメリカ人ウッド（Augustus Wood 1855–1912）。ディクスンは日本アジア協会での講演に先立ち、講演の主題である『方丈記』の英訳を漱石に依頼している。漱石の英語力に対するディクスンの信頼が伺える。のちに漱石はディクスンによる英文学教育に言及する（『私の個人主義』）。

　熊本第五高等学校勤務の漱石のイギリス留学は 1900 ～ 1903 年。10 月末ロンドン到着後、約 1 ヶ月、12 月初旬までロンドン大学でケア教授（W. P. Ker 1855–1923）の講義を聴講。同時にクレイグ（W. J. Craig 1843–1906）の自宅で受ける個人指導は続けるが、それ以外は下宿に引き籠り、膨大な量の読書と、帰国後に実る『文学論』（1907）の資料整理に専念した。異郷に対する不適応と、日本人として英文学研究を行うことに対する疑義が神経症を誘発し、自己と異文化との間で引き裂かれた漱石は存在の危機（アイデンティティ・クライシス）に追い込まれる。

　1903 年初めに帰国、国策として「お雇い外国人」を日本人に切り替える時期にあたり、帝国大学英文学科でハーン（Lafcadio Hearn 1850–1904）の後

任となる。講義の 1 つである『文学論』は、イギリス文学がイギリス人の占有物であることを超越するための文学理論樹立の試みで、成功とはいえないが [10]、後年漱石が「自己本位」と呼ぶ、他者としての異文化に向き合う究極の態度の実践であった。明治 40（1907）年、大学を辞して作家に転身するが、『吾輩は猫である』(1905–1907) から後期の作品にいたるまで、英文学は漱石の作品に深く浸透している。

（2）英語文化圏における英文学教育（'English Studies'[11]）

　漱石の留学当時、ロンドン以外では、ケルト文化圏の大学には英文学の教授職が置かれ講義が行われていたが、「古典学」が主流のオクスフォード、ケンブリッジには皆無であった。しかし、オクスフォードに 1904 年、ケンブリッジに 1911 年、教授職が置かれ、間もなく英文学教育（'English Studies'）が開始されると [12]、イギリスの文化的アイデンティティの指標として人文科学の中心を占め、社会的・文化的活力を再生産する原動力となる。

　ケンブリッジがリチャーズ (I. A. Richards 1893–1979)、エンプスン (William Empson 1906–1984)、リーヴィス (F. R. Leavis 1895–1978)、ウィリアムズ (Raymond Williams 1921–1988) などを擁して、20 世紀の文学研究・文学批評・文化研究を先導した重要な話題は割愛し、本稿の主題に関連する教育問題に限ると、「正典」(canon) の確立と網羅的カリキュラムと、個人指導体制 (tutorial, supervision) が特に注目される。幅広く中世から現代までの「正典」としての「テクスト」を読み、批評的に分析し、書いた小論文が「個人指導」の場で双方向の対話を通じて批判的に検討される。これが毎週 3 年間（イギリスの大学は 3 年）繰り返される。英文学教育の成果は、蓄積されて次世代に受け継がれていくが、それは必ずしも研究者の養成を意味してはいない。研究者の比率はごく少数である。「個人指導」を通じて養成されるのは、話し言葉と書き言葉による論理的自己表現である。それを身につけた学生は、職種を問わず広く社会で有効に働く。英文学教育に限らず、歴史や哲学も同様で、この点はアメリカのリベラル・アーツ教育とも共通す

る。（ちなみに日本では、官僚・外交官は法学部あるいは経済学部出身者が多いが、イギリスの外交官は、文学、哲学、歴史など専攻が多岐にわたる。）イギリスの場合、大学における英文学教育が果たす話し言葉と書き言葉による自己表現の訓練は、中等教育は言うまでもなく、初等教育にまで遡る [13]。

　状況を日本に置き換えて考えた場合どうなるか。日本の初等・中等教育においては国語教育の位置づけと役割が問われる。日本の大学教育課程においてイギリスの英文学教育が果たす役割を担うものは何か、国語国文学／日本語日本文学の位置づけと役割が問われることになるが、ここでは本稿の埒外の問題とする。

　イギリスあるいは広く英語文化圏における英文学教育に相当する役割を、日本の英語英文学研究（あるいは広く外国語外国文学研究）が担うことは可能かどうか。明治以来の一世紀半を通じて、日本の大学教育と広く日本文化の中で、英語英文学研究は他の外国語外国文学研究とともに不可欠な役割を果たしてきた。それなしには、近代の日本文化は貧しいものとなっていたであろう。他方において、外国語・外国文学の研究教育は不可避的に後発的であることが運命づけられている。ケンブリッジあるいは広く英語文化圏における英文学教育を、日本の英文学教育が学部段階で実現することは困難であることを認めざるを得ない。しかし、学部と大学院を併せ、さらに海外研修とを組み合わせることによって、研究者養成が可能となっている。

　ケンブリッジにおける間口が広く奥の深い英文学教育（'English Studies'）が文化的・社会的活力の源泉となることは [14]、翻って日本の言語政策に対して示唆を与えるとともに、英語が安易に方便として学べるものではないことを物語る。20世紀初頭に漱石が直面した問題に、20世紀後半に対峙した顕著な事例をつぎに掲げる。

（3）三好将夫／Masao Miyoshi (1929–2009) [15]

　旧制東京府立第五中学校（現小石川高校。英語の担任はのちに日比谷高校教諭となる池谷敏雄）、第一高等学校を経て東京大学で英文学専攻（平井正

穂教授に教わる）。学習院大学講師時代にフルブライト留学生としてイェール大学留学。帰国、復職後、再渡米。英文学教育に関して、英語文化圏（ミヨシの場合はアメリカ）と日本との間の差異を体感（差異とは、「正典」を網羅して時代別に編成された包括的カリキュラムと個人指導体制の有無）。ニューヨーク大学（NYU）で Ph.D. 取得後、カリフォルニア大学バークレー校に助教授として採用され（のちに教授）、学部と大学院で英語英文学を教える。

　多数の著書・編著のうち、NYU の博士論文が元になった *The Divided Self* (1969) は、ヴィクトリア朝作家論。英語文化圏の作法を踏襲して書かれた英文学研究であるが、人格の二重性あるいは自我分裂という主題は、フロイトの心理学とともに、日本近代小説の主題とも通底する日本的発想であるだけでなく、ミヨシ自身がおかれた文化状況でもあった。英文学からはじまるミヨシの著作は、日本研究を経て、グローバルなテーマへと広がる。やがてバークレー校からサン・ディエゴ校に移籍、シカゴ大学、デューク大学兼任となる。

　ミヨシは日本の伝統的教育を受けたあと、アメリカで再教育され、アメリカの主要大学で専任として「英文学」を教え、広く強いインパクトを与えた、筆者の知る限り唯一の例である。リービの表現を借りると、リービとは逆の動きで、「周辺言語」から「中心言語」に「越境」し、英文学研究の分野で「中心」について語ったが、関心は「周辺」へと拡散し、1970 年代以来友人となったチョムスキー（Noam Chomsky 1928–）やサイード（Edward Said　1935–2003）とともに、もっとも先鋭に「中心」を批判、国民国家を超越する立場に到達した。人種問題、ジェンダー論、それにポップ・カルチャーの台頭とともに、1970–80 年代以降、英語文化圏の大学の英文学科では「正典」を再考しカリキュラムを「脱・正典化」（decanonize）する動きが起こるが、「周辺」から「中心」に入り「周辺」へと立場を移したミヨシの動きも、まさにこの流れと一致していた。晩年のミヨシは、伝統的英文学研究の存在すらも否定するに到ったが、膨大な著作を通じてミヨシの言説が説得力

英語を学ぶ　13

を持つのは、アメリカで英文学研究を通じて培った、厳しい論理と豊かな表現力を駆使して、「中心言語」で「中心」と対決したからである。「英語を学ぶ」ことを考えるさいに、ミヨシの辿った軌跡は、グローバルな視野の中で、学ぶべき極点であると筆者は考える。

4.　異文化体験　習得と学習

　ここまで辿ったのは、母語による思考回路が形成されたのちに他者としての異文化と出合い、異文化の言語による思考回路を改めて意識的に構築した事例である。母語による思考回路が形成される以前に、異文化の環境に投げ出された場合に何が起こるか。最近では「帰国子女」ということばを耳にする機会が減ったのは、子どもの異文化体験が特殊ではなくなったためなのであろうか。

　子どもの異文化体験も一律ではないが、次のような状況を想像してみよう。イギリスの童謡（Mother Goose Nursery Rhymes）の中でも格別有名な「バラの花の輪」（‘Ring-a-Ring o’Roses’）に、海外で暮らす日本の子どもが出会ったとする。

‘Ring-a-Ring o’ Roses’　「バラの花の輪」

Ring-a-ring o’ roses,　　　輪をつくろうよ　バラの花の輪、
A pocket full of posies,　　ポケットいっぱい　花詰めて、
　A-tishoo!　A-tishoo!　　ハックショ、ハックショ、
We all fall down.　　　　　みんなバッタリ。

この歌は輪になって踊りながら歌われる（ケイト・グリーンナウェイ［Kate Greenaway 1846–2001］の挿絵参照）。輪になる行為は、日本のわらべ歌「かごめかごめ」やフランスの民謡「アヴィニョンの橋の上で」[16]とも共通す

Kate Greenaway: *Mother Goose* (1881)

る。キーワードである 'a ring o' roses' はバラの花の輪であるが、踊りの輪そのものと重なる。'A-tishoo, A-tishoo'（ハクショ、ハクショ）とみんな大くしゃみ。風邪を引いているのだろうか。ポケットにいっぱい詰めた花びらは風邪薬になるのだろうか。しかし、薬石効無くみんなバッタリ。どうやら単なる風邪でなく、新型インフルのように深刻そう。'a ring o' roses' はバラの花の輪という第一の意味だけでなく、黒死病の徴候としての赤い発疹・斑点を暗示する——という説明は、口承で伝えられたわらべ歌に後世になってつけられた解釈である、と解説するのはオーピー夫妻（Iona [1923–] & Peter [1918–1982] Opie) である[17]。

　しかし、子どもたちは説明を必要とせず、何世紀にもわたってそうしてきたように、連帯感によって結ばれ、輪になって踊り、歌い、楽しみながらこの歌を身体でおぼえ、「体得」する。イギリス経験論哲学で用いられた比喩を使うなら、子どもの心は「白紙」(tabula rasa) であり、その白紙に本能的・無意識的に書き込まれるものを、吸収し、「習得」する。日本の子どもがイギリスで暮らしていれば、英語を母語とするイギリスの子どもと共有する「体験」(experience) であるといえる。

　子どもとイギリスで暮らす親はどうであろうか。残念ながら子どもたちの輪に加わって踊りながら歌うことはなかろう。逆に親の場合は、子どもが本能的・無意識的に身体でおぼえるこのわらべ歌を、知識として「会得」する。語法、比喩、掛け言葉などについての分析的解釈や背景について「学習」する。わらべ歌を通して、子どもも親もともに異文化を「体験」するが、子どもの身体的・感覚的・無意識的体験の方がより直接的であり、親である大人の頭脳的・知性的・意識的体験が間接的であると仮定して筆者の造語が許されるなら、子どもの体験は「第一次体験」(primary experience)、親である大人の体験は「第二次体験」(secondary experience) と呼べるかもしれ

ない。一方が「習得」で、他方が「学習」である。ワーズワース (William Wordsworth 1770–1850) の詩に、「子どもは大人の父」('The Child is father of the Man') という有名な一節がある。子ども時代の原体験が、成長してのちに遭遇する精神の危機を救う力となることを述べたものである。文脈は異なるが、子どもの「第一次体験」と、大人の「第二次体験」に通ずる。

小学校高学年における英語教育には、海外における日本の子どもの異文化体験に似た環境を国内の教育現場に移し植えることの効果に対する期待がこめられているのかもしれない。一種の「擬似環境」であり、「体験」に対して「擬似体験」(pseudo-experience) と呼べるかもしれない。

早期英語教育反対論の論拠の1つは、小学校高学年は日本語の思考回路の形成期にあたり、英語学習によって日本語の思考回路の形成が阻害される、というものである。発達心理学の専門家でない筆者には判断する資格がないが、4つの可能性が予想される。①日本語の発達が阻害されると同時に英語も身につかない。②日本語の発達に問題はないが、英語は身につかない。③日本語の発達が阻害されるが、英語は身につく。④日本語の発達が阻害されることなく、英語も身につく。④が望ましく、それならば問題はあるまい。

早期英語教育が日本人の英語力向上を目指すものであるとしたら、その後の英語教育にどう連結されるのか、見通しはあるのだろうか。同時に、それがいかなる効果を持ち、その後の英語能力の発達にどう反映されるのであろうか。3年後、6年後、10年後に検証が必要である。さらに、真に求められている高度の英語力とは、学術・外交・経済活動などのいずれであれ、それぞれにおける高度の発信力である。早期英語教育自体がそれを保証しているわけではない。

5.　おわりに

本稿は非母語者として異文化と向き合ういくつかの顕著な例を挙げた。自学自習して日本語を学び日本文化に対する理解を深めつつ『源氏物語』を全

訳したウェイリーは、それによって英語文化圏の文学を豊かにした。英文学研究者から作家へと転成した漱石は、異文化と向き合う過程で「自己本位」の道を見出すとともに、作家として英文学の素養を創作に生かしつつ近代日本文学を豊かにした。キーンが代表する第二次世界大戦を契機として日本語を学んだ英米の日本研究の第一世代は、成果を上げるとともに日本研究を制度化した。その制度の産物としての第2世代、第3世代の一人であるリービ英雄は制度を離脱し、日本の読者を対象に日本語で創作・評論するために、自らを日本語の共有者として仕立て直した。リービ自身の用語によると、「中心言語」としての英語から「周辺言語」としての日本語に参入したリービに対して、「周辺言語」としての日本語から「中心言語」としての英語に参入し、英語を用いて「中心」を論ずるとともに、「周辺」の視点から「中心」を批判したのがマサオ・ミヨシであった。それはミヨシが、「中心言語」としての英語を自家薬籠中のものとして取り込むことによってはじめて可能なことであった。

　これらの顕著な事例に特徴として見られることの1つは、異文化と向き合う過程で、存在の危機（アイデンティティ・クライシス）に直面し、2度、3度、何度でも生まれ変わることである。もう一つは、稀有の個人的才能の持ち主として、制度の中に留まる制度内存在であることが可能であるだけでなく、制度外存在として制度を超越することも可能な「超人」であることである。他方で制度がいかに重要であるか、ケンブリッジの英文学教育がイギリスの文化と社会の活力の源となっていることが例証する。

　「英語を学ぶ」上での現実問題としてリービ英雄のいう「コミュニケーションのことば」と「表現のことば」との間には幾層もの段階と幅があることが想定される。制度の中で「英語を学ぶ」ことは、状況に応じてその段階のどこかに位置づけられるが、高等教育の場において制度の枠の中で現実に何がなされ得るであろうか。

　筆者の旧職場（東京大学教養学部）においては、内的・外的要因により、1990年代以来、英語教育は大きく様変わりした[18]。不可欠な少人数授業の

確保のために、それと表裏の関係にある大教室で行う、文理融合型統一教材の作成と授業実施 (1993) にはじまり、絶え間なく改革が続けられてきた。近年の成果の1つが ALESS (Active Learning of English for Science Students 2008)。これは理系学生が対象であるが、2012 年度から試行された ALESA (Active Learning of English for Students of the Arts) も、すでに実施にいたっている。さらに 2015 年度からは、学術的発表やディベートなど口頭での発信力に重点をおく授業として FLOW(Fluency-Oriented Workshop) が開講されている。

　1990 年代前半に「大学院部局化」を実現した東京大学における大学院総合文化研究科・教養学部の場合、多分野にわたる研究者集団としての教員が大学院・後期課程・前期課程の三層にわたる教育の責任を担う体制のなかで教養教育の充実が図られ、その有機的一環として英語教育の徹底強化が行われてきた。それが今日の社会的要請にも応え得る「英語を学ぶ」1つのモデルとなることを、退職教員の一人として強く願っている。

注

* 　本稿は日本英文学会第 84 回大会シンポジウム第 12 部門「英語の学び方再考：オーラル・ヒストリーに学ぶ」(講師　今林修 [司会]、鳥飼玖美子、江利川春雄、筆者。2012 年 5 月 27 日　専修大学生田キャンパス) での口頭発表、ならびに「英語を学ぶ―子どもから大人まで」(了徳寺大学研究紀要第 4 号 [2010]、13–27) の改稿。

1 　*A Hundred and Seventy Chinese Poems* (Constable & Co., 1918). *Japanese Poetry: The 'Uta'* (Oxford: Clarendon Press, 1919). *The No Plays of Japan* (Allen & Unwin, 1921). *The Pillow-Book of Sei Shonagon* (Allen & Unwin, 1928). *The Tale of Genji: A Novel in Six Parts* (Allen & Unwin, 1925–33). Virginia Woolf, 'The Tale of Genji. The First Volume of Mr. Arthur Waley's Translation of a Great Japanese Novel by the Lady Murasaki' (A signed review in *Vogue* 66, late July 1925; reprinted in *The Essays of Virginia Woolf,* Volume 4: 1925 to 1928, ed. Andrew McNeillie [The Hogarth Press,

1994], pp. 264–269). *The Originality of Japanese Civilization* ([K. B. S. 2600 Anniversary Essay Series] Tokyo: Kokusai Bunka Shinkokai, 1941). Ivan Morris (ed.), *Madly Singing in the Mountains: An Appreciation and Anthology of Arthur Waley* (Allen & Unwin, 1970).

2 *The Tale of Genji* tr. Edward G. Seidensticker (Alfred A. Knopf, 1976). *The Tale of Genji* tr. Royall Tyler (Penguin Books, 2001).

3 大庭定男『ロンドン戦中日本語学校』(中央公論社 [中公新書] 1988)。英訳 Sadao Oba, *The 'Japanese' War: London University's WWII Secret Teaching Programme and the Experts Sent to Help Beat Japan*, tr. Anne Kaneko (Folkestone, 1995). Richard Bowring (ed.), *Fifty Years of Japanese at Cambridge 1948–98*, Faculty of Oriental Studies, University of Cambridge, 1998.

4 Richard Storry (1913–1982), Charles Dunn (1915–1995), W. G. Beasley (1919–2006), Louis Allen (1922–1991), Geoffrey Bownas (1923–2011), Douglas Mills (1923–2005), John McEwan (1924–1969), Peter Parker (1924–2002), Carmen Blacker (1924–2009), Patrick O'Neill (1924–2011), Hugh Cortazzi (1924–), Ronald Dore (1925–), Ian Nish (1926–) など。

5 Columbia University: B. A. (1942), M. A. (1947), Ph.D. (1949). Faculty of Oriental Studies, University of Cambridge (1948–1954). Professor, Columbia University (1955–2011).
   Select Bibliography:― [翻訳] Dazai Osamu, *No Longer Human* (New Directions, 1958). Chikamatsu Monzaemon, *Major Plays of Chikamatsu* (Columbia U. P., 1961). Yoshida Kenkō, *Essays in Idleness: The Tsurezuregusa of Kenko* (Columbia U. P., 1967). Mishima Yukio, *Five Modern No Plays*, including *Madame de Sade* (Tuttle, 1967). Dazai Osamu, *The Setting Sun* (Tuttle, 1981). Matsuo Bashō, *The Narrow Road to Oku* (Kodansha America Inc., 1997).
   [研究] *Japanese Discovery of Europe, 1720–1830* (Stanford U. P., 1969). *Twenty Plays of the No Theatre* (Columbia U. P., 1970). *World within Walls: Japanese Literature of the Pre-Modern Era, 1600–1867* (Henry Holt & Co., 1976). *Dawn to the West: Japanese Literature in the Modern Era; Poetry, Drama, Criticism* (Holt Rinehart & Winston, 1984). *Dawn to the West: Japanese Literature in the Modern Era; Fiction* (Holt Rinehart & Winston, 1984). *Dawn to the West: Japanese Literature in the Modern Era* (Henry Holt & Co., 1987). *The Pleasures of Japanese Literature* (Columbia U. P., 1988). *Modern Japanese Novels and the West* (Umi Research Press, 1989). *No and Bunraku:*

Two Forms of Japanese Theatre (Columbia U. P., 1990). *Travelers of a Hundred Ages* (Henry Holt & Co., 1992). *Seeds in the Heart: Japanese Literature from Earliest Times to the Late Sixteenth Century* (Henry Holt & Co., 1993). *On Familiar Terms: A Journey across Cultures* (Kodansha America Inc., 1994). *The Blue-Eyed Tarokaja: A Donald Keene Anthology* (Columbia U. P., 1996). *On Familiar Terms: To Japan and Back, a Lifetime across Cultures* (Kodansha America Inc., 1996). *Emperor of Japan: Meiji and His World, 1852–1912* (Columbia U. P., 2002). *Five Modern Japanese Novelists* (Columbia U. P., 2002). *Frog in the Well: Portraits of Japan by Watanabe Kazan 1793–1841* (Columbia U. P., 2006). *Chronicles of My Life: An American in the Heart of Japan.* (Columbia U. P., 2008). *So Lovely a Country Will Never Perish: Wartime Diaries of Japanese Writers* (Columbia U. P., 2010).

6 　B. A., M. A. and Ph. D. (1978) in East Asian Studies, Princeton University. Assistant Professor, Princeton; Associate Professor, Stanford University. 現在、法政大学国際文化学部教授。

[翻訳と研究] *The Ten Thousand Leaves: A Translation of the Man Yoshu, Japan's Premier Anthology of Classical Poetry* ([Princeton Library of Asian Translations] Princeton U. P., 1981). *Hitomaro and the Birth of Japanese Lyricism* (Princeton U. P., 1984).

[小説]『星条旗の聞こえない部屋』(講談社 1992、[講談社文芸文庫] 2004、英訳 *A Room Where the Star-Spangled Banner Cannot Be Heard: A Novel in Three Parts* tr. Christopher D. Scott [Columbia U. P., 2011])。『天安門』(講談社 1996)。『国民のうた』(講談社 1998)。『ヘンリーたけし　レウィツキーの夏の紀行』(講談社 2002)。『千々にくだけて』(講談社 2005、[講談社文庫] 2008)。『仮の水』(講談社 2008)。

[評論]『日本語の勝利』(講談社 1992)。『新宿の万葉集』(朝日新聞社 1996)。『アイデンティティーズ』(講談社 1997)。『最後の国境への旅』(中央公論新社 2000)。『日本語を書く部屋』(岩波書店 2001)。『我的中国』(岩波書店 2004、[岩波現代文庫] 2011)。『英語でよむ万葉集』(岩波書店 [岩波新書] 2004)。『越境の声』(岩波書店 2007)。『延安　革命聖地への旅』(岩波書店 2008)。『我的日本語』(筑摩書房 [筑摩選書] 2010)。

7 　水村美苗『日本語が亡びるとき――英語の世紀の中で』(筑摩書房 2008)。

8 　東京府立第一中学校 (1879–1881)、私立二松学舎 (1881–1883)、成立学舎 (1883–1884)、大学予備門 (第一高等中学校) 予科 (1884–1888)、本科 (1888–1890)、東京帝国大学文科大学英文科 (1890–1893)。東京高等師範学校 (1893–1895)、松山

中学 (1895–1896)、第五高等学校 (1896–1900)。英国留学 (1900–1903)。第一高等学校、帝国大学文科大学講師 (1903–1907)。『漱石全集』(岩波書店 1993–1999; 2001–2004) 第十三巻 (『英文学研究』)、第十四巻 (『文学論』)、第十五巻 (『文学評論』)、第二十六巻 (『別冊中』)。

9 James Murdoch, *A History of Japan* (Routledge, 1903, 1910, 1928).

10 日本人として英文学研究を行い、それがイギリス的基準に左右されないために漱石が試みたことは、心理学説に基づいて人間の感情を体系的に分類し、その具体例を文学作品に求めて演繹的に論ずることであった。この方法は、人間の心理が人種・民族・国籍を超えて普遍性を持つという暗黙の前提に立つ。しかしながら、この手法の最大の問題点は、文学作品が心理学的仮説に従属させられ、文学作品としての自立性が損なわれることにある。第二の問題点として、漱石が依拠した心理学的枠組みが、絶対的とは言い得ないこと。漱石の「自己本位」は他者としての異文化と対峙し、アイデンティティ・クライシスを経過した漱石が到達した究極の立場として貴重であるが、『文学論』の試みには、以上のような限界がある。

11 この場合 'English Studies' とは、Classical Studies, Anglo-Saxon Studies, Oriental Studies, Slavonic Studies などと呼応する名称。「英語研究」ではなく、中世から現代までにわたる体系的「英文学研究」である。オクスフォードでは英文学に含まれる Anglo-Saxon が、ケンブリッジでは独立した研究分野として扱われる。すなわち、文化的分かれ目として 1066 年以前と以後をより意識しているといえる。

12 E. M. W. Tillyard, *The Muse Unchained: An Intimate Account of the Revolution in English Studies at Cambridge* (Bowes and Bowes, 1958). Basil Willey, *Cambridge and Other Memories 1920–1953* (Chatto & Windus, 1968). Brian Doyle, *English and Englishness* ([New Accents] Routledge, 1989).

13 山本麻子『ことばを鍛えるイギリスの学校──国語教育で何ができるか』(岩波書店 2003)。『書く力が身につくイギリスの教育』(岩波書店 2010)。

14 ケンブリッジ大学英文学部のホームページは興味深い。それは確信に満ち、①ケンブリッジが多くの作家、批評家、学者を生み出してきたこと、②伝統を守るとともに時代に対応しつつ 'English Studies' の水準を厳格に保ってきたこと、③卒業生は作家、演劇、ジャーナリズムなどは当然として、社会のあらゆる分野・職種で活躍していることを公言する。(以下は 2012 年版から抜粋。)

・The Faculty of English, University of Cambridge, is an international centre of excellence for the study, teaching and research in literature and literary criticism. The

英語を学ぶ　21

Faculty was founded in 1919 and has since been home to some of the most eminent critics, scholars, teachers and writers of English literature in the world.

・The Faculty has a large number of members with many different areas of expertise and approaches to literary criticism. They include not only critics but also poets, novelists and travel writers, and there are often visiting Fellows in the creative or performing arts. Between them, the members of the Faculty teach and research almost every aspect of literature in English.

The Cambridge English Tripos has the following aims, among others: to stimulate in its students original thinking and critical habits of mind; to develop the ability to construct an argument, both oral and written; to foster an unusual sensitivity to language; to provide a broad knowledge of the development of English literature which will enable students to understand how writers work within and against literary traditions; to create awareness of the historical dimension of literary works; and to provide a comparative dimension for the study of literature in English, by study of literature in other languages, or of philosophical works which handle ideas in a non-literary mode.

All students of English acquire knowledge that enriches their lives forever. They also acquire qualities and skills that are, most importantly, valuable for living. They are also valuable to employers. Graduates from the Faculty have an exceptionally good record in achieving employment in a wide range of areas. Many draw directly on their subject in careers in arts management or information management, or go into academia and teaching, where they share with future students the skills of critical thinking, close reading and good communication. Yet those same skills are valued by employers in many professions, such as law, the civil service, management, industry, accountancy and social work. Unsurprisingly, many graduates work in the media, theatre, and film — as have people such as Jeremy Paxman, Emma Thompson, Stephen Fry and Sam Mendes — or become poets, novelists and playwrights.

The experience of reading English at Cambridge is especially rich because the course combines Lectures and Seminars provided by the Faculty with close teaching (Supervision) organised by the Colleges — for details see the section: 'Lectures, Seminars and Supervisions'. The choice of which College to apply to will depend on such incidental issues as your taste in architecture. The best way to find out about the different Colleges is to send off for prospectuses and/or attend Open Days. The majority of Colleges have made their prospectuses available on the Web. You may also study English and Drama with Education through the Faculty of Education.

15　東京府立第五中学校（1945。英語担任は池谷敏雄）、第一高等学校（1948）、東京大学（1951。平井正穂教授に教わる）。Ph.D.（NYU 1964.［William Buckler と親交］）. Assistant Professor, Associate Professor, Professor, and Professor Emeritus at the University of California, Berkeley（1963–1986）and San Diego（1986–2004）.［最初の就職窓口となったのは Mark Schorer.］

Select Bibliography:－ *The Divided Self: A Perspective on the Literature of the Victorians*（New York U. P., 1969）. *Accomplices of Silence: The Modern Japanese Novel*（U. of California P., 1974）. *Off Center: Power and Culture Relations between Japan and the United States*（Harvard U. P., 1991）. *As We Saw Them: The First Japanese Embassy to the United States*（U. of California P., 1994）. マサオ・ミヨシ、吉本光宏　『抵抗の場へ　あらゆる境界を越えるために　マサオ・ミヨシ自らを語る』（洛北出版　2007）。

16　「アヴィニョンの橋の上で」（〈Sur le pont d'Avignon〉）

〈フランス語歌詞〉	〈英語〉	〈日本語〉
Sur le pont d'Avignon	On the bridge of Avignon	アヴィニョン橋の　その上で
L'on y passe, L'on y danse	They are passing, they are dancing,	みんな通って、踊ってる
Sur le pont d'Avignon	On the bridge of Avignon	アヴィニョン橋の　その上で
L'on y danse tous en rond	They are all dancing in a ring.	みんな輪になり　踊ってる
Les beaux messieurs font comm' ça	Gentlemen go this way	殿方みんな　こうやって
Et puis encore comm' ça	Then they all do this way.	も一度みんな　こうやって
Refrain	Repeat	繰り返し
Les belles dames font comm' ça	Ladies go this way	ご婦人方も　こうやって
Et puis encore comm' ça	Then they all do this way.	も一度みんな　こうやって
Les officiers font comm' ça	Officers go this way	軍人さんも　こうやって
Et puis encore comm' ça	Then they all do this way.	も一度みんな　こうやって
Les anges font comm' ça	Angels go this way	天使もみんな　こうやって
Et puis encore comm' ça.	Then they all do this way.	も一度みんな　こうやって

〈Sur le pont d'Avignon〉に関して、言語的観点から原詞と英訳を比較すると、次のような相違性と類似性が見られる。（1）相違性①フランス語の語彙はラテン系の純粋言語。②それに対して、英語ではゲルマン系の言葉と、ノルマン系（ラテン系）の言葉が混在し、効果的に使い分けられることが利点。③〈pont〉、〈Avignon〉, 〈l'on〉, 〈danse〉, 〈rond〉, 〈font〉, 〈encore〉に含まれる鼻母音はフランス語特有で、それらの繰り返しによる音声的効果は、英語にはないフランス語の利

点。④フランス語では定冠詞を名詞につけて多用されるが、英語にはそれがない。

（2）類似性。以上のような相違性にもかかわらず、単語（品詞）の配列はまった
く同一。この点で、英語とフランス語の相互互換性がいかに高く、それによって
英語母語者とフランス語母語者がそれぞれの言語を外国語として習得・学習する
ことが、日本語母語者が英語あるいはフランス語を習得・学習する場合に比較し
て、はるかに容易いことが理解される。

17　Iona and Peter Opie（eds.）, *The Oxford Dictionary of Nursery Rhymes*（Oxford:
Clarendon Press, 1951）, pp.364–365

18　［参照］東京大学教養学部（駒場）前期課程（1・2年次、学生数各年約3000名）
の英語教育

1.　誰が教えるのか――「英語部会」（park.itc.u-tokyo.ac.jp/eigo/ 大学院部局化以
前は「英語教室」）が担当。教員は2015年4月現在、専任48名（うち英語母語
者12名）、兼任48名（うち英語母語者10名）、他に下記のALESS/ALESAの
ための特任27名（うち英語母語者23名）。全123名のうち英語母語者45名、
比率は約36.6パーセント。

　　「教養学部」は「大学院総合文化研究科」として「部局化」（1996年完成）さ
れており、「英語部会」の専任教員は「地域文化研究（イギリス、アメリカ太
平洋）」、「超域文化（比較文学比較文化、表象文化論）」、「国際社会科学」、「言
語情報科学」などの各専攻に所属し、全員が大学院、一部は後期課程（3・4
年次）の教育も担当。ALESS/ALESA特任教員は「教養教育高度化機構」所属。

2.　カリキュラム―小規模授業確保のために、大規模授業と並列。

（1）大規模授業：1993年来、「英語I」として領域横断的内容の統一教材を編纂・
使用し、授業はマルチメディア方式。統一課題、統一試験による評価。統一教材
は東京大学出版会刊行、*The Universe of English*（1993年3月）、*The Expanding
Universe of English*（1994年3月）、*The Universe of English II*（1998）、*The Expanding
Universe of English II*（2000）、*On Campus*（2006年3月）、*Campus Wide*（2006年7
月［前項姉妹書］）など。2003年を機に「教養英語」と改称、『教養英語読本I』
（2003）、『教養英語読本II』（2003）刊行。

（2）小規模授業：「英語I」に対して「英語II」として、Reading（R）、Presentation
（P）、Comprehension（C）の三種類の授業。R、P、Cのすべてを必修とする少人
数授業。他に、文科三類の学生を対象にしたReadingの必修授業（英語演習）。

（3）'Active Learning': 論理的な自己表現と発信を目指す。Paul Rossiter/ 教養学部
英語部会 *First Moves: An Introduction to Academic Writing in English*（東大出版会

2004）は、その実践モデル。東京大学「教養教育高度化機構」の一環として組織化したのが ALESS（Active Learning of English for Science Students aless.ecc.u-tokyo.ac.jp/）。2008 年度夏学期から、理科（一、二、三類）の全学生を対象に開始。1 クラス平均 15 名。英語母語者が統一カリキュラム、統一教材により 'Academic Writing' を教える。必修 P の授業に充当。*Active English for Science*（2012）。文系学生のための ALESA（Active Learning of English for Students of the Arts）も 2012 年度試行、2013 年度より実施。

（4）選択科目「国際コミュニケーション」には、Writing（W）、Listening & Speaking（LS）、Reading（R）がある。

3.「英語教育プログラム gamp.c.u-tokyo.ac.jp/uteep/」

　大学院総合文化研究科言語情報科学専攻が母体、他専攻所属教員も参加し、大学レベルの英語教育の次世代を担う人材育成を目指す。*Komaba Journal of English Education*（KJEE）刊行。

岡倉天心エピソード註解
―斎藤英学塾創立 10 周年に寄せて―

笠原順路

　「斎藤英学塾」が創立して 10 年をけみした。喜ばしい限りである。志を同じうする者として、斎藤兆史塾長および塾生の皆さんに心からお祝いを申し上げる[1]。

　そもそも「斎藤英学塾」とは何か。塾に設立趣意書なるものは存在しない、と聞く。とはいえ、塾の基本理念は、斎藤兆史著『英語達人列伝』(中央公論新社、2000) に簡潔に表されている。いうまでもなく、この書は、我が国の明治以来の、いわゆる英語達人がどのように英語を習得したかを逸話風につづったものだが、随所に述べられている著者の英語や英語習得法、異文化接触に関する感想が、苦労して（且つ、楽しみ、思索をしながら）英語を身につけた体験が読者にあればあるほど、小気味の良い真実味をもって響いてくる。これは、達人の英語習得法の仮面を被った、「斎藤英学塾」の設立趣意書といってもよい。

　本稿は、塾の基本理念に対するオマージュとして、且つ、現塾生、および将来の塾生の皆さんへのメッセージとして、『英語達人列伝』のコメントを註釈風に綴ったものだが、途中で興にのって註釈が独り歩きしだすようなことがないとも限らない。事前に塾長・塾生の皆さんのご寛恕を請うておく。

＊　　　　　＊　　　　　＊

　『英語達人列伝』の逸話中の白眉、現塾生の皆さんなら入塾前からご存知の逸話、それは、東京美術学校校長を経て、米国ボストン美術館東洋部門顧

問についた岡倉天心の逸話であろう。ある時、天心が弟子の横山大観らとボストンの街を歩いていると、一人の無礼な米国人の若者から 'What sort of 'nese are you people? Are you Chinese, or Japanese, or Javanese?' と侮辱的な声をかけられたという。それに対して天心は、くるりと質問者の方を向いて、次のように答えたという。'We are Japanese gentlemen. But what kind of 'key are you? Are you a Yankee, or a donkey, or a monkey?' (39–40)

　この逸話は著者のお気に入りとみえて、本書、「岡倉天心」の章の冒頭の梗概と後に 1 回ずつ (28, 43)、それ以外にも 1 回言及され (237–238)、他に斎藤兆史著『日本人のための英語』(講談社、2001)、第 3 章の問 2 (54–55) として出題されている。いや、この逸話を好んだのは、斎藤だけではない。曰く、「このやり取りの一部始終を見ていた大観は、よほど胸のすく思いをしたのだろう、後にこの逸話を好んで語ったという。」(40)「よほど胸のすく思い」というのは、この逸話を好んで語った大観の心中を察した斎藤の推測なのだが、しかし、日本人の英語学習者なら大なり小なり同様の胸のすく思いを経験するに違いない。なぜか？　落語の「落ち」を解説するようで野暮天きわまりないが、なぜ「胸のすく思い」なのかを考えてみよう。

　もし本稿が社会科学の論文なら、まず第一にこの逸話が事実か否かの確認から始めなければならないところだろう。著者と個人的関係のある筆者の立場を利用して直々に伺ったところによると、出典は Okakura Kakuzo, *The Book of Tea*, ed. by Elise Grilli (Tuttle, 1956) の巻末に編者 Elise Grilli が書いた 'A Biographical Sketch' (128) とのことであり、そこに出典は明示されていない。しかし、筆者が独自に調べた限りでは、この逸話には別バージョンがあって、さかのぼれた中で最も古いのが斎藤隆三『岡倉天心』(吉川弘文館、1960) である。これによると、場所はニューヨークで、喧嘩を売ってきたチンピラの数は 2 〜 3 人、その質問には Javanese の選択肢が抜けているのである (152)。筆者の怠慢でこれ以上の source hunting は出来ていないが、可能性としては、実話なら行きつく先は、天心自身の自白か、米国に同行した横山大観、菱田春草、六角紫水の目撃証言、さもなければ、この 4 人を情

報源に仕立て上げたフィクションのいずれかのはずだ。無責任なようだが、我々の文脈ではどちらでも良い。もし実話なら、その歴史社会的背景を考察し、もしフィクションだとするなら、その verisimilitude の精度を考察する——これが本稿前半部の狙いである。

　さて、この逸話の要点だけをまとめるなら、天心が、米国において、日本人を馬鹿にした英語母語話者に対して、英語を用いて優位に立った、ということになる。しかし、これだけでは、この逸話が日本人英語学習者に与える情動面のインパクトを見逃してしまう。大事な点は、天心が、街をうろついていたチンピラ同然の者から売られた喧嘩に対して、咄嗟の機転をきかし、完全に相手側の土俵のなかで勝負をし、みごと勝利を得たことが、「胸のすく思い」の主因になっている点であろう。その土俵も、分析してみれば、色々なレベルが考えられる。まず場所が米国、次に使用言語が英語、という外面的な条件からして、相手方の土俵内であるのは言うまでもない。また内容面では、理性ではなく感情に訴えかける土俵で勝敗が決せられている点も大切である。天心は、学術論争やディベートのような理詰めの議論で相手を負かしたのではない。殆ど言いがかり同然の売られた喧嘩に対して、当意即妙の英語で対応したのである。

　まず Yankee という語が New England 人の蔑称であることを知らない読者はおられないとは思うが、近年は学校で教える英語の質も多様化し、且つ政治的公正性が維持されるようになったおかげで racially offensive な表現を目にする機会も減ってきていて、場合によっては「「周囲を威嚇するような強そうな格好をして仲間から一目おかれたい」という少年少女 2」という日本語「ヤンキー」の意味の方を先に知った将来の塾生の方も多数おられるかもしれないので、念のため Mitford M. Matthews, ed., *A Dictionary of Americanisms on Historical Principles* (U of Chicago P, 1951) から定義を引用しておこう——

　　Yankee: 1. A nickname for New Englanders, at first and for a long time af-
　　terwards applied with extreme contempt.

さらに同書から、1784 年の用例を引用しておく——

1784 SMYTH *Tour* II 366 The New Englanders are disliked by the inhabit-
ants of all the other provinces, by whom they are called *Yankeys*, by way of
derision[3].

加えて、言いがかりをつけてきた無礼な米国人の方が、黄色人種を列挙して
いるのに対して、天心は、獣、しかも英語文化のなかでは、頑固さや愚鈍さ
を連想させる donkey、物真似や狡猾なしぐさで知られている monkey を
Yankee と同列に置いた点、天心の勝ちは圧倒的だ。（当時の米国人にとっ
て、黄色人種と獣が同列か否かの問題については、後述する。）
　さらに、修辞的レベルでも同じ土俵に立っている。米人の若者が…
Chinese, or Japanese, or Javanese? と /-iːz/ 音で脚韻をふんで喧嘩を売ってきて
いるのに合わせ、天心の答えも /-iː/ 音で脚韻をふんでいる。（相手のチンピ
ラが 2 〜 3 人いたという別バージョンなら、天心の返答も …Yankees, or
donkeys, or monkeys? となって、/-iːz/ 音の脚韻で売られた喧嘩に、同じ
/-iːz/ 音の脚韻で返答したことになって一層面白くなったはずなのだが、ど
うした訳か斎藤隆三の前掲書では複数形になっていない。天心の英語力の証
となるべき逸話に文法ミスがあるのはどうしたことか。些細な文法ミスなど
気にしないのがグローバル・パーソンである、ということのお手本にするつ
もりか否かは知らないが、斎藤隆三を典拠にしたと思われる本や記事——特
に「英語名人」や「天心と英語」などをテーマにした本や記事——でも単数
形のままなのは理解に苦しむ。）それはさて措き、韻律の法則だけからいう
と、韻を踏んでいる音は上記の通りなのだが、質問者は /-niːz/、天心は
/-kiː/ と同音の反復をしている。重複音が規則以上に長い場合は、滑稽感、
侮蔑感情など、プラスアルファの感情が醸成されることが多い。例えば、
Byron, *Don Juan* にはこんな例がある。笠原順路編『対訳バイロン詩集』（岩
波書店、2009）より、原文・訳・脚註を抜き書きしよう——

【原文】

Let us have wine and woman, mirth and laughter.

Sermons and soda water the day after.

【訳】

ぼくらのほうは、酒と女、陽気な笑いをとることにして、

お説教とソーダ水は次の日にもらうとしよう。

【脚註】

重複部分が通常の脚韻より長い…*laughter*…*after* の韻は、笑い声が翌朝まで耳に残っている感じ、また *S*ermons…*s*o*d*a wat*er*…*af*t*er* の陳腐で、且つ、くどい韻は二日酔いの惨めな心身の状態を描写して見事。
(262–263)

早々と脱線するが、実は、Byron, *Don Juan* が天心の愛読書であったことは、弟で英文学者の岡倉由三郎が、研究社英米文学叢書として註釈をほどこした Byron, *Childe Harold's Pilgrimage* の前書きに「兄の事ども」と題して載っている。少々長くなるが、岡倉兄弟の関係や、弟の見た兄の姿を知るうえで貴重な資料と思われるので、『英語達人列伝』の apocrypha として、本稿末の補説 1 に当該部分だけ引用しておく。

*　　　　　*　　　　　*

では、韻律の才のあるこの Yankee 氏が、同じ /-iːz/ 音で終わる Vietnamese や Burmese などを使ってもよかったものを、ことさらに、Chinese, Japanese, Javanese を選んだのは、上記の韻律上の余剰音が醸し出す効果を狙っただけだろうか？　この逸話の歴史的文脈を簡単に見てみよう。

19 世紀後半、アヘン戦争後の社会的混乱をあとに、多くの中国人が、政治的・経済的安定を求めて、渡米して来る。彼らは、いわゆる苦力となって、ゴールドラッシュ（1848–）の機に乗じ、西海岸の鉱山や、大陸横断鉄道の建設（–1868）などに安価な労働力を提供し、さらに黒人奴隷制度廃止後

の、いわゆる The Gilded Age の工業化の労働力を下支えするのだが（cf. Mark Twain, *The Gilded Age*, 1873）、それにより白人の賃金水準や生活水準が押し下げられることに対し、米国内で危機感が広がる。こうした恐怖感から生まれたのが、Yellow Peril という感情である。*Webster's International Dictionary*, 2nd edition（Merriam, 1934）の定義は、このあたりの状況を良く説明している。

> yellow peril: A danger to people of a white race imminent in the dominance of races, like the Chinese and Japanese, having a yellow or yellowish-brown skin; also, by extension, the danger to the standards of living among people of a white race which is brought about by an incursion of people of a yellow race willing to work at lower wages and to live on a low level.

紆余曲折を経て中国人排斥法（Chinese Exclusion Act）が成立するのが、1882年のことである。以上が、Yellow Peril 感情（特に上記の定義の後半）が徐々に生じてきた歴史社会的背景である。Craigie & Hulbert, eds., *Dictionary of American English on Historical Principles*（U of Chicago P, 1938–44）が yellow peril の最終例として採用した、1914年の米国政治に関する百科事典の記述にある 1871–1898 という時代区分も、まさにこの時代である。そのまま引用する——

> 1914 *Cycl. Amer. Govt.* I. 262/1 The 'Yellow Peril' Period（1871–1898）.

　この感情が、具体的に「ことば」として結晶してゆくうえで契機となったのが、有名な 1895 年のドイツ皇帝 Wilhelm II の寓意画で、その後、飯倉章『イエロー・ペリルの神話』（彩流社、2004）によると明確に語源を特定するには至らないようだが、三国干渉（1895）に相前後して、日本の大陸進出に脅威を感じた白人の間で、黄色人種脅威感がひろまっていったことは確か

で、これが先の *Webster*[2] の定義の前半部分に呼応すると考えられよう。

　アヘン戦争後の東アジアの植民地争奪戦で、唯一、出遅れていたのが、アメリカである。地の利を得た日本の「一人勝ち状態」に加えられたロシア、フランス、ドイツからの三国干渉（1895）にも加わっていない。つとに捕鯨中継点を求めて太平洋を西漸し、ペリーによる砲艦外交で、日本に不平等条約を押しつけることに成功したアメリカだが（1854）、米西戦争の勝利でフィリピン、グアムを得ると（1898）、「白人の責務」[4] をアジア大陸において遂行すべく、門戸開放・機会均等を叫びながら、既にフランス、イタリア、ドイツ、イギリス、日本、ロシアの間で独占的に権益が確定していた中に割り込みをもくろみ（1899）、地理的に最も邪魔になる日本──白人でもないのに、対等の立場に立とうとして関税自主権の回復や領事裁判権の撤廃などを執拗に求めてくる日本──に対して、急速に敵愾心を強めていくことになる。天心が横山大観らとボストンに滞在していた時期（1904–1905）は、おおむね、Yellow Peril なる表現が、徐々に Chinese から Japanese をも含める意味へと拡大されつつあった時期ということになりそうだ。Heinz Gollwitzer が *Die gelbe Gefahr*（1962；瀬野文教訳『黄禍論とは何か』（草思社）、71）で述べた「二つの黄禍論」の、一番目から二番目への過渡期、または二番目の反日感情の勃興期といってよいだろう。

　実は、そうした状況を示唆する恰好の例が Eric Partridge, ed., *A Dictionary of the Underworld: British & American*（Routledge, 1949）にある。日本人の侮蔑語 Jap の説明である。そのまま引用しよう──

　　Jap, 'a colored person' (No. 1500, *Life in Sing Sing*, 1904), is neither c. nor specifically American, nor used so vaguely; it is coll. (orig. s.) for 'Japanese'.

まず註釈をつけておくと、Sing Sing というのが New York 州にある刑務所の名だというのは、普通の辞書にも載っている。ここでは、1904 年出版の、刑務所での囚人の生活に関する出版物で Jap という語が、刑務所における囚

人の用語として、a colored person の意で用いられている、という記述がある一方、編者の Partridge は、それに対して、Jap は、c.（恐らく colored のことか）でもなければ、「米国人」でもなく、そんなに曖昧に用いられている訳でもない、と述べているのだ。一般論としては Partridge の語義説明を信じるとしても、少なくとも Sing Sing 刑務所の囚人たちが Jap という語で「有色人種」を意味していたという事実は間違いないわけで、天心がボストン市中を闊歩していた正に 1904 年当時、日本人または日系米人が侮蔑用語の対象として地歩を得だしたことの恰好の指標になる用例である。ついでながら、さらに面白いのは、…neither c[olored] nor specifically American… という Partridge の表現のしかたである。日本人が有色人種であることは間違いなし、この文脈で国籍を問題にしているはずもなく、辞書の説明としては本来、…neither black nor specifically white… となるべきところだろう。もしそうだとすれば、Partridge 自身、colored＝black; American＝white という意味でこの定義を作文していたことを、この語義は物語っている。

　若干、脱線するが、19 世紀から 20 世紀初頭にかけての白人の有色人種全般に対する偏見に根強いものがあったのは今更言うまでもないことだが、面白い辞書の用例があるのでご紹介しておこう。合衆国憲法修正 13 条により、奴隷制自体が憲法上消滅したのが、1865 年。それから約 30 年たった 1896 年、有色人種の Homer Plessy（黒人の血が 1／8 だけあり、一見白人に見える）が白人専用客車に乗って逮捕され、合衆国最高裁まで争った結果、separate but equal な分離は合憲であるとの判断が示されている。*Oxford English Dictionary*, 2nd ed.（Oxford U P, 1989）が 'Jim Crow car' の初出例として記載しているのが、次にあげる 1900 年の例文であるのは、我々の天心エピソードとの関連で、極めて示唆的である――

1900 *Morning Leader* 19 Dec. 5／5 'Jim Crow' Cars. In many Southern States there are laws compelling the railroad companies to run on their trains separate cars for colored people…which are called 'Jim-Crow' cars.

再び *DAE* を引用すると、天心が米国に到着する直前の 1904 年 1 月の用例に次のようなのがある。

> 1904 *Forum* Jan. 460 The far-seeing statesmen of Europe…have dreaded the approach…of a coming 'Yellow Peril.'

岡倉天心一行を乗せた伊予丸が Seattle 港に到着したのは、この直後の 1904 年 2 月 22 日のことであった。Yellow Peril 言説の真っただ中にのり込んだことになる。

　そうした黄色人種蔑視の感情を真正面から受けて立ったのが、天心の英文著作 *The Awakening of Japan* (Century, 1904) で、とりわけその中の 'The White Disaster' の章 (95–112) である。構想・執筆時期に関しては、木下長宏『岡倉天心』(ミネルヴァ書房、2005) によると、諸説あるようだが (262–266)、出版は、天心ボストン滞在中の 1904 年 11 月である。天心はその末尾において、Yellow Peril という非難に対して、先ず Chinese を、次に Japanese を弁護してこの書の結末としている (219–222)。本稿末尾の補説 3 にこの部分を引用しておくので、熟読玩味されたい。'The White Disaster' の章も引用したいのだが、残念ながら長すぎる。興味ある読者は、ご自身でご覧になることをお奨めする。

　実は当時、真正面から欧米人の Yellow Peril 感情に立ち向かった英語達人は、天心以外にもいた。その代表格が末松謙澄と金子堅太郎である。この二人は政治の表舞台で活躍した人物で、史料にはこと欠かないが、そこまで立ち入るのは、チンピラの土俵で Yellow Peril を説明しようとしている「岡倉天心エピソード註解」から著しく逸脱することになるので、いずれ稿を改めて、『英語達人列伝』、「第 1 章 新渡戸稲造」の註解として詳述したいと思っている。この他に、英語の達人か否かはさておき、森林太郎 (鴎外) の『黄禍論梗概』(春陽堂、1904) も、黄禍論に対抗したものとして記憶しておかねばならないが、これも本稿の領域からは外れるので名を挙げるにとどめてお

34 笠原順路

く。

　さて、ボストンのチンピラが挙げた最後の選択肢 Javanese についても述べるなら、1891–1892 年に、オランダ人軍医 Eugène Dubois が、当時のオランダ領東インドの Java 島中部の地層から人骨の一部とおぼしき化石を発見したという事実だけを示しておけば十分だろう。なお、後の天心の返答との関係で付言しておくと、この原人の脳の容積がヒトとサルの中間だったことから Dubois は Anthropopithecus や Pithecanthropus（いずれも「猿人」の意）と名付けている。

　どうやら…Chinese, or Japanese, or Javanese? という質問も、単なる出まかせではなかったようだ。実話にしても虚構にしても、その時代、その土地の状況を極めて的確に反映した売り言葉だったのだ。

＊　　　　　　＊　　　　　　＊

　The Call of the Wild（1903）や *White Fang*（1906）などの動物フィクションで知られる Jack London に 'The Yellow Peril' というエッセイがある。これは、東アジアの諸民族に冷徹な観察眼を向け、20 世紀の中国・日本の抬頭を予見したエッセイだが、この執筆より 2 か月ほど前 London が *San Francisco Examiner* 紙に満州から送った従軍レポート 'The Monkey Cage'（1904）は、米国読者の反日感情のマグマを刺激するような段落を含んでいる。明治維新以後、西欧文明を巧みに模倣した日本を、動物園の猿になぞらえ、読者に「猿に注意せよ」と呼びかけているのだ。このエッセイは、Hendricks & Shepard によれば *San Francisco Examiner* 紙に掲載されることがなかったので、天心がこれを読んでいたはずはない。ただ、このエッセイの存在自体、当時これに類した感情が米国人のなかに渦巻いていたことの指標とはなり、天心がそうした感情を空気のように感じ取って、「お前（＝ヨーロッパ文明を模倣している米国人）の方こそ猿ではないか」との意味で、monkey と切り返したとしたら、大したものだ。というより、普段から考えていたからこそ、咄嗟に口をついて出たのだと考えたい。天心の反論だけ掲げて元の文章

を載せないのは、公平を欠く。本稿末尾の補説2に 'The Monkey Cage' の冒頭、問題の段落、結末を掲げておこう。

　ジャワ原人を連想させる選択肢まで相手側から出されたのだから、生物の進化の流れを monkey や donkey（そして Yankee）までさかのぼるという受け答えも、完全に相手の土俵で勝負をしていることになる。しかも、もし相手の米国人が、進化論反対論者で、反進化論の旗手 William Jennings Bryan の大統領選挙遊説演説などを熱烈に支持している人間だったとしたら、一層、強烈な打撃になったことだろう。急いでつけ足すが、これは決して荒唐無稽な想定ではない。我々の逸話から 100 年以上あとの 2012 年の全米ギャラップ調査では、人類は神によって現在あるような姿に創造されたと考える者 46％、人類は過去数百万年の間に神の導きにより低次の生物から現在の姿に進化していったと考える者 32％、人類は過去数百万年の間に神の導きなしに低次の生物から現在の姿に進化していったと考える者 15％、となっている。20 世紀初頭のボストン在住のこの若者が進化論反対論者であるというのは、十分に想定される話だ。

　とまれ、この天心の武勇伝が我々に胸のすく思いを与えるのは、つまるところ、日本人が米国人に対して抱いている感情の奥深いところに、ペリーの砲艦外交以来の劣等感[5]、またはその裏返しとしての鹿鳴館風の憧憬の念があって、そうした憧憬の念など所詮はこのチンピラと同程度のものを有難がって拝んでいるに過ぎないことをこの逸話が思い知らせてくれるから、つまり劣等感情を優越感情に転化してくれるからなのだ。とりわけ英語母語話者に対する無条件の信頼（というより殆ど「信仰」に近い忠誠）を余儀なくされている人、またはそうした思想に基づいてつくられた教育制度のもとで、疑問を感じながらも甘んじて教育を受け（おまけに、あまり知的とはいえないビジネス・コミュニケーション能力を測る英語試験の成績などで人間性まで輪切りにされたと感じ）てきた我が国の英語学習者には、胸のすく思いを与えるのも当然だろう。

　まとめよう。日本人の劣等感情の対象で且つ憧憬の念の対象でもあるアメ

リカ人が、日本人に対して吐いた侮蔑の言葉に対し、天心が理のほどを尽して反論したのが補説3に掲載する *The Awakening of Japan* からの引用だとするなら、そうした侮蔑感情に、情の面で応じた返し技が、ボストン市中での一言だったということになろう。

＊　　　　　　＊　　　　　　＊

　米国での天心について述べる際にもう1つ重要なことがある。それは、天心が欧米において殆ど羽織・袴姿で通していたということである。前述のボストンでの逸話も羽織・袴を着用していた時のことだそうだ。斎藤が『英語達人列伝』で引用している、天心の息子の言である——

　　彼［天心］が私ども［岡倉一雄ら兄弟］に語り聞かせたところでは、「おいらは第一回の洋行の時から、殆ど欧米を和服で通つてゐる。お前達もせめて英語が滑らかに喋れる自信がついたならば、海外の旅行に日本服を用ひた方がいいことを教へて置く。しかし破調の語学で和服を着て歩くことは、甚だ賛成し難い。」と、口癖のやうに言つてゐた。　(43)

　これについて著者は、「英語を完全に習得してこそ、日本人としての文化的独自性を保ちつつ、日本文化を正しく伝えることができる」とコメントしている (43–44)。つまり、日本人の英語達人は、日本人としての文化的独自性を保っているということで、これが著者（＝斎藤英学塾）が讃える、理想形としての英語に接する態度と見做してよい。しかし、だからと言って著者が、「日本人英語学習者は、英語を完全に習得するまで、日本人としての文化的独自性を出してはならない」と主張していると即断するのは危険であろう。この疑問に対しては、恐らく鈴木大拙の章で斎藤が述べていることが、答えになろう——

　　日本の生徒は教室で堂々と発言できないから駄目だ、イエス・ノーをは

っきり言わないから困るという英語教師の苦労話をよく耳にする。だが、それは日本の伝統的な言語文化がなせるわざで、その文化は英語を使ったからといって切り捨てられるものでもないし、切り捨てるべきでもない。それは言語の論理性よりも、言葉の向こう側にある、えも言われぬ「何か」を大事にしてきた文化である。［中略］日本人としての僕の感性からすれば、米国流のディベートのように、ある提題に対し、心情を抜きにして賛否いずれの立場からでも理路整然と議論ができるなどというほうがよっぽどインチキである。以前から僕は、そういう技術や言語使用の理念までを押しつける英語教育に対して疑問を投げかけてきた。それは日本の欧米化を促しはするだろうが、日本人の真の国際化の助けにはなるまい。

(92-93)

　達人の域に至らずとも、日本人としての自己や文化を捨ててまで、英語学習をする必要はない、著者の言葉を借りるなら、「言葉の向こう側にある、えも言われぬ「何か」」を捨ててまで、英語を身につけようとするのは間違い、ということになる。

　天心が、子供たちに口癖のように言っていた欧米社会での和装着用の忠告 (43) の趣旨とは、一言で言えば、相手を理解してから自己主張せよ、という父親が子供に与える処世訓で、もっと現実に即して生々しく言うなら、欧米社会で受け入れられるためには、まず欧米の文化の優越性を認める態度を身をもって示すこと（その尺度が欧米人の言語を話せるか否か）が重要であること、そしてその前提に立って、きちんと自己主張できる人間（その自己主張の度合いを即座に示せるのが服装）がいかに尊敬を受けるか、但し、欧米の文化の優越性を認めるそぶりを示さない人間（＝その言語が話せない人間）は、のっけから野蛮人扱いされるのが落ちである、という意味に解釈したい。但し、こうした欧米中心主義的な考えに天心が賛成していたか否かは、ここでは触れない。

*   *   *

　さて、このような「英語達人」の理想——「日本人としての文化的独自性を保ちつつ」英語を習得すること——を追及しようとした場合、注意しなければならないことがあると筆者は考える。（このあたりから、『英語達人列伝』の註釈からは大きく逸れるので、御用とお急ぎでない方だけ、お付き合い頂ければ結構である。）

　筆者の立場上、あらゆる年齢層の英語初学者と英語で話す経験が豊富にあるが、その経験からすると、日本語で話す時には極めて知性ある立派な人でも、英語を話し始めた途端に知能程度が下がったのでは、と感じさせる日本人が多いことがある。これは、どちらかというと日本人に特徴的な現象で、海外で色々な非英語母語話者と話した筆者の経験からして、日本人以外の人は、多少、英語力が低い人でも、こうした印象を与えることはまれである。日本人に限って、どういうわけか英語で話し出した途端に lingua-imbecility とも言うべき独特の雰囲気を醸し出す人が多い。これは何故か？

　これには 2 つの要因があると筆者は考えている。1 つ目。前述の日本人の場合、誰もがほとんど不可避的に陥る落とし穴、というより、日本的な態度を貫こうとすればするほど抜け出られなくなる蟻地獄に陥っているからだ。その蟻地獄とは、聖徳太子の御世より、日本人が最高価値と見做してきた「和」の精神と無関係ではないというのが、私の説である。根本にあるのが、自己を滅却して、憧憬の対象との融合を目指そうとする精神構造、鈴木孝夫をして「対象への自己同化が日本人にとって美徳ですらある」[6] と言わしめているところの民族的 DNA である。その上に、外国語学習のなかで涵養された、自己を虚しくして謙譲の美徳を志向する精神や、優勢文化に接した時の劣勢文化側の人間の劣等感などが加わり、さらに、異文化接触の最前線においては、相手にすり寄り弱点をさらけ出すことで逆に己が身を守ろうとする咄嗟の自己防衛本能まで働くと、自己意識がブラックホールさながら内向的となって、挙句の果てに lingua-imbecility を演ずることになる、と私

は考えている。

　Lingua-imbecility の 2 つ目の要因。これは、日本人に限ったことではなく、多言語使用者なら大なり小なり経験することであるが、使用する言語によって、自己が変わることから生じるものと筆者は考えている[7]。しかし特に日本人の場合、英語習得過程によって形成された自己（もし、そうした自己があればの話しだが）が、母語文化によって形成された自己と異なることが多い。というより、むしろ、多くの日本人は英語を話す時の自己と、日本語を話す時の自己を、器用に使い分けている風が見られる。ちょうど、TPO に合わせて衣服を着替えるのと同じように（そして、岡倉天心が常に和装で通そうとしていたのとは反対に）。通常の多言語使用者は、常に同じ自己を維持しようとしつつも、使用する言語によって、已むを得ず自己が変わってしまうことを経験（し、場合によっては精神的危機にさえ遭遇）するのだが、大方の日本人の場合はそうではなく、いとも容易に、外向きの自己を英語自己とし、内向きの自己を日本語自己としている人が多い。むしろそうすることで、無意識のうちに内側の日本的なるものを温存しようとしているのかもしれない。

　近年、ディベートを英語でやることを推進しようという動きが顕著である。ではなぜ、日本語でやることに躊躇しているのか？[8]それは、日本語を内向き言語と見做し、英語を外向き言語と見做しているからと考えたい。もっと言えば、集団内での和の形成に資するための言語の役割は日本語に委ね、反対に、対立を所与のものと見做しそれを乗り越えるための役割、または相手の主張を説得・反駁・非難・攻撃するための言語の役割は英語に負わせているのだ。かつて、盛田昭夫と石原慎太郎が『No と言える日本』（光文社、1989）なる書を著し、米国に対して自己主張をし、米国からの不当な要求に対しては断固、拒否の態度を表明することを述べた本がベストセラーになったことがあったが、拒否するときに、日本語で「いいえ」と言えばよいものを英語で No と言うという発想自体が、そもそも英語が外向きに拒否を表現する際の使用言語であると認識されていたことを象徴的に物語ってい

る。

　日本人のこの態度は一貫していて、最近では平成25年6月14日に閣議決定された「第2期教育振興基本計画」でも「基本施策16 外国語教育…など、グローバル人材育成に向けた取組の強化」において、「世界で戦えるグローバル・リーダーを育てる…ため、語学力…等の国際的素養を身に付けさせる教育」を主張している。つまり、母語ではなく外国語を使って世界で戦うというわけだ。と、ここまで書くと、読者のなかには「日本語を使って世界と戦えるわけがないではないか」と反論する方もおられることだろう。実はこの発想自体が、すでに英語世界のなかに取り込まれているのだということを知らなくてはならない。アメリカは母語を使って世界と戦っているから強いのである。その前の大英帝国にしても然り。一部の「グローバル・リーダー」に「語学力…等の国際的素養を身に付けさせ」、世界と戦わせてあわよくば勝とうという発想自体、文化全体としては、内向き志向なのである。

　これは、内向することで外なる異文化との接触や対立を避けようとする、日本人に顕著な「鎖国の本能」ともいうべきものである、と筆者は考えている[9]。だから理の当然として、外向きの自己が、内向きの真の自己（と本人が考えているところのもの）から切り離され、安物の英会話教材にも似て、深い思想とも感情とも無縁な「英語ペラペラ自己」のアパレルを、何の恥ずかしげもなく身にまとったグローバル・パースンが生まれることになる。「真の自己」が、殆ど「英語自己」に反映されていないから、imbecile に見えるのだ。

　しかしその反面、「真に日本的なるもの」は英語では説明不可能と頑迷に信じ（ようとし）ている日本人の何と多いことか。もう、これは、文化的な自己分裂状態である。「客観的規範として外在化されることのない内面的な感情を高い価値とみなす」[10]日本文化の宿痾である。（真に日本的なる茶道の精神を英語で説明した天心の *The Book of Tea*（1906）を見よ！）日本人としての文化的独自性も、その功と罪をしっかりと認識しておく必要があろう。

　斎藤英学塾の塾生のみなさんが、日本的「和」の罪ともいうべき、自己滅

却型の異文化同化志向に傾くことなく、且つ、外向きの自己と内向きの自己の使い分けに安んずることもなく、世に謂う「グローバル化時代」を果敢に生き抜き、この態度を身をもって、未だ目覚めぬ世人一般に広められんことを切に願いつつ、斎藤英学塾の一層の発展を祈りたい——「第一回目の洋行の時から、殆ど欧米を和服で通」(43) していた岡倉天心、「日本語を話しているときも英語を話しているときも、その態度、雰囲気、論理、つまりその人となりのすべてがまったく変わらなかった」(100) ところの鈴木大拙を理想として。願わくば、第二・第三の天心や大拙の生まれんことを！

注

1　本稿は基本的に「お祝い文」である。偉そうに「参考文献一覧」などをつけて、ご祝儀的雰囲気を損なうような無粋なことはしたくないので、書誌情報は最小限にとどめ、明示しなければならない場合でもできるだけ本文中に、やむを得ない場合は注の中に散らしておく。

2　斎藤環が『ヤンキー化する日本』(角川、2014) で Wikipedia を引用して述べた定義 (8)。

3　英語教育の discipline も多様化している昨今、将来の塾生の皆さんへの教育的配慮から、老婆心ならぬ老爺心ながら申し上げておくと、以下、本稿の要所々々で目的に応じて参照する辞書は、どれも英米文化・文学、英語教育等に携わる人なら引き慣れていなければならない辞書である。書名をご存じない方はおられないとは思うが、万が一にも手にしたことのない方は、明日にでも図書館で現物を手にして確認されることを強くお奨めする。以下、本稿前半部では、こうした辞書の定義や用例を舐めるようにして天心エピソードを読んでいく。

4　Cf. Rudyard Kipling, 'The White Man's Burden: The United States and the Philippine Islands' (1899).

5　*The Times* 紙特派員 Henry Spencer Palmer の言を紹介しよう：'If there is one doctrine which we Westerns have hammered into the minds of Orientals more forcibly than any other, it is the doctrine of their own inferiority.' From *Letters from the Land of the Rising Sun* (Yokohama: Japan Mail, 1894), 64.

6　『ことばと文化』(岩波書店、1973)、201.

7　この段落を中心に述べる「自己」という用語の使用に関しては、当初、筆者は「自我」と表現していたのだが、認知言語学の立場から西村義樹氏、異文化コミュニケーションの立場から古家聡氏、心理学の立場から布施光代氏からご教示を頂き、「自己」が適切であると判断し、こう表現した。特筆して深謝する。

8　高等学校外国語の『学習指導要領』には、平成元年度版から「ディベート」という言葉が登場しだしたが、国語には、現行版にいたって、(「討論」とは異なるものとしての)「ディベート」という言葉も、そのような言語活動も未だ登場していない(但し、実際の教育現場ではディベートも行われていると仄聞するが…)。筆者は国語の『学習指導要領』に「ディベート」がないことを非難しているのではない。母語で躊躇している言語活動を、言語運用能力的には母語よりはるかに低いはずの外国語にやらせようという自己の二重構造を問題にしているのである。

9　但し、日本文化は、こうして外界から切り離され内向したときに、高度に洗練された独自の文化の華を咲かせた、というのも疑うことなき事実である。894年の遣唐使廃止がきっかけとなって栄えた平安文化と、1633年の鎖国令によって生まれた江戸文化である。だから幸か不幸か、これが遺伝子レベルで受け継がれてきているのである。昨今話題になっている産業技術のガラパゴス化も、この線上にあると言えそうだ。

10　加藤周一が『日本文化のかくれた形』(岩波書店、1991)で、Ruth Benedict を引用して述べた言葉(43)。

補説 1　岡倉由三郎「兄の事ども」より

Childe Harold's Pilgrimage(研究社、1922)所収。

(漢字は、一部、現代の通用フォントで代用してある。)

　そう云ふ派手な經歴を以て實生活に入つた兄［岡倉天心］とは違つて、とかく病弱で六つ年よわであつた少年時代の自分［岡倉由三郎］は、親しく睦みあひ喧嘩しあふ兄弟として兄に對する機はなく、寧ろ親の樣に兄を尊び兄をあがめたのであつた。兄も亦、わが子ででもある樣に自分を愛撫してくれたのである。ろくろく小學校にも行き得ないで、私塾に漢籍の講義を聽くぐ

らみを關の山に、十五歳まで、のんべんくらりと過ぐした自分は、その頃から英學を當時の共立學校で學び始め、一年ほどしてパーレーの萬國史を讀む様に成つてからは、役所歸りの兄の、夕餉の酒飲む側に嫂と共にゐて、西洋文學の物語など聽くのを無上に嬉しく思つたのであつた。*Les Misèrable* のヂアン・バルヂヤンの上に若い涙を夜ごとに注ぎ續けたのは、その頃であつた。*The Three Musketeers* だの *The Toilers of the Sea* だのゝ話の筋を知つたのも、その頃であつた。兄は好んでヂュマーやユゴーの作物を讀んだ時代があつたのだ。その面白い話の書いてある本の自ら讀める日は何時來るであらうかと、兄の出勤後、その書棚から横文の小説を、そつと取り卸して讀みかけて見たことは、そも幾度であつたらう。

その頃の或る日のことであつた。自分が兄に無斷で取りだして、抑へ難い好奇心で讀みかけて見た本に、今思へば Byron の *Don Juan* の一卷があつた。それは十二折 (duodecimo) 版の小形で厚ぼつたい、細かい活字の、あまり見ばえのせぬ本であつた。今でさへ讀み易くないその發端の部分を、少しばかり窺いて見て、とても齒のたちさうもないので、自分はその小本をまた元の所へこつそりと返して、何喰はぬ顔してすましたことは、今も尚、かなり明かに覺えてゐる。その小本が當時屢々兄の座右に轉がされてゐたので見ると、それは兄が好んで讀んだ本の一つであつたらしい［。］ひと妻に道ならぬ戀をしてその夫の身と共に、遂には己が身の破滅を來たす、あの若い美男の Don Juan の生涯が、生まれつき奇抜な性格に滿ちてゐた兄の心を如何動かしたか、それは知る由もないが、その Don Juan を主題に、己が高鳴る胸の鬱を散じようとした Byron 自身は、Don Juan によく似た人であつたに違ひない。そのまた Byron を兄は如何觀じたのかしら。

自分は兄の風丰にも、その性行にも Byron に似た點が大にあつたと、Byron を繙くごとに思ひ合せずには居られない。その才識に、その覇氣に、その家庭の波瀾に、蔽ふべからざる並行線が、兩者を周(めぐ)つてゐるのを考へるたびに、自分は兩者の爲に、淋しかつた二人の生涯を深く憐れむのである。

補説 2 *From* Jack London, 'The Monkey Cage'

Quoted from Hendricks & Shepard,

Jack London Reports: War Correspondence, Sports Articles, and Miscellaneous Writings (New York: Doubleday, 1970), 113–118.

The Japanese, following the German model, make every possible preparation, take every possible precaution, and then proceed to act, confident in the belief that nothing short of a miracle can prevent success. …Have you ever stood in front of a cage wherein there was a monkey gazing innocently and peaceably into your eyes—so innocent and peaceable the hands grasping the bars and wholly unbeligerant [*sic.*], the eyes that bent with friendly interest on yours*, and all the while and unbeknown a foot gliding out to surprise your fancied security and set you shrieking with sudden fright? Beware the monkey cage! You have need of more than eyes; and beware the Japanese. When he sits down stupidly** to build a bridge with his two hands before your eyes, have a thought to the quiet place behind the willow-screen where another bridge is being builded [*sic.***] by his two feet. He works with hands and feet, he works night and day, and he never does but one thing expected of him, and that is the unexpected thing. …Inventions, weapons, systems (the navy modeled after the English, the army after Germany), everything utilized by the Japanese has been supplied by the Western world; but the Japanese have shown themselves the only Eastern people capable of utilizing them.

* 動物としての猿は凶暴性をもっているのだが、この猿は一見、交戦的なところもなく、friendly である。日本的「和」を心得た猿のようだ。さすが動物フィクションを得意とする London だけのことはある。

** London がこの猿の動作を stupid だとしているのは、本稿で述べた、日本人が

英語を話した時の imbecility と一脈通ずるところがあるのかも知れない。

*** 計 2 つの綴りと文法の誤りが、猿の動作・様態に集中しているのは、もしや Japanese English のパロディか？ 'unbeligerant' は単純なケアレスミスの可能性 も高いが、'builded' はあり得ないミスである。ちなみに *OED*² によると build の過去分詞として用いられた builded は詩語 (*poet.*) または古語 (*arch.*) で、詩の 最終例が 1827 年、散文の最終例が 1644 年である。また *DAE* には builded の 用例は皆無である。もし突き詰めたいなら、Jack London 全作品のなかで build の過去分詞がどう綴られているかを調べれば、容易に分かることだが、筆者の 怠慢で調べていない。塾生有志の方のご教示を請う。

補説 3 *From* OKAKURA-KAKUZO,
The Awakening of Japan
(New York: Century, 1904), 219–222.

Who speaks of the Yellow Peril? The idea that China might, with the aid of Japan, hurl her hosts against Europe would be too absurd even to notice were it not for those things from which attention is drawn by the utterance. It may not, perhaps, be generally known that the expression "Yellow Peril" was first coined in Germany when she was preparing to annex the coast of Shantung. Naturally, therefore, we become suspicious when Russia takes up the cry at the very moment when she is tightening the grasp of her mailed hand on Manchuria and Korea.

The Great Wall of China, the only edifice on earth of sufficient length to be seen from the moon, stands as a monumental protest against the possibility of such a peril. This ancient rampart, stretching from Shan-hai-kuan to the Tonkan Pass, was erected not only as a barrier against foreign encroachment, but also as the self-defined territorial limit of Celestial ambition. During the twenty-one centuries of its existence but occasional sorties were made through its gates, and those only with the object of chastising predatory tribes. It is a fact peculiarly worthy of note that the legendary lore of the Chinese contains no tale of over-sea or crusade-like enterprises, no account of Macedonian conquests or Roman triumphs. The epics of the Trojan war or the Viking sagas find no echo in the literature of the Flowery Kingdom. This cry of a Yellow Peril must, indeed, sound ironical to the Chinese, who, through their traditional policy of non-resistance, are even now suffering in the throes of the White Disaster.

Again, the whole history of Japan's long and voluntary isolation from the rest of the world makes such a cry ridiculous. However changed modern conditions may be, there is no reason for supposing that either Japan or China might suddenly develop a nomadic instinct and set forth on a career of overwhelming devastation.

If the wont of history is to repeat itself, if a real peril is again to threaten the world, it will be one born in the historic cradle of the steppes, not in the rich valleys of the Hwang-ho and the Yangtse-kiang, nor on the terraced hillsides of the Japanese archipelago. It was from within the limits of imperial Russia that in ancient times the Goths, the Vandals, the Huns, and the Mongols descended, with their nomadic hosts, over Europe and southern Asia. It is among the tall grasses that wave to the wind from the banks of the Amur to the foot of the Ural Mountains that the Siberian Cossacks and Tartars, grim descendants of Jenghiz and Tamerlane, still roam untamed. In the atrocities committed in Peking and Manchuria, and in the recent horrors of Kishinef, the world may see what is to be expected from the Muscovite soldiery when once their savage nature has broken loose. Russia herself is responsible for the possibility of that peril which she now attributes to the peaceful nations of the far East.

　Yellow Peril の誹りをかわし、真の peril はロシアの野望にあるという論旨の流れで、日露戦争開戦前夜（出版時はすでに戦争中）の緊迫した情勢が伝わってくる内容だ。また、先に引用した Jack London の茶化しながら諷刺する、軽妙な文体と、OKAKURA-KAKUZO の品格のある重厚な文体の違い

もお楽しみいただきたい。

　言うまでもなく OKAKURA-KAKUZO とは岡倉天心の本名、「岡倉覚三」のことで、『英語達人列伝』には、「天心が自分の名前を英語で表記する際、OKAKURA KAKUZO ［中略］　という具合に、姓名の順序で押し通したのも、おそらく［外国でも和装で通すことと］同様の信念にもとづいたものだろう」(44) とある。しかし厳密にいうと、天心は本書においては本稿で引用しているように姓と名の間にハイフンを入れるという方式を採っていた。このハイフンの意味は何か？　通例ハイフンがある語は、分割することができない。したがって当然、順番を変えることもできない。MLA の style sheet でも Victoria M. Sackville-West の例をあげて、ハイフンの省略をいましめている。他人が勝手に姓と名の順番を変えられないような工夫、それがOKAKURA-KAKUZO のハイフンというわけだ。天心にとって、「姓―名」の順で自らの名前を記すことは、神聖にして侵すべからざる「真の自己」表明の行為だったことが分かる。

比較と科学
　―斎藤英学塾 10 周年によせて―

森田彰

　英学塾の「英学」は、かつての蘭学のように、単に学問上の問題だけに留まらない実に幅の広い、英語(国)を媒介にした「知」を意味している、と斎藤先生から伺ったように記憶しています。私も、またそう思います。そして、その純粋な学問に留まらない幅広さこそが、実は科学的にものを見る機会、inspiration を私たちに与えてくれる、極めて重要な事柄に思えるのです。

　さて、インド・ヨーロッパ語比較文法の泰斗、高津春繁先生は、何と太平洋戦争中にですが、そのご著書の自序で「比較とは二個以上の対象を相近づけて、その間の異同を観察することである。我々は比較によって研究対象を整理し体系づける。凡そ如何なる科学と雖も、それが実証的帰納的であるかぎり、比較を使用せずには成立し得ない。(中略)すべての比較科学の目的は研究対象の中に存する異同を求め、これによって対象を体系中の妥当なる関係に置くにある。」(『比較言語学』第 3 版、1943 年、河出書房。新字体に改めた)と書いていらっしゃいます。

　卑近な例で考えてみましょう。ここに、一匹の犬がいます。この犬が何たるかを知るために、その犬の性質をどんどんと数え挙げていきます。かなりの程度その性質が書き出せ、リスト化されたところで、他の(この場合は他の動物が適当でしょうが)ものについてのリストと比較を開始します。すると、他のリストとはダブらない、その犬だけにしかない性質、または、他とその犬とを分ける性質(これを design features と呼ぶ人がいます)が見えてきます。さらにリストの数(種類)を増やしてこれを続けると、近似のものが

いくつかあることに気づき、そしてその近似のものとを分ける性質もはっきりしてきます。ここに、プードルの何たるかが理解され、猫やテリアとの関係もはっきりすることになるわけです。最後には、最初に見た犬が、例えば生物と言う体系の中でどのような位置にあるものかが、はっきりしてきます。

つまりこれは、定義（限定）のプロセスなのですが、ヨーロッパに発した広い意味での近代科学は、これを研ぎ澄ましてきました。定義によって可能になるのが、議論です。議論は、定義のプロセスでも行いますし、また、定義がされた後でもその定義の妥当性や効率性、モデル化の有効性について、また未知の対象に対して既存の定義やモデルが有効か否かなどの議論もなされます。

こうした定義や議論、そしてモデル化の妥当性を担保するのが、適切な記述方法でしょう。「適切な」記述方法と言っても、実はそう単純なものではなく、ある目的にとってはよい記述方法が、別の目的ではそうではない、という例もあります。英文の構造を記述する5文型と句構造標識などは、その1つの例かも知れません。

国際学会などでも、今頃そんな事が話題になるのか、と言った感じの、ある意味レベルの低い議論がなされる事がありますが、それでも、この定義のプロセスとその妥当性を疎かにしない、という点では、日本の学会は見習うべきものがある、と思い我慢して聞いています。

事物を比較すると言っても、世にある森羅万象をひとつひとつ比較することは、とても一人の人間が成せる事ではありません。それでこそ、学問の蓄積が必要なのですが、個人が比較を行うにしても、時間や手に入る対象の制約などで、限界があります。そこで、重要なのが健全で幅広い知識と、そうした知識を提供し合う fellowship を担保してくれる知的集団、という事になると思っています。

その意味で、斎藤英学塾は、これからも英学塾であり続け、多くの inspiration を与える存在であり続けて頂きたいと思っています。今に変わらぬ斎

藤先生の leadership、学識とお人柄がその集団にとって不可欠である事は、言うまでもありませんが。

斎藤英学塾 10 周年に寄せて

奥聡一郎

　このたびは、敬愛する斎藤兆史先生が主宰する研究会、斎藤英学塾が 10 周年を迎えたとのこと、誠におめでとうございます。斎藤先生にご指導をいただいた一人として斎藤英学塾で研究成果の発表の機会をいただいたほか、クリスマス会への出席など間接的にしか貢献できていませんが、私自身の気持ちは英学塾の末席の一員として、ご発展を思い、心よりお慶び申し上げます。斎藤先生が英学塾の目的を「英語をめぐるバランスのとれた知識と教養を身につけてほしいと願っている」とし、高度に専門化した分野をつなぎとめる役目を英学塾という名にこめたということを知り、改めてその壮大な視野と高い視座に感銘する次第です。

　さて、斎藤兆史先生と初めて出会ったのは言語情報科学専攻が開設された平成 5 年度の「テクスト受容論演習」という授業でした。文体論の基礎的な文献を精読する演習では社会人入学した私が一番目に発表の担当となり、次の週の発表まで準備に相当苦労した思い出があります。アウエルバッハの「ミメーシス」の第 1 章、第 2 章が担当で、原文と篠田訳の翻訳を突き合わせながらレジメをまとめるべく葛藤した記憶があります。こんなに論文を読みこんだのは前にも後にもなかったと思います。30 代の颯爽とした先生の解説やコメントには、優しいなかにも学問の厳格さが感じられました。今の私が文体論と英語教育の両方で業績をあげられたのも先生のご指導があってのことです。このような学生の指導に熱心な先生を慕って、大学院に集まる学生の数が多くなり、斎藤英学塾での研鑽の日々が始まったと思います。お

(平成5年言語情報科学専攻「テクスト受容論演習」受講者とともに)

そらく、英学塾の皆さんも斎藤先生の的確なコメントと励ましに感じることがあったはずです。

　斎藤英学塾では基本文献の精読から各自の研究発表まで様々な活動が行われてきたと思います。修士論文、博士論文、学会発表と自分の課題の土台にすべく研究会に参加され、また自分の英語力の充実を目指して、それぞれ成果を上げておられると思います。その訓練を経た塾生が論文を完成させ、日本英文学会や様々な学会で発表されることはうれしい限りです。さらに、これから次の10年のステージに向かうにあたって、いろいろな分野の塾生が集まる機会を活かして、ぜひ科研や学会のプロジェクトなどチームとして1つの研究成果をあげることを願っています。斎藤英学塾発信の研究成果は、更なる英語教育界の発展の礎になるでしょう。斎藤先生の学恩を受けてきた者も一緒になって応援できることがあるかと思います。ぜひ、10周年を記念した取り組みを始めて新しい一歩を踏み出すことを期待しております。

　最後に斎藤先生をはじめ、英学塾の運営に当たる方々には、当初は大変なご苦労もおありだったでしょう。この10年という長いようで短いこの期間に、かくも立派な成果を残してこられたことは誠に素晴らしいことです。ま

すますの斎藤英学塾の発展を祈念してやみません。

第2部　論文

「一見すると、英語を教えつつ英語教師を育てることと、文学を教えることは別物であるかのように思える。あるいは、まったく相反するもののようにすら見えるかもしれない。だが、歴史を遡ってみれば明らかなとおり、明治以来の英学はまさにその2つのことを同時に行っていた。英語を教える（学ぶ）ことは、同時に英文学を教える（学ぶ）ことであった。その2つを分けてしまったものは、明治後期から大正時代に起こった英文学と英語学との専門分化であり、さらに、英語をもっぱらコミュニケーション能力としてとらえたがる最近の英語教育理論である。いまでは、英語教師と英語文学教師が別の人種になってしまったかのようにすら見える。

　だが、文学というものがもっとも洗練された言語表現である以上、文学作品を用いない英語教育（学習）はあり得ない。そして、言語が文学のなかでもっとも重要な要素である以上、英語教育（学習）につながらない英語文学教育（学習）もあり得ない。とすれば、言語と文学との本来の関係の修復、英学的なバランス感覚の回復、そしてそこに加味するものとして、現代の高等教育に求められている国際感覚育成の視点こそが、現在の英文科および英語・英語文学関係の研究・教育機関に求められているものなのである。」

(斎藤兆史『英語の教え方学び方』2003, p.6)

Revisiting Primary English Education in Japan

Daichi Ikutani

1. Abstract

This essay aims to recapitulate recent moves in primary English language education and provide implications based on the issues discussed in the literature. Foreign Language Activity has become compulsory recently, and English is likely to be taught as a subject at primary school. It is claimed that Keidanren has played a role in the introduction of English teaching into primary education. There are papers which show positive effects of primary English education, but research carried out in the past should be examined closely, and instructors should be careful about language imperialism. Furthermore, a variety of opinions should be collected in decision-making, and time to scrutinise what has been done in the past is necessary before new attempts are made.

2. Changes in Primary Language Education

The recent main move in primary language education is the establishment of Foreign Language Activity (FLA). Before the establishment, many primary schools taught English in the period for integrated study. The Ministry of Education, Cultures, Sports, Science and Technology (MEXT) (2008) describes that 88% of primary schools implemented English language activities in 2003. The Central Educational Council, a committee discussing schemes for language education in primary education, noted in 2006 that improvements of English language curriculum for primary school pupils were necessary for smooth transition to English classes at middle schools. The percentage of primary schools which implemented English language activities rose to 97% in 2007 and the Central Educational Council announced the introduction of new classes for activities to learn foreign languages into the educational curriculum in 2008. In the same year, the government made amendments to the government curriculum guidelines for primary education and FLA was established. After all these moves, FLA became compulsory at all primary schools in 2011. According to MEXT (2012), the objective of FLA is to build the basis of communicative competence for subsequent development through learning linguistic and cultural aspects of languages.

Moreover, MEXT (2013) presented a proposal which heralded major language educational reforms. The proposal states that there will be complete educational reforms in English teaching in primary and secondary education in order to globalise the nation. In the proposal, the reforms appertaining to primary English education include the arrangement of a few English classes a week taught as activities in the third and fourth grades and three English classes a week taught as a subject in the fifth and six grades. The objective of the English classes taught in the third and fourth grades remains the same as the objective of FLA mentioned above. Homeroom teachers are expected to conduct the English classes. On the other hand, the objective of the English classes taught in the fifth and six grades, differing from the previous objective, is to nourish elementary practical language competence in English. Furthermore, the proposal suggests employing teachers who are specialised in English language instruction and teach only English classes. The proposal also addresses issues concerning the current status of primary English education. The issues include lack of teachers who are highly competent in English language instruction and necessity of reinforcing homeroom teacher's instructional skills. Training is highlighted as the measure against such issues. The proposal emphasises on setting goals, which are to be attained through both primary and secondary education, in order to achieve communicative competence in English. The next most likely reform to take place in primary English education is to teach English as one of the official subjects.

3. A Factor behind the Introduction

Primary English education is currently undergoing rapid changes. As to how the introduction of primary English education was motivated, Mizuno (2008) pointed out that the introduction was driven by the proposal presented by Keidanren in 2002, which was an organisation composed of listed companies in the first section of the Tokyo Stock Exchange. The proposal by Keidanren (2000) strongly expresses the necessity of personnel who can be globally active and claims that the instruction of English language in secondary and higher education needs to be ameliorated. Furthermore, the proposal marks the importance of communicative skills in English: it points out that English education in Japan revolves around development of literacy skills, and thus students' oral skills are not adequately developed. In order to strengthen practical language skills in English, English education should commence as early as possible so that students become familiar with aural input in English. The proposal also contains constructive suggestions on what the government can do to ameliorate English education, with focus on developing communicative skills in primary and secondary education. The proposal places an emphasis on English classes in primary education and affirms that providing more opportunities for learners to be exposed to English should be encouraged.

The Cabinet proposed that the government was to work on establishing schemes to improve English education in 2002 and, one month later, issued a strategic plan for producing Japanese who are competent in English. The government made amendments to the strategic plan and renewed the plan as "action plan" (MEXT, 2003) in 2003. Mizuno (2008) describes the close resemblance between Keidanren's proposal and the action plan, and explains that the action plan reflects the business community's demands. The integration of English language teaching into primary education is claimed to be initiated by the demands from the companies which play important roles in Japanese economy.

4. Research Focused on the Effects of Primary English Education

There have been a number of studies focused on the outcomes of primary English education. Uematsu (2011) tested first year middle school students' knowledge and skills in 2007, 2008 and 2009 in order to measure the effects of primary English education. The first year students in 2007 and 2008 participated in 70 English classes at primary school, and the first year students in 2009 participated in 90 English classes. The results showed that the students tested in 2009 performed better than the students tested in 2007 and 2008, indicative of the students' proficiency increase due to their participation in more English classes at primary school. The researcher also tested second year middle school students' speaking skills in 2007, 2008 and 2009. The students tested in 2008 and 2009 participated in 70 English classes at primary school, and students tested in 2007 participated in 35 English classes. The results again showed that the students tested in 2009 performed significantly better than the students tested in 2008, and also the students tested in 2008 performed significantly better than the students tested in 2007. The results indicated success in nourishing students' communicative skills. Uematsu (2014) continued his longitudinal research and again tested first year middle school students' language competence in English. The students tested in 2012 participated in 130 English classes at primary school and the students tested in 2009 participated in 90 English classes. It was found that the students in 2009 performed better than the students in 2012, and the researcher concluded that without adequate environment in which students learn English at primary school, instruction would not be effective.

There are also studies which indicate the effects of English education on nourishing positive attitudes towards English and foreign countries. In the research conducted in Saito (2013), first year middle school students who participated in English classes at primary school answered questionnaires on their attitudes towards English. A large proportion of the students showed positive attitudes in the questions asking whether they were interested in foreign countries and English, and the researcher suggested that the positive attitudes were derived from primary English language education.

A similar study conducted in Hamanaka (2013) also showed positive effects on attitudes. The primary school children had been learning English since the third grade and completed questionnaires. Almost all the participants answered positively for the question asking whether they liked learning English. Moreover, the primary school children scored slightly higher than the average in Jido Eiken, which measured children's English language comprehension.

There also were positive findings in Nakajima (2013). The researcher asked middle school students who learned English at primary school whether they thought learning English at primary school was a good experience and to what the experience contributed. 64% of the participants answered in the affirmative for the question asking whether it was a good experience and approximately 90% of the participants answered that the experience contributed to the development of listening and speaking skills. The results indicated the students' positive attitudes towards learning English.

Furthermore, the research conducted in Uematsu, Sato and Ito (2013) suggested similar results. The researchers investigated primary school children's listening competency and their mental attitudes in relation to the number of English classes the children participated. The children who participated in 160 to 210 classes expressed more positive attitudes towards learning English and scored higher in the listening test than those who participated in fewer classes.

5. Points Discussed in the Literature

Although there are studies which have shown positive effects, there are facets of primary English education that need to be discussed. In the literature, there are several issues discussed. Saito (2005: 20–21) points out that primary English education were conducted since the Meiji Era and the issues currently under debate were discussed in the past. Okakura (1911: 14) concluded that English education at primary school had not been successful in the face of the results that there were no outstanding learners. He also emphasised the importance of the development of learners' first language as the basis for learning foreign languages.

There is an issue pertaining to lack of skilful English teachers. Erikawa (2008: 2–3) argues that such an issue was already discussed a century ago. Saito (2005: 31) also warns that if teachers with inadequate oral competency in English conducted classes completely in English, the students' abilities to acquire languages would be negatively influenced by the teachers' improper language production. Furthermore, Otsu (2004: 57) expresses a concern that if primary school children acquire improper language knowledge or skills through teachers who are not adequately trained to teach a language, unlearning those acquired knowledge or skills requires great efforts.

Another issue which should be taken into account is how the experience of learning English at primary school contributes to subsequent learning. Torikai

(2006: 12) suggests that there are no notable differences in acquisition of pronunciation, knowledge and performance in English between students who have studied English at primary schools and students who have not. Furthermore, Ishihama and Someya (2014) focused on the three facets pertaining to learning English, namely interest, liking and understanding, and studied how the experience of learning English before entering middle school affected third year middle school students' English listening skills in relation to the three facets. The findings indicated that the experience of learning English before entering middle school did not play a crucial role, whereas the degree of students' interest, liking and understanding at the time played an important role in students' listening comprehension. Therefore, for third year middle school students, how the students perceived English after entering middle school was more important.

Moreover, Saito (2005: 31) claims that primary English education based on biased ideology may encourage English language imperialism. Otsu (2004: 52–53) explains that English language imperialism is a belief that English is more appropriate as a global language than other languages. Such belief may lead the public into thinking that people who speak English are superior to people who cannot speak English and cultures established by English people are better than other cultures.

Further, Torikai (2006: 45) states that although levels of agreement on the introduction of English into primary education vary among the members of the Central Educational Council, there is not a member who disagrees with English teaching in primary education. According to MEXT (2004), anxiety about Japan's global competitiveness which may weaken due to lack of fluent speakers of English is expressed in the first assembly of the Central Educational Council. The discussion can be steered into unanimous agreement in the absence of a member who disagrees with primary English education. Considering the circumstances, equilibrium is not maintained and therefore it is difficult for oppositional opinions, which may contain profound thoughts, to take part in decision-making.

There has been a debate over the introduction of English teaching into primary education and there is a research which has closely investigated such debate. Terasawa (2008) argues that there are three points which cause disputes between practitioners who advocate primary English education and practitioners who do not. The first point is placed upon the necessity of learning English for primary school children. The second point concerns the question of whether the commencement of English education at early stage of public education has positive effects on English language proficiency. The last point revolves around how learning English in primary education contributes to the development of positive attitudes towards different cultures and communication.

6. Implications of the Issues Discussed in the Literature

Researchers should examine researches conducted in the past more closely. Securing proficient language instructors has been an issue over a century and intensive language courses should be provided in teacher training. There are a myriad of studies focused on primary English education which show both positive and negative effects. Close scrutiny on those studies will suggest what is effective and ineffective, and lead researchers into more sophisticated and profound thoughts. Those studies may also allow researchers to predict future problems in primary English education. Furthermore, close examination into those studies should shed light on how the transition from primary English education to secondary English education can be effectively made. Researchers should develop a curriculum which maximises the experience of learning English at primary school through examination of those studies. Research conducted in the past should be studied due to potential discovery of useful information from the past.

As to English language imperialism, Matsukawa (2004: 39) claims that English language imperialism can be overcome if it is shown that an ordinary person, such as a primary school teacher, is also able to use English. Primary English education may encourage English language imperialism over Japanese language, and therefore the ways to teach English at public schools need to be considered carefully in order to avoid biased beliefs in English. Classes which focus on the importance of Japanese as children's first language or make children realise how important their identity as Japanese can also be provided.

Finally, opinions form a variety of points of views should be collected in decision-making. In order to carry out thorough discussion and produce fruitful ideas, opinions from different viewpoints are necessary.

7. Concluding Remarks

There are studies which show improvements on primary school children's mental attitudes and indicate that those who have been long exposed to English demonstrate higher level of English language competency than those who have been exposed less. If the ultimate goal is to nourish positive mental attitudes, primary English education seems to be making progress. However, if the ultimate goal is to enable students to interact fluently with others in English, there still is a lot to do. What needs to be done at this stage is to review the attempts made. Primary English education is undergoing rapid changes in its curriculum as a number of announcements on large-scale language teaching reforms have been made. However, enough time is not given for the reforms to be closely scrutinised. Lack of time given to measure precise effects of primary language education may lead to failure to maximise its effects and advantages, and also burdens on teachers' minds on account of the rapid changes in its system. There should be time allocated to examine research results and determine what sorts of instructions or changes in curriculum are effective before new attempts are made.

References

Erikawa, Haruo. (2008). *Nihonjin ha Eigo wo Dou Manande Kitaka* (How Japanese Learned English). Tokyo: Kenkyusha.

Hamanaka, Michiko. (2013). Shougakkou Dai3gakunen Kara no Kyouka Gaikokugo no Jissenkenkyuu ni Okeru Seika to Kadai (The Achievements and Issues Concerning Practical Foreign Language Subject Since the Third Grade in Primary Education). *Narutokyouikudaigaku Shougakkou Eigokyouiku Sentaakiyou*, 4, pp.51–60.

Ishihama, Hiroyuki and Fujishige Someya. (2014). Shougakkou ni Okeru Eigogakushuukeiken no Umu to Jouimen ga Chuugaku3nensei no Choukairyoku ni Oyobosu Eikyou(The Influence of English Learning Experience and Emotional Aspects on the Listening Comprehension Ability of Third-Year Junior High School Students). *Bulletin of Joetsu Univeristy of Education*, 33, pp.137–146.

Keidanren. (2000). *Groobarukajidai no Jinzaiikusei ni Tsuite* (Human Resource Development in the Globalised Era). Retrieved from http://www.keidanren.or.jp/japanese/policy/2000/013/index.html

Matsukawa, Reiko. (2004). Shougakkou Eigokatsudou no Genzai kara Kangaeru (Revisiting

Primary English Activity). In Yukio Otsu ed. 2004. *Shougakkou deno Eigokyouiku ha Hitsuyouka* (Is English Education at Primary Schools Necessary?). Tokyo: Keiougijukudaigaku shuppankai. pp.17–44.

Ministry of Education, Cultures, Sports, Science & Technology. (2003). *Eigo ga Tsukaeru Nihonjin no Ikusei no Tame no Koudoukeikaku* (Action Plan to Cultivate "Japanese with English Abilities"). Retrieved from http://www.mext.go.jp/b_menu/shingi/chukyo/chukyo3/004/siryo/04031601/005.pdf

Ministry of Education, Cultures, Sports, Science & Technology. (2004). *Kyouikukatei Bukai Gaikokugo Senmonbukai (Dai1kai) Gijiroku* (Section of Education Curriculum Section of Foreign Languages (first time) Proceedings). Retrieved from http://www.mext.go.jp/b_menu/shingi/chukyo/chukyo3/015/gijiroku/1263927.htm

Ministry of Education, Cultures, Sports, Science & Technology. (2008). *Shougakkou Gakushu Shidouyouryou Kaisetsu Gaikokugo Katsudouhen* (Explanation of the Course of Study for Foreign Language Activity for Primary Schools). Retrieved from http://www.mext.go.jp/component/a_menu/education/micro_detail/__icsFiles/afieldfile/2009/06/16/1234931_012.pdf

Ministry of Education, Cultures, Sports, Science & Technology. (2012). *Shougakkou Gaikokugokatsudou Saito* (Website for Foreign Language Activity). Retrieved form http://www.mext.go.jp/a_menu/shotou/gaikokugo/index.htm

Ministry of Education, Cultures, Sports, Science & Technology. (2013). *Guroobaruka ni Taioushita Eigokyouiku Kaikaku Jisshikeikaku* (English Education Reform Plan Corresponding to Globalization). Retrieved from http://www.mext.go.jp/b_menu/houdou/25/12/__icsFiles/afieldfile/2013/12/17/1342458_01_1.pdf

Mizuno, Yuka. (2008). Keidanren to Eigo ga Tukaeru Nihonjin (Keidanren and "Japanese with English Abilities"). *Eigokyouiku*, 57(1), pp.65–67.

Nakajima, Yoshifumi. (2013). Muchuu ni Nareru Eigo no Gakushuu wo Mezashite (For the English instruction which attracts learners.). *Narutokyouikudaigaku shougakkou eigokyouiku sentaakiyou*, 4, pp.61–70.

Okakura, Yoshisaburo. (1911). *Eigokyouiku* (English Education). Tokyo: Hakubunkan.

Otsu, Yukio. (2004). Kouritsugakkou deno Eigokyouiku-Hitsuyounashi Ekinashi Gaiari Yotte Haisubeshi (English Education at Primary Schools- Unnecessary, Unbeneficial, Harmful and Therefore it should be Abandoned). In Yukio Otsu ed. 2004. *Shougakkou deno Eigokyouiku ha Hitsuyouka* (Is English Education at Primary Schools Necessary?). Tokyo: Keiougijukudaigaku shuppankai. pp.45–80.

Saito, Takahide. (2013). Kumatorichou no Gaikokugokatsudou(eigo) no Torikumi -Oosakafu Tsukaeru Eigo Purojekutojigyou wo Toushite-(Attempts made by Kumatorichou on Foreign Language Activity (English) -as a part of the English project by Osaka-). *Narutokyouikudaigaku shougakkou eigokyouiku sentaakiyou*, 4, pp.39–49.

Saito, Yoshifumi. (2005). Shougakkoueigo hisshuuka no giron ni hisomu otoshiana (A Pitfall Behind the Debate over Making English Compulsory at Primary Schools). In Yukio Otsu ed. 2005. *Shougakkou deno Eigo ha Hitsuyounai*. Tokyo: Keiougijukudaigaku shuppankai. pp.19–36.

68　Daichi Ikutani

Terasawa, Takunori. (2008). Shougakkou heno Eigokyouiku Dounyuu ni Kansuru Ronsou no Bunseki (An Analysis of the Debate on the Introduction of English Education into Primary School). *Language and Information Sciences*, 6, pp. 207–225.

Torikai, Kumiko. (2006). *Ayaushi! Shougakkoueigo* (Danger of Primary English Education). Tokyo: Bungeishunju.

Uematsu, Shigeo. (2011). Tokku ni Okeru Shougakkou Eigokatsudou no Choukiteki Kouka no Kenkyuu (An Investigation on the Subsequent Effects of Elementary School English Language Teaching in a Specific District). *Kyoutosangyoudaigaku Kyoushokukenkyuu Kiyou*, 6, pp.19–42.

Uematsu, Shigeo. (2014). Tokku ni Okeru Shougakkou Eigokatsudou no Choukiteki Kouka no Kenkyuu -6nenkan no Keizokuchousa no Matome- (An Investigation into the Effects of Elementary School English Language Programs : Summary of a Six-Year Study). *Kyotosangyoudaigaku Kyoushokukenkyu Kiyou*, 9, pp. 17–38.

Uematsu, Shigeo, Reiko Sato and Setsuko Ito. (2013). Eigokatsudou no Kouka ni Tsuite -Eigoshuujukudotesuto to Ankeeto wo Riyoushita Yobiteki Chousabunseki- (Effectiveness of the English Activities at Elementary School : A Preliminary Study Based on the English Proficiency Test and Questionnaires). *Shougakkou Eigokyouikugakkai Gakkaishi (JES Journal)*, 13, pp.68–83.

日本の小学校英語教育の課題
―韓国の事例研究を踏まえて―

早瀬沙織

1. はじめに

　2013 年 12 月 13 日に文部科学省は、文部科学省 (2013a)「グローバル化に対応した英語教育改革実施計画」を発表した。その計画によると、2020 年東京オリンピック・パラリンピックの開催に合わせて、小学 3・4 年生に対し週に 1–2 コマ「活動型」、小学 5・6 年生に対し週に 3 コマ程度「教科型」の英語教育が実施されることとなる。注目すべきは、小学 5・6 年生で「教科化」されることである。2011 年度から小学 5・6 年生に対し「外国語活動」が「活動型」として週に 1 コマ実施されているが、2020 年度からは「英語」が「教科」として教えられることになる。「活動型」から「教科化」されるとなると、小学校での外国語教育が FLEX (Foreign Language Experience/Exploration、フレックス) から FLES (Foreign Language in the Elementary School、フレス) へ移行することとなる。小学校段階における外国語教育はその目的と全教育課程に占める授業時間数の割合により、以下の 3 つに分けることが出来る (文部科学省 2007a: 63)。

（1）Immersion（イマージョン）
　　実用的な外国語の習得が目的。週当たりの授業時数の概ね 50% 以上で外国語を使う教育。
（2）FLEX（フレックス）

外国語体験活動。目的は広い意味での外国語学習の導入であって、何のために外国語を学ぶのかという動機づけ。母語とは違う言葉でコミュニケーションをする重要性、母語に対する認識を深めるということが目的。週当たりの授業時数概ね1%から5%を占める。

（3）FLES（フレス）

スキル学習を直接的な目的とするものである。教科としての外国語教育。

つまり、FLESに移行することになると、小学校段階からスキル学習をも取り入れる必要がある。2015年現在、日本では2020年度に上記の計画を完全実施することに向けて、指導体制の整備や検討がなされている。小学校での英語教育が変化するということは、小学校に続く中学・高校、そして大学と英語教育全体に影響を与えるものであり、日本の英語教育全体の目標、カリキュラム等様々な変更が必要になってくる。中でも、文部科学省（2013a: 1、6）によると、英語教師の確保、研修制度、教科書は、検討や試行が開始されているが、どのように実施されているのか、実態を把握し不十分な点はないのか吟味し検討をしていく必要がある。

韓国は、1997年度から小学3年生以上に英語を教科として必修化している（文部科学省 2005a: 2）。未だ教科を必修化する過程にある日本と状況を異にするものの、日本と同じアジア圏に属す韓国は、導入の経緯等に類似点も多く、日本の英語教育を考える際に非常に参考になると考える。本稿では、韓国の小学校の英語教育の事例を分析することで、今後の日本の小学校英語教育の課題を考察したい。

2. 韓国と日本の類似点

本節では、英語をめぐる状況、背景、そして導入の経緯等において、韓国と日本との類似点について確認しておきたい。

2.1 英語をめぐる状況の類似点

Yuasa（2010: 147–148）は日本と韓国の似ている状況として以下の4点を挙げている。

(1) 両国の母語（韓国語と日本語）と英語の文法は構造が異なっていること。

(2) 日常生活で英語を使わなくても暮らせること。

(3) グローバリゼーションによって、仕事でのコミュニケーションツールとして英語が益々必要となってきていること。

(4) 自国の英語力に満足しておらず、英語力が他国に比べ劣っていると感じ英語教育が批判されること。

1点目は、日本語と韓国語は英語との言語距離が遠いとされているので、日本人・韓国人の英語学習者は、言語距離が近い母語を持つ英語学習者よりも英語学習をする上で困難になりうる点である。2点目は、外国語として英語を学ぶ環境である類似点を挙げているが、これは日常的に使用しない、将来皆が使用するわけではない英語をなぜ学ぶのかという問題にも繋がる点である。3点目に関しては、すべての仕事が英語をコミュニケーションツールとして必要としているわけではないが、近年 TOEIC 等の試験の点数が高いと就職活動でプラス要因に働くため、多くの大学生が就職活動の前に試験を受ける状況があり、また、英語のみで会話をすることを規定し、それを売りにしている会社も存在する（中原 2008: 47、50–51、柏瀬 2003: 56–59）。このような状況からも、英語が出来ることを求める会社・仕事が増えてきていることが伺える。4点目は、どのような人が満足しておらず、何をもって劣っていると感じているかは明らかにされてないが、より高い英語力・英語教育を国や社会が求めていることが分かる。

2.2　小学校英語教育の導入の背景と経緯の類似点

　日本と韓国は小学校で英語教育が導入される時期の違いはあるが、その導入の背景と、両国が辿っている経緯には、類似点が多く見られる。

2.2.1　韓国の小学校での英語教育導入の背景と経緯

　韓国において、小学校に英語が導入された要因としては、1980 年代に韓国の経済が大きく発展を遂げた点が挙げられる。1988 年に第 42 回オリンピックがソウルで開催されたことにより、国際化の動きが強まり、1994 年のWTO（World Trade Organization、世界貿易機関）の加盟により英語が出来ることの重要性がさらに高まった（文部科学省 2005a: 2、バトラー 2008: 50）。また、1997 年から 1998 年に起きたアジア通貨危機において IMF（International Monetary Fund、国際通貨基金）が韓国政府の要請により介入し韓国経済を立て直した結果、多国籍企業が増加し、貿易依存度[1] が高い経済状況が生まれ、英語コミュニケーション能力への社会のニーズが年々高まった（中央日経社 2012）。

　韓国では、1954 年に朝鮮戦争休戦協定成立後から今日に至るまで、日本の学習指導要領にあたる教育課程が 8 回にわたり改訂され、実施されてきた[2]。各教育課程の詳しい内容[3] については今回触れないが、英語教育に関する変化としては、それまで文法シラバスであったが第 6 次教育課程から、概念・機能シラバスへと切り替わり、第 7 次教育課程の 1997 年度から小学校において英語が教科として必修化された（文部科学省 2005a: 2）。1997 年度に教科として英語教育が小学校に導入されるまで、1972 年度に一部の指定学校で「特別活動」の中で実施され、第 4 次教育課程の始まる 1981 年度より小学 4 年生以上に「特別活動」の時間の中で英語教育が実施された。1998 年度には学校ごとに自由な学習活動の出来る「裁量時間」を活用し、小学 5・6 年生で実施され、1995 年度には教育部により「初等学校における英語教科新設のための教育課程改善計画」が告示され、1997 年度から英語を教科として導入することが決まり、1997 年度までの 2 年間は研究校で試

験実施が行われた。

　授業時間数は、1997 年度は小学 3–6 年生に週 2 回、40 分英語の授業が必修化され、小学 3 年生から徐々に高学年へと導入されていった。2001 年度に、小学 3・4 年生が週 1 回へと変更となった[4]が、2010 年度には小学 3・4 年生も英語スキル向上のため週 2 回に時間数が増え、2011 年度には小学 5・6 年生においても週 3 回と授業時間数が増加された。2015 年現在は、2011 年度の状況と同じく、小学 3・4 年生は週に 2 回、40 分授業（年間では 34 授業）、小学 5・6 年生は週に 3 回、40 分授業（年間では 69 授業）が実施されている。

2.2.2　日本の小学校での英語教育導入の背景と経緯

　日本で小学校に英語教育が導入された要因は、韓国・中国などアジアの早期英語教育の実施による後押し、日本人の英語運用能力が低いこと[5]、早期英語教育実施による英語能力向上の期待、実施内容や時間のばらつき緩和が挙げられる。「外国語活動」を必修化させた理由としては、文部科学省は「グローバル化への対応」とともに、「教育の機会均等の確保」「中学校との円滑な接続」を挙げており、全国で共通した指導内容を設けることとしたとしている（文部科学省 2008b: 64）。

　まず、日本で 2011 年度に小学校において「外国語活動」が必修化され、現在に至るまでの概要をおさえておく。1992 年度に研究拠点校が 2 校[6]指定され、1996 年度には各都道府県に研究拠点校が 1 校ずつ設けられている。2002 年度に「総合的な学習」の時間内で小学 3 年生以上に「外国語活動」が実施され、公立学校での「外国語活動」の実施率が 2003 年度には 88.3 ％、2004 年度には 92.1%、2005 年度には 93.6%、2006 年度には 95.8%、2007 年度には 97.1% と年々増加した（文部科学省 2003、2004、2005b、2006、2007b）。2006 年度の新学習指導要領の告示で「外国語活動」の必修化が決定し、2013 年度に前述した「グローバル化に対応した英語教育改革実施計画」が発表され、2015 年現在はその計画に向けての準備が行われて

いる。

3. 韓国の小学校英語教育の特徴

　前節で見てきたように、日本と韓国には類似点が存在するが、日本は韓国に比べ 2015 年現在、小学校英語教育における開始時期や現在取り組んでいる内容には差が生じている。韓国は 1997 年に小学校で英語を教科化しているので、小学校で英語が教科化される際の困難は 10 年以上前に越えており、現在は小学 3 年生から 4 技能を統合して教えることを試みている。

　一方、日本は小学 3・4 年生で「活動型」、小学 5・6 年生で「教科型」となる計画が、2018 年度から段階的に実施し、2020 年度に完全実施となるための準備を行っている段階である。

　本節では、日本よりも 10 年ほど早くから小学校において英語を教科として必修化した韓国の小学校の英語教育について、教科化への準備、実際の韓国での授業の実態、さらに韓国の小学校の英語教師からの聞き取り調査を踏まえ、韓国の小学校の英語教育の実情を考察する。その中から、今後小学校において英語を教科として必修化を進めている日本が考慮すべき点を取り上げる。

3.1　教科化に向けての準備

　韓国では、1997 年度に教科化される前に以下の 4 つの政策と準備を行っている（河合 2001: 6–7）。

　（1）初等、中等、高等学校の一貫した英語教育カリキュラムを作成した。
　（2）1982 年から英語は初等教育の課外科目であり、1995 年度には 67％の小学校で英語教育が行われていた。
　（3）教育大学、師範大学の教員養成カリキュラムの改革が教育部の指導で強力に行われた。

（４）英語の授業は学級担任か英語専任教師が当たっているが、学級担
　　　　任は 240 時間の英語の研修を受けている。

　これら 4 点は、日本の小学校で英語を教科として導入する際にも参考に
なるのではないかと考える。1 点目は、小学校で英語が教科として必修化さ
れるならば、高校までを見通したカリキュラムの再編は必要である。2 点目
に関しては、日本においても 2003 年度には 88.3% の小学校で「外国語活
動」が実施されており（文部科学省 2003）、2011 年度からは「外国語活動」
を必修化し、2020 年から英語を教科として必修化することを検討している。
また、3 点目、4 点目の教員育成や研修制度については、政策による早急な
実施が必要である。

3.2　韓国の教科書の特徴

　日本では、2009 年度から文部科学省の作成した『英語ノート』が外国語
活動教材として希望する学校に配布された。2011 年度に「外国語活動」が
必修となり、小学 5・6 年生は週に 1 回、45 分の授業が実施されるようにな
った。2012 年度には『英語ノート』の反省を生かし *Hi, friends!* が作成され、
『英語ノート』と同様に希望する学校に配布された。

　それに対して、韓国の教科書に関しては、1997 年から 2000 年までは民間
発行で韓国文部省認定の 16 種類があったが、2001 年度からは国定教科書 1
種類となった[7]。しかし、2011 年度からは小学 3・4 年生が検定教科書とな
り、2012 年度には小学 3–6 年生すべてが検定教科書となった。

　これまでに早瀬 (2014) は日本・中国・韓国の教科書の比較分析を行い、
中国・韓国の教科書では英語を公教育で習い始める小学 3 年生から 4 技能
が取り入れられ、書くことや読むことに関しても、学年を追うごとに増加し
ていることを明らかにした[8]。本稿では、それらの特徴に加え、2014 年から
韓国の小学校で使用されている小学 3 年生の教科書 *Elementary School English3* (2014) を、前年度まで使用されていた教科書と比較し、いくつか特徴

をあげることとする。

(1) 教科書のサイズが大きくなり、絵カードが充実し文字を書く絵カードが出来た。
(2) アルファベットや単語を書く練習をするページが設けられた。そのため、ページ数も前年度までのものは135ページであったのに対し、2014年のものは159ページと増えている。
(3) アルファベットを学び、書く活動が新たに設けられている（図1参照）。2014年から使用されている4種類の教科書全てに共通し、小学3年生のLesson1からアルファベットを書く活動が取り入れられている点は注目すべき変化である。

図1　韓国の小学3年生の教科書[9]

韓国ではこのようにたった1年でも教科書に書くことの活動項目が増える等の変化が起きている。今後日本で小学校の教科書を作成する際の参考に

なる点は多いと考えるが、韓国の教科書が必ずしも良い点ばかりでないことも考えなくてはならない。杉浦（2006: 176）では、韓国の小学校の授業分析をし、教科書にある "Let's Sing" という活動項目は、内容が乏しく小学5年生児童の学年にはあっていないことを指摘している。上記で見たように、書く活動や読む活動が英語を習い始める小学3年生の段階においても増えてきており、韓国はここまで小学校段階で進んでいるのだと良いように捉えられがちであるが、その急増が学習する小学生の発達年齢に合っているのかという点も十分に考慮する必要があるであろう。また、日本の小学校英語教育で具体的に何を目標とするのかをまず明確にする必要があるが、韓国と日本の小学校での英語教育の目標の違いも考慮し、教科書を作成していく必要がある。

3.3　釜山の小学校の事例

　筆者は、2013年9月に釜山のN小学校を訪れる機会を得、英語の授業観察と英語教師への聞き取り調査を行った。N小学校は研究指定校や英語推進校ではなく、一般的な小学校であり、見学した授業も研究発表ではなく普段の授業である。

　小学3年生と小学4年生のA教諭の授業を5コマ、4年生のB教諭の授業を2コマ、計7コマの授業を観察した[10]。

3.3.1　釜山のN小学校の授業概要

　9月24日に小学3年生の英語の授業を2コマ、小学4年生の英語の授業を3コマ観察した。1クラスの児童数は25人から30人であった。小学3年生の授業は全て教科書 *Elementary School English3* の Lesson10 の "It's Big" の内容で、4年生の授業は全て教科書 *Elementary School English4* の Lesson7 の "What Are You Doing?" の内容であった。次に、9月25日に小学4年生の英語の授業を合計で2コマ観察した。授業は *Elementary School English4* の Lesson8 の "Can You Help Me?" の内容であった。

全 7 コマの授業観察を通して得た、授業方法、授業内容についての特徴を以下にまとめる。

【授業方法】
（1）道具
・教科書をもとに教師が作成した PPT（Power Point）を使用している。（小学 3・4 年生の授業）
・児童が興味を持つような画像や動画、ビデオ、ゲームを使用し、教師が Lesson 内容に合うように独自でアレンジをし、利用している。（小学 3・4 年生の授業）
・絵本を用い、その文に本時の Lesson 内容に合わせて、教師が big、small、tall、short などを加えたものを作成し、活動として使用している。（小学 3 年生の授業）
・文法の活用練習のためのワークシートを教師が作成し、使用している。（小学 4 年生の授業）
（2）言語
・教師はすべて英語で授業をしている。韓国語の使用は単語の意味を児童に言わせる時のみ。（小学 3・4 年生の授業）
（3）手段
・アルファベットや単語を児童に教える際に、空中・黒板・教科書に書かせ、発音、綴りも重視している。（小学 3・4 年生の授業、アルファベットは小学 3 年生のみ）
・教師は授業でジェスチャーを多く取り入れている（表現や単語を児童に教えるとき、単語の意味を児童に考えさせるとき、ヒントを児童に与えるとき等）。例：big、small、tall、short を教師がジェスチャーで示している。（小学 3・4 年生の授業）
・ペア学習（小学 4 年生）
2 人 1 組で、10 秒ほどで教科書の絵を見て会話を作成し、全体で発表

する活動を取り入れている。例えば、"What are you doing?" "I'm eating." とジェスチャーも入れて全体の前で発表をする。

【授業内容】
（1）書く活動を多く授業に取り入れている。（小学 3・4 年生の授業）
　・アルファベットや単語を児童に発音させた後に、書かせ、その綴りを言わせる活動がある。アルファベットはそのアルファベットを使用する単語、単語はその単語を使用する文も同時に提示し教えている。
（2）教科書の Lesson 内容を応用し、絵本を用いて学習する活動がある。（小学 3 年生の授業）
　・教科書の Lesson 内容は、"Look at the animal." "It's a (an) animal." というターゲットセンテンスを学ぶものであるが、絵本 *Brown Bear* を用いて "Look at the color ＋ animal. It's big/small."（ex：Look at the brown bear. It's big.）という文や "a (an) big/small color ＋ animal"（ex：a big brown bear）を児童に絵本の絵を見て考えさせ、言わせる活動である。
（3）文章作成、文法指導を行っている。（小学 4 年生の授業）
　・ビデオを見て内容理解をした上で、動詞の変化を児童にさせる問題演習。
　　まずビデオを見て、教師の作成したワークシートに、児童に動詞を書かせる活動をさせる（全 9 問、文章中の動詞の穴埋めの演習問題。ワークシート内に記入してある複数の動詞の原形から、児童がビデオの内容を踏まえ、ワークシートの問題の文章に合うものを選択し、ここでは -ing の形に児童が自分で考え動詞の変化をさせて記入する問題である）。その後、全体で答え合わせをし、皆で一緒に文章の発音をさせている。語順のバラバラな単語を PPT で示し、児童に並べ替えさせて文を作らせている。
　・PPT を使用し、児童に絵を見て文を作成させ、綴りを言わせる
　　児童に、PPT で提示した画像を見て何をしているかを文章で答えさせ、

動詞の綴りも答えさせる。例えば、猫が本を読んでいる画像では、"The cat is reading." と 1 人の児童が答え、教師がスペルを問い、児童みんなで "r・e・a・d・i・n・g" と綴りを答える。

　以上のように、筆者の観察した英語の授業では、教科書だけではなく、PPT を始めとして画像、ビデオ、絵本、ワークシートなどを取り入れた授業が展開されていた。特に印象に残った点が、文字指導に力を入れている点である。英語を習い始める小学 3 年生の段階から、アルファベットの発音のみならず、書かせる活動が行われていた。単語に関しては、発音、書くことに加え、児童に綴りをも言わせており、書くことを意識し、正確さを求める指導が行われている印象を持った。また、新しい単語を教える際に、単語だけでなくその単語を使用した一文も一緒に提示して教えている点は、単語の定着や発話に繋がる有効な指導であると考える。

3.3.2　釜山の N 小学校の英語教師への聞き取り調査

　筆者は、訪問する前に、釜山の N 小学校の英語教師と直接メールでやり取りを行い、教科書、4 技能、教師について、教育課程が改訂して変化したことはないか、評価について、そして児童、英語教室について質問する旨を伝え、小学校に訪問をした際に聞き取り調査を実施した。2 人の英語教師（前述の A 教諭、B 教諭）と事前に準備しておいた質問事項を踏まえ聞き取り調査をした内容を、5 項目に分けて以下にまとめる。その中には、問題点といえるものも含まれているので、今後日本においても十分に検討する必要があると考える。

（1）教科書について

　B 教諭は韓国の教科書は説明が十分でなく、構造的でないと言っていた。教師がワークシートを作成する必要があり、毎時間 PPT を作成し授業を行っているとのことである。また、教科書の活動をすべてするのではなく飛ばす場合もあるという。たとえば、2 名の英語教師共に述べていたのが、

"Chants" は高学年には年齢に対して幼すぎるということ、"Game" や絵カードも使えないものがあるため、それらの活動を授業では行わず飛ばすこともあるということである。

（2）指導内容・指導方法について

　2012 年に教育課程が改訂されており、改訂前までは、聞くこと、話すことが読むこと、書くことよりも重要視されており、書くことは小学 3 年生の後期 [11] から導入していたという。しかし、2012 年の改訂後には、4 技能は切り離すことが出来ないという考えのもと、小学 3 年生の前期から書くことも導入され、4 技能を意識し教えているとのことであった。B 教諭は、授業ではトピックセンテンスに気を付けて教えており、単語から文章へと積み上げるように発展をさせることを心掛けているという。また、A 教諭は、児童に英語に興味を持ってもらいたいという思いから、児童の興味の持ちそうな画像や動画を授業の教材として取り入れているようだ。評価に関しては、授業態度とペーパーテストとスピーキングのテストをするということであった。また、コンテストに出た子にはプラスで評価をつけている。

　しかしながら、現在 4 技能統合ということで書くことも導入し授業を行っているが、児童は "boring" であると思う、という教師の話を聞くと、やりすぎることで生じる弊害も十分検討する必要があると感じた。また、杉浦（2006: 176）の指摘に、児童の学年のレベルに歌のレベルがあっていないとあったが、筆者の訪れた小学校でも、"Chants" が高学年の児童にはあっていないということで、その活動はしていないということも 2 人の英語教師が述べていた。

（3）教師について

　A 教諭によると、韓国では学級担任の教師ではなく、英語の授業は英語の専任教師が教えているという。また、現在韓国政府は児童の英語教育に予算をかけており、特に英語母語話者に小学校で教えさせることに力を入れているという。そのため、中学や高校では英語母語話者はほとんどいないという話であった。これは、年少時期に英語母語話者の英語の音に触れさせるこ

とを重視していることが考えられる。

（４）児童について

　児童の半数が Hagwon という塾に通っており、そこで英語や他教科も含めた勉強を学校外でも行っている。授業では、小学 3・4 年生は活発であるが、5・6 年生になると反応が弱いということである。A 教諭が現在抱えている問題点として、児童たちに大きな英語力の差があることを指摘していた。できない子をどうサポートしていけるかが課題であるということであった。

（５）設備について

　英語の授業のための専用教室が、この学校では 2 教室あったが、小学 5・6 年生が優先的に使用しており、どの学年も使用している訳ではないようである。近所にあった他の小学校の英語教室も見せていただいたが、児童が動き回れるほどの広い英語教室があり、学校内に英語の本だけが置かれている英語図書館まで設置されていた。高橋・柳（2012: 2）で韓国の小学校における英語教室について述べられているが、今回訪問した小学校でも児童数により英語教室の数は決められていた。しかし、今回訪問した小学校では英語教室だけでなく、英語の本だけが置かれた英語図書館までが学校内に設置してあり、韓国が英語教育により力を入れていることが設備からも伝わってきた。また、A 教諭によると、英語への熱の入れようは校長の裁量によるところも大きく、英語教育に対し積極的な校長であると、その分英語教育に予算をかけ、学校内の英語を学習する環境が充実しているという。また地域には、英語の本を数多く取りそろえた図書館があり、英語の授業も実施されている Global Village[12] という施設も存在する。

3.4　韓国訪問後の考察

　韓国の釜山の N 小学校では、教師が教科書の Lesson のターゲットセンテンスを意識し作った PPT を使用し、それを中心に授業が行われていた。授業見学や英語教師への聞き取り調査で学んだことは、まず、英語教育開始の

小学3年生から、4技能を統合し、単語の綴りを書かせる活動が多く行われ、単語だけでなく文単位で教えているということが挙げられる。また、英語の授業担当教師として教科専任の教師がおり、英語母語話者を小学校段階で取り入れようという政策が実施されてきていること、さらに学習環境面では、学校の児童数で規模は異なるようであるが、英語専科の教室環境設備に日本円で400万円相当の予算がかけられており（高橋・柳 2012: 2）、政府が積極的に小学校での英語教育を推進していることが見て取れた。

　大城（2003: 193）によると、1997年に教科として英語を導入した当時は教師不足であったが、研修を受けることで英語力を持った学級担任が教えられるようになり、その後英語教科専任の教師が教えるようになってきている傾向があることを述べている。今回筆者が聞き取り調査をしたA教諭は、元々小学校の学級担任であったが、聞き取り調査をした3年前に英語の専任となった教師であった。その教師は、研修がしっかりしているので自信を持って授業が出来るということを話していた。また、A教諭はほとんど英語のみで授業を行っていた。大城（2003: 190）では小学4年生でペアでの会話練習や、アルファベットを書く活動が行われていたとあるが、筆者の見学した授業では小学3年生で同様の活動が行われていた。

　高橋・柳（2012: 15–18）が観察を行った授業では、小学6年生で語彙を読む活動や書く活動、文章を組み立てる活動があったと述べているが、筆者の見た小学3・4年生授業でも同じように、語彙を読む、書く、文章にしていく活動がなされており、教師も文章を組み立てることを意識して授業を行っていた。英語教室に加え、英語の本を置いている図書館まで学校に設置されているという点で、政府が予算を小学校の英語教育にかけていることが見て取れ、一般の小学校においてもICTの活用や、教室機材が充実しているという環境面は目を見張るものであった。

　韓国では、小学校で英語を教科化して10年以上経つが、すべて順調で、何の問題もないかというとそうではない。Garton（2014）は、韓国の小学校英語教育が現在、以下のような問題を抱えていると指摘している。以下4点

は、Garton（2014: 204–205、213–214）を参考にし、筆者がまとめた内容である。

（1）教師の言語能力の問題
　　target language だけで教えることに自信がない教師がいる。
（2）政府の要求に教師が応えないといけない
　　教授法が変わるたびに十分な検討がなされないまま、それが万能薬のように扱われ、指示されている教授法を用いた教育政策が出されるが、実際の現場とのギャップがある。
（3）1クラスの児童数が多く、一人一人の能力を教師が見てあげられない
　　韓国は 20–30 人のクラスが 47％、31–40 人のクラスが 40％と 1 クラスの人数が多い [13]。
（4）児童の英語力に差がある
　　様々なレベルの生徒が同じクラスで学ぶので、教えるのは大変困難である。

　これらの問題は、日本においても同様に浮上する可能性がある。Target language で教えるのが一般には良いと考えられており、あまり議論がなされることなく新たな教授法が出ると適用を試みることは、日本でも韓国でも共通して見られる傾向である。また、日本でも 1 クラスの人数は韓国とほぼ変わらないので、すべての児童を細かく見ることは難しく、クラス内に様々なレベルの児童がいて児童間の英語力の差が生じており、上記に関して同様の問題を抱えているといえる。

4.　おわりに　日本の小学校英語教育の課題

　韓国の小学校英語教育の導入の経緯や現在の小学校英語教育の実情を踏ま

え、日本の小学校英語教育における課題として、次の4点を挙げることができる[14]。

（1）目標の明確化と具体化

　2015年現在、日本の小学校における外国語活動の目標は「コミュニケーション能力の素地を養う[15]」（文部科学省 2008a: 95）であるが、かなり曖昧な表現である。教科化され、評価をするようになれば、より明確な目標が求められる。目標が具体的でなければ、評価はできない。4技能の育成を土台にした目標が設定されることが予想出来るが、そのバランスと分量、導入時期とその方法が重要となる。当然ながら中学校の前倒しでは、児童の発達段階を考慮したとは言えないので、児童の発達段階、中学校との接続も考慮した目標設定がなされる必要がある。

（2）発達段階を考慮し、コミュニケーション能力の育成を目指した教科書作り

　教科書は多くの教師にとって、カリキュラムの作成、授業を展開する際、その内容、分量、指導方法に関してもっとも頼る土台となるものであり、授業の要素を決定する重要なものである。従って、どのような教科書が作られるかによって、小学校の英語教育がどのように実施されていくのか、重要な鍵の役割を担っていると言える。中でも重要なのは、4技能の指導のバランスと、児童の発達段階への配慮である。韓国の教科書は多くの点で参考になる良い点があるが、前節の聞き取り調査でも指摘があったように、必ずしも良い点ばかりではない。今後日本で小学校において英語が教科化され、教科書を作成する際には、4技能の導入は大事であると考えるが、学習を始めたばかりの段階で書くことや読むことを入れ過ぎないよう考慮した教科書作りが必要であると考える。

（3）指導者の育成と研修制度の確立

　早期教育が良いと言っても、良い指導者に指導されなければ、成果は期待できない。韓国では、学級担任ではなく、英語専任の教師が教えている。しかも韓国の研修制度はかなり充実している。政府は研修を教師全員に義務づ

け、そのための資金も提供している。西崎（2009: 61）は、日本で教員の研修が進まない問題の最大の要因として、教科ではない英語に対して教師の時間を確保する優先度の低さを挙げている。今後、英語が小学5・6年生で教科化されるとなると、教師の関心も高まると考えられるが、多忙で時間の確保が難しい教師に対し、どのような内容の研修をどの程度の時間実施するのが良いのか、検討していく必要がある。

（4）実施状況の格差の解消と、中学校とのスムーズな接続

2015年現在、全国的には「外国語活動」を小学5・6年生で週に1回実施をしているが、実際は地域や学校によって英語教育の実施形態・内容にはばらつきがある。河原（2008: 23）によると、2005年4月1日時点で文部科学省指定の英語教育研究開発校と、内閣府認定の英語教育特区指定校では英語を「教科」として実施しており、それは全国の小学校の約10%に相当する。2005年時点においても、英語教育の実施には差がでているので、2011年度から「外国語活動」が実施され、小学5・6年生における「教科化」が計画されている現在、英語を「教科」として実施している小学校はさらに多く存在し、地域・学校の差はますます大きくなっている。今後小学校で英語が教科化されるとすれば、何をどこまで教えるかを明確にし、中学校へのスムーズな接続を考慮する必要がある。

注

1　貿易依存度はGDP（Gross Domestic Product、国内総生産）に対する貿易額（輸出＋輸入）の比率で求められる。中央日経社の2012年8月1日の「韓国経済の対外依存度が過去最高に」という記事によると、韓国の貿易依存度は2000年代まで70%台であり、2011年度には113.2%と過去最大の数値となっている。ちなみに、2011年日本は27%である。

グローバルノートの2014年12月1日に更新された統計データによると、2014年の貿易依存度は、韓国88.04%、日本31.39%となっている。

2 第 1 次教育課程 (1954–1963)、第 2 次教育課程 (1963–1973)、第 3 次教育課程 (1973–1981)、第 4 次教育課程 (1981–1987)、第 5 次教育課程 (1987–1992)、第 6 次教育課程 (1992–1997)、第 7 次教育課程 (1997–2007)、2007 年改訂教育課程 (2007– 現在) となっている。

2007 年改訂教育課程は第 7 次教育課程に続くものであるが、それまでは基本的には 5 年ごとに改訂していたが、これからは必要に応じて改訂を行うため第 8 次教育課程とは言わず、2007 年改訂教育課程としている。また、2007 年改訂教育課程は 2009 年から随時施行されており、第 7 次教育課程では教師が児童に合わせて対応出来るように「基本課程」と「深化課程」とに分けて内容を定めていたが、2007 年改訂教育課程では、「深化課程」はなくなっている (カレイラ松崎 2011)。

3 各教育課程に規定されている内容の概要をまとめたものが、バトラー後藤 (2008: 45) に記載されている。

4 第 7 次教育課程において、「裁量活動」(「裁量時間」の名前が変更になった) がそれまでの週 1 回から、週 2 回に拡大されたことにより、週に 1 回と減った (カレイラ松崎 2011)。

5 これは、主に産業界からの批判である。実際、TOEFL の点数で見てみると、アジア 30 ヵ国の中で、日本は 2007 年 29 位、2009 年 28 位、2010 年 27 位、2011 年 28 位となっている (ETS2008、2010、2011、2012 参照)。もっとも、TOEFL は 1 つの英語能力を測る指標としてよく使用されるが、各国での受験母体の違い、特定の人が受ける試験の点数で日本の英語力全体を判断してよいかは議論の余地がある。

6 大阪市立真田小学校・味原小学校の 2 校。

7 教材作成や補助教材に予算がかかりすぎていたため国定教科書 1 種類となった (杉浦 2006: 170)。国定教科書は *Elementary School English* という名称の教科書である。

8 詳細に関しては、拙論「小学校英語教育における 4 技能の視点からの『教科書』分析」を参照のこと。

9 ユン・ヨボン他 (2014) *Elementary School English3*、天才教育出版。

10 本編に釜山の N 小学校について書くことに関しては、校長先生を始めとして了承を得ているが、学校名や教諭の名前については、特定の出来ない N 学校、A 教諭 (韓国人)、B 教諭 (イギリス人) として表記をすることに留める。B 教諭の授業では、A 教諭との TT (Team Teaching) を実施していたが、実際は B 教諭に授業を任せており、A 教諭と B 教諭の国籍や母語による指導内容や指導方法の

違いは大きく見られなかったため、本論文では国籍や母語の違いによる区別や深い言及はしない。

11 韓国は前期と後期の 2 学期制である。

12 釜山広域市金山鎮区釜田洞に 2009 年に作られた公的英語教育施設である。

13 世界的には 21–30 人のクラスが 38.4％、31–40 人のクラスが 13.5％であり、11–20 人のクラスが 30.8％であるという（Garton 2014: 214）。

14 文部科学省は 2014 年「英語教育の在り方に関する有識者会議（第 5 回）」においても、小・中・高で一貫した学習到達目標の設定に向けて検討を進めること、教科書は総合的なコミュニケーション能力の育成を重視した形での編集する工夫が必要であること、教員養成課程において、児童の 4 技能を伸ばすための指導や評価方法の充実が必要であることなど、具体的に課題を挙げている。

15 本文には「コミュニケーション能力の素地を養う」のみ記述したが、正式には「外国語を通じて、言語や文化について体験的に理解を深め、積極的にコミュニケーションを図ろうとする態度の育成を図り、外国語の音声や基本的な表現に慣れ親しませながら、コミュニケーション能力の素地を養う」（文部科学省 2008a: 95）と記述されており、「コミュニケーション能力を養う」には、筆者が下線を引いた三本柱を踏まえた活動を体験することが目標として定められている。

参考文献

ETS（2012）*Test and Score Data Summary for TOEFL-iBT Tests and TOEFL-PBT Tests: January 2011-December 2011 Test Data.*

ETS（2008）*Test and Score Data Summary for TOEFL Internet-based and Paper-based Tests: January 2007-December 2007 Test Data.*

ETS（2010）*Test and Score Data Summary for TOEFL Internet-based and Paper-based Tests: January 2009-December 2009 Test Data.*

ETS（2011）*Test and Score Data Summary for TOEFL Internet-based and Paper-based Tests: January 2010-December 2010 Test Data.*

Garton, Sue. (2014) Unresolved Issues and New Challenges in Teaching English to Young Learners: The Case of Souse Korea. *Current Issues in Language Planning*, 15（2）: pp.201–219.

Yuasa, Katsura. (2010) English Textbook in Japan and Korea. *Journal of Pan-Pacific Association of Applied Linguistics*, 14（1）: pp.147–158.

大城賢（2003）「韓国における小学校の英語教育―日本への示唆」『沖縄国際大学外国

語研究』6（2）: pp.183–202.

柏瀬省五（2003）「『英語が使える日本人』を育成する戦略構想と宇都宮大学の英語教育改革について」『外国文学』52: pp.53–77.

カレイラ松崎順子（2011）「韓国の 2007 年改訂教育課程および日本の学習指導要領における英語教育に関する比較」『東アジア研究（大阪経済法科大学アジア研究所）』55: pp.1–15.

河合忠仁（2001）「日本の明確な英語教育政策の必要性」『関西大学外国語研究』1: pp.1–18.

河原俊昭（2008）『小学生に英語を教えるとは？―アジアと日本の教育現場から』めこん.

杉浦正好（2006）「韓国の小学校では英語の授業がどう展開されているのか？―担任主導の英語教育」『愛知教育大学教育実践総合センター紀要』9: pp.169–176.

高橋美由紀・柳善和（2012）「韓国の小学校英語教育の現状―教材を中心に（新課程の移行期間に見る）」『外国語研究』45: pp.1–19.

中央日報社（2012）「韓国経済の対外依存度が過去最高に」、8 月 1 日の記事.

中原功一郎（2008）「職場における英語の重要性に関する日比比較」『関東学院大学経済系』234: pp.41–59.

西崎有多子（2009）「『小学校外国語活動（英語活動）』における指導者の現状と課題―学級担任が単独で行う授業に向けて」『東邦学誌』38（1）: pp.53–72.

八田玄二（2007）「韓国の小学校英語教育の導入の経緯―日本の場合と比較して」『椙山女学園大学研究論集』38: pp.13–22.

早瀬沙織（2014）「小学校英語教育における 4 技能の視点からの『教科書』分析―韓国・中国の事例を参考にして」『小学校英語教育学会紀要』14: pp.195–209.

バトラー後藤裕子（2008）『日本の小学校英語を考える』三省堂.

文部科学省（2003）「小学校英語活動実施状況調査（平成 15 年度）」第 1 回.

文部科学省（2004）「小学校英語活動実施状況調査（平成 16 年度）」第 2 回.

文部科学省（2005a）「韓国における小学校英語教育の現状と課題」中央教育審議会初等中等教育分科会　外国語専門部会　第 9 回における参考資料 4-1.

文部科学省（2005b）「小学校英語活動実施状況調査（平成 17 年度）」第 3 回.

文部科学省（2006）「小学校英語活動実施状況調査（平成 18 年度）」第 4 回.

文部科学省（2007a）「教育課程部会におけるこれまでの審議のまとめ」.

文部科学省（2007b）「小学校英語活動実施状況調査（平成 19 年度）」第 5 回.

文部科学省（2008a）「小学校学習指導要領」.

文部科学省（2008b）「幼稚園、小学校、中学校、高等学校及び特別支援学校の学習指
導要領等の改善について（答申）」、中央教育審議会総会.

文部科学省（2013a）「グローバル化に対応した英語教育改革実施計画」.

文部科学省（2013b）「公立小学校における英語教育実施状況調査の結果について」.

文部科学省（2014）「英語教育の在り方に関する有識者会議（第5回）」.

ユン・ヨボン他（2014）*Elementary School English3* 天才教育出版.

柳基憲（2014）「釜山広域市におけるグローバル教育施設の状況」『都市政策研究』16:
pp.57–66.

新任高校英語教員の授業形成過程
―授業観察・インタビューから[1]―

山田雄司

1. 問題と目的

　近年、日本における英語教育は、政策決定過程の頂点と位置づけられる国会においても言及数が増え（山田・青田 2015）、関連した様々な提言（たとえば文部科学省 2014）がなされるなど、教育政策などのマクロ的な観点からも重要性が高まり、種々の「改革」が求められている。

　そうした「改革」がどのような形になるにせよ、教育改善を志向する際、全ての教室実践は実践者の主観を通じて計画・実行・省察されるのであるから、実践者が教室実践を行う最中に何が起こっているかを把握することが、第一義的に必要である。もし仮に「客観的に」唯一絶対の英語教育法が存在したとしても、それがその教員にとって「主観的に」どうしても受け入れられないものであれば、その人の教室においてその教授法が導入されることはないだろう。同様のことは、教授法ではなく教育テクノロジーに関してではあるものの、大谷（2008）も述べている。

　　テクノロジーが教室に入るときに「門番（gate keeper）」の役割をするのは教師である。この考え方に立てば、ある教育テクノロジーがいかにすぐれていても、教師がそれを使おうと思わなければ、教室に入らない。また、教師がそれを入れたとしても、そのテクノロジーに対する教師の観念や態度によって、その使われ方や効果は変わってくるはずである。

> そうであれば、システムの評価だけを単独に行うことにはあまり意味が
> ない。必要なことは、同時に、そのシステムを使う『教師・教職』を同
> 時に研究することである。　　　　　　　　　　　　　（大谷 2008: 351）

それでは、それぞれの教員の中でどのような認知過程があり、その結果とし
てどのような実践が行われているのだろうか。こうした問いは、特に今回扱
う高等学校段階では、今まであまり触れられてこなかったというのが現状で
ある。

　上述のような問題意識を背景として本稿が着目したのは、新任高校英語教
員である。教育学において長い蓄積のある教師研究に比べると、英語教師研
究は未だ盛んとは言えず、また大学を主たるフィールドとして行われる場合
が多い。しかし近年では高等学校進学率が 98%[2]（文部科学省 2011）を超え
るなど、義務教育段階とほぼ変わらない進学率になっていることを考える
と、高校段階における英語教育は、他校種とくらべても重要性の点で引けを
とらず[3]、今後ますます研究が進むべき分野であると言える。

　最後に本稿の構成を述べる。第 2 節で先行研究を検討した後、第 3 節で
事前インタビューの結果も踏まえながら分析課題を設定する。続く第 4 節
では授業内発話コードの量的分析を行い、二教員の授業の特徴や経時的変化
を描き出す。そうした変容がどのような要因に起因するものかを、その後第
5 節のインタビュー分析において具体的に検討する。

2.　先行研究

　1980 年代以降の教師研究を、海外英文ジャーナルを中心にレビューした
石田（2014: 220）が、「教師の仕事の中心は授業実践である」と述べるよう
に、本稿も授業実践を中心的な分析課題の 1 つとする。その際に有用な概
念が、石田（2014）でも中心的に扱われている「PCK（Pedagogical Content
Knowledge: 授業のための教科内容知識）」である。

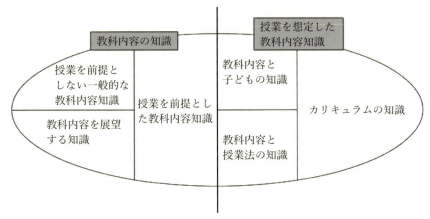

図1 PCK 授業のための教科内容知識。坂本・秋田（2012: 176）より筆者再構成。

　図の左半分、「教科内容の知識」が、生徒や学校等の個別の文脈を考慮しない知識である一方、図の右半分、「授業を想定した教科内容知識」は、個別具体的な子ども・学習者の姿を考慮にいれた知識であると分類できる。

　本稿では、後者の、具体的な子どもに関する「知識」の拡充が教員として勤務を開始した後により大きく変容する部分であるとみなし、そうした知識を教員がどのように獲得していくかに着目する。

　以上みてきた PCK は、教師研究においてしばしば用いられる概念であるが、英語教育研究においては、近年「言語教師認知」という概念が広く用いられつつある。これは、「言語教師がどう考え、何を知り、何を信じているのか、そして何をしているのか」（笹島・ボーグ 2009: 7–8）を包括的に表した術語である。

　本概念は近年日本においても広がりを見せているが[4]、国内第一人者の笹島 (2013) が「英語教師のこころの探求」と銘打っているように、言語教師の情意面まで包括しようとしており、いささか範囲が広すぎるきらいがある。笹島他 (2014) に収められた種々の研究も、この概念を包括的に扱っているというよりは、こうした概念を念頭に置きつつ、その一部に着目した分析を行なっていると言える。本稿も、この図に表された種々の要因（特に授

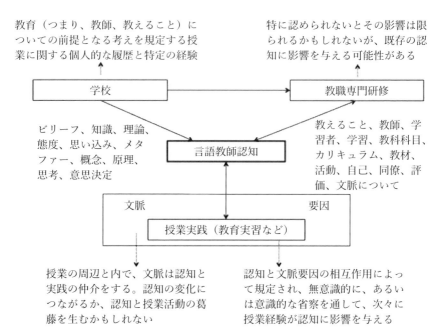

図 2　言語教師認知の要素とプロセス。笹島・ボーグ（2009: 182）より筆者再構成。

業実践とそれをとりまく文脈要因）を念頭に置きながら、それら全てを包括的に分析するというよりは、研究協力者の語りの中にどのような要因が顕著に現れるかを検討することで、当該教員が置かれた文脈をより具体的に把握することに努める。なお、こうした指導の置かれた文脈を考慮に入れることの重要性は、長嶺（2014）も以下のように主張している。

> 今日、英語教師は、「特定の教授法に依存した指導法（method-based pedagogy）ではなく、「文脈に依存した教育現場別の指導法（context-sensitive, location-specific pedagogy）」を探求することが求められている。言語教師認知研究は、後者の探求に着手しているが、この探求が成功するか否かは、教師が理解・解釈するところの「文脈性（contextuality）」をどれだけ正確に捉えるかにかかっている。
> 　　　　　　　　　　　　　　　　　　　　　　　　　（長嶺 2014: 174）

3. 研究協力者・分析課題

本稿における研究協力者は、I 教諭・Y 教諭の 2 名である。表 1 は、両者のプロフィールを並べて整理したものである。

表 1　研究協力者基礎情報

	I 教諭	Y 教諭
性別・出身・生年	男性・鹿児島県・1980 年	男性・兵庫県・1985 年
前職	システムエンジニア 5 年半 →青年海外協力隊 2 年	貿易会社 5 年
学校教員歴	2 年目（1 年目に関しては備考参照）	2 年目（本校勤務も 2 年目）
勤務校	南関東圏公立高校（全日制） 偏差値 60 台	南関東圏公立高校（定時制）
担任	高 1 学級の副担任	高 2 学級の担任
校務分掌	教務	進路
部活動	バレー部顧問	テニス部顧問
筆者訪問曜日	火曜・金曜（9 月・10 月は火曜のみ）	月曜
筆者観察授業 （観察学級数）	①高 1 コミュニケーション英語 I（2） ②高 1 英語表現 I（1）	③高 2 英会話基礎（1） ④高 3 ステップアップ イングリッシュ（1）
観察授業数 / 全体 （1 学級・1 週当り）	① 2 コマ /4 コマ ② 1.5 コマ /2 コマ	③ 2 コマ /2 コマ ④ 1 コマ /2 コマ
総観察授業数	① 17 コマ（1-4）18 コマ（1-7） ② 10 コマ	③ 11 コマ ④ 9 コマ
総インタビュー回数	59 回	11 回
時間割備考	・本校は 2 種類の週が設定されており、週によって時間割が異なる ・②に関して I 先生はもう 1 学級担当されているが、そちらは観察対象外	③・④ともに、学校設定科目
備考	・塾でのアルバイト経験 6 年以上 ・前年度、臨時的任用教員として同都道府県内別公立高校に勤務	

両名ともに 30 代の男性であるが、前職があるために教員としては 2 年目

と、新任と呼んで差し支えない経験年数であることから、今回研究協力を依頼した。なお、授業観察が行われたのは、2014 年の 4 月から 10 月（I 教諭）および同年 4 月から 7 月（Y 教諭）であった。

　実際の授業観察に先立って、両研究協力者が教員になるにいたった経緯や、初年度の経験に関して事前インタビューを行なった。紙幅の都合から、本稿に関連する主要な知見のみを列挙すると、以下のとおりである。

　両教諭ともに、外国人と英語を使って働いた経験があり、それが自身の英語観に影響している。また授業実践に関しては、授業当初は自身の被教育経験に基づいた、いわゆる文法・訳読式の授業を行なっていたとふり返っている。それに対して生徒の反応から来る授業不安を感じ、各々の授業改善が始まったが、I 教諭においてそれは「授業の時間配分」、Y 教諭においてそれは「英語使用率」に現れるという、異なる理論記述 [5] が得られた。

　そこで本稿では、今後追求すべき課題として以下の 2 点を挙げる。1 点目は、実際に 2 年目の授業においても、上記の観点における授業の変容は見られるかという点であり、2 点目は、そうした異なる観点における授業の変容およびそれを支える省察が、単にそれぞれの教員の個性としか表現しえないものか、それ以外の要因（たとえば各教員が置かれた文脈など）に影響を受けていると言えそうか、という点である。1 点目に関しては、第 4 節で行うコーディングを用いた量的な分析により、時間配分・使用言語の観点に着目しながら、こうした「仮説」を検証する。そして 2 点目に関しては第 5 節で行うインタビューの分析において、両者の授業改善面での着眼点に、文脈要因等の影響が見られるかを検討する。

4. 分析 1　発話サンプリングによる授業内発話のコード分析

4.1　コーディング概要

　本節の分析の目的は、両教員による授業時間の使い方を、より客観的に提示するとともに、その経時的な変化の有無を確認することである。この目的

のため、教室後方から撮影した映像や研究者・研究協力者の胸ポケットに入れた録音機による録音を基に、授業を 15 秒ごとのシークエンスに区切り、各シークエンスの最初の発話に対してコーディングを行なった。その分析にあたっては、Duff & Polio (1990) を参考に、使用言語・発話者・対象・発話役割を主たる観点として設定した [6]。

　I 教諭・Y 教諭両名の授業は置かれた文脈が違う上、そもそも実践者自体が異なるため単純に比較することはできない。とはいえ、対照させることにより各教員の授業の特徴が浮き彫りになることもまた事実である。このことを踏まえたうえで、各授業の理解を深める際の手がかり、ならびに各授業の経時的変化を考察する際の材料として、今回のデータを見ていくこととする。

　本節の分析でコーディングを付したのは、I 教諭の「コミュニケーション英語 I（高 1、1 学級、17 授業分、1 授業 50 分）」と、Y 教諭の「英会話基礎（高 2、1 学級、9 授業分、1 授業 45 分× 2 時限＝ 90 分）」である。その他の特徴とともにまとめたのが以下の表である。

表 2　コーディング対象授業概要

項目	I 教諭	Y 教諭
授業名	コミュニケーション英語 I	英会話基礎 (学校設定科目)
学年	高校 1 年	高校 2 年
1 授業辺り時間（分）	50	90（45 × 2）
授業数	17	9
総コード数（分）	3241（810）	2302（575）
クラスサイズ	40 人	10 人程度

注　Y 教諭の授業は 90 分のうち一部を ALT が担当しており、その部分は記録・分析対象としていない。

　最終的に用いたコードは、表 3 から表 6 の通りである。各表には、両教員のコード数および割合を付し、データの読み取りも併記した。まずは発話者のコーディングである。

表3　発話コーディング規則：発話者

No.	大カテゴリ	中カテゴリ	小カテゴリ	I 教諭	Y 教諭
1	1. 発話者	教員	教員	2077 (64.1%)	1709 (74.2%)
2	1. 発話者	生徒	生徒1名	277 (8.6%)	309 (13.4%)
3	1. 発話者	生徒	生徒複数名	5 (0.2%)	1 (0.0%)
4	1. 発話者	生徒	生徒全員	125 (3.9%)	65 (2.8%)
5	1. 発話者	生徒	生徒グループ	203 (6.3%)	12 (0.5%)
6	1. 発話者	その他	教員＋生徒全員	35 (1.1%)	11 (0.5%)
7	1. 発話者	その他	CD	163 (5.0%)	15 (0.7%)
8	1. 発話者	その他	ALT	0 (0.0%)	33 (1.4%)
9	1. 発話者	その他	観察者	0 (0.0%)	29 (1.3%)
10	1. 発話者	その他	その他	0 (0.0%)	0 (0.0%)
11	1. 発話者	その他	不明	0 (0.0%)	0 (0.0%)
12	1. 発話者	なし	なし	356 (11.0%)	118 (5.1%)
			計	3241 (100.0%)	2302 (100.0%)

注　8,9番のコードは、先にコーディングを行なったI教諭の授業内発話では確認されず、Y教諭のコーディングで初めて発見されたコードである。

　どちらも教員が全体の7割前後の発話を行なっており、Y教諭の授業のほうがやや生徒1名の発話が多い。これは、表6において改めて述べるが、Y教諭の授業において生徒が自身の感情を表出する機会が多く見られたことと関連しているだろう。

また、I教諭の授業において「発話者なし」が全体の1割以上コードされている。これは生徒の発話を待つことの多いI教諭の授業の特徴と言えるだろう。

続いては、発話の対象である。これは、分析者がそれぞれの発話が誰に向けられたものかを判断しコーディングを行なったものである。

表4　発話コーディング規則：対象

No.	大カテゴリ	中カテゴリ	小カテゴリ	I教諭	Y教諭
13	2. 対象	教員	教員	55 (1.7%)	278 (12.1%)
14	2. 対象	生徒	生徒個人	407 (12.6%)	625 (27.2%)
15	2. 対象	生徒	クラス全体	2161 (66.7%)	1111 (48.3%)
16	2. 対象	生徒	生徒グループ	152 (4.7%)	68 (3.0%)
17	2. 対象	その他	その他	1 (0.0%)	0 (0.0%)
18	2. 対象	その他	ALT	0 (0.0%)	18 (0.8%)
19	2. 対象	その他	観察者	0 (0.0%)	10 (0.4%)
20	2. 対象	その他	不明	112 (3.5%)	74 (3.2%)
21	2. 対象	なし	なし	353 (10.9%)	118 (5.1%)
			計	3241 (100.0%)	2302 (100.0%)

注　番号は表3からの連番。18, 19番のコードは、先にコーディングを行なったI教諭の授業内発話では確認されず、Y教諭のコーディングで初めて発見されたコードである。

I教諭の授業では3分の2、Y教諭では半分ほどがクラス全体を対象とした発話である。表3と合わせて考えると、教員がクラス全体に対して発話を行うことが多いことが示されていると言える。

また、Y教諭の授業では「教員」が対象となった発話が全体の1割以上コードされている。これも、生徒が自身の感情・疑問等を教員に表出する場面が多いことが原因と考えられる。反対にI教諭の場合は、教員に指名された生徒が回答した際の対象を「教員」ではなく「クラス全体」とコードしたこともあり、「教員」を対象とした発話は1％台と少ない割合に留まっている。

また、Y教諭の場合は、生徒個人への発話が3割近くを占めており、I教諭よりも多い。これは、Y教諭のクラスサイズが小さいことの現れとも考えられるし、Y教諭が、自分の勤める学校において、授業運営の際に個別支援が必要な生徒が多いと感じていることを表しているとも考えられるだろう。

続いて、使用言語の割合である。I教諭では2割ほど、Y教諭の授業では3割ほど英語が用いられている。ただし、本コーディングにおいて、教員が教科書本文等の英語を読み上げて直後に日本語で説明を加えた場合は「日本語」のコードを付したため、やや「英語」コードが少なく、「日本語」コードが多くなっている。

表5　発話コーディング規則：使用言語

No.	大カテゴリ	中カテゴリ	小カテゴリ	I教諭	Y教諭
22	3. 使用言語	日本語	日本語	2111 (65.1%)	1399 (60.8%)
23	3. 使用言語	英語	英語	584 (18.0%)	706 (30.7%)
24	3. 使用言語	その他	その他	103 (3.2%)	29 (1.3%)
25	3. 使用言語	なし	なし	443 (13.7%)	168 (7.3%)
			計	3241 (100.0%)	2302 (100.0%)

注　番号は表3からの連番。

最後に、発話役割のコーディングである。これは、各発話に関して、最もよく当てはまると考えられるコーディングを分析者が1つずつ振ったもの

表 6　発話コーディング規則：発話役割

No.	大カテゴリ	中カテゴリ	小カテゴリ	備考	I 教諭	Y 教諭
26	4. 発話役割	説明	説明 _ 手順	ワークの手順等を説明 オーラル・イントロダクションや答え合わせも含む	343 (10. 6%)	628 (27. 3%)
27	4. 発話役割	説明	説明 _ 単語	単語の意味 / 語法を説明	180 (5. 6%)	98 (4. 3%)
28	4. 発話役割	説明	説明 _ 文法	一般的な文法事項を説明	128 (3. 9%)	134 (5. 8%)
29	4. 発話役割	説明	説明 _ 一文	一文の解釈 / 訳を説明	212 (6. 5%)	91 (4. 0%)
30	4. 発話役割	説明	説明 _ 一文の構造	一文の文法構造を説明	50 (1. 5%)	0 (0. 0%)
31	4. 発話役割	説明	説明 _ 文章内容	複数の文の関係や、文章全体の読解	81 (2. 5%)	6 (0. 3%)
32	4. 発話役割	説明	説明 _ メタ	辞書 / 学習法指導	64 (2. 0%)	9 (0. 4%)
33	4. 発話役割	説明	説明 _ 音声コミュニケーション関連	音声・プレゼンテーション時の注意点等	42 (1. 3%)	4 (0. 2%)
34	4. 発話役割	説明	説明 _ その他	テストの配点説明等	130 (4. 0%)	43 (1. 9%)
35	4. 発話役割	指名	指名 _ 挙手生徒	挙手した生徒を指名	69 (2. 1%)	3 (0. 1%)
36	4. 発話役割	指名	指名 _ 教員から	教員から生徒を指名	169 (5. 2%)	14 (0. 6%)
37	4. 発話役割	質問	質問 _ 予習前提	予習してきてあるはずの事項に関する質問	106 (3. 3%)	77 (3. 3%)
38	4. 発話役割	質問	質問 _ 予習非前提	その他の質問	154 (4. 8%)	272 (11. 8%)
39	4. 発話役割	回答	回答	質問に答える	271 (8. 4%)	117 (5. 1%)
40	4. 発話役割	非言語的	待機	何も発話を行なっていない	285 (8. 8%)	75 (3. 3%)
41	4. 発話役割	非言語的	机間巡視		56 (1. 7%)	33 (1. 4%)
42	4. 発話役割	言語的	フィードバック	生徒の回答の正誤への言及	30 (0. 9%)	35 (1. 5%)
43	4. 発話役割	言語的	促す	生徒の発話を促す言動	27 (0. 8%)	23 (1. 0%)
44	4. 発話役割	言語的	反応		5 (0. 2%)	15 (0. 7%)
45	4. 発話役割	言語的	確認		19 (0. 6%)	47 (2. 0%)
46	4. 発話役割	言語的	叱る		2 (0. 1%)	29 (1. 3%)
47	4. 発話役割	言語的	模範発音		154 (4. 8%)	162 (7. 0%)
48	4. 発話役割	言語的	雑談	授業内容と直接的に関わらない	25 (0. 8%)	14 (0. 6%)
49	4. 発話役割	生徒活動	音読	CD 等のリピートや、教員の指示による音読	120 (3. 7%)	93 (4. 0%)
50	4. 発話役割	生徒活動	ワーク _ 個人	個人でのワーク	0 (0. 0%)	0 (0. 0%)
51	4. 発話役割	生徒活動	ワーク _ ペア	2 名でのワーク	99 (3. 1%)	23 (1. 0%)
52	4. 発話役割	生徒活動	ワーク _ グループ	3 名以上でのワーク	14 (0. 4%)	0 (0. 0%)
53	4. 発話役割	生徒活動	プレゼンテーション		58 (1. 8%)	35 (1. 5%)
54	4. 発話役割	対教員	意見 / 反論 / 不満の表出		0 (0. 0%)	51 (2. 2%)
55	4. 発話役割	その他	事務的作業	あいさつ / 配布 / 機材準備等	177 (5. 5%)	81 (3. 5%)
56	4. 発話役割	その他	板書		97 (3. 0%)	84 (3. 6%)
57	4. 発話役割	その他	その他	テストの採点間違いチェック等	74 (2. 3%)	6 (0. 3%)
				計	3241 (100. 0%)	2302 (100. 0%)

注　番号は表 3 からの連番。また、54 番のコードは、先にコーディングを行なった I 教諭の授業内発話では確認されず、Y 教諭のコーディングで初めて発見されたコードである。「言語的」は説明・質問・指名以外の (音声) 言語的な活動であり、「非言語的」は待機・机間巡視などの非言語的な活動である。

である。

　注に記したとおり、「意見 / 反論 / 不満の表出」というコードが Y 教諭の授業にのみ発見されたのが興味深い相違点である。このコードが付された発話の具体例としては、以下のようなものがある。

　　　ホントやだ。お腹すいた　　　　　　　　　　　　　　（2014 年 5 月 12 日）
　　　あと 5 分だよ。アナ（ディズニー映画『アナと雪の女王』主題歌 "Let It Go"）歌って終わりにしようよ。　　　　　　　　　　（2014 年 5 月 19 日）

こうした、授業の進行とは無関係な、もしくは授業の進行と逆行するような生徒からの「意見表出」は、I 教諭の授業においてはまったく見られなかった。この事実自体が I 教諭・Y 教諭の置かれた学校環境を物語るものであると言えるだろう。

4.2　分析結果　I 教諭の授業発話の経時的変化

　ここまで、基本的なコードについて説明してきたが、ここからは経時的な変化をみていく。I 教諭の授業は、2 学期中間テスト前まで観察が許可されたので、テストの時期で 3 つに分け（1 学期中間テスト前まで・1 学期末まで・2 学期中間テストまで）、その時期区分に応じてどのような変化が見られるかを確認していく。

　まず表 7 は、時期による使用言語の変化である。I 教諭の場合、使用言語に大きな変化はみられていないが、「なし」のコードの割合が漸減している。このデータを I 教諭に提示した際には、

　　　意図があって待ってるのはいいですけどね。意図もなく待ったり、もうちょっと時間節約できるのに、雑務（注：コード 40 番「待機」と 55 番「事務的作業」を指す）が増えたりだと、考えちゃいますね。15％は何もしてない時間　　　　　　　　　　　　　　　　　　（2014 年 12 月 6 日）

と語っており、必ずしも意図を持って待つことを選択しているわけではないことが示唆されている。そうした「何もしてない時間」を減らす意識が、こうした漸減に反映されている可能性がある。

表 7　時期 × 使用言語：I 教諭

	日本語	英語	その他	なし	合計
1 学期中間まで	576 (61.6%)	179 (19.1%)	16 (1.7%)	164 (17.5%)	935 (100.0%)
1 学期期末まで	919 (68.0%)	230 (17.0%)	29 (2.1%)	174 (12.9%)	1352 (100.0%)
2 学期中間まで	616 (64.6%)	175 (18.3%)	58 (6.1%)	105 (11.0%)	954 (100.0%)
合計	2111 (65.1%)	584 (18.0%)	103 (3.2%)	443 (13.7%)	3241 (100.0%)

　続いて以下の表 8 は、時期による発話者の割合である。2 学期に入って生徒の発話が増えている。これに関して I 教諭は、「やっと時間に余裕ができて、こういう活動（注：生徒のグループ活動を基にしたスピーチ活動）ができるようになりました（2014 年 10 月 7 日）」と、授業中に生徒に対して述べている。カリキュラム上の制約によってコミュニケーション活動に時間を割くことが阻害されていたこと、それが緩和された結果、生徒の活動が増えたことがわかる。

表 8　時期 × 発話者：I 教諭

	教員	生徒	その他	なし	合計
1 学期中間まで	567 (60.6%)	165 (17.6%)	62 (6.6%)	141 (15.1%)	935 (100.0%)
1 学期期末まで	933 (69.0%)	225 (16.6%)	83 (6.1%)	111 (8.2%)	1352 (100.0%)
2 学期中間まで	577 (60.5%)	220 (23.1%)	53 (5.6%)	104 (10.9%)	954 (100.0%)
合計	2077 (64.1%)	610 (18.8%)	198 (6.1%)	356 (11.0%)	3241 (100.0%)

最後に表9は、時期による発話役割の変化である。ここでは、生徒活動が増えており、非言語的活動が減っているという、表7および表8で得られた示唆が再確認できた以外は、目立った変化はないと言えるだろう。また、説明の中の小カテゴリをみると、手順に関する説明（表6のコード26番）は、10.4%→13.4%→6.7%と、二学期になると大きく減っている。これも「もうちょっと時間節約できる（2014年12月6日）」というI教諭の意識の現れだろう。

表9　時期 × 発話役割：I 教諭

	説明	質問	指名	回答	生徒活動	言語的	非言語的	その他	合計
1学期中間まで	335 (35.8%)	61 (6.5%)	84 (9.0%)	85 (9.1%)	77 (8.2%)	84 (9.0%)	148 (15.8%)	61 (6.5%)	935 (100.0%)
1学期期末まで	568 (42.0%)	115 (8.5%)	88 (6.5%)	119 (8.8%)	89 (6.6%)	113 (8.4%)	120 (8.9%)	140 (10.4%)	1352 (100.0%)
2学期中間まで	327 (34.3%)	84 (8.8%)	66 (6.9%)	67 (7.0%)	125 (13.1%)	65 (6.8%)	73 (7.7%)	147 (15.4%)	954 (100.0%)
合計	1230 (38.0%)	260 (8.0%)	238 (7.3%)	271 (8.4%)	291 (9.0%)	262 (8.1%)	341 (10.5%)	348 (10.7%)	3241 (100.0%)

4.3　分析結果　Y 教諭の授業発話の経時的変化

続いて、前項と同様の分析を、Y教諭の授業発話について行なう。授業観察を行なった1学期を、中間テスト以前と以後に分け、その時期区分による変化をみる。まず表10は、時期による使用言語の割合変化である。日本語が減り、英語が増えていることが確認できる。

表10　時期 × 使用言語：Y 教諭

	日本語	英語	その他	なし	合計
1学期中間まで	966 (63.6%)	424 (27.9%)	10 (0.7%)	118 (7.8%)	1518 (100.0%)
1学期期末まで	433 (55.2%)	282 (36.0%)	19 (2.4%)	50 (6.4%)	784 (100.0%)
合計	1399 (60.8%)	706 (30.7%)	29 (1.3%)	168 (7.3%)	2302 (100.0%)

新任高校英語教員の授業形成過程　105

　続いて表 11 は、時期と発話者のクロス表である。やや教員の発話量が増し、生徒の発話量が減ったと見て取れるが、3%程度の差なので特筆すべきものではないだろう。

表 11　時期 × 発話者：Y 教諭

	教員	生徒	その他	なし	合計
1 学期中間まで	1112 (73.3%)	270 (17.8%)	52 (3.4%)	84 (5.5%)	1518 (100.0%)
1 学期期末まで	597 (76.1%)	117 (14.9%)	36 (4.6%)	34 (4.3%)	784 (100.0%)
合計	1709 (74.2%)	387 (16.8%)	88 (3.8%)	118 (5.1%)	2302 (100.0%)

　最後に表 12 は、時期と発話役割のクロス表である。こちらも特に大きな違いは見られない。

表 12　時期 × 発話役割：Y 教諭

	説明	質問	指名	回答	生徒活動	言語的	非言語的	対教員	その他	合計
1 学期中間まで	649 (42.8%)	226 (14.9%)	9 (0.6%)	84 (5.5%)	107 (7.0%)	194 (12.8%)	80 (5.3%)	41 (2.7%)	128 (8.4%)	1518 (100.0%)
1 学期期末まで	364 (46.4%)	123 (15.7%)	8 (1.0%)	33 (4.2%)	44 (5.6%)	131 (16.7%)	28 (3.6%)	10 (1.3%)	43 (5.5%)	784 (100.0%)
合計	1013 (44.0%)	349 (15.2%)	17 (0.7%)	117 (5.1%)	151 (6.6%)	325 (14.1%)	108 (4.7%)	51 (2.2%)	171 (7.4%)	2302 (100.0%)

4.4　分析結果　まとめ

前項までみてきた分析をまとめると、以下のとおりとなる。

（1）Y 教諭の授業は、I 教諭と比べると、生徒から教員に宛てられた、質問や意見の表出が多かった（これは I 教諭の授業においてはほとんど見られなかった）。

（2）I 教諭の授業の経時的な変化としては、英語使用率はあまり変わらなかったが、何も話していない時間や手順説明の時間が減り、生徒の活動

が増えた。

（3）Y教諭の授業の経時的な変化としては、英語使用率の向上が見られた。

この結果は、事前インタビューにおいて、I教諭は授業改善の観点として時間配分に主に言及し、Y教諭は英語使用率に主に言及していたことを考えると興味深い。本節の分析では、それに対応する形で、自身の省察に沿った変化が確認されたと言える。実践行動に現れる変化は、自身の省察に規定されていることが示唆された。

次節では、こうした省察が、単に各教員の個人差のみに起因するものか、それとも教室の置かれた文脈等の影響を受けていると考えられるかを、授業前後のインタビューや、授業観察期間後のフォローアップインタビューのデータを援用しながら考察する。

5. 分析2　授業前後インタビューによる省察の規定要因

本節では、授業前後のインタビューや授業観察期間後のフォローアップインタビューなど、授業観察以外のデータを、実際の教室内実践行動と関連させる形で分析を行う。これにより、前節における量的分析の示唆を裏付けつつ、さらに深く事例を理解することが可能になる。

本節においてインタビュー結果を分析する際に用いた手法は、全てのインタビューを実施したのち文字おこしを行い、通読した筆者が、その中から頻出するカテゴリを抽出するというものである。頻出するカテゴリは、当該教員（と分析者との関係）の中で重要とされているものであり、そうしたカテゴリを実際の授業場面と突き合わせて見ていくことで、その教員の授業をより深く理解することが可能となる。

なお、引用文を示す際は、言いよどみやくり返しを削除し、大幅に省略した場合は「（中略）」と記した。また、「筆者：〜」となっている部分は筆者の発言をそのまま記載した部分であり、「（筆者：〜）」となっている部分は

筆者の発言の大意を要約して記したものである。さらに、[　]でくくられた部分は倫理上の観点から固有名詞を隠したものである。

5.1　分析結果　Ⅰ教諭

5.1.1　英語観・大学入試・教材の制約

　Ⅰ教諭は、自身の受けた英語教育に関して、「自分の世代は訳読式の授業をずっと受けて、その結果、読み書きはできてもしゃべれないんですよ。だから、それって、英語を使えるってことなんだろうかって強く疑問に思う（2014年12月26日）」とふり返っており、「音声でやり取りすることができないっていうのは、使えないっていうこと（同上）」と、音声言語が英語の主要な要素であると語っている。また、そうした「使う英語」と、大学入試で必要な英語は別だとの認識や、後者の「受験英語」が望ましくないものという認識は、以下のやり取りに表れている。

Ⅰ（教諭）：本質的には、受験英語と一般の英語教育の英語とは違うと思っています。

筆者：受験英語と、今教えてらっしゃる英語。それはどういった点で違う。

Ⅰ：受験英語で問われるのは、本文の解釈力と、単語力、それを書けるかどうかですよね。（中略）筆記のための英語っていうのが受験英語じゃないですか。でも、一般の公立学校でやる英語っていうのは、コミュニケーションを教える英語だから、聞くとか話すとかもやらなきゃいけないんですよ。そういう意味で、聞く話す読む書くっていう4技能のうち、どこを重く、重点的にやるかっていうのが、違うと思います。

（筆者：どちらにより共感するか。もしくはまた別の理想像があるか）

Ⅰ：それはやっぱり今やってることですね。聞く話すもやる英語。自分が海外行った時に苦労したから。読めるし書けるけど、話せなかったんですよ。実際に使うのは、聞く話すですよね、海外に出たら。いちいちスーパー行って、筆談なんかやってられないじゃないですか。

（筆者：それでは受験英語に対しては、どのようにお考えか）

Ｉ：受験英語は、あんまり、よくないものだと思っています。だから本当
　　は、大学側が、筆記試験だけじゃなくて、面接試験、英語での面接とか
　　をやってくれれば、自然とその対策をするようになるから、聞く話すっ
　　ていうところに日本全体が取り組むようになると思うんですけど。

（2014 年 8 月 26 日）

　このやり取りから、「公立学校の英語教育の英語＝コミュニケーション＝聞
く話す＝音声」と「受験英語＝読む書く＝筆記」との二項対立や、公立学校
として前者に重きを置きたいＩ教諭の意向が読み取れる。

　こうした英語観の対立と、授業中の教授活動の対応としては、インタビュ
ーの中で以下の４点が語られていた（紙幅の都合から具体的なやり取りは割
愛する）。

（1）「文法定着」が模擬試験などの「点数（＝受験）」に関係する

（2）「アクティビティ」は生徒の「興味」をひきつけるものであり、文法定
　　　着に資するとは思われない

（3）「進学校」である現任校において点数を取らせるために文法を教えたい

（4）「文法の説明にもっと時間を割けば、当然（文法定着は）充実はする
　　　（2014 年 5 月 27 日）」と、かけた時間に応じた成果を期待している

　Ｉ教諭にはこの４点目のような考え方があったため授業改善において時間配
分に意識が向いたという可能性がある。この語りはその意味で、時間配分に
よって授業の経時変化を分析した第４節の分析を裏付けるものとも言える
だろう。

　ここでひとつ注意すべきなのは、文法定着とアクティビティとの不整合を
感じているＩ教諭であるが、その一方で、音声言語を下支えするものが文法
であるとの意識（「自分が言いたいことを英語で言おうってなった時に、文

法の知識がないと組み立てられない（2014年12月26日）」）や、本来アクティビティと文法定着とが連関しあうべきだという意識（以下の引用参照）も持っているということである。

> Ｉ：本当はこの（アクティビティと文法定着の）二項対立じゃダメだと思うんですよね。本当はアクティビティが文法定着に密接に絡んでなきゃいけないし、文法やったからアクティビティできるという風に、両輪となるような様相じゃないといけないと思うんです。教科書があんな作り[7]なんで、こういう対立になっちゃってますけど。そこを考えると、教材の影響というのは…
> （筆者：ある種制約といえるか）
> Ｉ：そうですね。制約はすごく大きいです。

したがって、Ｉ教諭の中では、文法定着とアクティビティが常に背反で捉えられているわけではない。むしろ、文法定着を基本的な目標として、生徒の興味をつなぎとめながら時間配分を行なっていくというのが、Ｉ教諭の授業運営に対する姿勢なのだということになる。

　また、2学期に入り校務分掌の関係で携わった校外の学校説明会において、受験生やその保護者らと話すようになったＩ教諭は、その機会を通じて、「うちの学校に対する期待感（2014年12月26日）」の高さを知るようになり、「外部からのイメージと実情が、かなりギャップがある（同上）」のはさることながら、それでも「地域の中に根ざしてる学校だから、進学実績は出さないと（同上）」と思うようになったことを語っている。こうした意識の変化は、以下に挙げる5月と12月の語りを対比するとよくわかる。

> （進学実績を重視する私立と比べ、公立学校である現任校は）おおらかですよ。進学実績は気にするけど、公立なんでお金の面の心配はないじゃないですか。そこまで厳しくは言われないし、英語表現なんかも受験

のためっていうよりは、まあ英語に慣れ親しむっていう側面が強い

(2014 年 5 月 9 日)

もっと公立校って、のほほんとしてると思ってたら、うちはそうじゃな
かった

(2014 年 12 月 26 日)

このような形で学校自体が置かれた立ち位置を自覚することも、授業を変容
させる文脈要因の 1 つであると言えるだろう。

5.1.2 　生徒理解

前節でみた I 教諭の授業運営に関する理解を基にしながら、次に I 教諭が
どのように生徒理解を授業に反映させるか、またどのように生徒理解自体を
深めていくかを、事例に即しながら記述する。

I 教諭の授業に関する語りの中で最も筆者の目に顕著だったのは、生徒理
解に関するものである。「生徒の頭にどんだけ入るのか (2014 年 5 月 2 日)」
や「生徒は多分混乱しちゃう (2014 年 5 月 16 日)」、「生徒が動揺しないよう
に (2014 年 7 月 4 日)」などに現れているように、I 教諭は授業を構想する
上で、生徒の理解・反応を推測していることがわかる。

しかし、こうした推測の精度は、新学期当初は必ずしも高くない。という
のも、新任校における新学期というのは、教員にとって利用可能な生徒情報
が少なく、それまでの経験等で代用して推測せざるをえないからである。そ
うした事実は、以下の語りに顕著に現れている。

(筆者注：訳の確認にかける時間が長すぎて)生徒の顔が死んでました。
もっと［前任校］だったら耐えられるんだけどな。1 年生の最初だか
ら、ちょっと一本調子にやりすぎたな。前の学校の授業を引きずっちゃ
ったってのが反省点

(2014 年 5 月 9 日)

こうした「反省」も行いながら、教員は生徒理解を深め、次の指導に活か

している。そんな中、生徒の反応に関する狙いが期待どおり、あるいは期待以上に望ましい形で実現し、それが授業運営に好影響を与えたとみられる例もある。それが5月2日のコミュニケーション英語Iの授業である。以下のやり取りは、その日新しいLesson[8]に入るため、Warm-upのセッション（Lessonの内容に関わるリスニング課題）を終え、授業後半、生徒を指名し、予習を指示していたPart1の内容をクラス全体に対して説明させる場面である。なお、（X分Y秒）という表記は、授業開始からの経過時間である。

I：（30分8秒）Part1の話の概要を、みんなに説明してあげてください。［生徒1］は何回も当たっているから、［生徒2］

S（生徒）：Part1?

I：Part1。予習してきた範囲でいいから、どういう話か。

S：立ちますか

I：うん、立とうか

S：（起立）英語でですか

I：英語で言えたら、偉いね。トライしてごらん

S：（30分50秒）えっと、This story about cat.（他の生徒、笑い）

I：うん、いいよ、それで

S：えっと、Woman found a small cat. えっと、The cat was あ、ちがう、There was, There was a cat in the box, on the, in the, at, なんて言えばいいんだろう。中に。箱のなかに、ネコがいました。

I：in だね

S：で、えっと、She, she washed in the sink. the cat, beautiful long haired, orange. Finish.（他の生徒、笑い。32分18秒）

I：最後ね、それでいいんだよ。先生も［青年海外協力隊時代の勤務国］行った時はさ、片言でさ、単語でしゃべってたんだけど。何かを伝えようっていう気持ちが一番大事だから、そうやって単語をつないでつないでなんとかしようっていうね。そういう感じでトライしていきましょう

ね。いつもやってるワークシートやってるでしょ。あれで、つい日本語
でね、相手が日本人だからって、言っちゃうけど、そこをこらえて英語
で言ったほうが、自分の力になるから。（32 分 50 秒）

　この生徒は、言いよどみながらも、英語を産出するため、1 分 30 秒の間
クラス全員の中で起立していた。be 動詞の抜け、前置詞の選択など文法的
な不備はみられるが、Ｉ教諭はそこには触れず、クラス全体に対して、普段
行なっているワークも英語で行うことで力がつくということを、自身の海外
経験も例示しながら説いている。この一連の流れに対して、Ｉ教諭は事後イ
ンタビューで以下のように語っている。

Ｉ：あれ（筆者注：英語による Part の要約）を、あの子がやることで、たぶ
　　んね、あ、こういうのでいいんだって思ってくれたと思うんですよ。文
　　法的に完璧じゃなくても、とりあえず伝えるっていうのが、なんかね、
　　意図として見えればいいなと思うんで。それでまあ、こっちとしてはや
　　りやすかったかなっていう授業でしたね。
（筆者：先生が言ったわけではなく、生徒の方から「英語ですか」と言って
きた）
Ｉ：うーん言いましたね。もうニヤリとしましたね。思うつぼっていうか。
　　　　　　　　　　　　　　　　　　　　　　　　　　　（2014 年 5 月 2 日）

　この「ニヤリとした」という語りは、以下の語りに見られるように、「英
語を話す雰囲気（2014 年 5 月 2 日）」を作ることで「英語使えよって直接言
うことはあんまりしないように（同上）」、「自然にそう仕向けるようにした
い（同上）」というＩ教諭の狙いどおりの発話が導かれたことへの満足感が表
れているだろう。
　さらに、5 月 2 日という新学期が始まったばかりの時期に、このような指
名・応答が行われた背景には、指名された［生徒 2］が、Ｉ教諭が副顧問を

務めるバレー部に所属していることも関係していた。

> （毎回ワークシートを用いたペアワークで英語使用を促しているものの）
> ちょっとまだね、知らない生徒もいるんで、そういう子に当てちゃう
> と、多分緊張したと思うんです。だからここは（バレー部の）［生徒2］
> だ、とこう（考えて）。選手起用じゃないけど、投入しますって感じで。
> （中略）［生徒1］じゃなくて、後ろの［生徒2］をチョイスしました。
>
> （2014年5月2日）

I教諭は、部活動という授業外での関わりから、［生徒2］が「根性はある
（2014年5月2日）」ということを知っていたため、英語での発言をしてく
れるかもしれないという期待を持ってこの指名を行うことができた。また、
文法的な誤りの訂正に関しては、以下のように語っている。

I：あそこ（注：［生徒2］がThis story about a cat.と発言した場面）でまあ、
　　This story isだよとかって言っちゃう先生もいるけど、私はそれやんな
　　いほうがいいと思うんですよ。苦手な子は特にそれで萎縮しちゃうか
　　ら。とりあえず言わせて、ああ合ってる合ってるって、まあうなずいて
　　やった方が積極性は育つかなって、気はしてます。（中略）後々どうせ、
　　英語表現とかで文法やるし、isが抜けてるなんて多分、たぶん本人も分
　　かってると思うんですよ。言いながら。あ抜けちゃったなあとか。

（筆者：口に出そうとして初めて言えないことに気づく場合もあるというこ
とか）

I：そうですね。「boxの中で」をどう言うんだろうとかね。だから言いな
　　がら、彼女も自分でわかってないところが多分わかったと思うんですよ
　　ね。

（2014年5月2日）

「本人も（自身のミスを）分かっている」、「苦手な子は特にそれで萎縮しちゃ

う」という生徒理解、文法的な事項は「コミュニケーション英語Ⅰ」ではなく「英語表現」で扱うというカリキュラム理解、そして積極性を育てるという最終目標との整合性から、文法的なフィードバックは行なっていないということが見て取れる。

　以上みてきた［生徒2］への指名は、部活動という授業外で得た生徒理解を基に指名を行い、授業運営を望ましいものとした事例であったが、その他の場面でも、生徒理解を基に指名を行ない授業の円滑な運営を試みている場面があった。

Ⅰ：中間でやっと、高校範囲での彼らの実力がわかったんで。だからできるやつは何名か頭の中でわかってるんですよ。（中略）当てた文章は不定詞の用法とか入ってて、たしか。しかも長めの文なんですよ。これを34点とか取ってるやつに当てるとぼろぼろになっちゃうから、それは避けて。
（筆者：難易度確認だけじゃなくて、授業のペース的な意味でも指名を用いているということか）
Ⅰ：そうです。なるべくその簡単な問いは下の方、学力的には多少劣ってる子に当ててあげて、難しいところはまあ、それなりに実力のある子に当てて。ただそれでマークしてる生徒って上下三人ずつくらいなので、真ん中ら辺の生徒は適当に当ててます。

数名の生徒を「マーク」し、一部恣意的な指名を行うことで授業の進行を円滑にしていることがわかる。

　また反対に、指名を基に生徒理解を深めるという場合もある。以下に挙げるのがその一例である。Ⅰ教諭は2学期の授業において、生徒グループが教室前方でクラス全体に向けて英語プレゼンテーションを行なった後、そのプレゼンテーションを理解できたかを生徒を指名し確認した。その場面をふり返って指名の基準を聞かれた際、以下のように回答している。

表情をみてですね。特に、当てたのは、あんまりできない子。その子がわかってれば、多分みんなわかってるんだろうっていう。当てたのが、［生徒A］［生徒B］［生徒C］等々、平均から下の子を当てました。

(2014 年 10 月 7 日)

事前にテスト結果などから「あんまりできない子」に関する生徒理解を得ておき、その生徒を指名することで授業（この場合は他生徒のプレゼンテーション）の理解度を測るという教員の戦略がみえる。

　生徒理解を得るための情報源は、授業中の生徒の表情等にとどまらず、テストの点数から課外活動まで幅広い。上記の例から、そうした生徒理解と指名行動は、相互に影響を与え合うものであることが示された。

5.2　分析結果　Y 教諭

　前節では I 教諭のインタビュー内容に基づいた記述を行なってきた。本節では、そうした分析を、Y 教諭を対象に行う。前節までの分析で、Y 教諭が英語使用に関してこだわりを持っていることが示されたので、それに関連する語りを中心に見ていく。

5.2.1　英語使用と人間関係構築

　事前インタビューでは、Y 教諭が英語使用に関して授業改善を行ない、生徒の能力向上に貢献したと考えていることが示され、第 4 節では、実際に一学期の前半後半で英語使用率が向上していることが示された。その後一学期間を通したインタビューにより、こうした授業における英語使用というのが、生徒の言語習得のみを目的としたものではないということが浮かび上がってきた。

　Y 教諭は、授業冒頭において、出席を取りながら生徒と一対一で英語のやり取りをする。たとえば以下のようなやり取りである。

Y：［生徒 1］さん、How are you today?

S：え。（4 秒）Fine.

Y：True? True? OK.［生徒 2］さん、How are you today?

S：ふらふらする。

Y：You feel dizzy.

S：熱中症になった。

Y：Did you drink something?

S：うん。貧血？

Y：貧血。Anemia. If you feel sick, please tell me.

　　（中略。生徒がバイトの面接を受けたことを隣の生徒と話している）

Y：Oh, did you have an interview?

S：インタビュー？

Y：うん。面接？

S：来てね先生。

Y：どこ、Where. Where is your shop?

S：［地名］

Y：［地名］。［施設名］。

S：そうそう。

Y：Ah OK. Give me discount?

S：なんだって、ディスカウントって何。お金？

Y：値引いてくれるの？　割引。

S：うちの笑顔で。

Y：（笑い）Only［生徒 3］'s smile, OK.

英語での質問に生徒が反応していたり、「ふらふらする」や「貧血」といった生徒の日本語を英語で言い直していたりと、生徒の言語習得に貢献すると考えられるやり取りもみられる。同時に、生徒の日本語による雑談を、"Oh, did you have an interview?" と英語で引き受けることで、生徒を授業にスムー

ズに向かわせている。授業運営の面でも人間関係構築の面でも有用なやり取りであると言えるだろう。

こうした Y 教諭に特徴的なやり取りについて、1 学期が終わった段階でのインタビューで聞いたところ、以下のような回答を得た。

> 中学校だったら、一斉に言わせるじゃないですか。"I'm fine, thank you." っていうのが私好きじゃないんですよ。ばらばらに言わせてもいいんですけど、言わないじゃないですかみんな。人数少ないっていうのもあるし、もう 1 つが、うちの学校って、人間関係のつながりっていうのが大切なんですよ。だからせめて、初めの挨拶だけは一人ひとりに聞こう。(中略)去年挨拶やって、"I'm fine." って言わせたけど、一人ずつ聞くと、やっぱりわかるんですよ。こいつ今日機嫌悪いなって。あと一人ひとり聞くと、聞いてくるじゃないですか、これなんて言えばいいの、って。(中略)定時(制高校)にいる限りはやると思います。全日(制高校)だと人数多いのでやらないと思うけど。少人数ならではかな。あれは自分のスタイルですね。　　　　　　　　　　　　　　　　　（2014 年 7 月 19 日）

英語による一対一の対話を行うことが、生徒との人間関係づくりに役立っていること、一人ひとりの様子を把握できること、少人数限定の「自分のスタイル」、すなわち Y 教諭の授業進行上の特色であることなどがわかる。

Y 教諭のインタビューの中で、こうした人間関係に関する発話はたびたび見られた。こうした授業中の関係づくりに Y 教諭が注力するのは、以下のような意識があるからである。

> 子どもたちと一番コミュニケーション取れるのって、やっぱり授業中だと思って。(中略)向こうも授業だと聞いてくれるじゃないですか。それが普通の、廊下とかですれ違ってると、何かがないと話しかけないし(笑い)　　　　　　　　　　　　　　　　　　　　　（2014 年 4 月 21 日）

Y教諭は、事前インタビューにおいて「残せるもの」や「誰かの人生に関わ」るということを教員としての目標として挙げていた。そうした目標を達成する場として授業を捉えていることは、「自分が教えれる場所、英語だけじゃなくて、人間性とか教える場所っていうのがやっぱりその、授業が一番ツールとしていいんじゃないか（同上）」という語りにも表れている。これらの記述から、学校の特性から来る独特な生徒の反応を、英語使用を中心とした授業中のコミュニケーションにおいて望ましい方向へ導こうとするY教諭の姿が窺える。

5.2.2　文法説明　次なる課題

前項のI教諭のインタビュー分析の中で、文法とコミュニケーションが、教材の制約もあり、やや対立的に捉えられていることが示された。本項では、Y教諭の文脈において、文法はどういった扱いなのかを見ていく。

以下の語りに現れるように、基本的にY教諭にとって、「英会話基礎」という課目は、英語が好きで選択した生徒が集まるクラスなので、文法を教える必要があると思っている。

筆者：先生としては、英会話基礎の方は、どちらかと言うと文法的な話も、
　　　ステップアップイングリッシュに比べたら入れていこうと（思われているか）。
Y：うん、やらないといけない。
筆者：やらないといけないってのはその、教科書的に（カバーしなくてはいけない）ってことですか。
Y：教科書的にっていうかやっぱ、あれは英語勉強しようって子が来てるので。
筆者：だからこそ文法的な説明が必要っていうこと。　　　（2014年6月23日）

同時に、Y教諭は文法説明に関して、「自分の課題だし、（生徒のことを）

分かってあげられない部分（2014 年 7 月 19 日）」であり、さらに「自分、文法説明の時が一番あたふたしてますよ（同上）」とも語っている。Y 教諭自身は高校時代、予習をした上でグラマーの授業を受けており、グラマーの授業が好きだった。そのため、予習なしの、文法的な理解の薄い生徒に対してどういった説明を行うべきか捉えかねているという話であった。

　こうした逡巡は、事前インタビューと対照的である。事前インタビューにおいて Y 教諭は、以下のように文法指導について語っていた。

　　自分ってもともと読解とか、なんか文法バリバリでやってきたから、そういう授業しかやっぱできないじゃないですか。だから自分でも「ああつまんねー」と思いながらも同じやり方で教えてたんですよ。でもね、そうしてると、やっぱ面白くないんですよ自分で。　（2014 年 3 月 23 日）

　この「面白くな」さは、Y 教諭がその後勉強会にて、指導的な立場の教員に「ほんとどうしたらいいかわかんないんですよ、生徒もちゃんと座らないし、かといって自分の授業面白くないし。（同上）」と述べていたことにも表れている通り、授業運営の難しさとして当初は後ろ向きに捉えられていた。

　しかし、英語使用率の向上などの授業改善によってそうした難しさが緩和されると、再び文法説明は Y 教諭の中心的な課題の 1 つとして、さらに今回は生徒の言語習得面での課題として、どちらかといえば前向きに認識されるようになる。事前インタビューにおいて Y 教諭は課題として「指示」をあげていたが、フォローアップインタビューでは、「文法と読解」をあげていることにも、そうした変化は表れている。

5.3　分析結果　まとめ

　I 教諭のインタビュー分析から、教員の生徒理解と指名行動が相互に連関していることが示唆された。また Y 教諭のインタビュー分析から、英語使用が生徒との人間関係構築に役立っていること、初年度当初においては授業

運営面での課題として認識されていた文法指導が、授業運営における難しさが緩和された後、今回授業観察をした期間においては、生徒の言語習得面での課題として再浮上していることがわかる。

　両者の特徴は多数指摘できるが、それらの中には、個人差に起因するものもあれば、文脈要因に起因するものもあると思われる。たとえばI教諭が、文法説明に時間をかけただけ当該文法が生徒に定着すると考えるのは個人的な信念と言うべきかもしれないが、一方で文法定着が生徒に必要と考えるにいたった背景には、I教諭の勤務校が置かれた背景が文脈要因として存在する。Y教諭の英語使用も個人的な信念に基づく面はあるだろうが、そうした英語によるやり取りが生徒と教員との間の人間関係に好影響をもたらしやすい、逆に言えば日本語のみを用いた授業運営が難しい、授業外において生徒理解を深めることが難しいという学校状況が影響している部分もあるだろう。

　上記のように、教育実践は文脈要因と個人的な要因が混ざり合った形で存在している。教室実践を深く理解する際、その両者の要因を視野に入れ、整理していくことが今後の課題となる。

6.　成果と課題、および考察

　本稿は、2名の新任高校英語教員から協力を得て、事前インタビューで得られた語りから、授業の変容と教員自身の省察との関係を課題として設定し、授業観察のデータでそれを分析した（分析1）。その後、その他のインタビューを援用しながら、そうした授業変容を支える教員自身の省察が、各教員の置かれた文脈要因に強く規定されている可能性を示した（分析2）。また、Y教諭の例では、初年度には授業運営的な観点から課題と認識されていた事柄が、二年目となった本年度において、生徒の言語習得という観点から課題視されていることも見えてきた。

　こうした一定の成果はあるものの、課題や限界も多数指摘できる。第一

に、紙幅の都合もあるとはいえ、実際の授業場面やインタビューの引用が十分に取れなかった。質的研究に求められる「厚い記述」が十分なものではないとすれば、それは筆者の今後の課題である。

　また、研究協力者が2名と少人数であることも本稿の限界である。今回の研究協力者であるI教諭とY教諭の実践を分析するにあたり、両者の特徴の原因を、時には個人要因に求め、時には文脈要因に求めた。それらの判断の「正しさ」は、究極的には解明不能であるため、それが読者にとって説得力のある形で理解されたかどうかで判断せざるをえないが、協力者が増えることで、比較をする場合の妥当性は高められると考えられる。

　さらに言えば、本稿は教師研究であるため、生徒の言語習得に対する視点は薄い。生徒の反応も考え合わせた、より多層的な研究が今後求められる。

　最後に、以上のような成果や課題を踏まえながら、やや本稿の射程から外れるかもしれないが、本稿の成果がより幅広い教育政策との関連でどのように位置づけられるかについて、考察を述べたい。

　本稿の協力者である両教員は、ともに「授業は英語で」という文部科学省の打ち出した方針に大きく反対はしてはいなかった[9]。しかし、Y教諭とは対照的に、I教諭の場合は実際に授業において英語使用率が、本稿の分析法においては、数値的に伸長したわけではない。これは、「教室での使用言語に一律に規制をかけた」（江利川 2009: 18）としても、その受容のされ方は様々であることの一例といえるだろう。

　同時に「高校入学時での平均的な英語力は著しく低下している（中略）現状で英語による授業を強要するならば、『分からない』子どもを著しく増やし、英語嫌いと学力格差を拡大することは必至である」（江利川 2009: 19–20）との厳しい批判とは対照的に、学力的には下位に属する定時制でのY教諭の教室実践において英語使用率の伸長がみられたということは興味深い。Y教諭は、「全部英語でやると、子どもたちの顔が変わりましたよね。表情が。（2014年3月23日）」という語りにもみられるように、英語使用が生徒の授業参加に好影響を与えたとの実感を得ている。

筆者はここで、「規制」に対する批判を否定するつもりは毛頭ない。ただ、教員や個々の学校・学級・生徒の多様性を考えると、そうした批判にも常に反例が存在しうるということを指摘するのみである。個々の「文脈」において「規制」がいったいどのように受容されているのか、またそうした「規制」に強い悪影響を受けてしまうのは一体誰なのか、そしてそれらの悪影響を最小限に食いとどめ、少しでも良い結果を生むためにどうすべきなのか。こうしたことを考えるためにも、実践者に対する研究が今後増えていくことが必要だと考えている。

謝　辞

調査にご協力くださった高等学校関係者のみなさま、その中でも、授業観察・インタビューに多大なるお時間を割いてくださったお二人の先生、周囲の先生方、そして生徒のみなさんに感謝申し上げます。本研究の遂行にあたりご指導くださいました、東京大学斎藤兆史教授、ならびに斎藤英学塾のみなさま、さらに、外国語教育質的研究会、言語教師認知研究会をはじめとした研究会におきまして、稚拙な研究計画に真摯に的確なコメントを下さったみなさまに、厚く御礼申し上げます。

注

1　本稿は、2014 年度東京大学大学院教育学研究科に提出された筆者の修士論文を基に再構成したものである。

2　定時制・通信制を含む。全日制のみでは 94%である。

3　高校進学者における大学進学率は 54%程度（文部科学省 2011）であることを考えると、現在中心的に研究が行われている大学における英語教育よりも、高校における英語教育の方がむしろ重要性の高いものである、とも主張できるだろう。

4　その広がりを示すように、2011 年には「JACET 言語教師認知研究会」が発足した。

5　大谷（2011）による術語。詳細は大谷（2011: 159）参照。

6　具体的には、全ての授業を実際に観察した筆者が、ボトムアップに必要と考えられるコードを並べた上で、I 教諭の授業からコーディングを開始し、コーディン

グを進める中で新たなコードの必要性に気づいた場合は、追加したコードに関連する以前の分析も、遡って新たに修正した。なお、各シークエンスの最後の数秒になって初めて発話がなされた場合は、そのシークエンスは「発話者：なし」とコードし、適宜直後のシークエンスに役割を振った。

　また、本稿が教員を対象としたものであり生徒は中心的な分析対象でないことから、教員と生徒が同時に別々の活動を行なっている場合は、教員の活動を優先してコーディングした（たとえば、生徒がペアワークをしている最中に教員が机間巡視をしている場合、教員の机間巡視のみコーディングした）。そのため、やや教員の活動が多く計上されている可能性がある。

7　I 教諭の現任校における「英語表現」で採用されている教科書は、"Daily Life", "Sports" などの題材ごとに Lesson が組まれており、各レッスンは、文法について扱う Stage1 と、同場面ではあるが文法的には連関のない Stage2 から成り立っている。その Stage1 と Stage2 が文法事項の面で連関を持たないということをここでは指している。

8　I 教諭の現任校における「コミュニケーション英語 I」で採用されている教科書は、10 の「Lesson（「時間」、「環境問題」、「小説」などのテーマに沿った文章）」が含まれている。各レッスンは 4 つの「Part（150 words ほどの英文）」から成り、I 教諭の場合平均して 1 授業につき 1 つから 2 つの Part を終えている。

9　「なるべく英語で授業するっていうのが文科省の意向なので。まあそれが正しいとは言わないですけど、どうせだったら、学んだ英語を使える機会があるんだったら、使わせた方がいいかなと。（2014 年 6 月 24 日・I 教諭）」
　「それ（筆者注：学外の勉強会に参加しないこと）ってもう、自分の授業はそれでいいって思ってるのかなって。だからねえ、なんかそのねえ、All English やりなさいとか、文部科学省が言っても、全部日本語でやってる先生もいるんですよ。（2014 年 3 月 23 日・Y 教諭）」

参考文献

Duff, Patricia A. and Charlene G. Polio. (1990) How Much Foreign Language Is There in the Foreign Language Classroom? *The Modern Language Journal*, 74 (2): pp. 154–166. National Federation of Modern Language Teachers Associations

石田真理子 (2014)「英米における教師教育研究の動向―実践知の継承を中心に」『東北大学大学院教育学研究科研究年報』62 (2)：pp. 209–226. 東北大学大学院教育学研究科

江利川春雄 (2009)『英語教育のポリティクス―競争から協同へ』三友社出版

大谷尚 (2008)「質的研究とは何か―教育テクノロジー研究のいっそうの拡張をめざして」『教育システム情報学会誌』25 (3): pp. 340–354. 教育システム情報学会

大谷尚 (2011)「SCAT: Steps for Coding and Theorization―明示的手続きで着手しやすく小規模データに適用可能な質的データ分析手法」『感性工学』10 (3): pp. 155–160. 日本感性工学会

坂本篤史・秋田喜代美 (2012)「『教師』」金井壽宏・楠見孝編『実践知―エキスパートの知性』pp. 174–193. 有斐閣

笹島茂・サイモン・ボーグ (2009)『言語教師認知の研究』開拓社

笹島茂 (2013)「言語教師認知研究の進め方についての可能性―英語教師のこころの探求として」『JACET 言語教師認知研究会研究集録 Language Teacher Cognition Research Bulletin 2013』pp. 1–15. JACET 言語教師認知研究会

笹島茂・西野孝子・江原美明・長嶺寿宣編 (2014)『言語教師認知の動向』開拓社

長嶺寿宣 (2014)「課題と提言：文脈に依存した教育現場別の指導法」笹島茂・西野孝子・江原美明・長嶺寿宣編『言語教師認知の動向』pp. 173–178. 開拓社

文部科学省 (2011)「高等学校教育の現状」『文部科学省ホームページ』p.2. 文部科学省. 〈http://www.mext.go.jp/component/a_menu/education/detail/__icsFiles/afieldfile/2011/09/27/1299178_01.pdf〉2014. 11. 14

文部科学省 (2014)「今後の英語教育の改善・充実方策について　報告　～グローバル化に対応した英語教育改革の五つの提言～」『文部科学省ホームページ』文部科学省. 〈http://www.mext.go.jp/b_menu/shingi/chousa/shotou/102/houkoku/1352460.htm〉2014. 11. 14

山田雄司・青田庄真 (2015)「日本の国会における英語教育政策過程―時代区分・アクター・特徴語」『KATE Journal』29: pp. 71–84. 関東甲信越英語教育学会

英語力を測る手段としての英文和訳問題

河内紀彦

1. はじめに

　外国語教育に携わる者や外国語教育を研究する者にとって、translation、すなわち訳は重要な問題である。日本における英語教育の趨勢は、コミュニケーション中心主義が主流となり、英文和訳はなにか悪いものであるかのように扱われることすらある。「訳読」は「訳毒」だ、などという陳腐な文句がその傾向を端的に表している。例えば、菅原 (2011: 80) は、「この英文解釈、あるいは訳読は、日本の英語教育の悪弊として、しばしば槍玉にあがる。とくに、やや長い文章を訳してゆく訳読の評判は芳しくない。テキストをいちいち日本語に訳すようなことをしているから、英語の運用能力がのびてゆかない。英語のコミュニケーション能力が養えないのは、十年一日、訳読のようなことをしているからだ、という批判がある」と指摘している。

　また、伊村 (2003: 51) は「訳読は訳『毒』か」と題する項で次のように述べている。

　　「読んで訳す」という訳読は、近頃文法とともに大変評判が悪い。訳読なんて時代遅れだ、訳読なんかやっているから英語が身につかないのだ、と訳読は今や目のカタキである。英語のよくできる人で「訳読」は「訳毒」だ、あれを止めない限り日本の英語教育はよくならない、とまで極言する人がいる。ところが聞いてみると、その人自身が中学・高校

で受けた授業は、ほとんどがその訳読だったというではないか。

ここで示唆に富むのは、ユーモアのように語られる最後の部分である。英語が非常によくできる人のなかにも、英文和訳を否定する人は少なからず存在する。しかしながら、そのような人は高度の英語力を獲得する過程において、（幼少期から長期にわたって海外に滞在した、いわゆる帰国子女など少数の人を除いては）必ずと言ってよいほど文法や訳読を中心とした地道な英語学習法を経験しているのである。

　日本におけるこのような趨勢にもかかわらず、ヨーロッパではクック（Guy Cook）などの最新の理論によって、もはやコミュニケーション中心主義は時代遅れとなっている。それと同時に翻訳の役割も見直されてきている（Cook 2010）。

　新学習指導要領においては、高校の英語の授業は原則として英語ですることとなっている。英語教授法を研究の大きな柱としている私にとっても、英語教育における訳をめぐる問題がほとんど無視しがたいものになってきている。本稿では、『英語青年』の誌上で大学入試問題のあり方をめぐってなされた議論を概観し、次に試験問題における訳のあり方について考察したい。

2.　靜哲人の主張とそれに対する考察

　まず前提として、『英語青年』誌上で、大学入試英語問題をめぐってどのような議論が行われたか簡単にまとめておく。事の発端は、『英語青年』2006 年 4 月号の特集「大学入試英語問題を批評する」において、テスト理論を専門とする靜哲人が「これでいいのか、大学入試英語問題」と題する記事で、英文和訳テストを手厳しく批判したことである。これに対して、柳田躬嗣が同年 6 月号で英文和訳擁護の立場から反論し、7 月号には靜から再反論があった。そして、同年 10 月号にて斎藤兆史、馬場哲生、松井孝志が英文和訳は適切な問題であると論じた。

静の主張をまとめると次のようになる。まず「prestigious な大学」の入試問題がいかに日本の英語教育全体に波及効果をもたらすかを指摘し、そのことを考慮に入れると、下線部和訳問題は「現在の日本の大学英語入試の最大の悪」（静 2006: 2）であると主張する。氏によると、和訳が「有害」である理由は、「英語の語順で頭から理解してゆく、いわゆる直読直解の習慣の形成を阻害する」（静 2006: 2）からである。直読直解の習慣が形成されなければ、英文の意味をすばやく読み取ったり、返り読みができないリスニングに対応したりできないという。

なるほど、直読直解で意味を理解できるならそれに越したことはない。しかし、英文が学習者のレベルを超えている場合、英文のレベルと学習者のレベルを橋渡ししてやるという意味でも英文和訳や訳読は有効であろう。

心理学に scaffolding（足場かけ）という概念がある。Scaffolding とは、アメリカの心理学者ブルーナー（Jerome S. Bruner）らが提唱した概念であり、その理論的背景には、旧ソ連の心理学者ヴィゴツキー（Lev S. Vygotsky）の「発達の最近接領域（zone of proximal development）」という考え方がある。ヴィゴツキーは、「子どもが 1 人で解ける問題の水準と大人から援助を得て解ける問題の水準の 2 種類があると述べ、この両者の間を発達の最近接領域とよんだ。そして、効果的な教授は発達の最近接領域に正しく働きかける必要があるとした」（森・秋田 2006: 278–279）。この考え方に基づいて提唱された scaffolding とは「独力ではできなかったことについてより高次の遂行ができるように援助すること」（森・秋田 2006: 168）である。この概念は訳読と直読直解の関係にも当てはまる。すなわち、直読直解できない、高いレベルのテクストを、訳読という足場によって、理解できるようになる。やがて学習者が成長するにつれ、この足場ははずれて、直読直解できるようになっていく。

英語の達人と呼ばれる多くの人もこのようなプロセスを経て、直読直解にいたっているのではないか。菅原（2011: 81）も「直読直解を勧めるのは、ある水準の英語力を身につけた人びとに多いが、そのような人びとは、自分た

ちが、どのような道筋を辿って現在の英語力を身につけるにいたったか、忘れてしまっていることが、ままある。」と言う。

実際、静は、「高校時代は、それまでの「実用英語路線」を転換し、何を隠そう Z 会の通信添削に力を注いだ。難解な英文を日本文に移し変える作業がそれなりに challenging でおもしろかったのである。」（静 2007: 27）と、自らの英語学習を振り返って述べている。

日本語を通じて英語の意味を理解する訳読を足場に例えると、それは道具に過ぎないように聞こえるかもしれない。しかし、そうではない。斎藤（2006: 23）によれば、「英文和訳、さらに言えば和文英訳の能力も重要な語学力」である。なぜなら、日本人が高い英語能力を必要とされるのは、多くの場合、「日本語と英語、ときにそれ以外の言語が交錯する異文化状況」（斎藤 2006: 23）だからである。

3. 英文和訳問題の長所・短所

次に、馬場（2006）が英文和訳問題の功罪をまとめているので、引用しておく。

1. 英文和訳問題の長所
    1）受験者のパフォーマンスが設問によって左右されない。
    2）誰が作っても同水準の問題ができる。
2. 英文和訳問題の短所
    1）「英文の構造も意味も理解したのに、うまく日本語に訳せない」というケースがありうる。
    2）「英文の意味は理解していないのに、日本語に訳せてしまう」というケースがありうる。
    3）「英文の構造は理解していないのに、日本語に訳せてしまう」というケースがありうる。

4）解答するにも採点するにも時間がかかる。

5）採点の妥当性・信頼性の確保が難しい。

6）指導や学習に対する負の波及効果が懸念される。

(馬場 2006: 25–26)

　ここに短所として挙げられているものでも、本当にそれが短所となりうるのか疑わしいものもある。例えば、3)の「英文の構造は理解していないのに、日本語に訳せてしまう」は、主に、易しく、構造を分析しなくても意味が類推できる文で起こる現象だと考えられる。馬場 (2006) で挙げられている例文も、"I bought a book whose cover was red." というもので、この文を「私が買った本の表紙は赤かった。」と訳した場合、馬場によれば、英文の構造と意味を正しく理解した上で意訳したのか、構文を理解せずに単語の意味を順番に並べたのか判別できないという。ただし、このような事例は、単語の意味がわかり、それらを常識的に結びつけることができる場合に限られるであろう。

　馬場が挙げる英文和訳問題の短所のうち、最も問題だと思われるのは 2)「英文の意味は理解していないのに、日本語に訳せてしまう」ケースである。単語の意味がわかり、英文の構造が理解できたら、意味がわからなくても一応訳文ができてしまうということが十分考えられるし、実際往々にして起こりうる。とりわけ、受験勉強などで、英文和訳の練習をしたことがある者にありがちである。この短所を克服するためには、1)学習者としては、訳しただけで満足せずどういうことを言っているのか考える、2)教師としては、訳させただけで満足せず、どういうことを言っているのか問う、3)試験の出題者としては、訳させただけで意味が取れているか判別しにくいような文は、英文和訳問題ではなく、「どういうことか」説明させる設問にする、などといった対策が考えられる。

　しかし、このような意味の取りにくい文であっても、単語の意味と文の構造を理解するところから、意味の理解は始まるわけである。実際に、単語と

文構造だけを反映させた和訳をしてみて、反芻しているうちに意味が理解できることもままあることだから、致命的な短所とは言えまい。

4. おわりに

　以上述べてきたように、英語教育に関わる者にとって、英文和訳のあり方は無視できない問題である。さまざまな批判はあるが、使い方さえ間違えなければ、英語力を図る有効な手段となる。

参考文献

Cook, Guy. (2010) *Translation in Language Teaching*. Oxford: Oxford University Press.

伊村元道（2003）『日本の英語教育 200 年』大修館書店

菅原克也（2011）『英語と日本語のあいだ』講談社

斎藤兆史（2006）「英文和訳、大いに結構」『英語青年』152（7）：pp. 23–24. 研究社

静哲人（2006）「これでいいのか、大学入試英語問題―英語教育およびテスト理論の立場から」『英語青年』152（1）：pp. 2–5. 研究社

静哲人（2007）「『習うより慣れろ』感覚で学び続けて」『英語教育』(2007 年 3 月号) pp. 25–27. 大修館書店

馬場哲生（2006）「英文和訳テストの功罪」『英語青年』152（7）：pp. 24–26. 研究社

森敏昭・秋田喜代美（編）（2006）『教育心理学キーワード』有斐閣

日本の国立大学共通英語教育
プログラムについて
―横断的調査*―

小泉有紀子

1. はじめに

　本稿では、日本の大学教育初年次における英語教育を取りあげる。近年、グローバル化に対応したより組織的な英語教育を大学でも実現するために、初年次英語教育の組織的な運営が注目されている。「教養教育」「共通教育」などとしばしば名づけられる初年次教育であるが、伝統的には、それぞれの授業は大部分が各教員の裁量に任せられていた。しかし、より大規模で組織的なやり方で、すべての学生に対しての教育や学習支援を企画立案し、提供しようとする試みが近年増加している。例えば、大学全体としての e-learning システム導入や、資格試験の受験の義務づけ、統一教材の導入、習熟度別クラス編成、といったようなものである。そして、それまでは人文教育系学部の所属教員に任せられていた共通教育の英語が、「外国語教育センター」のような、学部から独立し、語学教育に特化したさまざまなカリキュラム策定や学習支援システムの構築と維持を担当するような施設による運営というように形態をかえていく場合も多く見られている。しかし、各大学でさまざまな取り組みが行われている中で、他大学ではどのような運営が行われ、どのような課題を抱えているかについての横の情報交換や交流は十分にはかれていない現場の教員が多いことも事実である。

　本稿では、国立大学における英語共通教育プログラムの調査の結果を報告する。初年次共通英語教育がどのような運営形態で行われ、またどのような

組織的な取り組みが行われているのか、そして担当教員の構成はどうなっているかなど、幾つかの観点から横断的考察を行い、国立大学の英語教育に見られる最近の傾向を把握していくこと、そして今後のよりよい英語教育のために取り組むべき課題を具体的に理解し、さらに大学同士の情報交換のきっかけとすること、これらが本研究の目的である。

　次節では、本研究の背景となった近年の日本の大学共通英語教育の変遷を簡潔に概観した後、類似の横断的研究の一例として、米国大学の共通ライティング・プログラムの調査事例を紹介する。そして、第 3–4 節では、これをモデルとして今回行った日本の共通英語教育プログラムの調査を報告し、現在日本の国立大学に見られる共通英語教育の特色を概観し、今後の課題について考察する。第 5 節は、まとめと今後の研究継続にあたっての注目点を指摘し、より学生のためになる大学英語教育の今後のあり方について、具体的な課題を明らかにしたい。

2.　背景

2.1　日本の大学英語教育　「教養」から「共通」へ

　大学初年次の英語科目は、履修学生の専門にかかわらず、英語関係の研究分野（例えば英語学、英米文学、英語教育など）の専任教員が授業を担当するのが一般的である。かつては「教養教育」とよばれたこの初年次教育を担うために、多数の英語関係教員が所属していたのがいわゆる「教養部」であったが、国立大学の「教養部」が次々と解体されたのは概ね 1990 年代のことである（冠野 2001）。大学 1・2 年次における「教養教育」を専ら担当していた教員を各学部に所属させることによって、学部専門教育や大学院教育・研究をより強化することが狙いであったようである。教養部の改組により、教員は、各学部における業務と専門教育を担いながら初年次教育「も」担当するという形態に変わっていった。これはまた、初年次教育のみに従事する教員がいなくなり、組織的な初年次英語教育改革の取り組みを大々的に行え

る部署がなくなってしまったとも見ることができる。学生の各専門分野に沿った、専門や将来のキャリアに必要な英語力を養うという観点からの組織的な英語教育プログラムの実施は、分散キャンパスの大規模校などで、すでにある特定の学部（例えば工学部）で少数の英語教員を雇用し、その学部のニーズにこたえる形の英語教育に当たらせるなどという場合以外には、あまり見られないものであったかと思われる。

　それぞれの英語授業が伝統的にどのように行われていた（いる）かについても考えてみると、いわゆる教養教育や共通教育といわれる枠組みの中の英語授業であっても、英語授業がどのような教材を使ってどのように行われ、どのような課題や試験、成績評価が与えられるかについては、大まかな技能別の区分以外は、その授業を担当する教員におおむねゆだねられているのが一般的であった。これは、中学高校までの英語教育と、大学における英語教育の最も異なる点である。そのうえ、多くの大学では、学生は少なくとも1年次では学籍番号などで割り振られた指定クラスで英語を受講するシステムになっており、どのような英語授業を受講するのか学生には選択権がない場合も多い。このようなカリキュラム形態は、教員個人の興味関心・理念に基づいた個性ある英語教育を実現できるという面で魅力的であるが、一方で、同じ授業名・単位数の開講授業であるにもかかわらず、授業内容や、評価基準に不均衡が生じ、学生の間に不公平感が生まれるという欠点もある。また、共通教育のあり方を全体的な視点で見たときに、大学組織としてどのような英語教育を提供し、英語力向上に取り組んでいるのかが不透明であるともいえる。

　このような問題を解決するために、より組織的な初年次英語教育を実現しようとの取り組みが行われるようになってきた。例えば、指定クラスの振り分けを習熟度別にすることや、資格試験（TOEIC, TOEFL, 英検など）の受験を全学生に求め、スコアを前述のクラス編成のプレイスメントや成績評価の一部への算入などに使用すること、統一教材や統一シラバスの導入、オンライン学習やCALLなどのe-learningシステムを授業の一部もしくは全体

に取り入れること、などの例がみられる。すべての学生が、どの教員の授業を履修しても、比較的均質な英語教育を受けられるような仕組みを目指しているのである。

そして、このような取組を企画立案・実施するには、それを主な業務とする組織を設置して運営することが最も効果的であるとの考えから、共同利用施設（センター）を設置する大学も増えてきた。教育企画を主な業務とするものや、いわゆる「共通教育」「全学教育」全般を担当する部署もあるが、英語教育に関しては、外国語教育を担う「外国語教育センター」のような施設も多く設置されるようになった。このようなセンターは、英語系や教育系学部に属さず、全学組織として位置づけられ、多くの所属教員が兼担という形でセンター業務を行うだけでなく、センターに専任教員として雇用されるケースも出てくるようになった。センター専任教員は、有期のプロジェクトに基づいて採用される任期付教員の所属先となることも多い。

2.2　米国の大学共通教育におけるライティング・プログラムの調査

米国では、大学における大規模な共通教育として、英語ライティング・プログラムがある。米国では、大学1年次の学生全員に英語ライティング授業4単位の取得が義務づけられている。どの専門の学生にも必要となる効果的なライティング・スキルを身につけさせるための授業であり、学生はたくさんの英文を書く練習をするほか、5パラグラフのエッセイの構造や展開方法を学び、図書館などの文献検索の方法や、正しい文献参照の仕方、剽窃行為に関する学術倫理や注意点などについても学ぶ。いわば、大学におけるアカデミック・ライティングの入門セミナーのような役割を果たす授業である。履修する学生も、英語を母語とする学生だけではなく、むしろライティング力の高い学生は高校時代に試験を受けて単位認定を受ける制度があるために、履修する学生の中には、標準英語を母語としない学生[1]や、英語を母語としていても書くことの苦手な学生（理系学部など）が多くいる。

この英語ライティング（『英作文（English Composition）』とも）教育の歴史

は興味深く（Crowley 1998 に詳しい）、教育の実情や課題も、日本の共通英語教育のそれとの類似点が多い。この授業は開講数も多く、担当教員も多いため、教育内容の担当者によるばらつきの問題がある。また、担当は英文学部やクリエイティブ・ライティング[2]の専任教員や非常勤講師など、もともと書く力の高い教員で担われているが、受講生は、書くことが苦手な学生が大半であり、また多くが文学とは関係のない専門であるため、教育上の難しさにしばしば直面する。かつては、ライティングを「学術的分野」ととらえ、文学作品や文学ライティングの研究に関係した教育内容を通して、書く力を養成すべきであるのか、もしくは「専門に進む前の準備教育」と考え、学生のニーズに沿った教育内容の実践が必要であるのか、という論争もあった（Crowley 1998）。しかし、近年では後者の考え方が主流となり、より学生のニーズに合ったアカデミック・ライティング・スキルの養成プログラムとして組織する大学が増加している。担当教員は依然として英文学系の教員が主であり、理系学生の多いライティング・クラスの指導には、適切な教員研修（ファカルティ・ディベロプメントもしくは FD）の実施や、共通教育としての一定のガイドラインや教材・シラバスの策定なども必要とされる。教材に理系分野を含んださまざまな文章をバランスよく含むことや、また、2 年生以上の専門課程においてもライティングを導入する動き（Writing Across the Curriculum）も一般化する中、さまざまな専門分野での教育とうまく接続するような初年次ライティング教育も求められている。

　小泉（2013）は、このような米国のライティング教育プログラムに注目し、12 校の米国大学ライティング・プログラムについての調査を行った。ライティング・プログラムは伝統的には英文学部に置かれていることが多いが（例：ノースカロライナ大学など）、英文学部から独立した全学組織として設置されているところもある（例：カリフォルニア大学デービス校）。ライティング授業のシラバスは統一シラバスを義務づけられたり、ガイドラインに沿って作成したシラバスをオフィスに提出してチェックを受けることが求められたりする場合も多く、共通教科書（複数から選択できることもある）や

共通補助教材なども見られた。共通の要件が増加すればするほど、伝統的な授業のスタイルからは離れ、独自の授業を行いたいと考える一部の教員がカリキュラムに対して抵抗感を抱くケースも初期には多く見られたが、米国の大学では徐々に普及しつつある制度のようである。

　この米国の大学ライティング・プログラム調査のきっかけは、とある大学のライティング・プログラムの改革のために、他校の先進的な取組を学ぼうとしたことであった。地理的な要因があるとしても、大学が直面する問題は多かれ少なかれ似ている性質のものも多いと思われる。今回、日本の大学における英語プログラムについての横断的な調査を試みるのも、現在の日本の大学共通教育の英語が直面する状況や課題をより具体的に理解することや、他大学の取組から多くを学び、互いの実践例を参考にするためのきっかけとなればと考えてのことである。

3.　調査

3.1　対象
　今回の調査対象は、日本の国立 4 年制総合大学（共学）46 校 [3] のうち、24 校であった。地区別内訳は、北海道・東北地区 6 校、関東・甲信越地区 5 校、東海・北陸・近畿地区 6 校、中国・四国地区 4 校、九州・沖縄地区 3 校である。

3.2　方法
　インターネット上に掲載されている情報をもとに調査した。若干の大学の情報の中には、個人的な情報交換の中で得たものもあるが、開示に支障のある情報は含んでいない。本稿でまとめたものは、2015 年 2 月時点の情報である。

3.3　項目
　調査した項目は、以下のとおりである。

(a) 共通英語教育の実施主体

(b) 共通英語の必修単位数（最少）

(c) 習熟度別クラス編成の有無

(d) TOEIC, TOEFL, 英検などの資格試験の受験の義務づけの有無

(e) e-learning（特にオンライン学習システム）導入の有無

(f) 実施主体における「任期なし」専任教員の有無

(g) 実施主体における「任期あり」専任教員（特任・特命など）の有無

4. 結果

　調査結果をまとめたものを文末の付表に示す。以下では、上述した(a)－(g)の調査項目について、概要をまとめる。

(a) 共通英語教育の実施主体

　まず興味深い点は、ほぼすべての大学で、実施主体は「センター」の名を冠する機関となっていることである。この中で、「外国語教育センター」など、何らかの語学教育を担うようなセンター名がある機関によって英語教育が実施されているものは12校あった。広島大学や金沢大学は「外国語教育研究センター」を持ち、教育企画の他に、研究集会や紀要発行などの活動も行っている。そのほかは、「大学教育センター」「共通教育センター」などの、語学教育に特化しないが共通教育に関係するセンターで英語教育を実施している学校や、「教養学部（東京大）」「教養教育院（名古屋大）」など「教養」の名を残しているもの、「基盤教育院（山形大）」「21世紀教育センター（弘前大）」など、最近の教育改革によって設立された機関が実施している大学もあった。いずれにしても、教養部解体以降にあってもやはり共通教育重視の方向に改革していこうとする試みが、センター設立という方向に動き出していると言え、語学教育に特化するセンター施設も、今後増加していくと考えられる。

(b) 共通英語の必修単位数（最少）

　最少の共通英語必修単位数は、4単位（8校）と6単位（9校）が一般的であった。以下、8単位4校、10単位と2単位が1校ずつであった[4]。これに加えて、各学部での専門英語科目（あれば）が課せられることになる。一般的には、週に2回の英語クラスを1年または1年半履修することが求められていることになる。

(c) 習熟度別クラス編成の有無

　英語のクラス編成に何らかの形で習熟度別レベルを取り入れている大学は、確定分だけで11校と多く、近い将来に導入予定の大学もある。後述の資格試験をプレイスメントテストとして受験させ、結果と連動させて習熟度別クラス編成を行う大学もある。習熟度別クラス編成は、クラス内での学生の英語力のばらつきを最小化し、授業をより効率的に進められるという利点があるが、学生の実際の習熟度をよりよく反映するクラス編成や、教育内容や成績評価との連動のあり方など、課題もある。

(d) TOEIC, TOEFL, 英検などの資格試験の受験の義務づけの有無[5]

　資格試験の受験をカリキュラムの一部に何らかの形で義務づけている学校は、確定分で14校あった。導入予定の学校2校と合わせると、少なくとも今回調査した学校の3分の2が、このような試験の導入をすでに行っているか、導入予定である。このような試験をどのように活用しているかは、大学によってさまざまであり、プレイスメントテストとして受験させる学校や、成績評価の一部に組み入れる学校などがあるが、その評価への算入割合はまちまちである。必ずしも詳細を開示していない大学も多い。成績評価に対して50％などの高い割合で算入する（例：熊本大）場合、授業の中でその試験への対策を指導する必要が生じてくるであろう。そのほかに、一定のスコアをクリアすることで英語の単位を与える（それまでは単位が与えられないので事実上卒業要件を満たせない）というような、厳しい条件を課すケー

ス（例：山口大）もあるが、このような資格試験対策をカリキュラムの主眼に据えるような英語教育プログラムを推進するのでない限り、算入割合は低くとどめておくケースが多いと考えられる（例えば 20–30%）。このような情報は、機密性が高いこともあるので、今回の調査では詳細を十分に把握できたとは言えず、さらなる調査の必要がある。英語力の到達目標を資格試験のスコアで設定するなどの動きも近年多くなっているが、英語力は真に数値化できるのかという問題など、熟慮の必要がある問題は数多い。

(e) e-learning（特にオンライン学習システム）導入の有無

　今回調査した 24 校のうち、少なくとも 20 校で、何らかのオンライン学習システムを導入していた。今日の大学では、オンライン学習はすでに常識化されていると言ってもいい数字である。どのようなシステムを導入しているかはさまざまであり、自作のシステムを導入している大学（名古屋大・埼玉大・岩手大など）もあるが、市販のものを、時には複数種類導入し、自学自習用に提供している学校も多い。授業外学習教材としての活用のほかに、英語の学習時間を増やすために、学生が一斉にパソコンを用いてオンライン学習を行う授業を開講して TA などに担当させて効率化するケースや、通常の授業の一環として確認小テストを行う大学も見られた。

(f) 実施主体における「任期なし」専任教員の有無

　共通教育英語の実施主体は、語学教育に特化した「センター」系施設と、共通教育全般の「センター」系施設が主流であったが、多くの大学では、共通教育に従事する教員は各学部との兼担という形が多い。ちなみに、このような施設に専属する形の任期のない専任教員を置いている大学は、確定分で 9 校あった（英語教員でない教員も含む）。元の「教養部」からセンター所属となった教員が多いと考えられる。山形大は 2009 年度から「基盤教育院」を発足させ、外国語教育センターを含む旧「センター」系の教員を集めたが、この旧外国語教育センターにいた専任教員は、共通教育英語の運営・統

括を専ら行うために雇用された教員である。また、福井大学のように、英語教育改革に伴って英語母語話者の専任教員を雇用し、プログラムの再構築を任せている例もある。

(g) 実施主体における「任期あり」専任教員（特任・特命など）の有無

　開講数の多い共通教育英語では、その開講クラスの多くを非常勤講師に頼る場合が多いが、そのほかに、常勤であるが任期付の有期雇用の教員を雇用して、授業を多く担当させるほか、英語教育関係の行事や企画（例えば副教材の準備、英語交流ラウンジの企画運営、ウェブサイトの管理など）にも関与させる学校もある。このような雇用を行っている大学は、確定分で13校あった。近年の文科省 Good practice（GP）、グローバル人材育成事業、スーパーグローバル事業などの、有期の助成に伴う雇用もこの形態をとることが多い。しばしば「特任」「特命」講師や助教などの職位で雇用されるこれらの教員には、コミュニケーション系の授業を担当する英語母語話者や、大学院を卒業し、専任職を探す前の段階にいて、教育経験を得るために雇用される日本人もいる。雇用の増加は歓迎すべきことであるが、有期雇用の教員のみが増加して、その期間の満了に伴いさまざまな問題が出てくることが考えられるため、今後もこのような雇用形態の動向には注目していく必要がある。

5.　まとめと考察　今後のより効果的な共通教育英語の実施に向けて

　ここまで、日本の大学における共通教育英語プログラムの調査を報告した。今回行った国立大学 24 校の調査の結果、外国語教育センターや共通教育センターなどの、教養部以後の初年次教育を担う施設によって英語教育が組織的に運営されていること、また昨今の潮流として、習熟度別クラスや資格試験、オンライン学習システムの普及がかなり進んでいることをうかがい知ることができた。

　また、このようなセンター施設に専属の任期なし専任教員はまだ数少ない

一方で、有期雇用のプロジェクト教員の受け皿としての役割もセンター施設が担っている状況も示唆された。任期なし専任教員の多いセンター（研究活動も行っているセンター）は、もともとの教養部改組の後、そこに残った教員が多くいるという経緯からと考えられ、英語教育の改革の一環としてセンター施設に任期なし専任教員の新規雇用を大規模に増強させている大学の事例は、今回の調査からは明らかでなかった。一方で、有期雇用の教員数が増加している傾向がある。共通教育英語の授業は非常勤講師や契約雇用の教員のマンパワーに大きく依存している現状があり、これは米国でも同様の状況でしばしば問題となる。労使法の改正に伴い、有期雇用のいわゆる「雇止め」の問題なども今後出てくると考えられ、この状況にどう対処していくかは、各大学の課題ではないかと思われる。

　米国大学との比較という点では、今後多くの日本の大学で課題となるべきことの1つに、インターネット上での情報公開の整備がある。米国大学に比べ、日本の大学のインターネットサイトには、一般に情報量が少なく、とくに教員を対象とした授業のガイドラインや授業運営にあたってのリソースなどの情報の提供は、ごくわずか、もしくはほとんどないと言ってもよい。前述した通り、有期雇用の英語母語話者や、大学院生など、必ずしも教育経験の豊富でない教員を含んだ多数の人員を要する英語教育プログラムが、共通の教育内容を提供し、透明性の高い運営を実現するためには、このような環境の整備は大変重要である。今後、外国語教育に特化する施設が増加する機会に、こうした情報提供の整備を推進し、教員の授業実施にあたっての不明な点を解決し、よりよい授業実施に役立てることは大変効果的な施策ではないだろうか。

　今後は、調査対象をさらに広げ、より詳細な調査を試みるほか、今回調査項目に入れなかった項目について、注目していきたいものをいくつか最後に挙げたい。1つは、特定の学生層を対象とした教育企画（例：リメディアル教育や、英語系副専攻）についてである。もう1つは、短期・長期の留学や留学生支援などのグローバル化に関する施設との関係についてである。今回

調査した大学の中では、留学関連の企画立案や運営を担当するセンターと英語教育を行うセンターが別となっているところが多かったが、英語関連の企画（例えば英語ラウンジ・英語合宿のような交流企画）は、そういった施設との連携が重要でないかと思う。このような取り組みについても模索している大学は多いと思われるので、今後見ていきたい。

　もう1つ、理系学生の英語教育について、各大学がどのように理系学部と連携しながら教育体制を構築しているかという問いも興味深い。日本の強みである科学技術を世界に発展させるためには、英語に苦手意識の強い理系学生の英語力を高める仕掛けを考えていく必要がある。また、理系の学部からの英語教育への要請も強まるにつれて、英語関係教員との情報交換も、より緊密にしていく必要があるが、このような連携体制が組織的かつ密に構築されているような例は、今回の調査からは明らかでなかった。理系の専任教員をセンターに雇用し、英語教員との効果的な連携を実施しているなどの取組が、今後出てくるかどうか、注目したいところである。

　社会の、そして大学のグローバル化が政府によって推進される中、日本の大学英語教育は、グローバル化する日本で、世界に通用する人材に必要な高い英語力を養成する、という今までにない重い責務を負う現状となっている。今回報告した調査内容が、各大学が、他の大学の英語教育について広く学ぶきっかけとなり、大学同士の横のつながりを促進し、よりよい大学英語教育を目指して各大学がともに発展する機会となればと願ってやまない。

注

*　本稿は、斎藤兆史先生と共同で立案した研究の、現時点までの結果をまとめたものである。氏には本研究のきっかけとなるさまざまな助言をいただいた。ここに感謝申し上げる。論文中のすべての誤りや不明瞭な点は、著者の責任に帰するものである。

1　第二言語としての英語（ESL）教育は、このクラスに進む前の準備段階として位

置づけられる。

2 クリエイティブ・ライティング（Creative Writing）は文学作品等の執筆に関する専門分野で、教員はプロの小説家や詩人などが中心である。

3 今回は、文・理系両方の学部をもつ比較的規模の大きい国立大学に絞る目的で、単科大学や文系学部のみの大学、大学院大学、女子大学を対象としなかった。今回対象としなかった大学についても、今後調査を進めていく予定である。

4 2単位の新潟大学では、英語の必修2単位に加え、初修外国語または英語から選択必修で4単位であるため、初修外国語を多く履修すれば、英語は2単位となる。ただ、初修科目の中に「外国語ベーシック」「外国語スペシャル」などの科目名があり、実質的に英語を2単位しか履修していないのかどうかは今回の調査からははっきりしなかった。

5 既取得の資格試験スコアを用いて英語の単位とする「単位認定制度」は含まない。

参考文献

Crowley, Sharon.（1998）*Composition in the University: Historical and Polemical Essays.* Pittsburgh: University of Pittsburgh Press.

冠野文（2001）「国立大学における教養部の解体―共通・教養教育のあり方をめぐって―」『大阪大学大学院人間科学研究科紀要』27: pp.137–155. 大阪大学大学院人間科学研究科

小泉有紀子（2013）「大学英語教育における全学共通プログラムについて：米国ライティング共通教育の例にみる」『東北英語教育学会研究紀要』33: pp.39–48. 東北英語教育学会

付表　日本の国立大学初年次英語教育プログラム調査一覧（50音順、2015年2月調査時点）

大学名	実施主体	必修単位数（最少）	習熟度別クラス	資格試験義務づけ	e-learning	特徴的な点	任期なし専任	任期付き専任
茨城大学	大学教育センター	6	○	予定	○	習熟度別クラス編成、週2回同一教員と最低週1回CALL自習、学術英語（EAP）あり		○
岩手大学	教育推進機構 共通教育部門 外国語分科会	4		○	○	独自開発のICTを利用した教育コンテンツを教員や学生向けに提供。短期課題設定型国際研修も		
愛媛大学	英語教育センター	4		○	○	全学 TOEIC Bridge; ALC		○
岡山大学	言語教育センター	8	○	○	○	習熟度別クラス編成（入学時TOEIC-IP）。教員ハンドブック（英語）・共通シラバスと評価基準をオンライン公開。2年時以降の目的別4クラスは選択。語学系副専攻。		○
金沢大学	外国語教育研究センター	6	予定	予定	○	1年次4技能各1クラス4単位必修。2年以上発展英語選択必修。留学生とジョイントクラス、語学研修なども	○	
熊本大学	大学教育機能開発総合研究センター	6		○	○	ALCを用いたe-learning、オリジナルCALL教材（一部）を導入。TOEICを1単位分で成績		

大学	組織	単位数			評価の50%		
神戸大学	神戸大学国際コミュニケーションセンター	4		○	英語リーディング／オーラル。1年次で英語が終了する学部も。英語アドバンストクラス開講（副専攻）。センターでは部門別に分かれ語学教育を研究、大学院もある	○	○
埼玉大学	英語教育開発センター（CEED）	8		○	2年間8単位必修。授業の半分CALL自習（独自開発のもの）、半分対面授業（ネイティブのみ）	？	○
千葉大学	言語教育センター（英語部門）	4		○	センターに英語専任10名（サイトによる）文科省現代GP（Online CALLシステムの開発）	○	
筑波大学	外国語センター英語セクション	4.5	○	○	習熟度別クラス編成（入学時プレイスメントテストあり）。新カリキュラムは共通シラバス。CALLが必須の授業（総合英語）あり		
東京大学	東京大学教養学部英語部会	10	×	○	英語1列は共通内容、2列はR, P, Cから選択。Pは理系がALESS、文系はALESAを履修。独自カリキュラム		
東北大学	高度教養教育・学生支援機構	6	×	○	英語A（リーディング）。B（コミュニケーション）。B（CALLか		○

大学	機関	人数					内容
	語・文化教育開発室		○	○		○	？	少人数）指定クラス。2 年は選択。1 年後期評価の 30％に TOEFL-ITP
長崎大学	言語教育研究センター	6	○	○	○		H24 より英語教員を 2 倍に。コミュニケーション科目はすべてネイティブ。TOEIC と国際英検（1-2 年次中に 3 回受験）によるクラス編成と実力診断。3 年以降は目的別 ESP
名古屋大学	教養教育院	8	○	○	○		独自 e-learning（ぎゅっと e）を導入。特別セミナー（上級者向け）はテーマ別。入学時に TOEFL-ITP 受験、一定ラインより低い者に英語（サバイバル）随意履修など
新潟大学	教育支援センター外国語教育部門	2	○	○	×		1 学期末に TOEIC430 点で 2 学期目は 1 コマ免除になる。SPACE グローバル人材育成プログラム（3 学部）。Topic based classes 既存の英語教育の 2 階部分に増設
弘前大学	21 世紀教育センター	4	○	○	○		英語＝技能系科目の位置づけ。英語コミュニケーション実習は習熟度別
		6	○	○	○	？	全学 TOEIC1 年次 2 回、2 年

大学	組織					備考		
広島大学	外国語教育研究センター					次1回、それ以降1回計4回；ESP（目的別クラス）、オンライン教材も充実	○	○
福井大学	語学センター	8		○	○	理系学部対象、Communicative Approachで再構成。センター長は英語母語話者、英語母語話者特任教員多数	○	○
福島大学	不明	4			○?	英語I（総合）英語II（技能別）。英語IIはR, W, Oral Communication（ネイティブのみ）。共通センターのようなものはない。インターネット上に情報少ない		
北海道大学	外国語教育センター	6	○	○	○	1セメ英語IIでTOEFL-ITP受験、2セメ以降のクラス編成に。CALL：英語IIにオンライン授業（TOEFL評価に含む）	○	
三重大学	共通教育センター	6	○	○	○	TOEICを用いた習熟度別クラス、3種類6単位必修、1学年末にIPあり	○	
宮崎大学	教育・学生支援センター 語学教育センター	4		○	○	ALCシステムとe-learningシステムを活用、学習アドバイザーを用いたCALL授業を開発（教育企画）	○	
						習熟度別クラス、全学TOEIC		

148　小泉有紀子

| 山形大学 | 基盤教育院 | 4 | ○ | ○ | ○ | ○ | 前後期評価に算入。e-learning（自習）学習履歴確認と小テスト を共通副教材 | ○ | △ |
| 山口大学 | 大学教育センター | 6 | ○ | ○ | ○ | ○ | TOEIC 主体のプログラム。TOEIC 準備（8 週間）必修。その後プレイスメント受験。350 点以下は「TOEIC 準備」を受講。350 取得で次に進む。400 点以上で 3 単位付与。600 点以上で全単位を認定。大学主催の IP で受験料補助 | ○ | |

△：専任ではないが、特別非常勤（オフィスアワー支給、研究室貸与など）

「先生、フランス語やって何になるんですか？」
―第二外国語から大学英語教育を考える―

鈴木哲平

　ここでお話ししようとすることは、学術的な厳密さをそなえたものではなく、語学教師としての私のささやかな経験と、それをもとに考えたことを書き連ねた雑文です。主張もさほど明確とは言えませんが、このような形でしか表せないものがあり、今考えていることにはこれが適切な形であると考え、この形を選ぶことにしました。

　大学でフランス語や英語を教える、学ぶということが日々行われていますが、はたしてその目的・目標は何なのでしょうか。これは恐らく、大学とは何をするところなのか、大学とは何のために行く場所なのかといった、にわかに答えることのできない問いをふくんでいます。そしてフランス語教育の問題は、大学の英語教育にとっても示唆的であろうと考えるのです。

　ここで私が試みたいと思っているのは、こうした大きな問いをめぐって、ささやかながらも考えを進めるための予備的考察なのです。

　私は、いくつかの大学で非常勤講師として、英語とは別に、フランス語初級文法（あるいは中級講読や会話も）を5年ほど教えていますが、概して学生たちのモチヴェーションは高いとは言えません。どこの大学でも私の担当するクラスは、フランス語やフランス文学・文化を専門に学ぶのではない（あるいはまだ学ぶとは決まっていない）学生の一般教養科目として開講され、フランス語は「必修選択」（フランス語のほかにドイツ語など、いくつかの第二外国語から選んでどれか1つを履修しなければならない）の選択肢

の1つです。最近では、ビジネスで使える、あるいは比較的易しいといった理由（噂？）から、中国語やスペイン語の履修者が増え、かつて第二外国語の主流だったフランス語やドイツ語は、中・西・韓国語の後塵を拝することも少なくありません。隣国の言語・文化への関心が高まることは、ヨーロッパ諸国のケースを考えればむしろ自然な成り行きであり、欧米への関心に偏っていた以前のほうが望ましくない状態であったのかもしれません（ただし中国語希望者は先ごろまでの中国の経済成長とともに増加し、近年の日中関係の悪化とともに減少傾向にあるらしく、第二外国語を選ぶ際に、学生がこれらの言語について十分に考慮しているかは疑問の余地があります）。

　フランス語だけでなく、大学における第二外国語一般の在り方には1991年の大学設置基準大綱化が大きく影響しています。それまで必修であった第二外国語が必ずしも必修でなくなり、今では第二外国語が必修でない大学学部、学科が増加しています。このような中、大学の科目として第二外国語を守るため、そして第二外国語間の競争に負けてしまわないために、フランス語を教える教師は、大学や社会に対してなぜフランス語を学ぶ必要があるのか、フランス語を学ぶとどのようなよいことがあるのか、説明しなければならなくなっています。当然のことながら、教師が日々接している学生に対しても、フランス語学習を正当化する言葉を持たなければならないことになります。

　教師の側から言えば、第二外国語の非必修化は第二外国語、それも従来履修者の多かったフランス語を教える人間にとって死活問題となりました。フランス語を用いて研究を行う研究者は一定数存在するのに、フランス語教師が必要となる場面が大幅に減ったからです。しかも、多くのフランス語教師は、ある段階から、将来の職業のための専門知識としてフランス語を学んできた（つまり、語学学習が人生設計、財政的利益そのものに直結しているのです）ために、語学学習のより普遍的な意義について、必ずしも明確な意識を持ってこなかったということも、問題をさらに難しくしています。

　その意味で現状はフランス語教師にとってきわめて厳しい状況ですが、こ

れは、フランス語教育について改めて考える好機であるとも言えます。かつて、ほとんどの学生がドイツ語かフランス語を大学で当たり前のように学んでいた時代、はたして第二外国語の教育は十全に機能し、教師たちはその意義を理解していたと言えるでしょうか。もちろん、これを活かして自らの世界を豊かにした学生もたくさんいたでしょう。その意義を説得的に示した教師もいたことでしょう。しかし、試験の前日に和訳を丸覚えした学生も少なくないのではないでしょうか。また、第二外国語を教える意義を考えもせずに、ただそういう仕事があるからと、漫然と教えていた教師もいたのではないでしょうか。しかしこれからはそうはいきません。少なくとも現在まで、大学での第二外国語の重要性は、制度上低下してきているのですから、これに歯止めをかけようとするならば、大学、社会そして学生たちに第二外国語の必要性を語りかけなければならないのです。そしてそれは、第二外国語の存在意義を明示化するという意味において、かつてなく生産的な作業であるように思われます。

　やや話がそれますが、第二外国語を学ぶ意義を考える前に、学生の勉強法について一瞥しておきたいと思います。学生が、語学学習を拒絶しながらその意義や理由を問いただす場合、それが見せかけの問題であって、実のところ、学習がうまく行っていないことがより深刻な問題であるということがあるからです。学習が順調に進んでいることが、モチヴェーションを支え、そうしているうちに、自分の力で、第二外国語学習の意義ややりがいを見出すというのもありえることです。フランス語（恐らくは外国語一般）を学び、初級文法を身につけるためには、1つひとつの法則を理解し、その法則や語彙を継続的に覚えていくしかありません。これは、必ずしも好奇心を刺激する作業ではありません。ときには、機械的な暗記の作業も入ってくるでしょう。そこで、当該の学習内容を吸収し習得できているという達成感そのものが、モチヴェーションを支えてくれるのです。その点から考えると「適切な学習法」について触れざるをえません。実は、まじめでやる気があっても

「適切な学習法」を知らない学生が多いのです。フランス語文法の初歩では、動詞の活用を覚えるのが1つの壁になるので、誰もが多少とも苦しむところなのですが、「覚え方を教えて欲しい」と訴える学生が少なくありません。ものを覚えるやり方は、私見によれば、人それぞれに違います。いろいろやってみて、その中で自分に合うものを見つけ出すしかない、試行錯誤です。誰かが教えてくれるものでも、正解があるものでもないと思うのですが、どうもそうではないと思うらしい。知識の身に付け方などは、将来どんな仕事に就いても要求されるのだから、それならばこの機会に試行錯誤する価値があるだろう、などと考えます。

　さて、第二外国語の必要性をいかに説明するか、の問題に戻りましょう。1つには、外国語という「他者」に向き合い、これを理解するように努める、理解できるように自己を変革する、ということです（英語の otherness やフランス語の autre の翻訳である「他者」という言葉は、「者」という語によっていたずらに「他人」というニュアンスが強調されますが、ここでは人も事物も含みこむ「他性」の意味で用いています）。これは、第二外国語一般の話としては説得力があるように思われますが、フランス語についてはどうでしょう。確かに、言語そのものの面白さというものも存在します。フランス語は、名詞に性（男性・女性）があったり、人称代名詞の位置が動詞の前にきたり、英語と異なる点がいくつもあり、それを比べていくだけでもなかなか面白いところがあります。しかし、言語的関心から言えば中国語やロシア語のような、日本語とも英語とも異なる言語（ここでは、第二外国語の履修者を、日本語、英語を既に習得・学習していると想定します）を学ぶほうが興味深いのではないでしょうか。そうであれば、フランス語を学ぶ理由としては、あまり説得的とは言えないでしょう。

　「他者」に似ていますが、「ホンモノ」という言葉を考えてみましょう。中等教育までは、教科書が世界のさまざまな現象を懇切丁寧に説明してくれていて、その理解を促すことが教育の主眼となっています。しかしこれは、

「教科書」という親切な存在が、世界を解釈し、かみ砕いたものであって、世界そのものではありません。世界のほうは私たちの理解力にはおかまいなしに、先史・古代から現代へとたえず変転を続け、今日も複雑な様相を呈しています。ここでは仮に、大学教育を「ホンモノ」へ接近する力を養う場所と考えたいと思います（これは人文学で言う「一次資料」という言葉に象徴されています[1]）。この意味においては、「ホンモノ」はほとんど「他者」と同義です。それとともに「ホンモノ」には、もう1つ美学的とも倫理的とも言うべき領域があります。それは「真に優れたもの」という意味です[2]。例えば、同時代の人間だけでなく、過去に生きた人々の承認をとおして私たちに受け継がれてきた古典的文化は「ホンモノ」であると言えるでしょう（いわゆる「キャノン批判」は、古典への盲従的態度に向けられるべきで、「古典」の価値そのものを無化するものではないはずです）。そうした経験が、美とも醜とも、善とも悪ともつかない目の前の現象を自分なりに価値づける際の助けになる。このように考えるならば、確かに語学も「ホンモノ」ですが、その本体は語学をとおした文化現象のほうにあると言うべきではないでしょうか。

　かつて第二外国語が必修であった時代、フランス語を学んだ人々は、どんな理由でこれを習得しようと考えたのでしょう。これは今でもある程度は残っていますが、「かっこいいフランス」「おしゃれなフランス」のイメージではないでしょうか。日本の近代文学は、フランス文学への憧れをその中心の1つとしてきました。永井荷風や志賀直哉、そして端的な例としては萩原朔太郎の著名な「ふらんすへ行きたしと思へども／ふらんすはあまりに遠し」（1914年）の詩句が思い浮かびます[3]。また、印象派やエコール・ド・パリといった美術、そしてパリという街そのものの美しいイメージが、フランス文化、そしてフランス語への思いを駆り立ててきたのでした。最近では、モード（流行服飾）、ガストロミー（高級食文化）、映画などをこのイメージに並べることができるでしょう。フランス語がこのような「文化の言語」となったのは、明治以来、英語とドイツ語が実用寄りであったのに対し、フラン

ス語がこの2つの言語に遅れをとっていたという歴史的背景も存在します[4]。

　もしこうした文物が変わらず学生の心を惹きつけるならば、大学でのフランス語の授業を保っていくことは難しくないでしょう。しかし、フランスが簡単に行けるために身近になってしまったこと、英語圏の圧倒的物量の前にフランスという国自体の文化発信力が低下してしまったことなどから、状況は全く変わってしまったと言えます。そして最近では、学生のほうにも、以前の学生との違いが見られるようになってきました。

　まず学生たちはたいてい、フランスの小説も哲学者も知りません。知らないことに憧れることはできませんから、そこから学ぶ意義やモチヴェーションを引き出すのは相当難しいことになります。「学生がものを知らない」と嘆いたり「知らないことを恥ずかしいと思わないのが理解できない」と批判したりするのは簡単ですが、恐らくそこには、学生の心性の大きな変化があるように思われます[5]。

　彼らは、目の前のものに対する「好き・嫌い」と、明示的に「財政的にプラスか否か」の2つの基準だけで、大半のことを決めてしまう傾向があるように見えます[6]。そうなると、「憧れ」が入る余地はありません。「憧れ」は、自分にないもの、欠けているものという認識を出発点とし、それを追い求めるプロセスじたいに喜びを見出すものだからです。また、ありとあらゆるものを商品化し、市場をつくり、何にでもビジネスモデルを当てはめる（そこでは教育はサービス業と捉えられます）世の中では、少なくとも支払った対価（金銭だけでなく、手間や時間なども対価として捉えられます）に等しいものを要求する権利がある、また、同じものを得るのならば、できるだけ対価を安くするほうがよい、と考えるのです。例えば、学生はときに「何回まで授業を休めますか」と尋ねてきます。彼（女）たちは、いかに労力少なく単位をとるという結果を残せるか、ということに努めているわけで、その面からは「合理的」と言うほかありません。むろん、生活における財政の基盤形成は重大な問題です。しかし、それ以外の問題は、赤ん坊に快・不快しかないかのごとく、「好悪」だけですべてを判断してしまう。そうなる

と、長期的にしか得られないもの、得られた価値が数値などでははかれない
もの、一時的な不快などをともなわなければ得られないものなどが、彼らの
世界から抜け落ちていってしまうことは、容易に想像がつくでしょう。この
点英語は、就職活動やその先の社会人生活で「実用的」に見えるために、第
二外国語とは異なるモチヴェーションを学生に期待することができます（ほ
んとうに「実用的」か否かは別として）。例えば東京大学文学部のような、
文学や「非実用的」な学びという考え方が比較的通用しそうなところでも、
四学科中、思想文化、歴史文化、行動文化（心理学や社会学など）に比べ、
言語文化（語学・文学）への進学希望者の落ち込みが激しくなっています。
語学やそれを土台とした文学は彼らにとって、投資（努力）が利益（喜び）に
見合わない、畢竟「割に合わない」領域となっているのでしょう。

　憧れは、ときに対象の過剰な美化をも引き起こしますが、一方で、好きな
もの、慣れ親しんだものだけで出来た、「ホンモノ」が存在しない閉鎖的な
世界からの脱出という面もあわせ持ちます。そうでなければ、私たちが大学
教育で最も大切な価値目標の１つであると措定した「ホンモノへの接近」
が消し飛んでしまいます（逆に言えば、「ホンモノ」が見失われるかもしれ
ないという危機的現状のおかげで、この価値がかえってはっきりと見えてき
ています）。

　こうした学生の傾向の変化に応じて、フランス語に学生を誘う別のやり方
として「フランス語＝準英語」作戦があります。国連の公用語であること、
近代オリンピック創始者クーベルタン男爵の母語であること、「21世紀はア
フリカの時代」の標語とともにアフリカのフランス語圏の国々を挙げて、英
語に次ぐ国際語であることを強調します。しかし、ビジネスや自然科学など
での「国際共通語」は２つ必要ではないし、英語とフランス語の間にスペ
イン語もある。そもそも英語の圧倒的勝利は、19、20世紀のイギリス、ア
メリカの政治的勝利が背景にあるのだから、国際語としてのフランス語は、
18世紀以前の世界の残滓でしかない。この作戦は残念ながら、あまり有効
には思えません。

少なくとも現時点で、「憧れのフランス」作戦にまさる作戦はないようにみえます。そしてこのことは、語学が文化を学ぶための手段であるという、当たり前の事実に私たちを導いてくれるように思います。かつての学生が憧れた諸々の文化を語学の授業の中でも教える、つまり授業をフランス語・文化という名にしてしまってもよいと思います。昔の学生なら自主的に学んでいた、などと愚痴を言っても始まらないのです。その上で、世界、あるいはヨーロッパの中でのフランス文化という位置づけを意識することです。当たり前のことですが、フランス以外の他文化（英語圏やドイツ語、スペイン語圏）にも、興味深い文化現象は多々あります。フランス語の専門家は、もちろんフランスの文化や社会に通じていなければなりませんが、そこにとどまらず、「グローバル化」を英語の制圧という意味ではなく、複文化主義の普及過程と考えるならば[7]、複数の言語や文化を個人の中に構築していく姿勢を、身をもって示していく必要があるでしょう。

語学は現在、一般教養の代表的な科目とされており、フランス語などでも最近は、文学や文化と切り離した「フランス語教育」という領域が確定されつつあります。これは、原書を読むというレベルに達するのが困難であること、そもそも文化事象への関心が低いために原書を読むことが難しい「だけ」の作業になり、語学だけならばさほどの困難がない、ということでこの部分だけが残っているということでないかと私は考えます。しかし語学は、本来的には「教養課程」において、何らかの文化を受容するための道具であるということを再認識する必要があるのではないでしょうか。外国語をとおした原書という「ホンモノ」との出会いと対峙が、大学教育、高等教育では重要なのです。

さて、ここまでの話をまとめておきましょう。第二外国語、とくにフランス語は、日本の現代文化や大学の制度におけるその存在感が後退している一方、教員のほうも、その擁護のための説得的な言葉を持っていない。そこで筆者は、「グローバル化」の時代において、個々人の中に複文化を築くため

に、語学を切り売りするのではなく、文化を「ホンモノ」をとおして学ぶというプロセスの重要性を再認識する必要がある、このようなことを述べてきました。ここからは、こうした点に照らして、大学英語教育を改めて考えてみたいと思います。ただし、ここまで考えてきたことは、フランス語という言語や語学という枠に収まらない、いわば「教養」や大学教育全体に触れてしまう問題を含んでいます。英語教育について考える前に、これについて触れておきたいと思います。

　金子元久『大学の教育力』では、近代の大学の潮流として「職業人養成」「学術探究志向」「リベラル・アーツ」の３つが挙げられています[8]。まず「職業人養成」は、大学を特定職業への準備と捉えます。聖職者（神学）、世俗国家の官僚（法学）、医者（医学）養成という中世ヨーロッパの伝統を、大革命後、エコール・ポリテクニック（理工学校）やエコール・ノルマル・シュペリユール（高等師範学校）などの「グラン・ゼコール」としてフランスが受け継ぎました。「学術探究志向」は、近代における学問的知識の爆発的増大を背景に、大学教育を、学習のために整理された知識ではなく、「自然、社会、人間の在り方に直接対峙する」学問に触れるものであるとする（傍点筆者）、ドイツ・ベルリン大学の創立者フンボルトに象徴されます（これは「ホンモノ」に通じる点です）。「リベラル・アーツ」[9] は、古代ギリシャの「自由市民階級 liberal」の「知識技能 artes」に端を発し、「青年を善に導く」、あるいは「知識階級のコミュニケーション」や「民主主義的社会のリーダーとして人に訴える能力」を養うものとされます。これはオクスフォードやケンブリッジのコレッジから発展し、その出身者が教鞭を執ったアメリカの大学に浸透していきます。ただしアメリカでは、職業訓練、フンボルト的な学術志向、リベラル・アーツが複雑に組み合わされています（フランスやドイツでは、リベラル・アーツに似た機能はむしろ中等教育に位置づけられます）。

　日本は、明治時代、できるだけ早急に近代化・西欧化を実現するために大

学を設立したために、もともとはフランス型職業訓練志向が強く、また、当時国際的影響力の強かったドイツの学術研究型をも含み、1886年の東京帝国大学設立に結実します。第一次世界大戦後にひとまず完成する日本の高等教育の中で、大学での専門教育への準備段階としてリベラル・アーツに似た機能を果たした旧制高校の教育は、戦後、アメリカの州立大学をモデルとして、高度な学術研究とともに導入された一般教養科目に、少なくとも表面上引き継がれていきます。日本のケースで特筆すべき点として、こうした時代の要請とともに変転していく中で、大学教育の役割について、コンセンサスの明確化に努めなかったことが挙げられます。大学設置基準の大綱化、そして近年の大学の「グローバル化」といった施策も、この観点から考えれば、日本の悪しき伝統である「場当たり主義」のあらわれであると言えるでしょう。

　大学の大衆化・一般化、そして進学率の現状を見れば、特定の職業のための訓練に特化するという方向性を選ぶことはないでしょう。学術専門志向を重視するには、現在の大学入学者の学力水準を大きく向上させなければならず、現実的とは言えません。したがって、リベラル・アーツ重視か、また別の方向か、ということになります。話があまりに大きくなりすぎました。外国語教育の話に戻りましょう。

　私の経験をもとに論じてきたフランス語教育は、必ずしも専門課程でこれを用いる学生たちではなく、「一般教養科目」でした。しかし英語はフランス語同様、大学1、2年次で教えられる科目ではありますが、フランス語のケースとは以下の点で異なります。①英語には財政的「実利」がある（ように見える）、②知識の水準はまちまちだが、誰もが「既習者」である。③英語はとりわけ自然科学やビジネスの領域において文化に裏打ちされた「歴史的言語」ではなく、数学に近い「透明な媒体」という在り方がある。

　第一点、「英語には財政的「実利」がある（ように見える）」について。就職活動でのTOEICスコアの重視（私の担当する英語（リスニング）のクラス

にも TOEIC 対策が組み込まれています）、近年話題になる「社内英語公用語」化などの現象を見るにつけて、英語（英会話）力を向上させることが、学生にとってより「良い」条件での勤労を可能にしてくれるように思えても不思議はありません。教師のほうも、このおかげで、とりあえず学生を教室まで引っ張ってくることができます。しかし、私のこの話の中では、学びが財政的利得との対価交換として位置づけられるとき、その学びの本質が隠されてしまうおそれがあると指摘しました。だからこそ、フランス語の現状が、フランス語教育の本質を考える好機であるとしたのです。「実利がある（ように見える）」ことじたいを責めるというつもりは私にはありません。私の主張したいことは、これによって問題の本質を見失うことがないようにしたいということなのです。

　第二点、「誰もが既習者である」ことについて。フランス語は原則的に学習者が初習者であるので、当然、それを実際に用いるまでの距離は長いと言えます。英語は、文法や語彙の知識について、多少なりともサポートが必要でしょうが、英語を用いて何らかの文化・社会事象に触れることは、より容易であると言えるのではないでしょうか。この点は、英語・英語文化教育の強みであるはずです。

　第三点、「透明な媒体としての英語」について。特に、自然科学を専攻している（することになる）学生を相手にする場合問題になるのがこの点です。理学部や工学部では、英語で書かれた論文を読みこなし、また、自身も自らの研究成果を英語で発信することが求められます。その意味で、英語は数学にもなぞらえることができます（ただし、世界水準の優れた論文が、ほんとうに「無味乾燥」な英語であるか否かは、私自身検証したことがないので、保留としたいと思います）。言葉としての英語のこの在り方は、現在のフランス語には全くないものです。ところで私はフランス語を、その文化と不可分のものとして提示しました。英語も当然同じような文化との関係を持っているはずなのですが、それと同時に英語は、「透明かつ普遍的であってあくまで 100％内容が伝わるツール [10]」であることが、特に自然科学の領域で求

160　鈴木哲平

められます。これについては、もはや、文化の担い手としての言語ではな
く、数学や実験とともに学ぶ、専門課程のための準備領域と考え、いわゆる
「教養」や「一般教育」から外してみるのはどうでしょうか。

　これまで、フランス語を1つの参照軸にしながら、英語教育を「外国語
教育」として改めて考えようとしてきました。今日盛んに口にされるいわゆ
る「コミュニケーション」「実用」——これらは言外に「オーラル」という
意味をふくんでいます[11]——の英語教育を推進する前に、繰り返しになりま
すが、言語を文化と不可分の存在として見直し、言語教育を「ホンモノ」
たるその文化の受容の前段階に位置づけることを、ここで提言したいと思いま
す。それがリベラル・アーツ、「教養」の重要な点であると考えるからです。
　外国語教育はその言語が育む文化の摂取と不可分であり、言語をとおし
て、他者たるその文化と対峙する。これはフランス語であっても英語であっ
ても、本質的には変わらない。むしろ英語が「透明な媒体」となることは、
私たちを「ホンモノ」の英語から遠ざけることであり、英語の中の本質的な
何か（たとえば科学や学問の論理といったものがあくまで西欧文化に根差し
た一つの文化であること）を——科学研究の技術としての英語を否定しては
いません——心にとどめておきたいと思います。
　最後に。実は、この文章の最後に、言語と不可分の文化の中で、文学とい
うものが特権的であるということを述べるつもりで書いてきましたが、この
中にうまく織り込むことができず、また、ついに考えをかためることもでき
ませんでした。これについては、別の機会に改めて述べたいと思っていま
す[12]。

注
1　ここでは名を挙げるにとどめますが、その際には「批判的 critical」であることが

きわめて重要であることになるでしょう。

2 「〔大学〕初年次教育の課題は、ほかにもいろいろあるが、まずは「本物」をたくさん見せ、情報を瞬時に選別する目を養うことが第一の課題であろう。」斎藤兆史『教養の力―東大駒場で学ぶこと』（集英社、2011: 104）。

3 三好達治選『萩原朔太郎詩集』（岩波書店、1952: 31）。

4 著者高田里恵子による、柄谷行人の引用。「英文科に行く数多い学生のなかで、文学をやるために行く者は少数です。しかし仏文科に行く学生は違います。大学を出ても、フランス語で食うことは難しい。たとえば、英語を習得するためだけに留学する人は数多くいますが、フランス語だけを習得するために留学する人はまずありえない。フランスに行く人は、彼らは文学や哲学あるいは料理やファッションなどを習得するためです。しかも、それらは広い意味で「美的」なものに関係しています。」高田里恵子『文学部をめぐる病い―教養主義・ナチス・旧制高校』（筑摩書房、2006: 156）。

5 同時に、個人への関心の低下も気になるところです。人文学の中で、個々人に関心を持ち、研究する領域は、一般的に文学、哲学、美術、つまり芸術家と思想家ですが、こうした「個々の人間」よりも、社会や制度といったものへの関心（いずれにせよ低いとはいえ）が勝るという傾向があるように思われます。

6 「彼ら〔子供たち〕を「学び」へと導くのは大人たちの責任である。その責任を放棄して、子供たちに「自分にとって意味のあると思うことだけをしなさい」といえば、子どもたちが「学び」に向かうはずがない。そんなことをすれば、子どもの幼い頭でも理解できる動機付け（「金」とか「名誉」とか「権力」とか「エロス的愉悦」とか）だけを支えに学校に通い続けて（「幼児の動機」を抱え込んだまま）大人になる子供と、子供の幼い頭で「面白くなさそうだから、やめた」と学びを放棄した子供の二種類の「成長を止めた子どもたち」が生み出されるだけである。」内田樹『街場の大学論』（角川書店、2010: 12）。

7 社会における様々な文化の共存に注目するのが多文化主義 multiculturalism であるのに対し、個人の中に様々な文化を共存させるという態度は複文化主義 pluriculturalism と呼ばれます。cf. 細川英雄・西山教行編『複言語・複文化主義とは何か』（くろしお出版、2010 年）

8 金子元久『大学の教育力―何を教え、学ぶか』（筑摩書房、2007）

9 「リベラル・アーツ」「教養」について、ここでは、やや古めかしいですが、J. S. ミルの言葉を引いておきたいと思います。「専門職に就こうとする人々が大学から学び取るべきものは専門的知識そのものではなく、その正しい利用法を指示

し、専門分野の技術的知識に光を当てて正しい方向に導く一般教養 general culture の光明をもたらす類のものです。」J. S. ミル『大学教育について』(岩波書店、2011: 14)。

10 斎藤兆史・野崎歓『英語のたくらみ・フランス語のたわむれ』(東京大学出版会、2007: 43)。

11 「オーラルだけしか教えない、文学や歴史を教えないというのは、植民地帝国の言語戦略としては当然のことなんですよ。」江利川春雄ほか『学校英語教育は何のため?』(ひつじ書房、2014: 130)。

12 今後の手がかりのために以下を引用しておきます。「講演のあとの質疑応答で、経済学部の学生が立ち上がって、「大学で文学研究をすることに意味があるんですか?」という質問をしました。前の方に座っていた仏文科の先生方は顔をひきつらせておりましたが(笑)、僕はこれはいい質問だと思いました。というのは、文学研究者である限り、「文学研究は何のためにあるのか」ということを常に自ら問うべきだと思うからです。(中略)今の文学部で「存在しないもの」とかかわることを主務としているのは文学部ばかりです。世界内部的に存在しないものとかかわる最も有効な方法の一つが「文学研究」です。もしかするとあなたは自分がされている経済学というものがあたかも実体的なものを対象にしていると考えているかもしれないけれど、それは大変な勘違いです。(中略)どんなふうに人間は欲望を覚えるか、どうやって絶望するのか、どうやってそこから立ち直るのか、どうやって愛し合うのか……そういうことを研究するのが文学研究です。だから、文学研究が学問の基本であり、それがすべての学術の真ん中に位置していなければならない。私はそう思います。」内田樹『最終講義』(技術評論社、2011: 31–35)。

参考文献

内田樹 (2010)『街場の大学論』角川書店

内田樹 (2011)『最終講義』技術評論社

江利川春雄ほか (2014)『学校英語教育は何のため?』ひつじ書房

金子元久 (2007)『大学の教育力―何を教え、学ぶか』筑摩書房

斎藤兆史 (2011)『教養の力―東大駒場で学ぶこと』集英社

斎藤兆史・野崎歓 (2007)『英語のたくらみ・フランス語のたわむれ』東京大学出版会

高田里恵子 (2006)『文学部をめぐる病い―教養主義・ナチス・旧制高校』筑摩書房

細川英雄・西山教行編 (2010)『複言語・複文化主義とは何か』くろしお出版

三好達治選（1952）『萩原朔太郎詩集』岩波書店

J. S. ミル（2011）『大学教育について』岩波書店

国会における
英語教育政策に関するテーマの変遷
―国会会議録の計量テキスト分析を用いた概観―

青田庄真

1. 問題と目的

　本稿の目的は、戦後日本の英語教育政策過程においてどのようなテーマが取り上げられてきたのかを量的手法を用いて鳥瞰的に把握することである。以上の目的は、筆者の大きな研究課題である「日本における外国語教育政策の歴史」を構成するものである。

1.1　問題意識

　日本の英語教育政策は研究の対象となってから少なくとも 80 年を数えている。その間、複数の関連学会における機関紙等でその成果が公表されてきたが、なかでも学習指導要領等の文部法規や検定済み教科書に関するものが多く蓄積されている。代表的なものとしては、Butler and Iino (2005)、斎藤 (2009)、佐藤 (2009)、江利川・久保田 (2014)、小池 (2013) などがある。これらの研究の大きな特徴の 1 つとして、特定の政策の内容が批判・評価の対象として論じられている点が挙げられる。それぞれの政策領域におけるニーズが専門化・多様化していくなか、中央政府だけが一元的な体制で政策過程を担うのは困難な時代になっており（秋吉・伊藤・北山 2010: 244）、上記のような研究が政策過程の一部を支えることは非常に意義のあることである。

　一方で、「英語教育政策」そのものに関する研究には、さらなる議論の余

地が残されている。高等教育の文脈において金子（2006: 223）が指摘しているのと同様に、英語教育においても、先に挙げたように、何らかの意味で政策に関わる研究が蓄積されているのに比し、政策そのものを正面から対象としたものはむしろ少ない。つまり、濱中（2009）が「高等教育政策の研究」と「高等教育の政策研究」とを弁別する必要性を指摘するように、英語教育政策研究においても「英語教育政策の研究」と「英語教育の政策研究」とは自覚的に区別するべきものであると考えられる。政策そのものに関する社会科学的な研究を目指す場合、公共政策学等、英語教育学以外の分野において培われてきた方法論や分析の枠組みを視野に入れて実証的に分析することが重要である。

1.2　研究の位置付け

　以上の問題意識を共有する研究の例として、水野（2008）がある。水野は政策過程と経済界との関係について看破した研究であるが、それまで政策の内容に関する研究が中心であった英語教育政策研究における先駆的なものの1つである。

　先述の通り研究蓄積の少ない英語教育政策そのものに関する分析を行なうにあたり、他の分野を視野に入れて研究の枠組みを形成していくことは重要であるが、市川（2000）やそれを発展させた橋本（2014）による分類は、英語教育政策研究を整理するうえでも非常に端的なものである。橋本（2014: 3）は「視角・方法」を1つ目の座標軸とし、「分析対象」をもう1つの座標軸とし、政策研究を二次元の空間に位置づけている。「視角・方法」としては、実証的研究と規範的研究とが対極に位置づけられ、「分析対象」としては、政策内容と政策過程とが対極に附置される。座標軸の両極がそれぞれ相反するものなのかどうか等検討の余地はあると思われるが、こうした分類方法は研究蓄積の少ない英語教育政策研究においても、参照されるべきである。自らの対象やアプローチに自覚的になることを目指し、本稿は、橋本による4つの分類のうち、「政策過程の実証的研究」に焦点を当てる。

こうした文脈における「政策」とは、「個人ないし集団が特定の価値を獲得・維持し、増大させるために意図する行動の案・方針・計画」（大森 1981: 130）とされるため、その範疇、主体、内容は様々なレベルのものを含み、極めて広範にわたる。そのため、本稿では政策の範疇を国レベルのものに限定する。

　また、橋本（2014: 2）は、その過程分析について、潜在的な「問題群」（Problems）の中から認知・統合されたイシュー（討議の焦点になる問題）がアジェンダ（政策課題）に設定され、政策形成・決定、実施・評価、終結するというプロセスの記述だけではなく、イシューの特徴やその変容、アクターの属性やその影響力に着目することで、特定の政策領域に孕む政治的構造と制度的制約の解明につながる視座を持つものであるとしている。こうしたアプローチによる研究は、教育分野においては、高等教育に関する橋本（2014）のほか、専門職養成における橋本（2008）、日本語教育における山本（2011）、など、着実に蓄積されている。

　これらの研究の方針は、高等教育などのイシュー・エリアにおける政策過程の全体像を巨視的に解明することを試みるものであり、政策過程研究の中でも、大嶽（1990）の類型で言うところのイシュー・エリア・アプローチに大別することができる。イシュー・エリア・アプローチとは、ある特定の政策決定を分析するイシュー・アプローチが孕む個別性・特殊性から脱却する1つの方法として、「教育なり福祉なり、ある政策領域を選んで、そのイシュー・エリア全体の構造的特徴を分析する方法である」（大嶽 1990: 111）とされ、「過程よりもむしろ構造に究極の関心がある」（角 2006: 22）と理解されるものである。

　同時に、大嶽（1990）も認める通り、歴史を積極的に排して一般的法則の解明を目指すことの多い政策過程研究において、イシュー・エリア・アプローチは歴史研究との境界線が必ずしも明確なものではない。本稿は英語教育における政策過程の変遷に主たる関心があり、イシュー・エリア・アプローチの中に位置付くものである。

以上のアプローチを踏まえると、本稿と問題意識を共有するものとして先に例示した水野 (2008) にも限界点を指摘することができる。たとえば、特に経済界による会話中心の英語教育を求める提言の「ほぼそのままの内容が文科省の政策に採用されている」(水野 2008: 67) との分析がある。ここで文部科学省の政策に経済界の提言が果たした影響が大きいことが水野の指摘する通りであったとしても、日本の英語教育政策過程をより長期的に分析することで水野の議論をより精緻化することができると考えられる。本稿はより長期的な分析を目指すものであり、後に詳述するが、研究対象である国会会議録は長期的かつ包括的なデータが得られるという点において優れたものである。

2. 先行研究

日本における英語教育政策を対象とした研究を概観する。英語教育に関する研究のなかでも、政策そのものに関するものは非常に限られている。政策に関して言及したものでも、それぞれの「専門的な知見」に基づいて規範的に賛成や反対が表明されるものが多く、政策そのものを記述的に分析したものは少ない。また、それらも政策の内容に関する議論がほとんどで、過程を視野に入れたものはさらに少ない。ここでは、戦前の英語教育政策に関する研究にも言及しながら本稿の位置づけを示す。

2.1 英語教育の実態を議論するための参考資料としての政策研究

日本の英語教育政策を射程とする先駆的な研究として櫻井 (1935、1936) がある。櫻井の研究では、文部省督学官という著者の立場からか、分析や考察はほとんどなく事実が客観的に並べられている。戦前期を対象としたもののうち、まとまった論考としては、明治期を対象とした松村 (1997) や、昭和期を対象とした若林編 (1980) が挙げられる。これらは、学校英語教育一般を議論するための基幹として文部法規にも言及している。これらの戦前期

を対象とする研究の特徴として、実態を明らかにするために文部法規と合わせて府県制定の法令文書などを分析している点が挙げられる。法令に関する分析の主たる関心は、英語科の科目名、それぞれの科目の授業時数、使用されていた教科書に集約されるだろう。また、特に松村（1997）の英語教育史学へのインパクトは大きく、そのアプローチはその後の江利川（2006）などにも引き継がれている。

　江利川（2006）は、それまでの英語教育史学における中心的研究対象であった中学校（や高等女学校）から、極めて手薄であった職業系諸学校にまで研究対象を拡大した点で非常に画期的な研究である。特に、陸海軍系の学校における英語教育に関しては関連資料の入手が困難であることもあり、それまではほとんど手付かずの領域であった。また、江利川（2006）において高等小学校における英語教育に関しても英語教育の実態の大部分が明らかになったが、1990年代末以降の小学校への英語教育導入の議論の高まりも相俟って、戦前期の小学校段階における英語教育は学術的関心を集めている（保坂2014、竹中2013など）。新制の小学校は旧制の高等小学校を単純に引き継いだものではないため、その知見を現在の小学校英語教育関連議論にそのまま援用することはできないが、これらの一連の研究が戦前期の小学校英語実施状況を明らかにしたことの意義は依然として大きいものである。

2.2　英語教育の政策研究

　また、文部法規を網羅した資料集として、大村・高梨・出来（1980）がある。大村他（1980）は5分冊の資料集であるが、そのなかに教科書や雑誌群も多数収録されている。あまり全面には押し出されないが、それぞれの資料に分析や考察が添えられている。ほかに、英語教科書等を収録したデータベースとして、江利川（2012）等がある。英語教育政策研究において、教科書の研究はさまざまな意義を持つ。たとえば、（1）教科書の国定や検定の志向、その変遷の分析につながること、（2）その教科書を使用していた学校の学力レベルを推察するための情報になること、（3）教科書を採択した人々

の志向の分析につながることなどが挙げられるだろう。

英語教科書の歴史的研究としては、さまざまな観点から多数の蓄積が見られる。出来（1994）、江利川（2008）、小篠・江利川編（2004）などが代表的である。なかでも、出来（1994）は英作文関連の教科書を歴史的に分析した数少ない論考である。英語読本教科書の歴史的研究では、小篠・江利川編（2004）が最も画時代的である。英語教科書の発行状況等を網羅的にデータベース化したことは、その後の英語教科書研究に多くの着眼点を提示していると言える。リーダビリティの分析に議論の余地は残されているものの、コーパスを駆使したアプローチもその後の研究へのインパクトは依然として大きい。その他、図像学というアプローチから英語教科書に切り込んだ江利川（2008）や、戦争や平和の観点から分析した藤本（2013）など、多数の教科書研究が見られる。

教科書以外には、英語教育の政策研究として入試や受験英語を扱ったものがある。河村（2011）、江利川（2011）がその代表例である。

2.3　英語教育政策の研究

以上に挙げた研究は、主として「英語教育の政策研究」に類するものであるが、「英語教育政策の研究」の代表例として、戦後の外国語科学習指導要領に関するものがある。川又（2008）、馬本（2000）など多くの蓄積が見られる。馬本（2000）は、学習指導要領の版による相違などを詳細に分析しており、川又（2008）は、言語とイデオロギーの観点から歴代の学習指導要領を分析している。また、学習指導要領は、それ自体を中心的な分析の対象としない研究でも多く取り上げられる。たとえば、英語教育に関する議論をテーマ別に扱う伊村（2003）、高梨・大村（1975）が挙げられる。高梨・大村（1975）では政策が大きく取り上げられているわけではないが、学習指導要領の項が設けられ、度重なる改正への批判がなされている。この点は伊村（2003: 101）にも継承されており、「目指すところは100年前、50年前と少しも変わっていない」などの考察が加えられている。

「英語教育政策の研究」は 2000 年代以降になって活発化する。Butler and Iino (2005)、Iino (2000)、小池 (2013)、奥野 (2007)、寺沢 (2008) などである。これらの研究は、主として特定の法令の内容などに焦点が置かれたものであるが、なかでも、文部科学省が 2002 (平成 14) 年に出した「『英語が使える日本人』の育成のための戦略構想」、及び 2003 (平成 15) 年に出した「『英語が使える日本人』の育成のための行動計画」は多くの研究関心を集めている。その他の主な論点としては、小学校英語の導入に関するもの (寺沢 2008 など)、2009 (平成 21) 年の高等学校学習指導要領において定められた「授業は英語で行うことを基本とする」に関するもの (寺島 2009 など) などがある。また、英語教育政策の変遷を概略的に追っているものとして拝田 (2014) がある。

英語教育政策を含む、より網羅的なものとして、斎藤 (2001、2007) がある。斎藤 (2001、2007) は 100 年以上にもわたる英語教育の歴史を広範に網羅した労作である。戦後に関する部分では、学習指導要領にも言及が及ぶが、それぞれが時代や時の英語教育のなかに位置づけて論じられており、これまでになかった英語教育史の通史として非常に意義深いものである。また、特に斎藤 (2007) は副題に「英語一○○年史」とある通り、その焦点が必ずしも常に「教育」にあるわけではなく、日本人の英語に対する「愛憎」という切り口で議論が展開されている点も示唆的である。

2.4　英語教育政策過程に関する研究

政策過程に着目した研究も数は限られているもののいくつか存在する。江利川 (2009) や水野 (2008) などである。水野 (2008) は「経団連の提言内容は、文言こそ違えども、ほぼそのままの内容が文科省の政策に採用されている」ことを指摘している。それに加えて、江利川 (2009) は、文部法規と新自由主義との関連を指摘している。また、広川 (2014) は、占領期の日本における英語教育構想として新制中学校の外国語科の成立過程に米国政府のイニシアチブが働いていたことを明らかにしている。江利川 (2015) は、それ

に関連して教育刷新委員会における議論の内容を分析し、その特徴を5つに分類している。これらの研究はイシュー・アプローチとしては優れたものであるが、長期的なスパンでの英語教育政策過程の解明には至っていないという限界点もある。英語教育政策という領域の構造的特徴やその変化を実証的かつ経時的に議論するという点においてはさらなる発展が求められると言える。

　また、英語教育政策における決定過程の構造的要因の解明には、政策アクターを取り巻く環境としての日本社会や経済、「英語教育（業）界」を視野に入れた考察を行なうことも重要であろう。こうした分析には、英語教育における主要概念である「コミュニケーション」の形成過程を分析する北（2006）、日本における英語教育の周期性を指摘する大谷（2007）、日本人の英語への愛憎を指摘する斎藤（2007）などが参照されるべきである。また、英語教育をとりまくより巨視的な要因を考察した綾部他（2009）や寺沢（2014）なども大変意義深いものである。これらは、必ずしも英語教育政策そのものを分析したものではないが、本稿は、これらの巨視的研究とイシュー・アプローチ的な英語教育政策研究との橋渡しを目指すものである。

　なお、英語教育政策とはやや異なる潮流にあるものであるが、言語政策研究に分類される研究群も存在する。たとえば、上村（2014）、Gottlieb（2012）、大谷・杉谷他編（2010）、山本・河原（2010）などがある。大雑把に分類すると、（1）日本語に関する政策を対象としたもの、（2）各国の言語政策を比較するもの、（3）EUなどの言語政策から日本の外国語教育政策に何らかの示唆を得ようとするものなどである。

3.　研究方法

3.1　研究対象
　研究対象は、1947年の第1回次から2013年末の第185回次終了までの全

国会会議録中、発言内容に「英語教育」という用語を含むものである。国会会議録が、2001年からテキスト・データとして本格的に公開されていることも相俟って（松田 2004: 56）、国会会議録を対象とした研究は蓄積されつつある。しかしながら、英語教育の分野では国会会議録を用いた研究はそれほど多くはなされておらず、比較的多くの研究蓄積を見ているのは、もっぱら公共政策学や、国語学の分野であると思われる。たとえば、公共政策学の分野では、自由貿易協定について分析した藤末（2011）などがある。日本語学や国語学の分野では、国会会議録自体が膨大な日本語データベースとして扱われ、語彙や言い回しの変化などが分析されている。教育に関しては、高等教育について分析した橋本（2014）や、日本語教育について分析した山本（2011）など一定の蓄積はあるものの、まだまだ研究の余地は残されており、英語教育に関してはほとんど手付かずの状態である。

3.2　リサーチ・クエスチョン

　以上を踏まえ、本稿では、英語教育政策という領域の全体像を捉えるために、以下のリサーチ・クエスチョン（RQs）を設定した。その際、国会における発言内容を戦後行われてきた英語教育政策の公式のイシューもしくはアジェンダ（以下、テーマ）として理解する。

RQ 1：英語教育関連の発言は上位概念とどのような関連があるか。

　　RQ 1–1：「英語教育」と「教育」の出現傾向には暦年ごとにどのような関係があるか。

　　RQ 1–2：「英語教育」と「英語」の出現傾向には暦年ごとにどのような関係があるか。

RQ 2：1947年から2013年における高頻度語はどのようなものか。

RQ 3：高頻度語は経時的にどのように変化しているか。

RQ 4：英語教育関連発言が多い年における主要なテーマはどのようなものか。

3.3 データ分析

データの分析は、大きく分けて 2 つの方法で行った。基礎的集計と計量テキスト分析の 2 つである。基礎的集計は、MS Excel 2013 を用い、年ごとに統合したそれぞれのファイルの概要を得るために行った。計量テキスト分析とは、内容分析の一種として、近年多くの研究が蓄積されている研究方法であり、本稿の主眼である膨大なテキスト・データの要約において利点のあるものである。分析には KH Coder (2.Beta.32a) を用いた。

内容分析に関しては、新聞・雑誌記事や小説の分析、メディアの言説分析など古くからの研究の歴史があり、樋口 (2014: 1) は 19 世紀から 20 世紀初頭のものから現在に至る内容分析の定義を比較し、文章・音声・映像などさまざまな質的データを分析するための方法と定義している。英語教育の政策に関する研究では、寺沢 (2014) などが意識的に内容分析を用いた例である。ほかにも、英語教育の政策に関する研究には、自らは明示しないものの内容分析に分類されると思われるものも複数認められる。

計量テキスト分析の定義として、樋口 (2014: 15) は以下のように述べている。計量テキスト分析は、「計量的手法を用いてテキスト型データを整理または分析し、内容分析 (content analysis) を行なう方法である」。近年の計量テキスト分析の増加の理由について、橋本 (2014: 88) は、以下のように考察している。(1) 文章や単語の形態素解析を行なう有料・無料のテキストマイニングのソフトウェアおよびその解説書が一般に開発・公開されていること、(2) 戦前・戦後における国会会議録や全国誌の新聞記事が電子化されて一般に公開されていること。橋本の考察を踏まえると、今後ますます多くの研究が蓄積されることは想像に難くないが、英語教育の分野では計量テキスト分析を用いた言説等の研究はあまり見られない。一方、広く教育の分野に目を転じると先述の通り一定の研究蓄積が見られ、日本語教育における山本 (2011) や高等教育における橋本 (2014) など、国会会議録を対象とした研究も見られる。

本稿では、計量テキスト分析を中心とし、特定のテーマ等に関する言及数

の増減に基づいてそのテーマに関する語り方や意識の変化について議論するが、量的手法をとる以上、検討対象の母集団を明示的に設定しておくことは重要である。母集団は 1947 年から 2014 年に開催された全国会における議事録中に「英語教育」を含むものとする。また、本稿の分析は全てコンピュータによって行われているため、再分析にも耐えうるものである。

4. 結果

4.1 英語教育関連会議の出現傾向

まず、全会議数と英語教育関連会議数の暦年ごとの出現件数を図 1 に表す。両者の相関係数は、1947 年から 2014 年に関しては −0.42、英語教育を含む会議数が安定して見られるようになった 1976 年から 2014 年に関しても 0.298 であった。全会議数は 1950 年代末以降に減少し始め、1960 年代以降は、最も多かった 1952 年の半分前後の値で増減を繰り返しながら推移している。それに対し、英語教育を含む会議の数が増加し始めるのは 1976 年

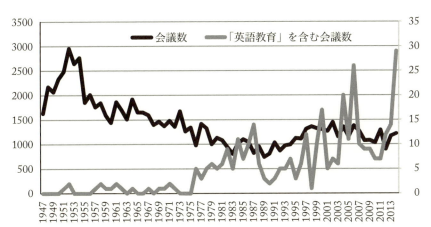

図 1　全会議数と「英語教育」を含む会議数の暦年ごとの推移
　単位は件。対象は 1947 年から 2014 年の全ての会議である。Y 軸に関しては、左側が全会議数、右側が英語教育関連会議数を表す。

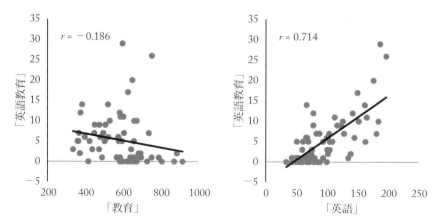

図 2　「英語教育」を含む会議数と「教育」・「英語」を含む会議数との暦年ごとの関係
　単位は件。対象は 1947 年から 2014 年末までの全会議。「教育」および「英語」に関しては当該年の出現件数から「英語教育」の件数を引いたものを用いている。引く前の相関係数はそれぞれ $r = -0.141$、$r = 0.776$ であった。

以降である。この結果から、単に国会において会議が多く開催されればされるほど英語教育を含む会議の数も増加するというわけではないことがわかる。英語教育に関する会議の数は、むしろ全体の会議数とは独立して推移しているものであると考えられる。

　次に、英語教育という用語を構成する「英語」及び「教育」を、英語教育を包摂する上位概念として捉え、会議録中にそれら 2 つの語が含まれる会議と英語教育が含まれるものとを比較する。まず、教育に関しては、英語教育関連会議数が図 1 の通り推移しているのに対し、英語教育関連会議数が増加する 1970 年代中盤くらいまでにやや数値が高かった。図 2 は英語教育関連会議の出現件数と、会議録中に「教育」・「英語」を含む会議の出現件数を暦年ごとに描画したものである。英語教育と教育にはほとんど相関が見られない。それに対し、英語教育と英語は 0.714 と高い相関を示している。英語を含む会議数は、1952 年が例外的にやや多かったものの、特に多くなっているのは 1990 年代以降であった。以上より、国会において英語教育は、教育に付随して述べられるよりはむしろ、英語に付随して述べられる傾

国会における英語教育政策に関するテーマの変遷　177

向にあることが示唆された。

4.2　英語教育関連会議の高頻度語

　ここからは、英語教育政策に見られるテーマを具体的に示す。まずは、
1947 年から 2014 年における英語教育関連会議全体の高頻度語の上位 50 語
を表 1 に示す。

表 1　英語教育関連会議における高頻度語上位 50 語

語	件数	語	件数	語	件数	語	件数	語	件数
教育	1741	言う	189	一つ	127	持つ	98	高校	89
英語	1722	考える	188	日本人	127	日本語	98	指摘	89
思う	728	小学校	185	学習	123	申し上げる	97	研修	86
日本	306	指導	184	改善	120	大臣	96	能力	86
学校	289	今	177	人	120	教師	95	見る	84
問題	276	聞く	169	教員	116	子供	95	研究	83
外国	266	非常	164	高等	103	振興	95	特に	83
大学	241	必要	150	教える	101	時間	94	現在	82
先生	224	充実	141	出る	99	意味	92	大変	81
国際	207	行う	133	中学校	99	授業	91	勉強	80

注　KH Coder による「抽出語リスト」の「頻出 150 語」をもとに作成した。

　表 1 によると、「大学」や「小学校」などの校種名、「教師」、「指導」な
ど、学校教育全般に関わる用語が多く見られる。また、「外国」や「国際」
など、他の教科よりは比較的英語教育に近いと思われる語も複数抽出されて
いる。なお、山本（2011）や橋本（2014）などの先行研究では抽出語は名詞に
限定されているが、本稿では、英語教育において「書く」、「話す」などの動
詞も重要な用語であることに鑑み、抽出対象にあえて品詞の制限を加えなか
った。これにより、発言内容というよりはむしろ発言者の言い回しに特徴的
な「思う」などの語が析出されている。これらの語に関しては、除外して分
析するのではなく、解釈の段階で留意するにとどめることとする。

4.3　高頻度語の経時変化

　次に、これらの用語が経時的にどのように現れているのかを示す。1976年以降の英語教育関連会議を5年ごとに収集し、そこに表1の語彙がどのように現れるのかを分析した。全体を通して頻度が上位50語に入るもののうち、全ての期間において上位50語に抽出されるものは次の8語であった。「日本」、「学校」、「問題」、「外国」、「大学」、「先生」、「指導」、「必要」である。なお、検索語である「英語」及び「教育」は上記の8語から除外している。以下、この8語を分析の対象とする。

　図3は、上記8語（以下、通底語）がそれぞれの期間において100語あたりに何回出現するかを示したものである。これにより、全ての期間において高頻度である語の頻度がどのように変化してきたのかを考察することができる。

　全体的特徴としては、1990年代後半（図3では「〜00」）に多くの語の数値が低い点が挙げられる。1990年代後半には通底語を用いないテーマが比較的多かったことが示唆される。なお、1990年代後半における総抽出語数は平均的な値であった。「日本」は、1990年代後半によく用いられた通底語であり、他の通底語とはやや異なった推移を示している。1980年代には通底語の数値が全体的に比較的高くなっている。その中でも前半は特に「大学」、後半は特に「先生」の値が高い。

　全体的な変化としては、英語教育政策における主なテーマとして、1970年代後半から1980年代前半にかけては「学校」があり、次第に大学入試を含む「大学」に焦点化されていく。そして、1980年代後半からは日本人・外国人を含む「先生」の数値が上昇する。1990年代以降はそれらのテーマが維持されつつも全体的に数値が低くなる。その一方で、1990年代には「日本」が高く、国家の枠組みを意識した議論が1つの特徴であったと考えられる。その後、全体的に低調な期間を経て2011年から2013年に再び「大学」と「日本」の数値が高くなっている。この期間は対象とする年が少ないため総抽出語数も少なく単純な比較は慎重になるべきであるが、一度低調になったテーマが再び数値を高めていることは興味深い現象であると言える。

国会における英語教育政策に関するテーマの変遷　179

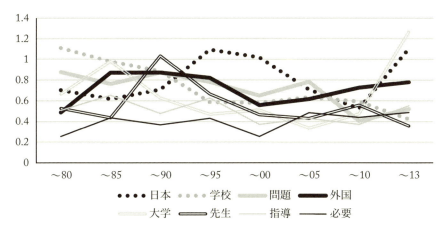

図3　全ての期間における頻出語上位50語に出現する8語の遷移

この現象が一定の法則に従っているのであれば、次の年代では再び「先生」が数値を高めることも十分考えられる。

　ここで注目したいのは、上記の通底する8語は表1の中でも特に上位にあるものが多い点である。また一方で、「国際」や「小学校」など、表1では通底する8語よりも上位にありながら、全ての期間においては上位50語に入らなかったものも見られた。「国際」は1970年代後半においてのみ上位に析出されなかったが、1980年代以降は多く用いられているものである。英語教育の文脈では1980年代以降に「国際」化がテーマとして大きく出現し始めたものと考えられる。「小学校」は1990年代以降に上位50語に該当している。2000年代には「小学校」は前期後期ともに「英語」、「教育」、「思う」に次いで多く用いられた用語であった。この3語が実質的に英語教育政策におけるテーマを構成する用語でないことを踏まえると、「小学校」は2000年代の最も主要なテーマであるといえる。ここで、1990年代後半以降では、2000年代が通底語の割合がやや低調な期間であったことを考え合わせると、「小学校」英語がいかに当時の英語教育政策の中心的なテーマとなったかを推察することができる。

4.4 英語教育関連会議が多い年における主要テーマ

次に、英語教育関連会議が平均よりも多い年における主要なテーマがどのようなものであるのかを、時系列に沿って概観する。平均値の算出には、英語教育が国会においてほとんど例外的にしか語られていない1975年以前を除外し、1976年から2013年の会議数を用いた。当該期間における平均値は8.13であり、これよりも値の大きいものを対象とした。対象は、1982、1984、1986、1987、1997、1999、2000、2004、2005、2006、2007、2008、2009、2012、2013、の15年分である。

図4が全体を要約したものである。それぞれの年号の下に挙げているのがその年における主要なテーマである。以下、それぞれの年について説明する。

まず、1982年の高頻度語上位5つは「教育（33）」、「英語（18）」、「外国（14）」、「思う（13）」、「学校（11）」である。「教育」、「英語」を除き最も高頻度である名詞は「外国」であり、14件抽出された。外国にKWICコンコーダンスを用いて分析を行なったところ、「外国人」という用法が4件を占めた。その他の「外国」に関しては、「諸外国の法令」に類するものが2件、

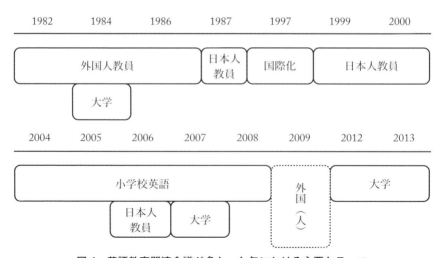

図4　英語教育関連会議が多かった年における主要なテーマ

「外国語は喋ることができることが第一」に類するものが 2 件ある以外はまとまった用いられ方をしていない。以上より 1982 年に特徴的なテーマの 1 つは「外国人教員」であるといえる。

1984 年の高頻度語上位 5 つは「教育 (50)」、「英語 (33)」、「大学 (11)」、「振興 (10)」、「学校 (9)」である。「教育」、「英語」を除き最も高頻度である名詞は「大学」であり、11 件である。そのうち、2 件が「大学まで英語を学んでも使えない」に類するものである。その他には、「大学入試」などがテーマとして見られる。また、「振興」10 件のうち 4 件が「英語教育の振興」、「学校」9 件のうち 5 件が「高等学校」である。そのうち 4 件が「高等学校に外国人教員を」に類するものである。主要なテーマとしては、依然として「外国人教員」であるといえる。

1986 年の高頻度語上位 5 つは「英語 (58)」、「教育 (57)」、「日本 (25)」、「外国 (19)」、「今 (17)」である。「教育」、「英語」を除き最も高頻度である名詞は「日本」で 25 件であるが、「日本の学生は英語ができない」に類するものが 3 件あるものの、全体的にテーマは分散している。一方、次の「外国」に関しては、「外国人教員」に類するものが 7 件あるほか、「外国人留学生」も 2 件見られる。「今」に関しては、「今の英語教育は」や「今の学校は」という形で用いられており、特段テーマを構成するものではない。

1987 年の高頻度語上位 5 つは「英語 (230)」、「教育 (182)」、「思う (96)」、「先生 (60)」、「問題 (44)」である。「教育」、「英語」を除き最も高頻度である名詞は「先生」の 60 件である。そのうち約半数にあたる 28 件が「日本人教員」に類する話題であった。この中には、これ以前の中心的なテーマである「外国人教員」に類するものは含まれない。「問題」に関しては、「先生の問題」などの形で用いられているが、テーマを形成するものではない。また、この年は他の年に比して全体的に出現件数が多かったので、他の上位 5 位以下にも目を転じてみたい。まず、6 位に「教師 (43)」、13 位に「教員 (30)」が見られることが特徴的である。ここでテーマとして挙げられているものとしては、「外国人教員」に類するものも見られるものの「日本人教

員」に類するものが多くを占めている。そのほか、これまでの議論にも見られた「大学」が 23 件、「外国（36）」とそれに近い概念である「国際」が 34 件見られる。この年は全体として「教員」に類するテーマが多い。

1997 年の高頻度語上位 5 つは「教育（51）」、「英語（35）」、「思う（15）」、「国際（10）」、「非常（8）」である。「教育」、「英語」を除き最も高頻度である名詞は「国際」の 10 件である。そのうち 7 件が「国際化」である。なお、1986 年の「国際化」は 5 件、1987 年の「国際化」は 22 件である。1980 年代末から英語教育の文脈で「国際化」がよく用いられるようになった。

1999 年の高頻度語上位 5 つは「英語（50）」、「教育（45）」、「思う（27）」、「日本（21）」、「研修（10）」である。「教育」、「英語」を除き最も高頻度である名詞は「日本」の 21 件である。「日本人」という用いられ方は見られず、「日本の英語教育」などといった用いられ方が多い。「研修」に関しては、「初任者の研修」や「教育委員会による研修」など、ほぼ全てが「研修」というテーマを構成するものであると考えられる。この「研修」も「日本人教員」に関するテーマなので、1987 年の流れにある程度従うものであると言える。

2000 年の高頻度語上位 5 つは「英語（124）」、「教育（83）」、「思う（37）」、「問題（18）」、「今（16）」である。「教育」、「英語」を除き高頻度である名詞は「問題」、「今」であるが、両者ともテーマを形成するものではない。なお、上位には他に前年 1999 年に上位に析出された「研修（13）」などが見られる。

2004 年の高頻度語上位 5 つは「教育（118）」、「英語（103）」、「思う（44）」、「小学校（24）」、「外国（23）」である。「教育」、「英語」を除き最も高頻度である名詞は「小学校」である。これは、言うまでもなくいわゆる「小学校英語」に関するテーマである。「小学校」は、これ以前には 2000 年に 12 件、1997 年に 4 件などが見られるが、2004 年から特に主要なテーマになったと言える。

2005 年の高頻度語上位 5 つは「英語（54）」、「教育（52）」、「思う（22）」、

「小学校 (16)」、「必要 (12)」である。「教育」、「英語」を除き最も高頻度である名詞は前年に引き続き「小学校」である。ただし、英語教育関連の会議数自体が減っていることからも推察できることであるが、前年からあまりテーマの変化は見られない。

2006 年の高頻度語上位 5 つは「教育 (122)」、「英語 (104)」、「思う (41)」、「小学校 (31)」、「先生 (20)」である。「教育」、「英語」を除き最も高頻度であった名詞は「小学校」である。この年は「小学校」が最も多く取り上げられた年である。「先生」の中では「日本人教員」に関するものが多い。

2007 年の高頻度語上位 5 つは「英語 (48)」、「教育 (46)」、「思う (18)」、「小学校 (15)」、「大学 (14)」である。「教育」、「英語」を除き最も高頻度であった名詞は引き続き「小学校」である。しかし、量的に減っており、「大学」が再び上位に入っている。2006 年と 2007 年とでは「小学校」に次ぐ主要なテーマが全く異なるものになっていることが特徴的である。

2008 年の高頻度語上位 5 つは「英語 (62)」、「教育 (40)」、「思う (17)」、「考える (12)」、「小学校 (11)」である。「教育」、「英語」を除き最も高頻度であった名詞は「小学校」である。2009 年とともに本節で取り上げた年のなかで最も英語教育関連会議の少ない年である。この付近で英語教育が国会において話題にのぼる回数が再び沈静化しているが (図 1 参照)、これ以前の流れを引き継いで「小学校」が未だ主要なテーマであったと言えるだろう。

2009 年の高頻度語上位 5 つは「教育 (33)」、「英語 (23)」、「思う (16)」、「外国 (9)」、「学校 (7)」である。「教育」、「英語」を除き高頻度である名詞は「外国」、「学校」である。既に述べたように、この年は前年の 2008 年とともに対象年のなかで最も英語教育関連会議の少ない年である。そして、高頻度に表れた主要テーマも変化している。「小学校」は 24 位の 3 件と大幅に数を減らしており、「大学」や「先生」は上位 50 語にすら検出されなくなっている。ここで指摘できる英語教育関連会議の特徴として、件数の多い会議ではより使用頻度の高い用語が含まれる。つまり、該当会議数が多い年は、多くのテーマが取り上げられると言うよりは、特定のテーマが集中的に

取り上げられていると言うことができる。

2012年の高頻度語上位5つは「英語（36）」、「教育（34）」、「思う（20）」、「大学（14）」、「日本（10）」である。「教育」、「英語」を除き高頻度である名詞は「大学」、「日本」である。一時的に数が減っていた英語教育関連会議の数が再び上昇を始め、再び「大学」が主要なテーマとなった。主要な用法としては「大学入試」に類するものが4件と最も多い。これまで同様、「日本」はテーマを形成する語彙ではない。

2013年の高頻度語上位5つは「英語（96）」、「教育（89）」、「思う（42）」、「大学（20）」、「日本（18）」である。「教育」、「英語」を除き高頻度である名詞は、変わらず「大学」、「日本」である。この2つの用語が形成するテーマも前年と大きな変化が見られない。該当会議数が多くなったこともあり、検出件数が多くなっているが、主要テーマの構成は大きくは変わっていない。件数に関しては2015年1月31日現在の暫定的なものを図1に掲載しているが、2012年以降の傾向を引き継いで増加傾向にあると言える。

全体を大雑把にまとめるならば、前半の7年分に関しては主要なテーマは「教師」に関するものであり、後半8年分の主要なテーマは「学校」であった。英語教育が国会で話題にのぼり始めて以降、主なテーマとして検出されるものの多くは長い間教師の問題であったが、21世紀に入り、小学校、さらに大学と、より制度的な問題へと変化した。

5.　まとめと考察

本稿では、戦後日本における英語教育政策過程におけるテーマの全体像を理解するために、国会会議録を材料として計量的な分析を行なった。以下では、リサーチ・クエスチョンに合わせて本稿の結果を要約しながら考察を加える。

結果の要約と考察は以下の通りである。

RQ 1：英語教育関連の発言はどのような上位概念との関連が強いか。

　1947 年から 2014 年末までの国会会議録のうち、暦年ごとの「英語教育」を含む会議の件数が、「教育」の件数（RQ 1–1）や「英語」の件数（RQ 1–2）とどのような関係にあるかを分析した。その結果、英語教育がより多くテーマに挙げられる年には「英語」がテーマに挙げられていることが明らかになった。つまり、「英語教育」と「英語」の暦年ごとの出現件数の相関係数は 0.714 と高い値を示し、「英語」と「英語教育」の結びつきの強さが示唆された（RQ 1–2）。一方、「教育」と「英語教育」の関係には、弱い負の相関が見られた（RQ 1–1）。つまり、「教育を改善しよう」という気運のなかで「英語教育の改善点は…」と言うよりは、「英語は大事だ」、「英語教育を改革しよう」という論理が英語教育関連会議の背後にあると考えられる。英語教育政策を分析する際には、日本人と英語との関係が重要な視点の 1 つになるといえよう。

RQ 2：1947 年から 2013 年における高頻度語はどのようなものか。

　1947 年から 2013 年における高頻度語には、「小学校」、「中学校」、「高校」、「大学」といった校種に関する語彙が比較的多く見られた。また、「教師」、「指導」など、教育全般に関わる用語や、「外国」、「国際」など英語に近い概念であると考えられる語彙も複数見られた。これらが戦後日本の英語教育政策過程における主要テーマであると推測できるが、これを基礎として時期を考慮した分析（RQ 3）や発言者を考慮した分析を行うことがより重要となる。

RQ 3：高頻度語は経時的にどのように変化しているか。

　RQ 2 で検出した上位 50 の頻出語のうち、5 年毎に刻んだ期間の全てにおいて上位 50 語に検出されたものがどのように変化しているのかを分析した。通底するテーマの中でも主要なものは「学校」、「大学」、「先生」と変化し、全体が下火になった後に再び「大学」が主要なものとなっている。ま

た、全体が下火になっていた期間には「小学校」が主要なテーマであった。このことから、英語教育に関して通底するテーマは、ある時期に出現し、それ以降も増減を繰り返しながら継続して触れられているものといえる。

RQ 4：英語教育関連発言が多い年における主要なテーマはどのようなものか。

英語教育関連の発言が平均値よりも多い年の高頻度語を中心として主要なテーマの変遷を分析した。分析対象とした年における主要なテーマは RQ 3 で述べた主要テーマの変化と一部類似の変化を示した。同時に、RQ 3 の分析では検出することのできなかった部分も明らかになった。たとえば、「先生」に関するテーマとしては、はじめは「外国人教員」に関するものであったが、次第に「日本人教員」に関するものに変化している。また、平均値以上の年においては、より集中的に言及されるテーマが存在することが明らかになった。つまり、会議数が多い年はテーマの種類が増えるのではなく、特定のテーマに対する言及数が増えているということである。

最後に、本稿の限界点のうち主要なものを挙げ、今後に残された課題を示したい。最も大きな限界点としては、分析の対象が国会会議録に限られていることが挙げられる。本稿で採用したイシュー・エリア・アプローチは、政策過程の全体像の解明に主眼を置くものであるため、特定の政策の形成・決定過程を追うことは本稿では行わなかった。しかし、本稿で明らかにした時代ごとのテーマがどのように個別の政策となっていくのか、またそこにどのようなアクターの影響力が行使されているのかを明らかにすることも英語教育政策研究にとって重要な課題である。今後の課題として、しばしばブラックボックスと化される個別政策の決定・形成過程が分析される必要がある。とはいえ、国会は政策過程において重要で公式の政治アリーナであり（橋本 2014）、それを中心として戦後英語教育政策の全体像を明らかにした本稿の意義は依然として認められるものである。

その他の限界点としては、国会で特定のテーマが挙げられる背景について

分析が及ばなかった点が挙げられる。本稿で明らかにしたように、英語教育政策には複数のテーマが現れたり、下火になったりという変化が見られる。特定のテーマが特定の年に急激に多く言及されているということは、何らかの引き金があったものと考えられる。以上を今後の課題として研究を継続したい。

　また、本稿では、発言の内容が主な研究対象であり、発言者が誰であるのかを検討することは出来なかった。発言者が誰であるのかを加味して分析することも政策過程研究において重要な課題である。

参考文献

Butler, Y. Goto. and Masakazu Iino. (2005) Current Japanese Reforms in English Language Education: The 2003 "Action Plan". *Language Policy* 4 (1)：pp.25–45. New York: Springer.

Gottlieb, N. (2012) *Language Policy in Japan: The Challenge of Change.* Cambridge: Cambridge University Press.

Iino, Koichi. (2000) A Discourse Analysis of Discussions Promoting English as an Official Second Language in Japan. *Journal of Liberal Arts* 109：pp.77–87. 早稲田大学政治経済学部教養諸学研究会

秋吉貴雄・伊藤修一郎・北山俊哉 (2010)『公共政策学の基礎』有斐閣

綾部保志・小山亘・榎本剛士 (2009)『言語人類学から見た英語教育』ひつじ書房

市川昭午 (2000)「高等教育政策研究の課題と方法」喜多村和之編『高等教育と政策評価』pp.18–39. 玉川大学出版部

伊村元道 (2003)『日本の英語教育 200 年』大修館書店

馬本勉 (2000)「学習指導要領『必修語』の選定に関する歴史的考察―頻度と定義可能度による必修語リストの評価」『日本英語教育史研究』15：pp.51–71. 日本英語教育史学会

江利川春雄 (2006)『近代日本の英語科教育史―職業系諸学校による英語教育の大衆化過程』東信堂

江利川春雄 (2008)『日本人は英語をどう学んできたか―英語教育の社会文化史』研究

社

江利川春雄(2009)『英語教育のポリティクス―競争から協同へ』三友社出版

江利川春雄(2011)『受験英語と日本人―入試問題と参考書からみる英語学習史』研究
社

江利川春雄(2012)「幕末以降外国語教育文献コーパス画像データベース」外国語教育
文献データベース作成委員会

江利川春雄(2015)「敗戦占領期における外国語教育政策の立案過程」Evergreen 9: pp.
3–8. 和歌山英語教育研究会

江利川春雄・久保田竜子(2014)「学習指導要領の『授業は英語で』は何が問題か」
『英語教育』63(6): pp.70–72. 大修館書店

大嶽秀夫(1990)『政策過程』東京大学出版会

大谷泰照(2007)『日本人にとって英語とは何か―異文化理解のあり方を問う』大修館
書店

大谷泰照・杉谷眞佐子・脇田博文・橋内武・林桂子・三好康子編(2010)『EUの言語
教育政策―日本の外国語教育への示唆』くろしお出版

大村喜吉・高梨健吉・出来成訓(1980)『英語教育史資料』東京法令出版

大森弥(1981)「政策」日本政治会編『年報政治学の基礎概念』pp.130–142.

奥野久(2007)『日本の言語政策と英語教育―「英語が使える日本人」は育成されるの
か?』三友社出版

小篠敏明・江利川春雄編(2004)『英語教科書の歴史的研究』辞游社

角一典(2006)「政策過程論の分析視座」『北海道教育大学紀要(人文科学・社会科学
編)』57(1): pp.19–34. 北海道教育大学

上村圭介(2014)「英語以外の外国語教育をめぐる政策過程:中央教育審議会外国語専
門部会の審議の分析から」『言語政策』10: pp.73–94. 日本言語政策学会

金子元久(2006)「政策と制度に関する研究の展開」『大学論集』36: pp.221–235. 広島
大学

川又正之(2008)「日本の英語教育における英語帝国主義のイデオロギー(1)学習指導
要領」『外国語教育論集』30: pp.61–73. 筑波大学外国語センター

河村和也(2011)「新制高等学校の入試への英語の導入(2)1952年度の入試をめぐっ
て」『日本英語教育史研究』26: pp.55–78. 日本英語教育史学会

北和丈(2006)「『英語教育』に見る英語教育観の変遷―『実用』から『コミュニケー
ション』まで」『英語教育』54(12): pp.47–49. 大修館書店

小池生夫(2013)『提言日本の英語教育―ガラパゴスからの脱出』光村図書出版

斎藤兆史（2001）『英語襲来と日本人―えげれす語事始』講談社

斎藤兆史（2007）『日本人と英語―もうひとつの英語百年史』研究社

斎藤兆史（2009）「新高等学校学習指導要領の愚」『英語教育』58（2）: p.41. 大修館書店

櫻井役（1935）『英語教育に關する文部法規』研究社

櫻井役（1936）『日本英語教育史稿』敞文館

佐藤学（2009）「言語リテラシー教育の政策とイデオロギー」大津由紀雄編『危機に立
　つ日本の英語教育』pp.240–277. 慶應義塾大学出版会

高梨健吉・大村喜吉（1975）『日本の英語教育史』大修館書店

竹中龍範（2013）「商業科附設時代の小学校英語―横須賀市高等八幡山小学校の場合」
　『日本英語教育史研究』28 : pp.73–92. 日本英語教育史学会

出来成訓（1994）『日本英語教育史考』東京法令出版

寺沢拓敬（2008）「小学校への英語教育導入に関する論争の分析」『言語情報科学』6 :
　pp.207–225. 東京大学大学院総合文化研究科言語情報科学専攻

寺沢拓敬（2014）『「なんで英語やるの？」の戦後史―《国民教育》としての英語、そ
　の伝統の成立過程』研究社

寺島隆吉（2009）『英語教育が亡びるとき―「英語で授業」のイデオロギー』明石書店

拝田清（2014）「英語教育政策の変遷を追う（特集 日本の英語教育は今どうなっている
　のか）」『英語教育』62（11）: pp.24–26. 大修館書店

橋本鉱市（2008）『専門職養成の政策過程―戦後日本の医師数をめぐって』学術出版会

橋本鉱市（2014）『高等教育の政策過程―アクター・イシュー・プロセス』玉川大学出
　版部

濱中淳子（2009）「〈高等教育政策〉の研究と〈高等教育〉 の政策研究」『大学論集』
　40 : pp.145-161. 広島大学

樋口耕一（2014）『社会調査のための計量テキスト分析―内容分析の継承と発展を目指
　して』ナカニシヤ出版

広川由子（2014）「占領期日本における英語教育構想―新制中学校の外国語科の成立過
　程を中心に」『教育學研究』81（3）: pp.297–309. 日本教育学会

藤末健三（2011）「自由貿易協定に関する民主党国会議員発言の政権交代前後の変化―
　データマイニング手法を用いた国会議事録の分析」『アジア太平洋研究科論集』
　22 : pp.1–20. 日本英語教育史学会

藤本文昭（2013）「高校英語教科書（読本）について―戦争・平和に関する題材を中心
　に 1959 年度、1966 年度、1975 年度を比較して」『日本英語教育史研究』28 :
　pp.23–42. 日本英語教育史学会

藤本文昭 (2014)「高校英語教科書 (読本) について―戦争・平和に関する題材を中心に 1975 年度と 1986 年度使用教科書を比較して」日本英語教育史学会第 247 回月例研究会口頭発表ハンドアウト (2014 年 3 月)

保坂芳男 (2014)「京都の番組小学校における英語教育に関する一考察―先行研究の分析から見えてくるもの」『人文・自然・人間科学研究』32 : pp.25–39. 拓殖大学人文科学研究所

松田謙次郎 (2004)「言語資料としての国会会議録検索システム」*Theoretical and applied linguistics at Kobe Shoin* 7 : pp.55–82. 神戸松蔭女子学院大学

松村幹男 (1997)『明治期英語教育研究』辞游社

水野稚 (2008)「経団連と『英語が使える』日本人」『英語教育』57 (1) : pp.65–67. 大修館書店

山本冴里 (2011)「国会における日本語教育関係議論のアクターと論点―国会会議録の計量テキスト分析からの概観」『日本語教育』149 : pp.1–15. 日本語教育学会

山本忠行・河原俊昭 (2010)『多言語社会を生きる』くろしお出版

若林俊輔編 (1980)『昭和 50 年の英語教育』大修館書店

"Glocalization" of English Language Teaching in Japan: Establishing Global Principles and Adopting Locally Appropriate Practices

Saran SHIROZA

1. Introduction

It is increasingly difficult to discuss English teaching without referring to globalization. As Bruthiaux (2008: 17) maintains, "language—and by extension language education and language policy—is seen as one of the myriad human activities being pulled into a seamless world by the forces of globalization". Notably, the global spread of English as a result and/or driving force of globalization has been a staple in discussions of the impacts of globalization from the applied linguistic and sociolinguistic perspectives. The increasing significance of English as an international language (EIL)[1] is part of cultural homogenization, which, according to Appadurai (1994), is one aspect of globalization. This is symbolized by the "trend toward the use of English to serve the pragmatic ends of wider communication, maximised access to the most lucrative trading markets, [and] speedy and efficient exchange of information across diverse cultural groups" (Malcolm, 2002: 263).

The emergence of EIL has impacted education policy in many non-English-speaking countries, including Japan. Since the 1990s, the Japanese government has accelerated policy reforms related to English language teaching (ELT) in response to globalization. While the international currency of English has long been a primary justification for prioritizing the language in the foreign language curriculum, the current policy reforms regard communicative competence in English as an essential constituent of "global literacy," whose acquisition by Japanese citizens is deemed necessary to the nation's future success. The official documents promote re-conceptualizing English, not merely as a foreign language, but as a common medium for international communication:

> The advance of globalization and the information-technology revolution call for a world-class level of excellence. Achieving world-class excellence demands that, in addition to mastering information technology, all Japanese acquire a working knowledge of English—not as simply a foreign language but as the international lingua franca. English in this sense is a prerequisite for obtaining global information, expressing intentions, and sharing values.
>
> (The Prime Minister's Commission on Japan's Goals in the 21st Century [hereafter PMC], 2000: 10)

Despite this emphasis on the globalism, or "globalness," of English, however, these policy documents significantly lack perspectives for global consciousness that are supposed to be the principles of teaching EIL. This paper thus critically reviews Japan's recent ELT policies, examining how concepts related to EIL are constructed. It particularly explores how the ideology of native-speakerism and the concept of communicative competence influence the understanding of the nature and purpose of teaching EIL.

2. Analytical framework: Principles of EIL teaching

In her seminal work on EIL teaching, McKay (2002: 1) states that "the teaching and learning of an international language must be based on an entirely different set of assumptions than the teaching and learning of any other second or foreign language". These assumptions relate to the use of the target language, its users, and the relationship between language and culture. The new set of assumptions can be summarized as follows: 1) English is increasingly used in multilingual and multicultural settings; 2) the native-speaker model is becoming irrelevant to most English learners; and 3) the appropriate method of teaching English depends on the culture of learning in the local context. McKay (2012: 42–43) further expands the principles of EIL teaching, advocating that "socially sensitive and responsible EIL pedagogy" needs to observe the following:

- promotion of multilingualism and multiculturalism;

- localized L2 [second language] planning and policies;
- the development of an awareness of language variation and use for all students;
- a critical approach to the discourse surrounding the acquisition and use of English;
- equal access to English learning for all who desire it; and
- a re-examination of the concept of qualified teachers of English

Risking oversimplification, we can discern from these principles three essential elements that are most relevant to English teaching, particularly in Japan or what Kachru (1985) calls "the Expanding Circle," where English is learned primarily as a foreign language and used for international, rather than intra-national, communication: 1) awareness raising about multilingualism and multicultural-ism, 2) the promotion of bilingual teachers of English, and 3) a shift from a monolingual to bilingual method of ELT.

First, although the purpose of EIL teaching is language instruction, another aim is to raise learners' awareness of the linguistic and cultural diversity within and across their own linguistic communities. No doubt is there a paradox in this; as Kubota (2012) points out, discussions on EIL teaching in academic and edu-cational spheres, or more precisely, the necessary reforms to make it distinct from other types of foreign language instruction, reinforce the assumption about English's privileged status, reproducing the linguistic hierarchy in which English is placed at the top. Nevertheless, the ideal form of EIL teaching, though far from being realized, challenges the notion that English is an international language, viewing it not as an unconditional fact but rather as a discourse that shapes people's perception, social conventions, and official policies (Kubota, 2012). EIL classrooms presuppose active involvement and interaction between languages and cultures, or "linguacultures/languacultures" (Agar, 1994; Friedrich, 1986), other than the variations of English that the learners are familiar with. Teachers and students are encouraged to develop critical awareness of the unequal power relationship between different languages and cultures, as well as between genders, races, and other social groups, and by extension, to recognize the power of English (McKay, 2012). Further, as EIL pedagogy places great importance on the local linguistic landscape, one might question whether compulsory ELT benefits all local students in a community (see Kubota and McKay, 2009).

Second, EIL teaching requires a major "paradigm shift" in the thinking, researching, and practice of ELT, which has traditionally relied on the idealized native-speaker standard, by challenging the very notion of native-ness/non-native-ness. EIL teaching is defined as preparing learners to become "competent users of English in international contexts" (Matsuda, 2012: 7). The notions of "native-like" fluency and competence and approximation to a native-speaker model are thus no longer relevant to most English learners, be they learners of English as a second, foreign, or simply additional language. This idea has its roots in the now classic concept of English as an international auxiliary language (EIAL) propounded by the intercultural communication specialist Larry E. Smith, who states the following:

> In an international situation any educated English speaker is acceptable. It may be a native speaker, a local variety speaker, or an educated speaker of a regional variety. (1978/1983: 18)

McKay (2002: 103) similarly stresses that "local educators need to take ownership of the teaching of EIL and design pedagogies that are appropriate to the local culture of learning".

Third, because EIL pedagogy values multilingual and multicultural competence of teachers and learners of English, the preferred teaching method assumes bilingual interaction in the classroom. The expected shift away from monolingual instruction is chiefly driven by the questioning of Communicative Language Teaching (CLT). We should bear in mind, however, that CLT has been variously defined. Holliday's distinction between the strong and weak versions of CLT is particularly useful in understanding the argument in relation to the language of instruction. According to Holliday (1994), the weak version of CLT was mainly developed in private institutions operated in or under auspices of Britain, Australasia, North America, and other traditionally native-English-speaking countries, hence his abbreviated term "BANA methods". Grounded on the Western conceptualization of communication, this version places maximum emphasis on oral interaction and active participation in various classroom activities such as group discussions and debates. In contrast, the strong version, what

Holliday calls TESEP (tertiary, secondary, and primary), adopts a broader defini-
tion of communication, including communication with and through a text.
Students are allowed to use their first language (L1) among themselves to
examine and understand how language works in a particular text, but they are
asked to present their thoughts to the class in English. As Holliday points out,
while the TESEP version of CLT may be particularly suitable in Outer and
Expanding Circle countries in the Kachruvian conceptualization of the English-
using speech community (Kachru, 1985), the BANA version is more often
embraced in the prevalent understanding of CLT[2].

This mainstream approach to CLT assumes that the target language should be
the medium of instruction. This is partly because CLT has been predominantly
informed by research in English as a second language (ESL) environments where
student bodies are largely composed of immigrants to BANA countries from
diverse linguistic backgrounds. Phillipson (1992) argues that CLT is a prime
example of the pedagogy that the Anglo-American ELT enterprise has devel-
oped and promulgated (see also Canagarajah, 1999, Ch. 5). The appraisal and
active promotion of CLT, therefore, may contribute to the maintenance and
aggravation of the center-dependency in pedagogical development. Phillipson
stresses that the monolingual approach to teaching English is not just scientifi-
cally unfounded but also linked to colonialistic attitudes toward local languages
and the culture of learning. As McKay (2002: 11) points out, it "ignores the
productive ways in which the mother tongue [of students] can be used in class"
and disregards "their fluency in another language in which they have already
learned to use communication skills and strategies".

The basis of these arguments above is the premise that the primary aim of EIL
teaching should be to establish a locally appropriate pedagogy. In order to realize
this "radical reconceptualization" of EIL teaching, in Kumaravadivelu's words, an
"epistemic break" from the traditional pedagogy is inevitable:

> ...to successfully meet the challenges of globalism, the teaching of EIL
> requires no less than an epistemic break from its dependency on Western-
> oriented or, more specifically, Center-based (aka Inner Circle-based)
> knowledge systems.   (2012: 9)

Based on our understanding of the fundamental principles of EIL pedagogy, next, we review how Japan's ELT policy reforms attempt, and fail, to achieve "this radical reconceptualization" of ELT from the teaching of English as a language of the Inner-Circle, or BANA, countries to that as a global lingua franca.

3. Language policies and recent ELT policy changes in Japan

Guided by Seargeant's perspective, we regard "policy" as "the statements of intent issued by the administrative authority of a country concerning goal-oriented procedures of action" and contrast it with practice, which is "the way in which such proposals are enacted within the classroom" (Seargeant, 2009: 57). Studying language policy involves more than "statements of intention for language-related decision-making in a polity;" it rather reveals "fundamental elements of the discourses that polities construct around languages and their attendant cultures" (Liddicoat, 2007: 33). Policy reform proposals and recommendations reveal how sociocultural and linguistic realities are interpreted and evaluated (ibid.). Thus, policy documents with the stated aim of improving ELT in Japan yield insights into value judgments about English and assumptions about EIL teaching.

Our analysis focuses on the recent policy documents, published since the turn of this century, that relate primarily to ELT in junior and senior high school education in Japan. The main texts for analysis are the following:

1) The Strategic Plan to Cultivate Japanese with English Ability (henceforth "Strategic Plan") (Ministry of Education, Culture, Sports, Science and Technology [MEXT][3], 2002);
2) The Action Plan to Cultivate Japanese with English Ability ("Action Plan") (MEXT, 2003a);
3) Five Proposals and Specific Measures for Developing Proficiency in English for International Communication ("Five Proposals") (MEXT, 2011a).

Other relevant documents, including the current and previous Courses of Study (Monbusho, 1999; MEXT, 2003b, 2009) and more recent responses to the pressures of globalization (MEXT, 2013), are also consulted.

As one document clearly states, the proposed policy reforms and revisions of the Course of Study (announced in 2008-2009 and fully implemented in 2013) are "responses to the advance of internationalization" from the viewpoint that "basic practical communication abilities" in English "are required of all students" (MEXT, 2003a). They are based on reflections on past similar reforms that failed, at least in the eyes of policy makers, to produce the desired outcomes. In 2002 and 2003, respectively, MEXT announced the "Strategic Plan" and the more concrete "Action Plan" to "cultivate Japanese with English abilities," both of which were designed to improve the system and practice of EIL teaching (MEXT, 2002, 2003a). The preface to the plans discloses the policy makers' recognition of the nation's current linguistic competence:

> At present, though, the English-speaking abilities of a large percentage of the population are inadequate, and this imposes restrictions on exchanges with foreigners and creates occasions when the ideas and opinions of Japanese people are not appropriately evaluated. [...] Accordingly, we have formulated a strategy to cultivate "Japanese with English abilities" in a concrete action plan with the aim of drastically improving the English education of Japanese people. (MEXT, 2002)

To achieve this "drastic" improvement, the plans set specific targets and directions for Japanese teachers of English and educational policy makers. However, the goals have not fully been attained, hence the implementation of further recommendations in 2011 and 2013[4]. The introductory chapter of "Five Proposals," announced by the special commission of the Ministry of Education, Commission on the Development of Foreign Language Proficiency [CDFLP], states,

> Verification of the implementation of the Action Plan showed that certain results were achieved but the requirements for students and English teachers in terms of English proficiency and other skills were not met in full, and that tasks and policies for English education in this country have to be revised in order to truly cultivate Japanese with English abilities. (MEXT, 2011a)

Intended as revised reform plans to overcome the previous failures, these policy statements suggest not just what can be done to improve Japan's ELT but also what practices should be eliminated in the proposed "New English Education corresponding to globalization" (MEXT, 2013).

4. ELT practices in Japan from the EIL perspective

The main pillars of ELT-related policy reforms include promoting English medium instruction (EMI) in high school English classes and university content courses, enhancing the communicative curriculum (replacing traditional instruction focused on grammar and reading), and developing and implementing a standardized framework for assessing communicative competence. Scrutinizing these reform plans from various perspectives, some educational specialists and English teaching professionals have criticized that the government's goals lack theoretical grounds and consistency (Hato, 2005; Erikawa, 2009; Terashima, 2009); others have questioned the feasibility of the policy, particularly the viability of implementing EMI in ELT classrooms (Otsu, Erikawa, Saito, and Torikai, 2013; Erikawa, Saito, Torikai, and Otsu, 2014), or denounced the lack of transparency and accountability in the decision-making processes that led to the policies. Erikawa (2009) points out that the Ministry of Education's policy statements even lack internal consistency, as the Course of Study and Action Plan advocate different goals for the number of vocabulary items students learn. Saito and Torikai, among others, doubt that EMI can be implemented in Japanese ELT classrooms. They mention that both students and Japanese teachers of English lack the linguistic competence to hold classes entirely in English and argue that grammatical knowledge cannot be taught without adding explanations in Japanese (Otsu, Erikawa, Saito, and Torikai, 2013; Erikawa, Saito, Torikai, and Otsu, 2014).

However, few studies have examined the fundamental assumption of the policy documents, namely, that EIL teaching and learning require theoretical and practical innovations that transcend traditional teaching practices (A few notable exceptions include the works by Kubota (e.g., 2012, 2014)). The following sections critically review the policy documents according to the framework of EIL pedagogy, focusing on 1) the concept of EIL, 2) users and qualified EIL teachers, and 3) methods of EIL teaching.

4.1 English is *the* global literacy

As noted in the Introduction, the current policy reforms regard English as an indispensable component of "global literacy". In her announcement of the Action Plan (MEXT, 2003a), Toyama Atsuko, then the Minister of Education, attached particular importance to the acquisition of English skills:

> English has played a central role as the common international language in linking people who have different mother tongues. For children living in the 21st century, it is essential for them to acquire communication abilities in English as a common international language. In addition, English abilities are important in terms of linking our country with the rest of the world, obtaining the world's understanding and trust, enhancing our international presence and further developing our nation. (Toyama, 2003)

Many of the previous policy documents, including the Courses of Study, have stressed the international currency of English. When the 1998 Course of Study for junior high schools designated foreign language learning as compulsory[5] and specified that English should be the de facto choice, the supplement to the guideline justified the decision as follows:

> Based on the recognition that, in response to the advance of internationalization, it has become necessary for all students to acquire basic and practical communication skills in a foreign language that enable them to conduct casual daily conversations and exchange information, we designate the foreign language component as compulsory in the junior high school curriculum. As English is widely used as a medium of international communication, English should be chosen in principle. (Monbusho, 1999, my translation)

Although this revision still left room for schools to choose a language other than English, e.g., French, German, Korean, or Chinese[6], to fulfill the foreign language component, the document published the following year further strengthened the prioritization of English. "Frontier Within," compiled by the advisory board to then Prime Minister Obuchi Keizo, defines "global literacy" as students' "ability to access and converse with the rest of the world, meaning that they can freely and immediately obtain information, understand it, and express their own ideas clearly" and states the following:

> The basic components of this new literacy are the mastery of information-technology tools, such as computers and the Internet, and the mastery of English as the international lingua franca. (PMC, 2000: 4)

The emphasis on English is also reiterated in the Five Proposals in 2011:

> Globalization advances at a rapid pace in politics, economics, and other fields, and we live in the age of increasing borderless flow of things, people and money. Nowadays, command of English is required in many fields, in contrast to the past when it was only needed in large companies and some industries; it is also pointed out that the level of English-language skills has a great impact on one's future including employment and career advancement. (MEXT, 2011a)

Underlying these statements that emphasize the practical necessity of English skills is the liberalistic view of the global spread of English as "natural," "neutral," and "beneficial". As Pennycook (1995: 37) explains, according to this functional and pragmatic view, the expansion of English is natural because "although its spread was initiated by colonialism, since then it has been an accidental by-product of global forces;" it is neutral because "unlike other, local languages, English is unconnected to cultural and political issues;" and it is also beneficial because "people can only benefit by gaining access to English and the world it opens up". Significantly lacking in this functionalist view are sociohistorical considerations of the processes and factors behind the global spread of English as well as critical perspectives on the balance of power between major and minor languages around the world. It is worth noting in brief that Japan's ELT policy documents, despite being intended for ELT reforms, almost always mention the development and improvement of Japanese language ability among Japanese nationals. This dual language policy that focuses on EIL and Japanese as *the* national language further highlights the lack of awareness of linguistic diversity within Japan. In this sense, whether the current global trend is called globalization or internationalization, Japan's language education policy is predominantly guided by a nationalistic agenda (Hashimoto, 2007; Kawai, 2007).

4.2 Native-speaker model of English

Since the 1998 revision, the Courses of Study have given at least some attention to the diversity within the English language, which is a favorable shift toward socially and culturally sensitive EIL pedagogy. For instance, the supplementary guideline to the Course of Study adds the following explanation to its recommendation for "contemporary standard pronunciation" to be taught in classrooms:

> English is widely used around the world in various ways, its pronunciation and usage varying to a great extent. Among the varieties of modern English, it is desirable to teach a so-called standard pronunciation rather than choosing one particular regional or social dialect or teaching expressions that are too colloquial. (Monbusho, 1999, my translation)

However, the same Courses of Study have increasingly emphasized the role of English "native speakers[7]." The Strategic Plan promotes the "hiring of native English speakers as regular teachers" in junior and senior high school English classes (MEXT, 2002), an idea reiterated in the Action Plan: "A native speaker of English will attend English classes at junior and senior high schools more than once a week" (MEXT, 2003a). The rationale is as follows:

> …a native speaker of English provides a valuable opportunity for students to learn living English and familiarize themselves with foreign languages and cultures. To have one's English understood by a native speaker increases the students' joy and motivation for English learning. In this way, the use of a native speaker of English has great meaning. (MEXT, 2003a)

Also apparent in the native-speaker orientation of these policy statements is an attitude that objectifies and commodifies native speakers as valuable "assets":

Promote the enhanced *utilization* of ALTs [Assistant Language Teachers] through *using* ALTs in education to promote international understanding and in foreign language activities at elementary schools, and employing ALTs as special part-time instructors, etc.　　(MEXT, 2002, *emphasis added*)

making use of assistant language teachers (ALTs) and the system of special part-time instructors　　(MEXT, 2003a, *emphasis added*)

Providing students with more opportunities to use English through *effective utilization* of ALTs, ICT and other means　　(MEXT, 2011a, *emphasis added*)

To accelerate the "utilization" of native-speaking teachers, the government has also proposed relaxing employment policies. While Japanese teachers of English have long been primary agents in English education, the government is now preparing a school system where non-Japanese teachers (presumed as native English speakers) can play a primary role in classroom management:

Through making flexible the terms of employment of the JET program[8] (extending the maximum period of employment from three years to five years) and utilizing ALTs as special part-time instructors who can teach alone in class, the effective use of ALTs will be promoted.　　(MEXT, 2003a)

The newly proposed system grants special permission for those without a government-certified teacher's license who have "superior knowledge and skills" to be in charge of part or all of a subject at an elementary, junior high, or senior high school.

Instructional materials for teacher-training courses have also become more native-speaker oriented, or Inner-Circle dependent. Although the traditional teacher-training curriculum primarily depended on textbooks authored and published locally in Japan, the government's recent policies appear to shift to a more Anglo-American-centric orientation, or what they paradoxically regard as a more global-minded one, for example, by encouraging in-service teachers to pursue TESOL certificates in the Inner-Circle institutions and promoting the use of TOEFL and TOEIC to evaluate teachers' English proficiency (MEXT,

2011b)[9]. Japanese teachers of English are now encouraged to seek professional development to adjust to more communication-oriented classrooms and to travel overseas to improve their own English communication skills. The National Center for Teachers' Development (NCTD), an independent administrative agency, provides various trainings for in-service teachers to improve their teaching techniques and help them attain leadership positions. The organization brochure states that the NCTD provides training services "as essential elements of government education policy," including "training abroad that is designed to nurture core instructors who can further English-language education in their communities" (NCTD, 2014). This training program designates the U.S. and the U.K. as the only destinations without specifying the host institutions, implying that the two countries are the sources of both linguistic knowledge of English and professional expertise in teaching English to non-native speakers.

4.3 Monolingual teaching method

At first glance, the Japanese government's emphasis on communicative competence seems to support the view of English as a tool for international communication instead of a symbol of Anglo-American culture. Nevertheless, its stress on English-only instruction and native-speaker teachers contradicts the desirable practice of EIL pedagogy.

Traditional Japanese ELT classrooms use a bilingual teaching method where Japanese is the language of instruction in explicit and didactic teaching. Meanwhile, the recent policy reforms encourage the adoption of CLT, with additional emphasis on an English-only, direct method of teaching. This shift is a response to growing criticism that traditional grammar-focused instruction has not helped Japanese students develop communicative competence in English. As the present author argued elsewhere (Shiroza, 2014), the current curriculum guideline, which is apparently based on the notional-functional syllabus, encourages "communicative activities" in which students use the target language to share their thoughts and feelings, explicitly directing instructors to minimize analyses and explanations of language elements (MEXT, 2003b). Moreover, the latest guideline for senior high schools, published in 2008, requires that English be the principle language of instruction, starting from the academic year 2013, and the instruction policy has further been extended to junior high schools (MEXT,

2013). As already discussed, EIL educators have criticized this type of CLT for ignoring the linguistic and cultural resources that students bring to the classroom and exacerbating the center dependency in curricular and pedagogical development.

One further problem with the implementation of CLT in Japan is that the communicative orientation has evidently reinforced the native-speaker orientation among policy makers and educators[10] and strengthened the popularly held belief that "authentic," real English for communication is the language spoken by native speakers. This notion of authenticity has proven highly problematic in discourses on ELT. Kramsch and Sullivan (1996: 200) maintain that the idea of authenticity has benefited native-speaker teachers in the Inner Circle while alienating non-native educators in the periphery:

> … the symbolic value accorded to the "authentic," be it ELT concepts, materials, or pedagogic practices, is as important as its actual effectiveness. Terms like "communicative approach," "learner-centredness," and "group work" have long become for many non-native teachers and learners synonymous with progress, modernization, and access to wealth.

While CLT encourages "actual" and "authentic" experiences of communication, EFL contexts like Japan's apparently lack "real" communicative situations that necessitate information exchanges in English. The classroom thus becomes a mock site of "authentic" communication in English by involving a native-English-speaking instructor, who is expected to guarantee authenticity. Furthermore, the authenticity attached to the mere presence of a native speaker of English can easily be expanded to the one ascribed to theory and pedagogy that the native-speaker teachers bring with them. Kramsch and Sullivan (1996: 211) further point out,

> The debates surrounding the concept of pedagogic authenticity and appropriateness in language teaching are linked to larger issues of effectiveness and relevance in the teaching of English as an international language around the world. These debates reflect an effort to make ELT both efficient for global transactions and relevant to the user's local culture. While authentic

pedagogy tries to apply native-speaker practices across multiple contexts of use, irrespective of local conditions, appropriate pedagogy tries to revise native-speaker language use and make it fulfill both global and local needs.

Saito (2001) cautions that the focus on communicative competence does not so much overcome as reproduce native-speakerism, a traditional ELT orientation where native speakers of English are considered the norm and ideal teachers (see Holliday, 2005). According to Saito, while grammatical correctness can readily be assessed by non-native English users with the aid of dictionaries, grammar books, and other reference materials, the assessment of communicative appropriateness and rhetorical efficiency tends to rely on native-speaker instinct. In largely monolingual EFL classes like those in Japan, where students "would naturally use their mother tongue to communicate in so-called 'real' interactions," it is particularly difficult to create "authentic communicative situations" where real messages are exchanged in English (McKay, 2002: 114). Y. Kachru (2003: 40) also points out that CLT and other English teaching methodologies that encourage the use of the target language and discourage, or even forbid, L1 use in the classroom tend to "produce users of English who are passive and unsure of themselves as speakers and writers". For EIL teaching, she asserts, "[u]sing Japanese for English teaching is not only desirable, it is of immense relevance and advantage" (ibid.: 41).

Japan has a distinctive tradition called *yakudoku*, or the translation-reading method[11], which has roots in the study of Chinese classics (see Shiroza, 2014). It has long been criticized by the supporters of the Direct Method, Audio Lingual Method, Communicative Approach, and other "imported" approaches, who argue that it is anachronistic to adhere to the obsolete method that has already been replaced by newer methodologies in other countries. However, *yakudoku* should not be confused with the Grammar-Translation Method (GTM), which derives from the teaching of classic languages like Latin and Greek[12]. While the GTM focuses on the acquisition of grammatical structures through explicit explanation of forms and word-for-word translation of example sentences that are formally coherent but pragmatically and contextually disconnected, *yakudoku* involves reading texts of various lengths for their content. It is often employed more as a means for the instructor to check the students' comprehension of the content than as a way to teach specific forms.

Hino (1992: 108) states that *yakudoku* is "the prevailing mode of reading/learning/teaching foreign languages in Japan" that has "survived over a thousand years and is still alive and well". Its persistence to this day cannot be attributed only to the indolence or conservatism among Japanese teachers of English. As one of the most outspoken advocates of ELT with a pluralistic perspective, Hino (2003: 69) stresses the significance of *yakudoku* as an instance of "locally-appropriate methodologies". While *yakudoku* tends to create teacher-centered classrooms (Gorsuch, 2001), it can be combined with more student-centered activities to provide balanced instruction and facilitate students' understanding of the reading content by using their L1 as an important linguistic resource. Hino contends that traditional activities like *yakudoku* are, despite some limitations, actually "in line with some vital sociolinguistic factors in Japan" (2003: 69; see also Hino, 1988). Continuing the tradition of such methodologies, though ideally with further refinement and constant reevaluation, is thus more consistent with the principles of EIL pedagogy than a series of innovative ones developed and disseminated by the Anglo-American ELT enterprise.

5.   Concluding remarks

As McKay (2002: 119) reiterates, "Clearly in the teaching of EIL, local educators should have control over how English is taught, implementing a methodology that is appropriate to the local context rather than looking at Inner Circle countries for models". Yet we need to identify the constituents of "local educators"; they may be the local Ministry of Education, in-service teachers, teacher educators, teachers in training, or, desirably, all of the above. The critical analysis in this paper revealed that the policy reforms led by the Ministry of Education seem to have increasingly alienated in-service Japanese teachers of English, who had been the primary agents in everyday ELT practices. The recent policy statements employ a myopic view of "globalization" only as "Englishization," or further expansion of ELT in Japan, with the lopsided perspective that English-only CLT taught mainly by native-speaker teachers is the ideal, or the imagined "global standard," for EIL teaching. As stated in the Introduction, the trend toward homogenization is only one side of globalization; globalization is in fact the continuing tension between cultural homogenization and cultural heterogenization (Appadurai, 1994), and we need to focus on the latter trend. One strategy is to reconsider how conventional teaching practices can be evaluated as localized ELT practices and how they can be further improved as part of a balanced implementation of EIL pedagogy.

To revisit the principles of EIL teaching, the following measures can be incorporated to provide the locally appropriate EIL instruction, or to "glocalize" the ELT in Japan. English classrooms are managed in a way that promotes multilingualism and multiculturalism by employing (continuing) the medium of instruction policy that respects the students' L1 communicative competence. A methodology that takes into account the local cultural and educational customs is employed by promoting the active involvement of bilingual teachers (Japanese and English) who regard students also as bilingual English users. Multicultural course materials are incorporated to decentralize teaching about the cultures of English-speaking countries and avoid cultural essentialism. Educators promote critical language awareness about the power of English and local linguistic landscape, as well as world languages other than English. As Berman (1994) rightly puts it, the political motto "Think globally, act locally," can and should be translated into language pedagogy as "global thinking, local teaching".

Notes

1   Although English as a global language (EGL) is becoming a popular term, this paper employs English as an international language (EIL) throughout because, while the two have largely been used interchangeably, the latter is a more widely accepted concept in the academic literature.

2   Tollefson (1991: 83) explains that the widespread promotion and acceptance of the weak version of CLT is due to the prevalent assumption that "Western societies provide the most effective model for 'underdeveloped' societies attempting to reproduce the achievements of 'industrialization'". Needless to say, this assumption functions in two ways: Specialists in Western academia attempt to disseminate their expertise and "modernize" non-Western countries, while educators in the latter eagerly learn and adopt "advanced" ideas from the West.

3   In 2001, Monbusho (Ministry of Education) was merged with Kagaku Gijutsu Cho (Science and Technology Agency) and renamed Monbu Kagaku Sho, with the official English translation Ministry of Education, Culture, Sports, Science and Technology,

which is abbreviated as MEXT. This paper employs "the Ministry of Education" to refer in text to both Monbusho up to the year 2000 and MEXT from 2001 to the present for the ease of reader's understanding.

4 See MEXT (2011b) for the government's evaluation of the preceding policies and their implementation.

5 The foreign language component of the junior high school curriculum was made compulsory for the first time in the 1960 Course of Study (implemented in 1963). However, this policy was soon reversed in the subsequent 1970 revision, which made foreign languages an elective subject. The 1960 Course of Study designated "foreign language" as a compulsory subject, requiring students to complete one of four courses, namely, English A, English B, German, and French. Subsequent editions listed several courses of English such as reading, writing, and oral communication not as compulsory subjects but electives, along with French and German as alternative choices. It was not until the 1998 edition (published in 1999) that a course in English (either Oral Communication I or English I) was reinstated as a compulsory component of high school education, and French and German were removed from the curricular alternatives.

6 These are the four languages offered as optional choices on the Center Exam, the national standardized exam for university applicants.

7 When the government documents use the expression "native speakers and others," they include various human resources such as ALTs, foreign nationals living in Japan, foreign visitors and international students, those with extended experience living overseas, and those with profound knowledge of foreign affairs (Monbusho, 1999).

8 The JET Program is a government-sponsored youth exchange program launched in 1985. According to the CLAIR, the organization operating the program, more than 90% of JET participants are employed as ALTs, the majority being AETs (Assistant English Teachers) (CLAIR, 2010).

9 See, e.g., Khan (2009) for critical discussions about the impact of international tests such as TOEFL from the EIL perspective.

10 For further discussions of the connection between English-only policies and native-speakerism in Japan, see, e.g., Yphantides (2013).

11 For more discussions on the effectiveness of translation in language teaching, see Cook (2010).

12 For the discussion of historical significance of the *yakudoku* tradition, see Hiraga (2008).

References

Agar, Michael. (1994). *Language Shock: Understanding the Culture of Conversation*. NY: William Morrow.

Appadurai, Arjun. (1994). Disjuncture and Difference in the Global Cultural Economy. In Mike Featherstone (ed.) *Global Culture: Nationalism, Globalization, Modernity*, pp. 295–310. London: Sage.

Berman, Russell. (1994). Global Thinking, Local Teaching: Departments, Curricula, and Culture. *ADFL Bulletin* 26(1): pp. 7–11.

Bruthiaux, Paul. (2008). Dimensions of Globalization and Applied Linguistics. In Peter K. W. Tan and Rani Rubdy (eds.) *Language as Commodity: Global Structures, Local Marketplaces*, pp. 16–30). London: Continuum.

Canagarajah, A. Suresh. (1999). *Resisting Linguistic Imperialism in English Teaching*. Oxford: Oxford University Press.

CLAIR [the Council of Local Authorities for International Relations]. (2010). The Three Types of Positions on the JET Programme. Retrieved from http://www.jetprogramme. org/e/introduction/positions.html

Cook, Guy. (2010). *Translation in Language Teaching*. Oxford: Oxford University Press.

Erikawa, Haruo. (2009). *Eigo Kyoiku no Poritikusu* [英語教育のポリティクス (Politics in English Education)]. Tokyo: Sanyusha.

Erikawa, Haruo, Yoshifumi Saito, Kumiko Torikai, and Yukio Otsu. (2014). *Gakko Eigo Kyoiku wa Nan-no Tame?* [学校英語教育は何のため? (What are the Purposes of English Education in Schools?)]. Tokyo: Hitsuzi Shobo.

Friedrich, Paul. (1986). *The Language Parallax: Linguistic Relativism and Poetic Indeterminancy*. Austin, TX: University of Texas Press.

Gorsuch, Greta. (2001). Japanese EFL Teachers' Perceptions of Communicative, Audiolingual and Yakudoku Activities: The Plan Versus the Reality. *Education Policy Analysis Archives* 9(10): pp. 1–27.

Hashimoto, Kayoko. (2007). Japan's Language Policy and the "Lost Decade". Amy B. M. Tsui and James W. Tollefson (eds.) *Language Policy, Culture, and Identity in Asian Contexts*, pp. 25–36. Mahwah, NJ: Lawrence Erlbaum.

Hato, Yumi. (2005). Problems in Top-down Goal Setting in Second Language Education: A Case Study of the "Action Plan to Cultivate 'Japanese with English Abilities'". *JALT Journal* 27(1): pp. 33–52.

Hino, Nobuyuki. (1988). Yakudoku: Japan's Dominant Tradition in Foreign Language Learning. *JALT Journal* 10 (1–2). 45–55.

Hino, Nobuyuki. (1992). The Yakudoku Tradition of Foreign Language Literacy in Japan. In Fraida Dubin and Natalie A. Kuhlman (eds.) *Cross-cultural Literacy: Global Perspectives on Reading and Writing*, pp. 99–111. Englewood Cliffs, NJ: Regents/Prentice Hall.

Hino, Nobuyuki. (2003). Teaching EIL in Japan. In Gary French and James F. D'Angelo (eds.) *Workshop on World Englishes in the Classroom*, pp. 67–78. Nagoya: Chukyo University.

Hiraga, Yuko. (2008). *Nihon no Eigo Kyojuho-shi: Bunpo-yakudoku Shiki Kyojuho Sonzoku no Igi* [The History of English Teaching Methods in Japan: The Significance of Maintaining the Bunpo-yakudoku Methodology]. Unpublished doctoral dissertation. Graduate School of Arts and Sciences, University of Tokyo.

Holliday, Adrian. (1994). *Appropriate Methodology and Social Context*. Cambridge: Cambridge University Press.

Holliday, Adrian. (2005). *The Struggle to Teach English as an International Language*. Oxford, England: Oxford University Press.

Kachru, Braj B. (1985). Standards, Codification and Sociolinguistic Realism: The English Language in the Outer Circle. In Randolph Quirk and Henry G. Widdowson (eds.)

English in the World, pp. 11–30. Cambridge, England: Cambridge University Press.

Kachru, Yamuna. (2003). *Context, Competence and Curriculum in World Englishes*. Paper presented at the Workshop on World Englishes in the classroom, Chukyo University, Nagoya, Japan.

Kawai, Yuko. (2007). Japanese Nationalism and the Global Spread of English: An Analysis of Japanese Governmental and Public Discourses on English. *Language and Intercultural Communication* 7(1): pp. 37–55. doi:10.2167/laic174.0

Khan, Sarah Z. (2009). Imperialism of International Tests: An EIL Perspective. In Farzad Sharifian (ed.) *English as an International Language: Perspectives and Pedagogical Issues*, pp. 190–205. Bristol, UK: Multilingual Matters.

Kramsch, Claire and Patricia Sullivan (1996). Appropriate Pedagogy. *ELT Journal* 50(3): pp. 199–212.

Kubota, Ryuko. (2012). The Politics of EIL: Toward Border-crossing Communication in and beyond English. In Aya Matsuda (ed.) *Principles and Practices of Teaching English as an International Language*, pp. 55–69. Bristol: Multilingual Matters.

Kubota, Ryuko. (2014). Orimpikku to Eigo Kyoiku [オリンピックと英語教育 (The Olympics and English Education)]. *Shukan Kinyobi*, January 17: p.63

Kubota, Ryuko and Sandra L. McKay. (2009). Globalization and Language Learning in Rural Japan: the Role of English in the Local Linguistic Ecology. *TESOL Quarterly* 43(4): pp. 593–619.

Kumaravadivelu, Balasubramanian. (2012). Individual Identity, Cultural Globalization, and Teaching English as an International Language: The Case for an Epistemic Break. In Lubna Alsagoff, Sandra L. McKay, Guangwei Hu and Willy A. Renandya (eds.) *Principles and Practices for Teaching English as an International Language*, pp. 9–27. New York, NY: Routledge.

Liddicoat, Anthony J. (2007). Internationalising Japan: Nihonjinron and the Intercultural in Japanese Language-in-education Policy. *Journal of Multicultural Discourses* 2(1): pp. 32–46. doi:10.2167/ md043.0

Malcolm, Ian. (2002). Alternative English: Vernacular Oral Art Among Aboriginal Youth. In Andy Kirkpatrick (ed.), *Englishes in Asia*, pp. 260–274. Melbourne, Australia: Language Australia.

Matsuda, Aya. (2012). Introduction: Teaching English as an International Language. In Aya Matsuda (ed.) *Principles and Practices of Teaching English as an International Language*, pp. 1–14. Bristol: Multilingual Matters.

McKay, Sandra L. (2002). *Teaching English as an International Language: Rethinking Goals and Approaches*. Oxford: Oxford University Press.

McKay, Sandra L. (2012). Principles of Teaching English as an International Language. In Lubna Alsagoff, Sandra L. McKay, Guangwei Hu and Willy A. Renandya (eds.) *Principles and Practices for Teaching English as an International Language*, pp. 28–46. New York, NY: Routledge.

MEXT [Ministry of Education, Culture, Sports, Science and Techonlogy]. (2002). Developing a Strategic Plan to Cultivate "Japanese with English Abilities". Retrieved from http://

www.mext.go.jp/english/news/2002/07/020901.htm

MEXT. (2003a). Action Plan to Cultivate "Japanese with English Abilities". Retrieved from http://www.mext.go.jp/english/topics/03072801.htm

MEXT. (2003b). The Course of Study for Foreign Languages. Retrieved from http://www.mext.go.jp/english/shotou/030301.htm

MEXT. (2009). Kotogakko Gakushu Shido Yoryo [高等学校学習指導要領 (Course of Study for Senior High Schools)]. Retrieved from http://www.mext.go.jp/a_menu/shotou/new-cs/youryou/kou/kou.pdf

MEXT. (2011a). Five Proposals and Specific Measures for Developing Proficiency in English for International Communication. Retrieved from http://www.mext.go.jp/component/english/__icsFiles/afieldfile/2012/07/09/1319707_1.pdf

MEXT. (2011b). Kokusai Kyotsugo Toshite no Eigoryoku Koujou no Tame no 5tsu no Teigen to Gutaiteki Shisaku: Sanko Shiryo [国際共通語としての英語力向上のための5つの提言と具体的施策—参考資料 (Five Proposals and Specific Measures for Developing Proficiency in English for International Communication: Reference Materials)]. Retrieved from http://www.mext.go.jp/b_menu/shingi/chousa/shotou/082/houkoku/1308375.htm

MEXT. (2013, December 13). Gurobaru-ka ni Taiou Shita Eigo Kyoiku Jisshi Keikaku [グローバル化に対応した英語教育改革実施計画 (English Education Reform Plan Corresponding to Globalization)]. Retrieved from http://www.mext.go.jp/b_menu/houdou/25/12/__icsFiles/afieldfile/2013/12/17/1342458_01_1.pdf [English ed. Retrieved from http://www.mext.go.jp/english/topics/1343591.htm]

Monbusho. (1999). *Chugakko Gakushu Shido Yoryo Kaisetsu (Heisei 10 nen 12 gatsu) Gaikokugo Hen* [中学校学習指導要領（平成10年12月）解説—外国語編— (The Course of Study for Junior High Schools (December, 1998): Commentary on the Section of Foreign Languages)]. Tokyo: Tokyo Shoseki.

NCTD [National Center for Teachers' Development] (n.d.). http://www.nctd.go.jp/centre/spot_tw.html

Otsu, Yukio, Haruo Erikawa, Yoshifumi Saito, and Kumiko Torikai. (2013). *Eigo Kyoiku, Semarikuru Hatan* [英語教育、迫り来る破綻 (A Looming Crisis in English Education)]. Tokyo: Hitsuzi Shobo.

Pennycook, Alastair. (1995). English in the World/The World in English. In James W. Tollefson (ed.) *Power and Inequality in Language Education*, pp. 34–58. Cambridge, England: Cambridge University Press.

Phillipson, Robert. (1992). *Linguistic Imperialism*. Oxford: Oxford University Press.

PMC [The Prime Minister's Commission on Japan's Goals in the 21st Century]. (2000). *The Frontier Within: Individual Empowerment and Better Governance in the New Millennium—Japan's Goals in the 21st Century*. Retrieved from http://www.kantei.go.jp/jp/21century/report/htmls/

Saito, Yoshifumi. (2001). *Nihonjin no tame no Eigo* [日本人のための英語 (English for the Japanese)]. Tokyo, Japan: Kodansha.

Seargeant, Philip. (2009). *The Idea of English in Japan: Ideology and the Evolution of a Global*

Language. Bristol, England: Multilingual Matters.

Shiroza, Saran. (2014). *WE and Us: The Transplantation and Transformation of the World Englishes Paradigm in the Japanese Context*. Unpublished doctoral dissertation. Graduate School of Arts and Sciences, The University of Tokyo.

Smith, Larry E. (1978/1983). Some Distinctive Features of EIIL vs. ESOL in English Language Education. In Larry E. Smith (ed.) *Readings in English as an International Language*, pp. 13–20. Oxford: Pergamon Press. (Reprinted from *the Culture Learning Institute Report*, June, 1978.)

Terashima, Takayoshi. (2009). *Eigo Kyoiku ga Horobiru Toki:'Eigo de Jugyo' no Ideorogi* [英語教育が滅びるとき―「英語で授業」のイデオロギー (When English Education Collapses: The Ideology of Teaching English in English)]. Tokyo: Akashi Shoten.

Tollefson, James W. (1991). *Planning Language, Planning Inequality*. London: Longman.

Toyama, Atsuko. (2013, March 31). Regarding the Establishment of an Action Plan to Cultivate "Japanese with English Abilities". Retrieved from http://www.mext.go.jp/english/topics/03072801.htm [Original Japanese version ('Eigo ga tsukaeru nihon-jin' ikusei no tame no koudou keikaku no sakutei ni tsuite [「英語が使える日本人」育成のための行動計画の策定について]) can be retrieved from www.mext.go.jp/b_menu/houdou/15/03/030318a.htm]

Yphantides, Jennifer. (2013). Native-speakerism through English-only Policies: Teachers, Students and the Changing Face of Japan. In Stephanie A. Houghton and Damian J. Rivers (eds.) *Native-speakerism in Japan: Intergroup Dynamics in Foreign Language Education*, pp. 207–216. Bristol, UK: Multilingual Matters.

213

藤村作の英語科廃止論に見られる問題意識
―漢文科廃止論への言及を端緒に―

枡木貴之

1. はじめに

　1927年5月、雑誌『現代』(大日本講談社雄弁会)に一編の論文が掲載された。著者は東京帝国大学国文科教授・藤村作であり、その題は「英語科廃止の急務」であった。この論文はその題が示すように、中等教育における英語科の廃止を提言したものであり、掲載されるやいなや、大きな反響を呼んだ。『現代』では翌6月号から10月号にかけて、賛成・反対の論考が掲載され、その数は40以上に及んだ。また、雑誌『英語青年』(英語青年社)は1928年10月に「中等学校英語科問題」と題する特集欄を設け、1929年6月にかけて英語関係者を中心に計137名の論考を掲載した。

　このような反響の大きさから、昭和期を含む英語教育史を記述しようとするとき、藤村の英語科廃止論に言及しない文献はないといっても過言ではない[1]。その結果、「英語科廃止の急務」については膨大な先行研究が存在している。それらを参照すると、「英語科廃止の急務」の内容や反響について、概要を理解することが可能である。だが一方で、不明瞭なまま残るのは、藤村がどのような問題意識の下、「英語科廃止の急務」を執筆したかという点である。藤村は国文学界で中心的な役割を果たしただけでなく、国語教育に深い関わりを持った人物であり、1934年には国語教育学会の会長にも就任している。つまり、藤村は母語と外国語の違いはあれど、英語教育と同じ言語教育に携わっていたことになる。そのような人物が英語科廃止を提

言した背景にはどのような問題意識があったのか、この点を明らかにすることが本稿の目的である。

　この目的を達成するため、第一に分析するのは「英語科廃止の急務」である。まずは論争の発端となったこの論考を精読することで、論点を整理したい。ただし、この論文だけを見ていても、藤村の問題意識がどこにあるのかは見えにくい。というのも、この論考にはまとまった分量があり、論旨は明快であるにせよ、論点自体は複数存在するからである。藤村の中でどれが問題意識の中核を占める論点であったかを特定するのは困難である。

　このような状況において有効だと考えられる方法の1つは、藤村の英語教育に対する立場だけでなく、他の言語教育に対する立場を明らかにすることである。もちろん、分析の起点となるのは「英語科廃止の急務」であるが、それだけでなく、藤村の執筆した他の論考を分析する中で、英語教育以外の言語教育に対する立場を把握する。そして、それと英語教育に対する立場とを照らし合わせることで、両者に共通する問題意識を抽出する。

　このような方法を取る上で検討したいのは、藤村が「英語科廃止の急務」の5ヶ月後に執筆した「英語科処分の論争に就いて」である。これは同じ『現代』に掲載された論考でありながら、藤村がただ自説を繰り返しただけのものとみなされてきたため、言及する先行研究はほとんどない[2]。しかし、そこには「英語科廃止の急務」にはない情報が1つ含まれている。それは藤村が英語科廃止論を作成する上で、漢文科廃止論を踏まえたという事実である。「英語科処分の論争に就いて」の中で藤村は、英語科存置論者の根拠を二点に整理した上で、その二点について、「実際をいふと、全廃論を紙上に発表する際にも、反対論はこの点に最も有力な理由を持つことは十分に考慮もし、又私の周囲の人達にも屡々話したことであります。それは漢文科廃止の論争の際にも漢文科存置論者の主なる理拠とした所であつたからであります」（藤村 1927c: 335）と述べているが、これは藤村が漢文教育に関心を寄せていたことを示すものであり、漢文教育に対して一定の意見を有していたことを示唆するものと言える。

このような状況を踏まえ、本稿の構成は以下の通りとする。まず第2節では藤村の略歴と英語科廃止論の概要についてまとめる。第3節では藤村が言及した漢文科廃止論の背景と概要について示す。第4節では藤村の漢文教育に対する立場を記述した上で、漢文教育と英語教育に共通する問題意識を抽出する。最後に、その問題意識が当時の言語教育の状況において何を意味するものであったか考察した上で、論を締めくくることにしたい。

2. 藤村作の略歴と英語科廃止論の概要

2.1 藤村作の略歴

「英語科廃止の急務」の分析に先立ち、まずは藤村の略歴を以下に示す[3]。本稿で論じる漢文科廃止論に関連する出来事も含めてある。

1875（明治 8 ）年	福岡県山門郡柳河町に生まれる
1895（明治 28）年	第五高等学校に入学
1898（明治 31）年	東京帝国大学国文科に入学
1900（明治 33）年	上田万年を中心とする高等教育会議が漢文科名廃止案を提出
1901（明治 34）年	東京帝国大学国文科を卒業 第七高等学校造士館教授
1902（明治 35）年	山川健次郎が漢文科廃止論を唱える
1903（明治 36）年	広島高等師範学校教授
1910（明治 43）年	東京帝国大学国文科助教授（1922 年教授）
1918（大正 7 ）年	上田万年、芳賀矢一らが漢文科廃止論を唱える
1924（大正 13）年	専門誌『国語と国文学』（至文堂）を創刊
1927（昭和 2 ）年	「英語科廃止の急務」を著す
1932（昭和 7 ）年	『日本文学大辞典』（新潮社）の刊行を開始
1934（昭和 9 ）年	国語教育学会を創立し会長に就任

	東洋大学学長に就任
1936（昭和11）年	専門誌『国文学　解釈と鑑賞』（至文堂）を創刊
1952（昭和27）年	日本文学協会会長に就任
1953（昭和28）年	逝去

略歴で特筆すべき点は2つある。1つは藤村が国文学界で占めた位置である。藤村は井原西鶴を中心とした近世文学の研究者で、「それまで趣味的に扱われることの多かった近世文学を学問的対象として開拓し位置づけた」（古田 1991: 726）と評価されている。戦前の国文学界において指導的役割を担った藤村はとくに1923年の関東大震災以降、『国語と国文学』（至文堂）、『国文学　解釈と鑑賞』（同）といった専門誌を創刊するとともに、それまでの国語・国文学研究の集大成と言える『日本文学大辞典』（新潮社）の編者を務めるなど、国文学界全体の振興に力を注いだ。

『国語と国文学』（創刊号、1924）

もう1つは藤村が国語教育に深い関心を寄せた人物でもあったという点である。藤村は1927年までに中学校国語教科書の編集者や高等学校の教授要目起草委員を務めた他、国文学科の教え子であった西尾実が第二東京市立中学校の教諭を務めた時期には、国文科の学生を率いて毎年のように授業参観を行っている（安良岡 2002: 294）。そのような中で、しだいに小中高大の国語関係者が共同で研究を行う場が必要であるという認識に至り、1934年には国語教育学会を設立、会長に就任する。

以上のように、国文学界と国語教育

学界の双方において責任ある立場にあった人物が、どのような根拠に基づいて英語科廃止論を構築したのだろうか。「英語科廃止の急務」の分析を通して明らかにしたい。

2.2 藤村作「英語科廃止の急務」

「英語科廃止の急務」にはいくつかの小見出しが付されて、順に「摸倣の時代は過ぎた」、「過重なる外国語の負担」、「普通教育は道楽ではない」、「中学校は外国語を廃止すべし」、「予備教育としての中学校」、「専門学校の外国語科廃止」、「人物考査方針の改善」、「大翻訳局の設置」、「国民的自覚を促すべし」となっている。以下では中学校に関わる部分に絞って説明をしていく。

この論考は「摸倣の時代は過ぎた」という小見出しのもと、「今上陛下朝見式勅語の中に仰せられた『模擬ヲ戒メ創造ヲ勗メ』といふ御言葉は、昭和の御代の国民の特に注意して、聖旨を奉体してその実現に満身の努力を捧げねばならぬことを信じる」（藤村 1927b: 251）という一文から始まる。この昭和天皇の勅語は藤村にとって重要な位置を占めるものであり、度々引用されている[4]。その一例としてあげたいのは、藤村が「英語科廃止の急務」の1ヶ月前に著した「古典文学の要求」と題する小稿である[5]。これまでほとんど注目されてこなかったが、この「古典文学の要求」は前半部分が「英語科廃止の急務」を要約したような内容となっていて、その書き出しは、「昭和元年十二月二十八日今上陛下朝見の御式に際して、百官有司に賜はつた勅語の中に『模擬ヲ戒メ創造ヲ勗メ』と仰せられてあります」（藤村 1927a: 26）となっている。

この冒頭の一文から、昭和天皇の勅語は「昭和元年十二月二十八日」であったことがわかるが、「古典文学の要求」が掲載された『袖珍世界文芸名作辞典』（『婦人世界』第 22 巻第 4 号附録）の奥付に「昭和二年三月十三日印刷納本」と記されていることを考え合わせると、藤村は勅語を受け、二ヶ月ほどで「英語科廃止の急務」の大枠を完成させていたことになる。

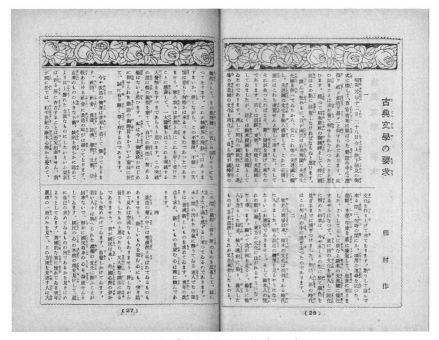

藤村作「古典文学の要求」(1927)

　では、勅語にある「模擬」というものを藤村はどのように捉えたのだろうか。「摸倣の時代は過ぎた」という一節を読むと、それは西洋文化を模倣することであるとわかる。「模擬ヲ戒メ」とは西洋文化を模倣する姿勢を改めることであり、このことを具体化するための手段として、藤村は教育制度の改善、それも外国語科の処分へと論を展開させていく。

　外国語科について藤村が問題視するのは、その負担がいかに重いかという点である。中学校における外国語科の授業時数は国語及漢文科に次ぐものであることを示すものとして、「中学校令施行規則」(1918)によって定められた時間数を引用する。

表1 「中学校令施行規則」(1918) の授業時数

	1年	2年	3年	4年	5年	合計
外国語	6	7	7	5	5	30
国語及漢文	8	8	6	5	5	32

上記の時間数を引き合いに出しながら藤村は、「若し国民生活に外国語が必要欠くべからざるものであるならば、生徒のこの重荷もこれを忍ぶは已むことを得ないが、我々の見る所では、国民生活に外国語の必要であるとすることが甚だ疑ふべきことである」(藤村 1927b: 252) と述べ、そのような立場から、「中学校は外国語を廃止すべし」という考えを示す。

　中学校の外国語科が廃止されると、当然、外国語を理解できない国民が多数出ることが予想される。そこで藤村が提案するのが「大翻訳局」の設置である。「大翻訳局」とは英・独・仏・露等の言語に通じ、かつ国語・国文に精通した翻訳官から成るもので、現代の学問・思想に最も裨益する著述・文学を翻訳することを目的とするものである。ただし、藤村はこの提案に際し、「民間の事業として、世界聖典の全集であるとか、世界大思想全集であるとか、世界文学全集であるとかいふ類が、翻訳され出版されてゐる今日であるから、国家のかかる設備を持たなくてもよいやうであるけれども」(藤村 1927b: 261) と前置きしている点には注意する必要がある。この前置きは、藤村が主張したいのは、「大翻訳局」という国家的組織を持つことというより、「外国文化は翻訳を通して摂取させればよい」ということであることを示唆するものである[6]。

　このように外国語科を廃止した後の代替案を提出したところで、論点は出そろったように見えるが、見逃すことができないのは、最後に付された「国民的自覚を促すべし」という見出しの一節である。この一節で藤村は、「以上述べて来た外国語科処分に関する意見は現代国民生活の上に外国語を必要としないといふ考への上に立てたものであるが、又同時に国民生活の上に自覚、自尊を促す必要とする見地からも、これを主張せんとするものである

ことをここに一言して置きたい」（藤村 1927b: 262）と述べ、以下のようにつづける。

> 国民生活を創造的にするには、そこに国民の真の自覚がなければならぬ。自尊が強くならねばならぬ。白人に対して、自分は劣等の民族である、自国の文化は低級であるとする考へが心裡に動いてゐては、此の創造的な国民生活の発展は知らず識らず妨げられる。敢へて徳川時代の国学者の唱へたやうな鎖国的な陋見を以て、此の世界的日本を律しようとする考へは毫頭も持たないが、国民生活の中心となるべき大精神は国民特有の精神であらねばならぬことは確信して疑はない。（藤村 1927b: 262）

　藤村が強調しているのは「国民特有の精神」の重要性であるが、「大翻訳局の設置」につづく内容としては、やや唐突な印象を受ける。藤村の論の中で「国民的自覚を促すべし」という提言はどのように位置づけたらよいのだろうか。このように考えたとき、キーワードになるのが、上で二度繰り返されている「創造」という言葉である。これは冒頭で引用された勅語の「創造」に対応する内容である。振り返って見ると、冒頭で「模擬ヲ戒メ」の部分について説明はあったが、「創造ヲ勗メ」の部分についてはとくに言及がなかった。藤村は論考の末尾に至ってはじめて、「創造」に向けて必要な要件について自説を述べているのである。つまり、「国民的自覚を促すべし」という提言は、冒頭の「摸倣の時代は過ぎた」という一節の延長線上にあるものである。

　「英語科廃止の急務」で「模擬」と「創造」の説明は分離しているが、実は、一ヶ月前に公刊された「古典文学の要求」では連続している。

> 我々は模擬を離れ、外国の桎梏を脱すると同時に、我々日本国民自身をよく知りたいと思います。改造に向つて第一歩を踏み出す前に先づ自身を真に知りたいと思ひます。これが本当に外からの拘束を離脱する所以

であり、正しい創造に向ふ第一着歩であると思ふからであります。

（藤村 1927a: 28）

　藤村にとって、「国民」自身へと目を向け、その「精神」について探求することは、西洋文化の「模倣」から脱し、「創造」へと踏み出す第一歩であった。そのような立場に立ったとき、外国語科の存在は「国民的自覚」を持ち、「国民精神」の涵養を図る上で、障害となりうるものであった。藤村は最後に、「必要でない外国語の学習の為に多大の苦労と時間とを生徒に課してゐるばかりでなく、此の国民的自覚自尊の障害であるといふ点でも、一日も早く無用な外国語科の重い負担から青年を解放することを必要とする」（藤村 1927b: 262）と述べ、「英語科廃止の急務」を締めくくっている。

　以上の記述をまとめると、藤村の英語科廃止論の根拠は以下の二点に整理できる。

（1）過去の惰性で、中学校における英語科は過重な負担を強いているが、国民生活で英語が必要なのは一部の人だけである。

（2）昭和時代においては、外国文化の「模倣」を改めて、日本へと目を向け、「国民精神」を探求することで、「創造」への第一歩とすることが肝要である。

この「英語科廃止の急務」にはどのような反論があり、藤村はそれにどう答えたのだろうか。5ヶ月後に公刊された「英語科処分の論争に就いて」を分析する中で、探っていきたい。

2.3　藤村作「英語科処分の論争に就いて」

　『現代』の翌6月号から9月号には、上記の藤村の論に対して、幅広い層からの意見が掲載される。それを受ける形で、藤村は10月号に「英語科処分の論争に就いて」と題する論考を寄せる。この論考において、まず藤村は

自身に対する賛成論を二点に整理している。それによると、賛成論は「英語は現代我が国民生活の必要の知識ではない」（藤村 1927c: 335）というものと、「国民自覚を促し、国民の創造的生活を奨励すべき時代となつたのに、嘗て明治時代に於て必要とした学科を何時までも存置するのは、我が特殊文化を創造する上に寧ろ有害である」（藤村 1927c: 335）というものであったという。これらはそれぞれ上記（1）と（2）の主張に賛成するものである。

　つづいて藤村は英語科存置論者、つまり自身の論に反対する者の意見を二点に整理する。それによると、存置論は、「英語科の教育価値には実用価値と修養価値とがある。実用価値の方は暫く廃止論者の言ふ通りであるとしても、修養価値の方も邀視してはならない」（藤村 1927c: 335）というものと、「英語を知るは決して国民の自覚を妨ぐるものとばかり考へるのは偏狭である。却つて、外国語を知つて、外国と外国民とを知ることに由つて、国民の自覚反省は起るべきものでもある」（藤村 1927c: 335）というものであった。これらはそれぞれ上記（1）と（2）の主張に反対するものと言える。

　本項でまず分析を行いたいのは、「英語科の教育価値には実用価値と修養価値とがある」という存置論者の反論である。このように、英語教育の価値を「実用的価値」と「教育的価値（修養価値）」とに二分するのは、岡倉由三郎がその主著『英語教育』（1911）で示した考え方である。岡倉は英語教育の「教育的価値」について以下のように述べている。

　　　見聞を広めて固陋の見を打破し、外国に対する偏見を撤すると共に、自国に対する誇大の迷想を除き、人類は世界の各所に、同価の働を為し居ることを知らしむるが如きは、英語の内容、換言すれば風物の記事に依つて得らるゝ利益で、又、言語上の材料、即、語句の構造、配置、文の連絡、段落等を究めて、精察、帰納、分類、応用等の機能を練磨し、且つ従来得たる思想発表の形式即、母国語の外に、更に思想発表の一形式を知り得て、精神作用を敏活強大ならしむるが如き、以上は何れも英語の教育的価値である。

（岡倉 1911: 39）

岡倉のいう「教育的価値」は2つの要素から構成されていることがわかる。1つは「見聞を広めて固陋の見を打破し、外国に対する偏見を撤すると共に、自国に対する誇大の迷想を除き、人類は世界の各所に、同価の働を為し居ることを知らしむるが如き」にあたる部分で、岡倉はこれを英語の「内容」から得られる「利益」だとしている。以下ではこれを「教育的価値」の下位区分として、「内容面の価値」と呼ぶことにする。

　もう1つは「語句の構造、配置、文の連絡、段落等を究めて、精察、帰納、分類、応用等の機能を練磨し、且つ従来得たる思想発表の形式即、母国語の外に、更に思想発表の一形式を知り得て、精神作用を敏活強大ならしむるが如き」にあたる部分で、岡倉はこれを言語の「形式」から得られるものとみなしている。以下の議論ではこれを「教育的価値」のもう1つの下位区分として、「形式面の価値」と呼ぶことにしたい。この下位区分を用いつつ、「実用的価値」を含めた英語教育の価値を図示すると以下のようになる[7]。

　この図式に藤村の論を照らし合わせると、藤村の(1)の主張は「実用的価値」を否定するものである。上で示したように、この「実用的価値」については、存置論者も「実用価値の方は暫く廃止論者の言ふ通りである」と認めざるを得ない状況にあり、主要な争点にはならなかった。当時の英語教育が「実用的価値」を十分に発揮していなかったことは[8]、藤村の廃止論が出た直後に帆足(1927)が指摘しているし、後年には岡倉(1936)も認めている。

　こうなると、争点の中心は「教育的価値」の有無ということになるが、藤村の(2)の主張はその中の「内容面の価値」に疑義を提示するものである。この点に関しては、存置論者の「外国語を知つて、外国と外国民とを知ることに由つて、国民の自覚反省は起るべきものでもある」という反論によっ

て、議論は一見拮抗しているように見える。しかし、ここで効いてくるのは、藤村が「英語科廃止の急務」の中で示した「外国文化は翻訳を通して摂取させればよい」という主張である。この主張を踏まえる形で、藤村は「外国の事や外国人の事に就いて我々が知らねばならぬとするものは、是非外国語を通さねば理解出来ない、そんなものでせうか。我が国人の著書や翻訳で達し得られないそんな微妙な匂の様なものでせうか」（藤村 1927c: 337）と述べ、存置論者の意見に反論している。

実はこの反論は時宜にかなったものであった。というのも、「英語科廃止の急務」が発表された直後の 1927 年 7 月に、「岩波文庫」が創刊され、大々的に宣伝されていたからである（十重田 2013）。つまり、「大翻訳局」といった大がかりな国家的組織を設置せずとも、民間がその役割を担いつつあったことになる。このような形で、「外国文化は翻訳を通して摂取させればよい」という藤村の主張は説得力を増すことになり、一方で存置論者の意見は、とくに一般に対して説得力を欠く結果となった[9]。

重要なのは存置論者の意見に反論するにあたり、以下のように漢文科廃止

『読売新聞』1927 年 8 月 5 日付朝刊

論に言及している点である。これは「外国文化は翻訳を通して摂取させればよい」という主張の背景に、漢文科廃止論の経験があったことを示すものである。

> 注意すべきは、語の内容と形とを混同して考へないことです。これは漢文科問題の際にも随分混同されてゐたやうだからかう申すのです。例へば漢文廃止論者も四書などから日本外史の如き日本の漢文などに至る、我が国民思想と密接な関係を持つてゐる古典の類を、悉く国民の頭から葬り去らうとはいつてゐない。かういふ我が国民の現在将来に必要な漢文は或はこれを訳し、或は書き直して、今より一層我が国民の視聴に触れ易いやうにしようといふのであつたが、漢文存置論者の中には漢文の形を教科の中から捨てることを、内容までも直ちに排斥し去るもののやうに考へて論じた人が多かつたやうであります 。 (藤村 1927c: 336)

藤村は漢文の「内容」と「形」、すなわち「内容面の価値」と「形式面の価値」を分けて論じていることがわかるが [10]、「英語科処分の論争に就いて」にはこれ以上、漢文についての記述は見られない。したがって、漢文科廃止論がどのような内容であり、藤村がそれにいかなる影響を受けたのかについても不明瞭なままである。この点については、次節で代表的な漢文科廃止論を分析する中で明らかにしていきたい。

3. 漢文科廃止論とその背景

石毛 (2009) は明治期から大正期にかけて、漢文科廃止論が三度あったことを指摘している。一度目は 1900 年頃、二度目は 1902 年頃、そして三度目は 1918 年頃である。一度目の漢文科廃止論は厳密にいうと、漢文科を国語科の中の一科にしようという漢文科名廃止論であり、漢文科自体を廃止しようとした後の二度の廃止論とは異なっている。したがって、本節では考察

の対象を二度目と三度目の漢文科廃止論としたい。以下では「明治期の漢文
科廃止論」という題の下、まずは1902年に出された山川健次郎の漢文科廃
止論について分析を行う。つぎに、「大正期の漢文科廃止論」という題で、
1918年に出された上田万年の漢文科廃止論について分析を行いたい。いず
れの論についても、まずは漢文科廃止論が提唱された背景について記述した
上で、それぞれの内容について見ていくことにする[11]。

3.1 明治期の漢文科廃止論

3.1.1 背景

　日本の歴史においては長らく、学問とはすなわち漢学であった。とくに近
世から明治初期においては、多くの生徒が幼少期に漢文の素読を経験し、後
に外国語や他の学問を学ぶ上での土台とした。それだけでなく、明治前期ま
で漢文は実用性も高かった。齋藤希史は当時の状況について、「漢文を読み
慣れた人々が、訓読体で文章を書くのは、ごく自然なことでした。短時間で
さっと綴るために、それは有効な書記法でした。一種の実用文と言ってよい
でしょう」（齋藤2007: 93）と説明している。このように漢文が高い実用性を
発揮している時期においては、漢文科廃止論は生まれてこない。

　漢文の実用性が高いうちは、言語教育の中心もやはり漢文であり、とくに
1880年代までは漢文学習に多くの時間が割かれることになった。この時期
までは多くの場合、修身科と歴史科も教科書として漢籍を利用したため、生
徒は漢文の授業以外にも漢文に触れた。また、放課後は友人と漢籍の輪読を
したり、漢学塾に通ったりするなどして、自主的に漢文学習に励んだ。
1880年に宮城中学校に入学した芳賀矢一（1867–1927）は、自身の中学生時
代を以下のように回想している。

　　国文などといふものはもとより無い。読本も無ければ、文法も無い。仮
　　名遣などは先生も無茶苦茶、生徒も無茶苦茶、唯漢文ばかりである。修
　　身として論語、孟子を習ひ、漢文兼歴史として通鑑覧要を課せられた。

ずんずん読んで行くので、あの通鑑覧要を一学年の中に大抵終まで読んで仕舞つた。何をいつても漢文が重要な学科で自分等も一番面白いとおもつた。

(芳賀 1912: 18)

　一方、芳賀は放課後の様子について、「総じて仙台の地方（ばかりにも限るまいが）は、漢学がまだなかなか盛で、学生は帰宅後必ず漢学先生の塾へ通つて勉強して居つた。同級生の中にも漢文を作つたり、漢詩を作つたりして居るから、羨しくてたまらない。それで私も親に願つて其の頃名高かつた国分先生の許へ行つて、分かりもせぬのに左伝の講義を聴いた。先生の御座敷はいつも一杯で、聴講者が部屋の外まで溢れて居た」（芳賀 1912: 16）と振り返っている。帰宅後も漢文学習に励む様子は、芳賀と同世代である鈴木貫太郎（1868–1948）の自伝や、夏目漱石（1867–1916）の自伝的小説『硝子戸の中』にも描かれている。

　このように、日本人の言語学習において漢文は高い地位を占めていたが、この状況が転機を迎えるのは 1894 年である。この年、1886 年の「尋常中学校ノ学科及其程度」が改正され、漢文の学習内容であった「講読書取作文」のうち「作文」が削除されることになった（教育史編纂会 1938: 201）。これは、漢文は読めればよく、書ける必要はないという文部省の判断を示したものと言える。それだけでなく、「国語ハ主ニシテ漢文ハ客ナリ」（教育史編纂会 1938: 204）という記述によって、「国語」重視の方針が打ち出された。この 1894 年という年は日清戦争の始まった年でもあり、翌年に日本が勝利したことで、日本人が長きにわたり模範としてきた中国文明の権威は低下し始める。同時に、漢字・漢語に支配された日本語のあり方に疑問の目が向けられ始め（イ 1996）、1890 年代後半からは漢字廃止論が盛んに出されることになる。当時の状況について、俳人・正岡子規は「漢字全廃論なるもの近時の流行となれり」（正岡 1895: 133）と記している。

3.1.2 山川健次郎の漢文科廃止論

　上記のような状況を背景として、1902 年に「中学校漢文全廃論」と題する論文が雑誌『教育時論』（開発社）に掲載された。著者は東京帝国大学総長・山川健次郎（1854–1931）であり、その内容は論題が示すように、中学校の漢文科廃止を提言したものである[12]。この論文では冒頭、「今日の新教育といふものは、昔日の旧教育に較べると、生徒の負担に、雲泥の差がある」（山川 1902: 15）とあることから、「生徒の負担」を問題視していることがわかる。そして、このような状況を改善するために、山川は「私の平生の持論足る漢文を全廃して生徒の負担を軽くすることである」（山川 1902: 15）と提言を行っているが、重要なのは同時に、「漢文を漢文の儘で読むことは廃するが、決して漢文を読まぬのではない、漢文を仮字文に書き直ほして読むのである」（山川 1902: 15）と付け加えている点である。「仮字文」とは書き下し文のことであり、この記述から山川は漢文の持つ「内容面の価値」を認めていることがわかる。

　これにつづけて、山川は想定される反論をあげ始める。第一にあげるのは、伝来の古書が読めなくなるのは不都合であるという意見だが、この意見に対しては「伝来の古書を読むのは、専門の人で、極めて小部分の人であつて、一般の人は、少しも読まぬのである」（山川 1902: 16）と反論する。つづけてあげるのは、将来、支那や朝鮮に行って仕事をする者がいるから、中学校で漢文を教える必要があるという意見だが、これに対しては「実際我国人で清漢に行つて仕事をするものは、僅かの人々で、中学卒業生の中で、幾人あるか、誠に数ふるに足らぬ少数の人々である」（山川 1902: 16）と述べる。このように、予想される意見に反論を行った上で、「小部分の人の為に、大部分の人にまで、困難なる漢文を課して負担を重くするのは、誠に不都合な事で、其結果は恐るべき事になりはしないか、実に痛心の事である」（山川 1902: 16）と結論づける。

　以上のことから、山川の漢文科廃止論の根拠は、「中学校における漢文科は過重な負担を強いているが、国民生活で漢文が必要なのは一部の人だけで

ある」というように整理できる。これは 2.2 で示した藤村の（1）の根拠の
うち、「英語」を「漢文」に置き替えた内容であると言っても過言ではな
い。山川は漢文科を廃止する代替案として、「書き下し文を教授する」とい
う提案をしているが、この提案は他の漢文科廃止論にもほぼ共通してみられ
るものである。つまり、漢文科廃止論者が廃止しようとしたのはあくまで漢
文という形式であり、漢文の内容については書き下し文という一種の翻訳を
通し、国語科の中で引き続き教授しようとしたのである。藤村が「英語科廃
止の急務」を構成する上で、もっとも参考にしたのはこの点であると考えら
れる。

3.2 大正期の漢文科廃止論

3.2.1 背景

　前項では 1902 年の漢文科廃止論について見たが、この動きは 1905 年に
日本が日露戦争に勝利し、それを機に西洋文明を打ち負かした「東洋精神」
が再評価される中で、立ち消えになっていった（木村 2010）。そのような
中、まもなく明治は終焉を迎え、大正期が幕を開ける。大正期の中等教育
を規定することになったのは 1911 年に改正された「中学校教授要目」であ
り、その中で国語講読で扱う文章は「現代文ヲ主トシ近世文・近古文ヲ交
フ」（増淵 1981: 77）と定められた。この規定を受け、1910 年代には現代文、
とりわけ現代文学が競い合うように教科書へと採録されることになる[13]。清
新な現代文学が教科書に進出するにつれ、しだいに漢詩・漢文は旧時代の文
章の代表とみなされるようになり（井上 2009）、「漢詩・漢文はもう古い」と
いう考えが広まり始める。

　例えば、慶應義塾大学教授でドイツ文学を専攻とした向軍治（1865–1943）
は、「英語研学談」と題する文章の中で、「自分の外国語能力は漢文の素養を
土台に作られた」という主旨の発言をしているが、それは「漢文かと人が馬
鹿にしますけれども」（向 1913: 9）という前置きの後になされている。また、
作家・芥川龍之介は「漢詩漢文の面白味」と題する小稿の中で、漢詩につい

て「決して一概に軽蔑して然るべきものぢやない」（芥川 1920: 92）と述べているが、これに対して漢文学者の森岡ゆかりは、「大正時代にはすでに、『漢詩なんて古臭い』などと考え見向きもしない若者がふえていたせいでしょう」（森岡 2009: 99）と、当時の状況を分析している。

3.2.2 上田万年の漢文科廃止論

このような状況を背景として、1918 年に漢文科廃止論を提出したのが、藤村の同僚であった東京帝国大学国文科教授・上田万年（1867–1937）である。上田は雑誌『大学及大学生』（進文館）に「古典学の価値」と題する論考を投稿し、その前半部分では大学において古典学を研究する価値について記述する。一方、後半部分では中等教育へと話題を転じて、「中学校だけで終ると云うやうな者に対して此古典学が必要であるかと云ふと、其点に就ては私は必要でないと云ふことを主張したいと思ふ、即ち古典学を教へる所のものは之を現代の普通語に翻訳して普通語で教へれば宜いのである」（上田1918: 41）と述べる。上田は、大学では漢文を原文で読む必要があるにしても、中学校では書き下し文で十分だという立場から、以下のように漢文科廃止を提言する。

> 私は今日の中学校の漢文科と云ふものは廃して仕舞ふべきものであると信ずる、其目的とする所の漢字を教へたり支那思想を了解したりすることは是は直訳文で、漢文の訳文で無論目的が達せらるゝことである。
>
> （上田 1918: 41–42）

上記の上田の論を発端として、雑誌『国語教育』（育英書院）誌上で漢文科存廃論が交わされることになる[14]。翌 1919 年、上田は同誌に「中学校に於ける漢文について」という論考を発表し、漢文科存置論者への反論を行う。論文の冒頭において、上田はまず、「儒教の思想、支那文学の趣味の如きは、国語によつて、国訳せる漢文によつて、充分之を伝へることが出来る」

（上田 1919: 7–8）という自身の立場を明らかにすると同時に、「漢文存置論者の第一の過誤は、専門教育と高等普通教育とを混同して考へてゐるのに本づく」（上田 1919: 7）と分析する。その上で、漢文科存置論者の意見を取り上げていくが、ここでは最初に提示される存置論者の意見と、それに対する上田の反論を示したい。

> 存置論者は、儒教の思想、支那文学の趣味の如きは、漢文のみによつて、漢文の形式によつてのみ、その真髄を味ひ得べきものである。その思想の核心、その趣味の幽韻は、たゞその原文によつてのみ触れ得べきものである。如何に訳文が妙であり、紹介が優れてゐても、それは恰も霞を隔てゝ花を見るが如きのものであるといふ。此の論は、至極尤もなやうであるが、実は、専門の思想家、文学者の上にいはるべきものであつて、高等普通教育を受ける者の上に当嵌まるべきもので無い。
>
> （上田 1919: 8）

上田は漢文科存置論者の主張をまとめる上で、漢文の「形式」という言い方をしている。存置論者の主張は漢文の「形式」にこそ価値がある、つまり「原文でないと駄目だ」という趣旨であるが、これに対する上田の反論は、「高等教育についてはそうかもしれないが、中等教育には当てはまらない」というものである。ただし、上田も漢文の「内容面の価値」を認めていて、だからこそ、書き下し文でそれを生徒に伝えようと述べているのである。

　上田は論考の終結部分において、歴史的に大きな役割を果たしてきたのは、「漢文といふ形態では無く、之れによつてあらはされた国語の齎せる内容であつたのである」（上田 1919: 9）と述べ、重要なのは漢文の「形態」ではなく、それが国語に翻訳されることによって伝えられた「内容」であったことを強調している。その上で、「専門家を養成するのが目的で無い高等普通教育、即ち中学校の教科に於ては、漢文といふ形骸を存置する必要は更に無い」（上田 1919: 9）と結論づけている [15]。

以上では代表的な漢文科廃止論として、山川と上田の論について見たが、この漢文科廃止論から藤村が影響を受けたと考えられる点は2点である。1つは漢文教育の価値を「内容」から得られるものと「形式」から得られるものとに区分する点であり、もう1つは「内容」については書き下し文を通して摂取しようと考える点である。藤村はこれを英語教育に援用し、英語教育の価値を「内容」から得られるものと「形式」から得られるものとに区分した上で、「内容」については翻訳を通して摂取しようと主張したのである。

4. 藤村の英語科廃止論に見られる問題意識

　前節では藤村が「英語科処分の論争に就いて」で言及していた漢文科廃止論の概要を見た。それを踏まえて本節ではまず藤村自身、漢文教育に対してどのような立場を取っていたのかという点を確認し、つぎに藤村が国語教育の目標をどのように考えていたかを確認した上で、藤村がどのような問題意識から英語科廃止論を提唱したかについて考察を行いたい。

　まず、藤村の漢文教育に対する立場だが、これは「英語科処分の論争に就いて」からはほとんどうかがうことができない。唯一、その立場を示唆しているのは、「私としては、多年漢文を読みながら、これを国語に訳して読む方法しか知らず、随つて単語の本当の語感も知らず、韻律の本当の美を解し得ず、助辞の妙味もわからない私としては、漢文の形を我が国の教育上に重視される理由を十分に見出し得なかつた」(藤村 1927c: 336) という記述であり、ここから、藤村は漢文の「形式面の価値」に懐疑的であったことがわかる。

　では、漢文の「内容面の価値」についてはどうだろうか。これについては「国語及漢文科・国語漢文科」(1937) という論考から、その立場を知ることができる。この論考で藤村は、「漢文の国民教科目としての必要は、我が国民精神、我が国民文化に関するといふ点に於て認められてゐるのである。国民教育に於ける漢文を考へるものはこのことを確実に脳中に持つてゐなけれ

ばならない」(藤村 1937: 89) と述べている。この記述から藤村は、「国民精神」の涵養という点に漢文の「内容面の価値」を認めていたことがわかる。

　実は藤村にとって「国民精神」の涵養は、漢文教育の目標であるに止まらず、国語教育全体の最終目標であった。藤村の「国語教育論」(1932) と題する論考を見ていくと、そこには、「国語教育の目的には、前述のやうに色々の方面がある。しかしその窮極の目的は国民精神の作興に在るべきは勿論である。換言すれば国民的自覚をうながす事が国語教育の最後の目標である」(藤村 1932a: 33) と記されている。藤村は「国民精神」の涵養、言い換えるならば、「国民的自覚」の促進こそが国語教育の「窮極の目的」であると宣言しているのである。

　ここまで見た上で、再び確認したいのは「英語科廃止の急務」の最後の一節である。その見出しは「国民的自覚を促すべし」であった。その中で藤村は、国民生活の中心となるべき大精神は「国民特有の精神」であり、外国語科は「国民的自覚自尊の障害」であると述べていた。上述した藤村の国語教育の目標を踏まえたとき、この最後の一節で藤村は、国語教育が目標を達成する上で英語教育は有害であると述べていたのである。以上のことから、藤村の英語科廃止論における問題意識の中核には、この「国民精神」の涵養という点があったと結論づけたい。

　藤村が「国語教育が目標を達成する上で英語教育は有害である」と述べていたとしたならば、このことは日本の言語教育において何を意味するだろうか。本稿はそれが戦前における「国語関係者と英語関係者の意識の隔たり」を象徴的に表わしたものと考える [16]。

藤村作「国語教育論」(1932)

2.1 で示したように、藤村は国文学界と国語教育学界の双方で責任ある立場にあった。それだけでなく、藤村の英語科廃止論に賛同する国語関係者が相当数いたことが、広島高等師範学校教授・桜井役の記述から明らかになっている [17]。以上のことから、藤村の意見はある程度、国語関係者を代表するものであったと考えることが可能である。

　2.2 で示したように、その藤村の意見に対し、英語教師たちは「英語を知るは決して国民の自覚を妨ぐるものとばかり考へるのは偏狭である。却つて、外国語を知つて、外国と外国民とを知ることに由つて、国民の自覚反省は起るべきものでもある」と反論する。しかし、藤村がこの意見に耳を貸す様子はなく、「外国語を自在に語り、外国文を自在に読み得る所から得られる、外国、外国人に関する知識でなければ、自国と自国民に対する反省や自覚の資とはなり得ないものでせうか」（藤村 1927c: 337）と再反論を行っている。結局、藤村と英語関係者の意見は平行線をたどり、交わることはなかったのである。

5. おわりに

　本稿は藤村作「英語科処分の論争に就いて」に見られる漢文科廃止論への言及を端緒として、藤村が漢文科廃止論からどのような影響を受けていたのかを示した。その上で、藤村が漢文教育において重視していたのが「国民精神」の涵養であり、それが国語教育における最終目標と考えるものであったことを確認した。藤村が英語科廃止論を作成したとき、問題意識の中核を占めたのは、この「国民精神」の涵養という点であり、その立場から英語科廃止を提言したのであった。このことは、戦前において、国語関係者と英語関係者の意識がいかに隔たっていたかを表わすものと位置づけることが可能である。

　今後の課題は、戦後における国語教育と英語教育の関係性について明らかにすることである。「国民精神」の涵養という国語教育の目標は戦後、消滅

することになるが、それに代わり、1950年代から脚光を浴びることになるのが「人間形成」という目標である。しかし、目標として掲げる看板は変わっても、内容面の目標を重視するという国語教育の基本的な性格は変わっていない。それは現在においても度々、「国語教育は道徳教育である」と指摘されることからうかがうことができる[18]。このような国語教育のあり方が、英語教育との関係にどのような影響を与えているかについて考察することを今後の課題としたい。

注

1 昭和期を含む通史を記述する中で、藤村の英語科廃止論に言及した代表的な文献としては桜井（1936）、石橋（1948、1961、1969）、高梨・大村（1975）、伊村・若林（1980）、若林（1980）、太田（1981）、竹中（1990）、出来（1994）、伊村（2003）、斎藤（2001、2007）などがある。また、目的論という側面から藤村の英語科廃止論を取り上げたものに小篠（1995）がある。

2 「英語科処分の論争に就いて」に言及した数少ない文献としては伊村（2003）がある。しかし同書も「英語科処分の論争に就いて」に関しては、藤村が反対を受けても「依然として自説を曲げなかった」（伊村 2003: 277）ことを示すものとして、わずかに紹介するにとどまっている。

3 藤村の略歴は大村（1980）、古田（1991）を参考に作成した。

4 冒頭で勅語を引用した文献としては「古典文学の要求」の他に、『日本文学大辞典　第一巻』に付した序文（藤村 1932b）がある。

5 この「古典文学の要求」に言及した文献としては大久保（2010）がある。

6 藤村は5ヶ月後に著した「英語科処分の論争に就いて」で、「英語科廃止の急務」の要点を再び繰り返しているが、「大翻訳局」にはまったく言及がない。かわりに述べているのは「翻訳でよいではないか」という点である。このことからも、「大翻訳局」の一節における主張は、「外国文化は翻訳を通して摂取させればよい」という点にあったと考えられる。

7 これは岡倉が1911年の時点で行った区分を前提にしている。現代の見地からは、例えば、「言語の『内容』と『形式』は簡単に切り離せるものなのか」とい

う批判や、あるいは、「『実用的価値』と、『教育的価値』の下位区分としての『形式面の価値』はどのように違うのか」といった批判が可能かもしれないが、ここでは区分の妥当性は問わず、岡倉の区分にしたがって論を進めることにする。

8 岡倉由三郎は「実用的価値」を「英語を媒介として種々の知識感情を摂取すること」(岡倉 1911: 41)と定義し、英語教育の目的は「読書力の養成」であるとしている。これに対し、帆足理一郎は「外語の時間が多いにも拘らず、外語を学んでどれだけそれが実用に益してゐるかが疑はれ、英語を多年学んでも話はできず、手紙も書けず、読書力も充分でないといふ有様であれば、寧ろ外語は普通教育の装飾品に過ぎず」(帆足 1927: 275)と述べていることから、「話ができ、手紙が書け、読書力が充分な状態にあること」を「実用的価値」と考えていることがわかる。本稿では帆足のように、理解の側面だけでなく表現の側面を含めた英語力を習得することを「実用的価値」とみなしたい。

9 このような状況の中で、存置論の根拠として有効であったと考えられるのは、「形式面の価値」に立脚した論、すなわち「英語教育は日本語への意識を高める」といった類いの論であった。この立場を取った文献として代表的なものは福原(1928)である。この論に対しても、「それは英語教育でなく国語教育の役割である」という反論が可能なように見えるが、当時の国語教育は必ずしも「日本語への意識を高める」役割を果たしていなかった。この点については稿を改めたいと考えている。

10 藤村は 1932 年に公刊した「国語教育論」でも、「内容面」と「形式面」の区分を用いているが、その際は、「勿論我々は国語を形式と内容とに別けるやうな旧式な考へ方にそのまま同意するものではないが、便宜上、かかる文字・語句・文章の如き外面的方面をかりに形式と見なし、それ等によつて表示されてゐる意味をかりに内容とみなす」(藤村 1932a: 24)と述べ、あくまでそれが便宜的な区分であることを強調している。

11 漢文科廃止論については石毛(2009)、浮田(2010)、木村(2010)、三浦(1998)、長(1998)を参考にした。

12 山川が東京帝国大学総長に就任したのは 1901 年 6 月であったが(男爵山川先生記念会 1940)、この年の 7 月に藤村は同大学国文学科を卒業している。つまり、藤村が東京帝国大学を卒業したときの総長が山川であった。藤村は同年 8 月に第七高等学校造士館教授に就任していて、山川が漢文科廃止論を発表したときは鹿児島の地にあった。

13 西尾実は中等教育における国語教材史を記述する中で、大正時代から昭和4,5年にかけての時期を「現代文学進出期」と位置づけている（西尾1937）。

14 同じ1918年には、上田、藤村の同僚であった東京帝国大学国文科教授・芳賀矢一が漢文科廃止論を提出する。芳賀は漢文について、「生徒の負担は大したものである。教育する以上はその効果が無ければ何にもならぬ。然るに事実上この漢文教授がどれ程役に立つことか」（芳賀1918: 7）と述べ、「漢文の形が無ければ効果が無いといふ筈はないから、文語なり、口語なりの国文に改めればよい」（芳賀1918: 8）としている。芳賀は「漢文は役に立たない」という論点に重きを置いているが、「書き下し文で十分である」という主張はやはり上田と共通している。

15 この後、1922年に漢文支持派が帝国議会に「漢学振興二関スル建議」を提案し、翌年に可決されたことで、漢文は「国民精神」の涵養に欠かすことのできないものと確認されることになる（井上1981）。それによって漢文科存廃論は一応の終結を迎える。

16 柾木（2015）は戦前において、「国語教育と英語教育は文法の指導等を通して連携すべきである」という提言が複数あったことを示している。しかし、結局、両者の連携はほとんど実現に至らなかった。その要因の1つには、藤村の英語科廃止論に象徴される「国語関係者と英語関係者の意識の隔たり」があったと考えられる。

17 桜井（1932）を参照すると、そこには「国語教師から英語科廃止論を往々聞きます」（桜井1932: 127）という記述が見られる。

18 このような指摘を行う代表的な文献として石原（2005）がある。

参考文献

芥川龍之介（1920）「漢文漢詩の面白味」芥川龍之介（1998）『芥川龍之介全集　第23巻』pp.89–93. 岩波書店

石毛慎一（2009）『日本近代漢文教育の系譜』湘南社

石橋幸太郎（1948）「英語教授法大要」市河三喜（主幹）『新英語教育講座　第1巻』pp.69–205. 研究社

石橋幸太郎（1961）「英語教育の歴史と反省」『岩波講座　現代教育学　第7巻　言語と教育II』pp.14–40. 岩波書店

石橋幸太郎（1969）「前期の英語教育」日本の英学100年編集部（編）『日本の英学100年　昭和編』pp.313–323. 研究社

石原千秋（2005）『国語教科書の思想』筑摩書房

井上敏夫（責任編集）（1981）『国語教育史資料　第2巻　教科書史』東京法令出版

井上敏夫（著）、浜本純逸（編）（2009）『教科書を中心に見た国語教育史研究』渓水社

伊村元道（2003）『日本の英語教育200年』大修館書店

伊村元道・若林俊輔（1980）『英語教育の歩み―変遷と明日への提言』中教出版

イ・ヨンスク（1996）『「国語」という思想―近代日本の言語認識』岩波書店

上田万年（1918）「古典学の価値」『大学及大学生』(8)：pp.39–42. 進文館

上田万年（1919）「中学校に於ける漢文について」『国語教育』4 (5)：pp.7–9. 育英書院

浮田真弓（2010）「大正期の漢文科存廃問題に見る漢文観―明治期における漢文科存廃問題との比較を通して」『静岡大学教育学部研究報告（教科教育学篇）』(41)：pp.1–8. 静岡大学教育学部

大久保順子（2010）「藤村作の国語教育論と西鶴訳注の背景―出版状況と『古典普及』活動」『文芸と思想』(75)：pp.1–27. 福岡女子大学

太田雄三（1981）『英語と日本人』TBSブリタニカ

大村喜吉（1980）「藤村作」大村喜吉・高梨健吉・出来成訓（編）『英語教育史資料　第5巻　英語教育事典・年表』pp.180–181. 東京法令出版

大村喜吉・高梨健吉・出来成訓（編）（1980）『英語教育史資料　第2巻　英語教育理論・実践・論争史』東京法令出版

岡倉由三郎（1911）『英語教育』博文館

岡倉由三郎（1936）『英語教育の目的と価値』研究社

小篠敏明（1995）『Harold E. Palmerの英語教授法に関する研究―日本における展開を中心として』第一学習社

長志珠絵（1998）『近代日本と国語ナショナリズム』吉川弘文館

川澄哲夫（編）（1978）『資料日本英学史2　英語教育論争史』大修館書店

木村淳（2010）「明治・大正期の漢文教科書―洋学系教材を中心に」中村春作他『続「訓読」論―東アジア漢文世界の形成』pp.366–399. 勉誠出版

教育史編纂会（監修）（1938）『明治以降教育制度発達史　第3巻』龍吟社

齋藤希史（2007）『漢文脈と近代日本―もう一つのことばの世界』日本放送出版協会

斎藤兆史（2001）『英語襲来と日本人―えげれす語事始』講談社

斎藤兆史（2007）『日本人と英語―もうひとつの英語百年史』研究社

桜井役（1932）「英語教授法閑談」『英語英文学論叢』1 (2)：pp.303–313. 広島文理科大学英語英文学論叢編集室

桜井役（1936）『日本英語教育史稿』敞文館

鈴木貫太郎（著）、小堀桂一郎（校訂）（2013）『鈴木貫太郎自伝』中央公論新社

高梨健吉・大村喜吉（1975）『日本の英語教育史』大修館書店

竹中龍範（1990）「英語教育の歴史的概観」松村幹男（編）『教職科学講座　第18巻　英語教育学』pp.10–25. 福村出版

男爵山川先生記念会（1940）『男爵山川先生伝』岩波書店

出来成訓（1994）『日本英語教育史考』東京法令出版

十重田裕一（2013）『岩波茂雄―低く暮らし、高く想ふ』ミネルヴァ書房

夏目漱石（1915）『硝子戸の中』岩波書店

西尾実（1937）「国語教材史」城戸幡太郎（編集代表）『教育学辞典　第二巻』pp.768–773. 岩波書店

野地潤家（2004）『中等国語教育の展開』渓水社

芳賀矢一（1912）「私の中学生時代」『学生』3（4）: pp.15–21. 冨山房

芳賀矢一（1918）「中学校に於ける漢文を廃止せよ」『国語教育』3（9）: pp.7–9. 育英書院

福原麟太郎（1928）「中等学校の外国語」『英語青年』60（6）: p.29. 英語青年社

藤村作（1927a）「古典文学の要求」『袖珍世界文芸名作辞典』（『婦人世界』第22巻第4号附録）pp.26–30. 実業之日本社

藤村作（1927b）「英語科廃止の急務」川澄哲夫編（1978）『資料日本英学史2　英語教育論争史』pp.251–262. 大修館書店

藤村作（1927c）「英語科廃止の論争に就いて」川澄哲夫編（1978）『資料日本英学史2　英語教育論争史』pp.332–339. 大修館書店

藤村作（1932a）「国語教育論」『岩波講座日本文学』pp.1–51. 岩波書店

藤村作（1932b）「序」藤村作（編）『日本文学大辞典　第1巻』pp.1–6. 新潮社

藤村作（1937）「国語及漢文科・国語漢文科」『国語と国文学』14（1）: pp.88–90. 至文堂

古田東朔（1991）「藤村作」国語教育研究所（編）『国語教育研究大辞典』pp.726. 明治図書

帆足理一郎（1927）「廃止には反対である」川澄哲夫編（1978）『資料日本英学史2　英語教育論争史』pp.274–283. 大修館書店

正岡子規（1895）「棒三昧」正岡子規（1977）『子規全集　第12巻』pp.118–137. 講談社

増淵恒吉（責任編集）（1981）『国語教育史資料　第5巻　教育課程史』東京法令出版

柾木貴之（2015）「国語教育と英語教育の連携前史―1901年から戦前までを対象に」『言語情報科学』（13）: pp.67–83. 東京大学大学院総合文化研究科言語情報科学専攻

三浦叶（1998）『明治の漢学』汲古書院

向軍治（1913）「英語研学談」『英語世界』7（7）: pp.8–10. 英語青年社

森岡ゆかり (2009)『文豪だって漢詩をよんだ』新典社

安良岡康作 (2002)『西尾実の生涯と学問』三元社

山川健次郎 (1902)「中学校漢文全廃論」『教育時論』(602)：pp.15–17. 開発社

若林俊輔 (編)(1980)『昭和 50 年の英語教育』大修館書店

言語が誘発するサスペンス
―犯罪小説を例に―

麻生有珠・林田祐紀

1. はじめに

伊坂幸太郎の『ゴールデンスランバー』、『ラッシュライフ』、東野圭吾の『秘密』、『白夜行』、宮部みゆきの『火車』、『模倣犯』。このように延々と書き連ねることが可能なほど、日本において推理・犯罪小説は人気を博している[1]。英語圏でも同様であり、Messent (2013) は、都市空間、身体、ジェンダー、人種などの観点から Patricia Cornwell の *Unnatural Exposure*、Ian Rankin の *The Naming of the Dead* など全10作を分析している。一方、Gregoriou (2007) はこのジャンルにおける言語学と文体論研究の少なさを指摘し、犯罪者の心理を文体論の観点から分析している。廣野 (2009) はイギリスの古典的な探偵小説内で人間がいかに描写されているかを分析している。

本稿は文体論の枠組みに基づき、読者の心理的不安であるサスペンスの誘因としての言語の議論を試みる。サスペンスというと残忍な殺人や苦戦する犯罪捜査など内容に関する分析に注目されがちであるため、言語が誘発するサスペンスに着目することで、犯罪小説における文体論研究を進展させたい。サスペンスは小説全般において観察される現象であり、犯罪小説を用いてこの現象を分析することで、犯罪小説の文体を追究する一事例を提示する。分析の作品には推理・犯罪小説家である Jeffery Deaver の短編集 *More Twisted* に収録されている "Interrogation" を用いる。本稿内の分析は Deaver (2007) に基づいており、引用する際はページ数のみ記載することとする。

2. 分析前に

2.1 文体論

　日本では本稿が依拠する枠組みである英語文体論への言及（特に近年の発展に関するもの）が乏しいため、ここでごく簡単に説明したい[2]。文体論はテクストを主に言語学の観点から分析する学際的な学問である。文体論は、1) 言語要素を最重視する、2) テクスト（伝統的には文学）を分析する、3) 学際的（interdisciplinary）である、という特徴がある。学際的という語は、文体論という学問を規定する語として近年の文体論の関連文献で多用される（Lambrou and Stockwell 2007: 1; Leech 2008: 1; Nørgaard, Busse and Montoro 2010: 2; Burke, Csáby, Week and Zerkowitz 2012: 195; Burke 2014: 2）。

　文体論の分析の対象と道具は多岐に及ぶ[3]。従来、分析対象の中心は詩や小説であり、小説の場合は小説内で文体的な特徴が集中すると研究者が考える短いテクストが取り上げられ、分析されてきた。近年、小説全体や演劇の分析を試みる研究も増加した。小説はいわゆる純文学と大衆文学の両方を対象とし、今日ではハイパーテクスト小説も議論されている。Burke（2014）は漫画の文体研究を新興分野として、Stockwell and Whiteley（2014）は広告と日常会話の文体研究を文体論の拡張領域として採り上げており、今後の研究の進展が期待される。

　分析道具は修辞学、詩学、構造言語学、機能言語学、語用論、認知言語学、コーパス言語学などの言語学関連のものから、他には文学、教育学、人類学、心理学、認知科学などの知見を利用したものまで多岐に及ぶ。反復や話法といった特定の観点からの分析もあれば、分析対象に応じて最適と思える分析道具を選択的に利用した分析もある。後者の分析手法の一例として、Leech and Short（2007）では、T. F. Powys の短編 "The Bucket and the Rope" を分析するに当たり、前景化（foregrounding）、話法（speech）、視点（point of view）、可能世界論（possible world theory）、法（mood）、推論（inference）、文末焦点の原則（end-focus principle）、スキーマ（schema）、ストーリー（story）

とプロット（plot）、セマンティック・プロソディー（semantic prosody）、メタファー（metaphor）など多様な分析道具が用いられている。1つの道具や理論のみに拘泥しないのが文体論の魅力であり、本稿でもこれを踏襲する。

本稿で利用する分析道具に関して、タイトル分析の 3.1 と冒頭分析の 3.2 では分析の中で随時説明を行い、3.3 では 3.3.1 で先に思考の表出様式について説明を行う。

2.2　サスペンス

サスペンスは研究者間で定義の合意がされていない。ここでは本稿に特に資すると考えるサスペンスの定義を先行研究から取り上げる。Bell（2012: 6, 191）は、相対する二者間の対立が刺激となって読者が感じる緊張状態であると説明している。対立の解決が先延ばしにされることでサスペンスは持続する。この説明は本稿で扱う短編でも当てはまるものがある。短編内で Chief of Homicide Boyle versus the elusive, unknown killer（119）と書かれており、警部と殺人犯の対立が見られる。タイトルにおいてもこの対立の存在が示唆されており、3.1 で議論する。Vorderer, Wuff, and Friedrichsen（2013: 84, 116）は、最終的な結果が不確定な状況に対して読者が抱く感情をサスペンスであるとし、小説全体を通して解決が先延ばしされるサスペンスのことをマクロサスペンスと呼び、読者のサスペンスを持続させるために、多くのミニサスペンスを挟み込む必要があると述べている。本稿で扱う短編のマクロサスペンスは次のようになる。警部 Boyle にとっての人生最大の難事件において、犯人に拒否され続けた面会の許可がついに下りたが、尋問により Boyle は長く謎に包まれた被害者殺害の理由を聞き出すことができるだろうか。尋問は短編の最初から終盤近くまで続くため、このサスペンスは物語世界の始まりから終わりまで持続するものである。ミニサスペンスに関しては、本稿の立場において、対立関係は必ずしも必要がないと考える。

直前の段落で言及したのは、サスペンスには対立関係の存在が必須条件であるという立場のものであった。一方、Michaels（2007: 188）は、サスペン

スを、読者に好奇心を抱かせた際に生じるものとして定義し、サスペンスを作るには、著者が読者や登場人物に十分な情報を与えなければよいと主張している。つまり、対立関係がなくても読者に心理的不安を抱かせることは可能であることになる。本稿で扱う短編でも、マクロサスペンスには明確な対立関係が見られるが、ミニサスペンスに関しては対立関係がない箇所でも様々なサスペンスが起こっていると考えられ、3.2 と 3.3 で議論する。

　サスペンスの誘因は、物語の内容、物語の場面や状況、読書前や読書中の読者の心理状態など多様であると考えられるが、本稿で着目する言語的なサスペンスについてはあまり研究がされていない。非常に多く挙げられている言語的な手法は、重要な情報の提示を遅らせるために、それらの情報をなるべく後ろに置くことである。

(1) There, lying on the black velvet lining, was the Delhi Suite.　　(Chen 2011: 63)

(2) The glass has been broken (by the builder).　　(Thorne 2012: 88)

(3) The way that beverage companies market health — "No Preservatives," "No Artificial Colors," "All Natural," "Real Brewed" — is often, because the product also contains a high percentage of sugar or fructose, misleading.

(Rosenwasser and Stephen 2011: 404)

上記の例でサスペンスを引き起こすための手法はそれぞれ、(1) では倒置、(2) では受動態、(3) では掉尾文 (periodic sentence) である[4]。どれも確かにサスペンスの誘因にはなりそうである。しかし、どれも 1 文単位であるものの、サスペンスは 1 文で完結する必要はない。以下では、文体論の観点から言語によってサスペンスがどのように作られていくかを議論する。

2.3　あらすじ

　分析にあたり、"Interrogation" のあらすじを簡潔に説明しておく。

　物語は、警部 Boyle が収容所に収監されている James Phelan を訪ねるシー

ンで始まる。Phelan は Anna Devereaux 殺害の犯人である。Boyle はこの殺人事件の担当者で、長い時間と多大な労力をかけて彼を逮捕した。世間はBoyle の功績を称えたが、彼には腑に落ちない点があった。Phelan の殺害動機を突き止められなかったからである。Boyle は Phelan への面会を拒否され続けていたが、ある日突然面会が許される。殺害動機を聞き出そうとするものの、なかなか望むような答えが出てこない。そんな中、話題がふとBoyle の家族に及ぶと、Phelan は自身の家族との辛い過去を語り始めた。Boyle は Phelan の家族への感情に動機を見出し、事件は終着するかのように思えた。しかし、Boyle が同僚に Phelan の過去を伝えると、全てが虚偽だと判明する。Boyle は尋問のために自分の家族の詳細な情報や現在の居場所を Phelan に教えたことに思いあたり、直ちに Phelan の独房まで向かう。Phelan は仲間に既に連絡をしているようで、狼狽する Boyle に対して「チェックメイト」と笑顔で囁く。Boyle は急いで受話器を取り、家族へと電話をかけるが、呼び出し音が鳴り響くばかりである。

3. 分析

　ここではこれまでの内容に基づき分析を行っていく。3.1 ではタイトルのみに着目し、読者の推論と合わせることでサスペンスが生まれることを指摘する。3.2 では冒頭に限定し、多様な文体的観点からサスペンスの生成を議論する。その後、3.3 では冒頭以外を扱うが、広い範囲を包括的に扱うため、短編内で特徴的であると考える思考の描写に特に着目して議論を行う。

3.1 タイトルによるサスペンス

　タイトルは読者が作品を読み進める上でまず目にする言語表現の１つであり、タイトルを見た読者は作品の内容を漠然とであれ推測する。本稿で扱う短編では、本文を読み始める前に、タイトルだけでサスペンスが生じうる。この理由を以下で議論する。

タイトルである interrogation という語から読者はいかなる推測を働かせ、それがサスペンスの生成に至るのか。これから作品を読む読者が作品の内容を推測する上で利用できる手がかりは、当然ながら作品内ではなく、作品外の、読者が既に持っている知識に基づく。個人の経験から構成された抽象的な知識をスキーマ（schema）という[5]。まず、interrogation という語から読者がどのようなイメージを抱くのかを考える。*Oxford English Dictionary* で動詞 interrogate は、"to ask questions of, to question (a person), esp. closely or in a formal manner; to examine by questions" と定義されている。単なる質問ではなく綿密に正式に行われる意味合いを伴う。さらに、この動作の典型的な主体と対象を分析するために、現代アメリカ英語の大規模コーパス *Corpus of Contemporary American English* を使用すると、動詞 interrogate の前には police, officer, soldiers, detective などが、後ろには prisoners, suspects などが多く生起していた。簡略的な量的分析であるため、コーパス内での実例も観察し、両方を勘案すると、interrogate の主語には警官や探偵が置かれ、目的語には囚人や被疑者が現れていることがわかった。このような知識が読者のスキーマとして長期記憶に保存されていると考えられる。

　つまり、タイトルが刺激となり、読者の長期記憶から interrogate に関するスキーマが取り出され、読者はこの短編では警察や探偵が囚人や被疑者を詳しく調査することが主題であると予想する。二者間の対立や未解決の問題の存在、犯人による白状の拒否が示唆されている。タイトルだけでマクロサスペンスの大枠が示されており、サスペンスを引き起す要因となっているのである。実際に短編の前半から、警部 Boyle の殺人犯 Phelan への尋問という構図が浮き彫りになり、狭義的なサスペンスの条件である対立関係が明確になる。

　ただし、タイトルによるサスペンスは、推論という読者による積極的な営みがあって初めて成立するものであり、目で確認するだけで、思考が伴わないとサスペンスが生じない可能性はある。しかし、推論を働かせるためには第一に言語表現がなくてはならず、言語表現がサスペンスを起こす重要な働

きをしていると言える。また、テクストを読み解く際にタイトルを活用しない読者は少ないであろう。

3.2 冒頭のサスペンス

「小説の冒頭は、われわれが住む現実世界と、小説家の想像力によって生み出された世界とを分ける敷居に他ならない」（柴田、斎藤 1997: 15）と Lodge（1992）は指摘する。冒頭は作家が意匠を凝らす箇所であり、文体論で最適な分析対象となることが多い[6]。本稿でも冒頭をそれ以降と区別して取り上げ、そこで使用されている技巧がサスペンスの誘因になっていることを示す。

（4）"He's in the last room."

The man nodded to the sergeant and continued down the long corridor, grit underfoot. The walls were yellow cinderblock but the hallway reminded him of an old English prison, bricky and soot-washed.

As he approached the room he heard a bell somewhere nearby, a delicate ringing. He used to come here regularly but hadn't been in this portion of the building for months. The sound wasn't familiar and, despite the cheerful jingling, it was oddly unsettling.

He was halfway down the hallway when the sergeant called, "Captain?"
He turned.

"That was a good job you guys did. Getting him, I mean."

Boyle, a thick file under his arm, nodded and continued down the windowless corridor to room I-7.

What he saw through the square window: a benign-looking man of about forty, not big, not small, thick hair shot with gray. His amused eyes were on the wall, also cinderblock. His slippered feet were chained, his hands too, the silvery links looped through a waist bracelet. (116)

読者は物語世界の説明が十分に与えられないまま、物語世界に入ってい
く。物語を中途から始める技法は、イン・メディアス・レス（*in medias res*）
と呼ばれ、20 世紀小説では標準的な手法となっており（Simpson 2004:
181）、サスペンス誘発の主要な方法と言える[7]。

　1 文目（"He's in the last room."）は物語の冒頭で通常想定される言語パター
ンから様々な点で外れており、サスペンスを誘発している。文体論におい
て、通常想定される形式を規範（norm）と言い、規範からずれることを逸脱
（deviation）と言う。この 1 文目は様々な逸脱が観察され、1 つは地の文でな
く会話で始まっていることである。一般に想定されるのは、小説内でどのよ
うな登場人物が出てくるかが地の文で説明されてから、会話が始まる形式で
ある。突然会話が始まっても、登場人物を把握していない読者にとっては不
可解である。

　質問が省略され応答のみが提示されていることも逸脱と考えられる。通常
の言葉のやり取りでは、隣接ペア（adjacency pair）の存在が想定され、挨拶
／挨拶、質問／回答、要求／承認のように、ある人の発言とそれに続く他の
人の発言について一定の組み合わせが期待されている（Schegloff 2007: 13–
14）。Jeffries and McIntyre（2010: 102）にあるように、実際に起こった会話
で、挨拶／無言、質問／無回答、要求／拒否のようなペアは、隣接ペアの後
半が通常期待されるものと異なっており、逸脱を起こす方法の 1 つである。

　この短編の出だしのように、隣接ペアの後半部だけを明示して前半部を省
く手法も、逸脱と考えられる。例えば、現実の会話でも、すぐには思い浮か
ばなかった質問の答えが突然わかり、既に違う内容の会話に移っていたか既
に会話が終わって沈黙していたタイミングで、突然答えだけを発するという
状況はあり得る。このようなとき、聞き手は文脈を把握できずに不可解な心
理状態に置かれると予想されるが、それと同様のことがこの出だしで成立し
ているのである。会話の場合は答えの前提となっている質問を思い出せばす
ぐにサスペンスは解消されるが、この出だしの場合は必要な情報が多く欠け
ており、サスペンスは持続する。

情報構造の観点からも1文目は逸脱を引き起こしている。通常、代名詞は文脈上既知の情報を指して使用され、実際、登場人物間では代名詞 he の指示対象は了解されている。しかし、読者は先行文脈なしで代名詞が与えられているため、代名詞の指す対象が明確化できない。読者は必要な情報が与えられず心理的不安を抱く。

　このように"Interrogation"では、読者にサスペンスを引き起こすための作者の意向が冒頭から色濃く表れている。このことは語りの視点という観点からも窺うことができる。この短編は物語に直接登場しない語り手が物語を語る3人称による短編であり、その語り手はいわゆる全知の語り手（omniscient narrator）である。全知の語り手は登場人物の心理や思考も含めて物語世界の全てを把握しているとされる。しかし、語り手は知りうる全容を語るわけではない上、客観的で無色透明な語り手というわけでもない。山本（2008: 103–122）は、Jane Austen の *Pride and Prejudice* の冒頭を取り上げ、語り手が全知とはいえ女性のそれであることをテクスト内分析から示している。"Interrogation"も3人称で書かれた短編小説ではあるが、語り手は客観的ではなく、情報操作により様々な逸脱を引き起こし、読者に心理的な不安を抱かせ、次の展開に興味を抱かせているのである。

　冒頭（4）の後に続く部分でも言語によるサスペンスの誘発は続く。冒頭部の次の文（The man nodded to the sergeant and continued down the long corridor, grit underfoot）も必要な情報を与えないことによるサスペンスである。the man、the sergeant、the long corridor という名詞句に付いている定冠詞は、前述の代名詞の場合と同様、先行文脈には指示対象を特定化するための情報はない。

　作者がこの不安感を意図的に引き起こそうとしていることは、この文と上で引用した冒頭（4）の後半の1文が類似していることからも読み取れる。この2文は並置してみれば明らかなように統語的にも意味的にも非常に類似している。

（5）a. The man nodded to the sergeant and continued down the long corridor, grit underfoot.

　　b. Boyle, a thick file under his arm, nodded and continued down the windowless corridor to room I-7.

　これら 2 つの文の統語構造は、おおまかに言えば名詞＋動詞＋（前置詞句）＋接続詞＋動詞＋前置詞句という構造であり、意味は、同一の人物を指す主語と同一の動作と方向を指す動詞と前置詞句により、同一の内容を表している。違いは、前者の to the sergeant と grit underfoot が後者では省略され、後者では新たに a thick file under his arm と to room I-7 が追加されていることと、corridor の前の形容詞が変化していることであるが、文構造の類似から察する限り、この 2 文が同じ意味内容をほぼ反復した描写であることはおよそ間違いない。語り手は始めから（5b）のような具体的な描写を提示することもできたはずだが、（5a）のような不明確な表現をわざわざ用いている。読者にまずは不明瞭な情報を与え、その後、具体的な情報を与える形式になっているのである。

　冒頭の 2 文目をはっきりさせない目的は、既に述べたようにサスペンスを引き起こすためである。無論、同じことを反復することは、表現を反復しながら情報を小出しにすることで、物語世界で進行中の出来事を徐々に読者に把握させるためでもある。しかし、この目的を達成するためだけなら、情報構造の自然な流れに合わせて、（5a）の表現の主語を the man ではなく Boyle にするのが妥当である。ここではやはり、サスペンスを誘発しようと試みる作者の意図が強く働いているのである。

　鐘の音に言及がある次の段落では、意味の対立する表現が共起しており、サスペンスを引き起こす働きをしている。a delicate ringing と the cheerful jingling との間には意味の類似があるが、直後に対立的な意味の語が存在していることで読者に不快感が生ずる。delicate で cheerful であるのに oddly unsettling でもあるというのは逆説的である。音に対するこの描写は客観的

な描写ではない。heard という語から、語り手は Boyle を外側から客観的に描写しているのではなく、Boyle が感じたことを内側から描いていることがわかる。音自体が相矛盾した性質を備えているのではなく、Boyle が鐘の音の響きに相対するものを主観的に感じているのである。Boyle が陥っている逆説的な心理状態に読者も不安感を抱くと予想される。鐘の音や Phelan に着けられた鎖の音、電話の音など、短編内で Boyle が常に音に悩まされ続けるということも考え合わせれば、読者のサスペンスは持続すると考えられる。

同段落の 2 文目（He used to come here regularly but hadn't been in this portion of the building for months）の come と here から、語り手が物語を登場人物に近接した場所から語っていることがわかり、臨場感が生まれている。come や here は直示（deixis）であり、通常、人は自身を起点にして直示表現を理解するが、発言者の視点に起点を移して理解することも可能である（Stockwell 2002: 43–49; Jeffries and McIntyre 2010: 157–161）[8]。読者が語り手の視点に起点を移してこれらの表現を理解すると考えると、この表現により読者が物語の外側から内側に引き込まれるような印象を覚えるとも言えよう。直示はサスペンスを引き起こすというよりも、サスペンスを増幅させる働きをしていると考えられる。読者が物語世界に近接していると感じることで、ここまでで既に読者が感じていたサスペンスが増すのである。

heard という語から語り手が時に Boyle の内側から語ることを既に指摘したが、冒頭（4）の最後の段落で使用されている saw も無意識的な知覚であり、Boyle の内面を描いている。このように語り手が Boyle の視点から時に描いていることがテクスト内の主語の選択からもわかる。（4）で主節の主語に着目すると、Phelan を指すのは最初の会話部分の he だけ（Boyle の視点による Phelan の目や足は除く）だが、Boyle を指す表現には the man が 1 回、he が 4 回、Boyle が 1 回使用され、主語の位置に最も多く置かれている。巡査部長は the sergeant として 2 回出てくるが、それは前置詞の目的語と従属節の主語である。語り手は Boyle の視点から語ったり、Boyle の内面

を語ったりすることで、読者に Boyle の視点をとりやすくさせ、Boyle の状態を読者も感じ、サスペンスが増幅するのである。

　以上が冒頭の文体論分析である。語り手が情報を意図的に与えないことで読者にサスペンスを感じさせたり、物語を外側からでなく内側から語ることでサスペンスを増幅させたりしていることを示した。

3.3　冒頭以外のサスペンス

　冒頭以降の場面は Boyle と Phelan の会話、そして Boyle の思考を中心に描かれる。サスペンスを起こす要因は様々に考えられるが、あらゆる要素に着目することは困難であるため、ここではテクスト内で特徴的だと考える思考の表出様式を分析対象として限定する。

3.3.1　思考の表出様式

　一般的には、発話と思考の表出様式は 1 つにまとめられ、話法（Speech）と呼ばれている。"Interrogation" は Boyle と Phelan の会話と Boyle の思考を中心に成り立っており、個々の描写を細かく見ていくと、そこには一般的な表出様式である直接話法や間接話法に分類できないような、複雑な表出様式が用いられている。そのような描写を詳細に分析するために、まず発話の表出様式と思考の表出様式の種類を確認する。ここでは、小説の文体分析のために複数の表出様式を定義した Leech and Short (1981) による発話の表出様式と思考の表出様式の分類を元に、登場人物の発話と思考を論じることにする。

　Leech と Short は、発話の表出様式を話法（Speech）であると定義する。話法には、間接話法（Indirect Speech）、自由間接話法（Free Indirect Speech）、直接話法（Direct Speech）、自由直接話法（Free Direct Speech）がある。一方、思考の表出様式（Thought）には、間接思考（Indirect Thought）、自由間接思考（Free Indirect Thought）、直接思考（Direct Thought）、自由直接思考（Free Direct Thought）がある。

本稿では特に思考の表出様式に着目するため、思考の表出様式の例を確認する。思考の表出様式はそれぞれ発話の表出様式と形式上対応する。最も一般的な話法である直接話法と間接話法と対応するのは、それぞれ直接思考と間接思考である。以下、（6）から（13）は Leech and Short (1981) からの例文であり、ページ数だけ記す。

（6）He wondered, 'Does she still love me?' （直接思考）　　　　　　　(337)

（7）He wondered if she still loved him. （間接思考）　　　　　　　　　(337)

直接思考では、誰かが思考したとおりの言葉を引用符で囲んで表す。一方で、間接思考においては、誰かの思考に時制や人称の一致、時や場所を表す副詞の書き換えなどの操作が加えられる。（6）と（7）を見ると、疑問文 Does she still love me? は接続詞 if を用いた従属節に書き換えられている。従属節内では時制の一致が生じ、過去時制が現れ、人称の一致が生じ、me が him へと変換されている。間接思考は思考内容さえ伝達すれば機能を果たすため、伝達者が自分の言葉を入れたり、不要だと考える語句を省いたりすることもできる。

　（6）の直接思考を自由直接思考と自由間接思考に書き換えれば、以下のようになる。

（8）Does she still love me? （自由直接思考）　　　　　　　　　　　　(337)

（9）Did she still love him? （自由間接思考）　　　　　　　　　　　　(337)

自由直接思考は直接思考から伝達節と引用符のどちらか、もしくは両方を除いたものである[9]。自由間接思考は形式上、自由間接話法と対応する。Leech と Short は典型的な自由間接話法の形式的特徴として、伝達節が省かれ、時制と代名詞の選択が間接話法に則っていることを指摘しているため（Leech and Short 1981: 325）、自由間接思考についても同様の特徴を挙げる

ことができる[10]。

　発話の表出様式と思考の表出様式はそれぞれ形式上対応するため、発話の表出様式の例文は次のようになる。

(10) 'I'll come back here and see you again tomorrow.'（自由直接話法）　　(320)

(11) He said, 'I'll come back here to see you again tomorrow.'（直接話法）　(319)

(12) He would come back there to see her again tomorrow.（自由間接話法）

(325)

(13) He said that he would return there to see her the following day.（間接話法）

(319)

"Interrogation"では、Boyleの発話と思考の両方が現れるため、それぞれを別の表出様式で描いていると捉えることで、より詳細な分析ができるようになる。BoyleからPhelanへの尋問の言葉なのか、Boyleの心中での推理なのかという判断が内容理解に大きく影響するため、"Interrogation"の分析において、発話と思考を明確に区別するLeech and Short (1981)の分類は、最適な選択肢とも言えるのである。

3.3.2　イタリック体

　"Interrogation"では以下のようにイタリック体の表現が随所に見られ、サスペンスを増幅させる働きをしている。これらのイタリック体の表現はBoyleの思考の描写として現れる。しかし、小説の前半部分を読み進める読者はこれらの表現がBoyleの思考だとわからない状況に置かれる。小説の中盤で、このイタリック体の表現の正体が明かされるが、以下に載せた4つの引用はそれ以前の場面に現れるため、サスペンスの効果が大きいと思われる。イタリック表現は伝達節を伴わず、地の文に何の脈絡もなく現れるため、読者はこのイタリック表現が前後の文脈とどう関係するのか、発話なのか思考なのか、それが誰のものなのか推し測ることができず、不可解な印象を受け

る。また、原則として地の文はイタリック体ではない標準体で書かれている
ため、イタリック体は読者の注意を引く役割を果たしている。読者は注意を
向け、イタリック体の意図を把握しようとするだろうが、情報不足のため
に、推測は上手くいかず、心理的不安が残り、サスペンスが生じる。

(14) But James Phelan's eyes grew enigmatic once again as he studied Boyle's
sports clothes. Jeans, Nikes, a purple Izod shirt. Phelan wore an orange
jumpsuit.
Anyway, what it was, I killed her.
"That's a one-way mirror, ain't it?"
"Yes."   (117)

(15) Boyle outweighed the prisoner by forty pounds, most of it muscle. Still, he
set the pen far out of the man's reach.
Anyway, what it was …
"I've been asking to see you for almost a month," Boyle said amiably. "You
haven't agreed to a meeting until now."   (118)

(16) He'd sent Judith and the kids on ahead and sped to the country lockup at
90 m.p.h.
Nothing important …
"I didn't want to see you 'fore this," Phelan said slowly, "'cause I was think-
ing maybe you just wanted to, you know, gloat."   (118)

(17) It had been the hardest case Boyle had ever run, and he'd despaired many
times of ever finding the perp. But, by God, he'd won. So, maybe there *was* a
part of him that had come to look over his trophy.
… I killed her…. And there's nothing else I have to say.

"I just have a few questions to ask you," Boyle said. "Do you mind?"　　(119)

突然出てくる I killed her という表現は、それ自体が読者に恐怖心を引き起こす可能性があるが、この表現、特に kill という単語をヒントに読者はこのイタリック体が今回の殺人事件と何かしらの関連があると推測できる。そうすると I が殺人犯の Phelan、her が被害者を指しているとも推測できる。さらにそこから読者は、このイタリック表現は Phelan の思考を描写していると推測する可能性がある。ここで、Phelan の発話だと推測する可能性は低いと考えられる。なぜなら、例えば (14) ではイタリック体の表現の直後にPhelan の発話があるからである。実際、他の引用箇所や引用した以外の箇所でも、登場人物の発話は全て直接話法で描写されている。また、発話であれば、それに対する反応や返答が期待されるが、このイタリック表現に対する Boyle や Phelan の反応や返答はない。しかし、読者がこのイタリック表現の意味についてどこまで推理を深めようとしても、情報不足のために、確定的な推理を行うことはできないのである。特に (15) と (16) のイタリック表現は文の形を成していないため情報が少なく、意味的にも推測を深めるのに役に立たない。読者が推測を強いられ、それが長引く点で、このイタリック表現はサスペンスを引き起こす効果的な働きをしている。以下で述べるように、このイタリック表現は Phelan の発話と捉えても思考と捉えても妥当とは言えず、確信を伴った推測は難しく、読者は不安定な状況に置かれるのである。

　イタリック表現の正体が明らかになるのは、小説の中盤、Boyle が殺人事件のあらましを整理するため、Phelan の自白の記録を読み上げる場面である。2 種類の引用符が用いられている。1 重引用符は Phelan の自白を表しており、それを Boyle が読み上げているため、2 重引用符で囲まれている。

(18) Boyle lowered his head and in his best jury-pleasing baritone read from the
　　transcript, "'I was riding around just, you know, seeing what was there. And

I heard they had this fair or festival or something, and I kept hearing this
music when I cut back the throttle. And I followed it to this park in the
middle of town. […]

"'Anyway, what it is, I killed her. I took that pretty blue scarf in my hands
and killed her with it. And there's nothing else I have to say.'"

Boyle'd heard similar words hundreds of times. He now felt something he
hadn't for years. An icy shiver down his spine.　　　　（下線部引用者）(123)

下線部に１重引用符があることから、Phelan の自白だとわかるが、下線部
のうち１文目と３文目は先に引用したイタリック表現と対応している。こ
の場面によって、前触れなく現れていたイタリック表現が Phelan の自白の
一部だったことが初めて判明する。下線部の直後では、Boyle が Phelan の
自白の映像を繰り返し見ていたことが示されている。映像を通し、何度も
Phelan の声を聞くことで、Phelan の言葉が Boyle の脳裏に深く焼き付いて
いたと考えられる。Phelan と会話をしながら、Boyle の頭に Phelan の自白
の言葉がふと浮かんだのだろう。イタリック体で書かれていた文章は Phel-
an の発話であるだけではなく、Boyle の思考でもあったのである。この場面
でイタリック体の表現の正体が明らかにされることにより、読者がこの表現
に対して抱いていた不可解な印象は解消される。

　イタリック体の文章は発話と思考の両方の描写となっている。しかし、思
考の性質が強いと考えることができ、形式としては自由直接思考に当たる。
Phelan の発話だとすれば自由直接話法と判断できるが、各場面で Phelan が
実際に発話しているわけではない。Boyle の思考に Phelan の過去の発話が
現れたのであり、Boyle の思考の断片として捉えるほうがより自然である。
Boyle が読み上げた自白の記録と全く同じ表現であることから、ここでは、
イタリック体の文章は脳内で Phelan の自白の映像を再生する Boyle の思考
そのものを描いた自由直接思考として分類しておく。

　Phelan の発話であり、Boyle の思考でもあるという特異な言葉を描写する

ために、ここでは自由直接思考が選択されている。自由直接思考は他の表出様式には見られない特徴があり、この文脈に最も適しているが、それにより結果的にサスペンス効果も生まれている。はじめに、なぜ自由直接思考が選択されたのかという理由を2つ述べる。1つ目の理由として、伝達節の欠如が挙げられる。思考の表出様式のうち、自由直接思考と自由間接思考は伝達節なしに思考内容を描写できるため、誰の思考なのかを明示する必要がない。明示しないことで、誰の思考なのかの判断は読者に委ねられることになり、かつ文脈でその判断に確信が持てないために、読者は判断の保留を余儀なくされ、心理的不安を抱く。仮に伝達節を必ず伴う形式である直接思考で伝達する場合は、以下のようになる。

(19) Boyle thought, "Anyway, what it is, I killed her."

誰が思考しているかが明らかになってしまう点で、サスペンスの効果が減ずる。その上、この形式では引用符で囲まれた文章がBoyle の思考そのものになってしまい、事実と反する記述になっている。I はBoyle を指すことになり、Boyle が殺人犯ということになる。しかし、そのような認識はこの小説内の事実に反し全くの誤解である。

　2つ目の理由は、登場人物の言葉の保存である。伝達節が排除される思考の表出様式は自由直接思考と自由間接思考である。自由間接思考は時制と人称が間接思考の規則に準じ、以下のようになる。

(20) Anyway, what it was, he had killed her.

現在時制は過去時制に、過去時制は過去完了に、1人称代名詞I は3人称代名詞he に置き換わる。Boyle の思考、そしてPhelan の発話に操作が加えられたものとなる。Boyle は何度も繰り返し見たPhelan の供述の映像を脳内で再生しているかのように、Phelan の発話を思い出す。現実の世界におい

て、映像を再生したときに映像の中の人物の発話がありのままの形で再生されるように、Boyle の脳内で再生される Phelan の発話はありのままの形を保っている。したがって、何らかの操作を加える自由間接思考よりも、登場人物の言葉をそのまま保存できる自由直接思考の方が、Boyle の頭にふと過ぎる Phelan の供述を描写する表出様式として適当である。ただし、(14)と(15)では、Phelan の自白である Anyway what it is の時制が変わり、Anyway what it was となっている。時制の一致が起きていると捉えれば、自由間接思考となる。しかし、(14)ではその後に I killed her と続くところから、前半部分の Anyway what it was のみを自由間接思考と見なすことは不自然である。この場面では、Phelan の自白に対する Boyle の記憶が曖昧だったため、Anyway what it was という文が現れていると考える。Phelan の自白の供述を読み上げた後の Boyle のイタリック体の思考では、Anyway what it is という形で現れる。

(21) *Anyway, what it is, I killed her. I took that pretty blue scarf in my hands…* (132)

自身で再度音読することで、記憶の精度が高まり、よりありのままの形の供述を思い出せるようになったのである。前半部分で思い出している供述は短く、断片的なものだったが、この場面では長い自白を正確に脳内で再生していることが窺える。

　以上 2 つの理由はサスペンスを引き起こす要因とも繋がっている。伝達節の欠如により、イタリック体の表現は誰の言葉かわからないまま描写される。また、Phelan の発話をありのまま保存するため、地の文にありながら、語り手の言葉とは異質なものとして現れる。読者はイタリック体の表現が Phelan の自白だと知るまで、誰がいつ発した言葉なのか確信が持てない状況に置かれる。文脈から乖離した内容が描かれるだけでもサスペンス効果が生じるが、さらに自由直接思考が用いられることによって、表現に不可解さが増し、サスペンス効果が大きくなっているのである。

3.3.3　思考描写の差

3.2 で指摘したとおり、"Interrogation" では、語り手が Boyle の内面を語ることにより、読者が Boyle の視点をとって読み進めるような工夫がなされている。Boyle の思考の描写には、自由直接思考や自由間接思考が用いられる。一方で、Phelan の思考の描写は一切されず、読者は Phelan の内面を知る術が与えられない。"Interrogation" の語り手は全知の語り手であるため、Phelan の思考を知り得るはずだが、それらが読者に提示されることはない。読者に対し、Boyle の内面に関する情報が圧倒的に多く与えられ、Phelan の内面に関する情報は隠されているのである。堀田 (1998) は読者が持つ情報量に着目してサスペンス効果を論じ、情報不足のためにサスペンス効果が増幅されること、また情報量が増える代わりにサスペンス効果が減ずることを指摘している。ここでは、Phelan の内面が描写されず、Boyle の内面が複数の表出様式を用いて詳細に描写され、サスペンスが現れることを示す。次に、Boyle の思考の描写を引用する。(22) が自由直接思考、(23) が自由間接思考である。

(22)"Your wife works, does she? My mama wanted to work too. My father wouldn't let her."
He calls his mother "Mama," but his father by the more formal name. What do I make of that? 　　　　　　　　　　　　　　　　（下線部引用者）(130)

(23)It seemed appropriate that the operative word when it came to James Kit Phelan's life would be a question. Why had he killed Anna Devereaux? Why had he committed the other crimes he'd been arrested for? Many of them gratuitous. Never murder, but dozens of assaults. Drunk and disorderlies. 　　　　　　　　　　　　　　　　　　　　　（下線部引用者）(127)

Phelan への尋問を通して推理を進めていく Boyle の心中が描かれている。

謎が解決されずに苦悩して、自問自答する Boyle の思考の流れが地の文に現れる。次の引用では、解決の糸口を見つけ、逸る Boyle の心中が描かれている。

(24) Phelan put on a tough face. They were getting close to something, Boyle could sense.

"In a way."

<u>Encourage him. Gentle, gentle.</u>

"How's that?"

"My mama died when I was ten." 　　　　　　　（下線部引用者）(129)

下線部が、過去を語り始めた Phelan からさらに情報を引き出そうとする Boyle の思考を描いた自由直接思考である。先ほどの自問自答ではなく、つい急いてしまいそうになる自分自身に言い聞かせているような内容となっている。このように、様々な Boyle の思考が自由直接思考や自由間接思考を用いて描写され、読者は Boyle の内面を深く知ることができるのである。

　Boyle の思考が詳細に描写される一方で、Phelan の思考は一切描写されない。両者の描写の差が顕著に現れる 2 つの場面を以下に引用する。Boyle の質問に対する Phelan の反応が特徴的である。

(25) "Why'd you kill her, James?" Boyle whispered.

Phelan shook his head. "I don't exactly.... It's all muddy."

"You must've thought about it some." 　　　　　　　　　　(123)

(26) "Who? Your biker buddy?"

Phelan shrugged. "Maybe."

"What was his name again?"

Phelan smiled. 　　　　　　　　　　　　　　　　　　　(123)

どちらの場面でも、Phelan は質問に対し、明確に答えを述べない。最後の質問に対しては、笑顔を浮かべ、答えをはぐらかす様子が窺える。一方で、Phelan が Boyle に質問をする場面では、次のような描写が見られる。質問に対し、Boyle は的確な返答をしていないが、地の文で Boyle の心中での返答が描写されている。

(27) "That's not much of an answer. The past. Is. Boring. You ever shot anybody?"
<u>Boyle had. Twice. And killed them both</u>. "We're here to talk about you."

（下線部引用者）(120)

(28) "Why?" Phelan repeated slowly. "Yeah, everybody asked me about the motive. Now 'motive' ... that's a big word. A ten-dollar word, my father'd say. But 'Why.' That cuts right to the chase."
"And the answer is?"
"Why's it so important?"
<u>It wasn't Not legally</u>. […]
"We just want to complete the report."

（下線部引用者）(120)

1つ目の場面の最後で実際に行われた発話は引用符内のみである。下線部を付した3文は Boyle の心中での返答である。Phelan の質問に対し、We're here to talk about you と答えをはぐらかしているが、地の文の自由間接思考で Boyle の返答が読者にだけは提示される。伝達節なしで描写できる自由間接思考を用いることで、Boyle と Phelan の直接話法による会話を遮ることなく、やりとりを通して即時的に生じた Boyle の思考が自然な形で地の文に現れている。実際には発話されていないが、読者は質問に対する Boyle の答えを知ることができるのである。2つ目の場面でも同様で、Phelan からの質問に対し、We just want to complete the report と Boyle は曖昧な返答をしているが、心中では下線部のように考えていることが読者に示される。

このように、Boyle と Phelan はお互いの腹の内を探るように質問をし、曖昧な返答をしたり、返答をしなかったりと駆け引きをする。Phelan は思考が一切描写されないため、真意を全く読み取ることができない。しかし、Boyle の心中での返答は提示されているため、読者は Boyle の真意を読み取ることができる。同じように質問をはぐらかしていても、上記の場面のように、読者が知り得る両者に関する情報量には差が生まれる。

　小説の結末では、Boyle に対して Phelan が虚偽の供述をしていたことが判明するので、尋問の最中から Phelan が Boyle を騙し、情報を引き出すために様々な策略を練っていたということは、最終的に読者にも想像がつくようになる。しかしながら、仮に Boyle の思考と同様に Phelan の思考が明示的に描かれていたとすれば、読者は結末よりも前に Phelan の復讐計画を知ってしまうことになり、サスペンス効果は薄れる。Phelan の思考を一切描かず、Boyle が推理を深めていく様子のみを提示することで、読者に対して、結末まで Phelan の思惑を隠しておくことができる。

　読者が Phelan について知り得る情報と言えば、背格好などの外見や面会中の動作、事件の記録など事実的な情報ばかりで、殺害動機や Boyle との面会に応じた理由などの感情に関する情報は与えられていない。全知の語り手は自身が知り得る Phelan の情報のうち、思考に関する情報を読者に提示しないことで、読者が Phelan の思惑を知り得ない状況を作り出している。Boyle の視点に沿って読み進める読者は、小説の終盤で Boyle が Phelan に嵌められたと気づくと同時に、それまで隠されてきた Phelan の思惑に気づき、Boyle と同様に驚くことになる。与えられる情報が限られているためにサスペンスが生じ、その状態が小説の終盤まで続くためにサスペンスは増幅しているのである。

4. おわりに

　本稿では文体論の枠組みに基づき言語を誘因とするサスペンスについて議

論した。マクロサスペンスが短編全体に及んでいることは当然であるが、ミ
ニサスペンスに関しても、1文内で情報が明かされ、読者の心理的不安が解
かれるという短いものだけではなく、数行、数ページに渡ってサスペンス効
果が持続しているものもあった。読者のスキーマに依存するサスペンスから
始め、隣接ペアや情報構造、語り、視点、ダイクシス、発話と思考の描写な
ど様々な観点からサスペンスが誘発されたり、増幅したりしていることを理
論的に論じた。本稿は理論研究であり、ここで議論した内容の妥当性を検証
するために実証研究が行われる必要性が残っている。しかし、現実の読書体
験は非常に多様で複雑であり、現実を正確に反映した実験を行うことは困難
を極める。その点では、本稿のような理論研究をさらに積み重ねることも重
要である。

注

1　研究書ではないが、日本推理作家協会 (2010) では日本の推理小説家43人が各々
　　の小説の書き方を披露している。

2　日本において、英語文体論を集中的に取り上げている文献には斎藤 (2000, 2009)
　　などが、文学理論の1つとして取り上げている文献には廣野 (2005) やバリー
　　(2014) などがある。

3　道具というと奇異に聞こえるかもしれないが文体論ではよく比喩的に tool とい
　　う表現が用いられる。これは対象に応じて分析者が道具を使い分けることを表し
　　ている。また、Wales (2014) は文体論の教育学的、実証主義的側面の強さからこ
　　の比喩の説明をしている。

4　掉尾文 (periodic sentence) は、(3) のように挿入句が入り、文の主要素が離れて
　　いる文や、従属節を先に置き、主節が後ろに来る文のことを言う。

5　スキーマは経験により加筆修正される性質があるため個人差がある (Stockwell
　　2002)。そのため、以降で行っているコーパス分析がすべての読者に当てはまる
　　わけではない。

6　Burke (2010: 80) は、文体論でレポートを書く学部生への助言として、適切な分
　　析対象が小説の冒頭か結末に多いと指摘している。

7 必要な情報の欠如ゆえにこの技法を威圧的と捉える読者もいる（Black 2006: 76）。

8 直示表現を理解する際の起点のことをダイクティック・センター（deictic center）と言う。この起点が通常は自分自身にあるが、「あなたから見て左側」と言うようなときには起点を相手に投射して考えている。

9 伝達節とは、その文が誰かの言葉の伝達であることを示す節を指し、Boyle said や He thought などが例として挙げられる。ここでは、He wondered が省略されていると考えられる。

10 Jespersen（1924）は思考の表出様式と発話の表出様式の区別をつけず、自由間接話法と自由間接思考に対応する概念として、描出話法（Represented Speech）を定義した。この描出話法は他に、体験話法や中間話法という名称を与えられることもある。

参考文献

Bell, Scott J.（2012）*Elements of Fiction Writing: Conflict and Suspense*. Cincinnati: Writer's Digest Books.

Black, Elizabeth.（2006）*Pragmatic Stylistics*. Edinburgh: Edinburgh University Press.

Burke, Michael.（2010）Rhetorical Pedagogy: Teaching Students to Write a Stylistics Paper. *Language and Literature* 19（1）: pp.77–98.

Burke, Michael, Szilvia Csáby, Lara Week L and Judit Zerkowitz.（eds.）（2012）*Pedagogical Stylistics: Current Trends in Language, Literature and ELT*. London: Continuum.

Burke, Michael.（ed.）（2014）*The Routledge Handbook of Stylistics*. London: Routledge.

Chen, Rong.（2011）The Mind as Ground: A Study of the English Existential Construction. In Klaus-Uwe Panther and Günter Radden.（eds.）*Motivation in Grammar and the Lexicon*, pp. 40–70. Amsterdam: John Benjamins Publishing Company.

Deaver, Jeffery.（2007）*More Twisted*: *Collected Stories*. New York: Simon and Schuster.

Gregoriou, Christiana.（2007）*Deviance in Contemporary Crime Fiction*. Basingstoke: Palgrave Macmillan.

Jeffries, Lesley and Daniel McIntyre.（2010）*Stylistics*. Cambridge: Cambridge University Press.

Jespersen, Otto.（1924）*The Philosophy of Grammar*. London: George Allen and Unwin.

Lambrou, Marina and Peter Stockwell.（eds.）（2007）*Contemporary Stylistics*. London: Continuum.

Leech, Geoffrey.（2008）*Language in Literature: Style and Foregrounding*. London: Longman.

Leech, Geoffrey and Mick Short. (2007 [1981]) *Style in Fiction: A Linguistic Introduction to English Fictional Prose*. London: Longman.

Messent, Peter. (2013) *The Crime Fiction Handbook*. Chichester: John Wiley.

Michaels, Leigh. (2007) *On Writing Romance: How to Craft a Novel that Sells*. Cincinnati: Writer's Digest Books.

Nørgaard, Nina, Beatrix Busse and Rocio Montoro. (2010) *Key Terms in Stylistics*. London: Continuum.

Rosenwasser, David and Jill Stephen. (2011) *Writing Analytically*. Belmont: Wadsworth Publishing Company.

Schegloff, Emanuel. (2007) *Sequence Organization in Interaction.* Cambridge: Cambridge University Press.

Simpson, Paul. (2004) *Stylistics: A Resourceful Book for Students*. London: Routledge.

Stockwell, Peter. (2002) *Cognitive Poetics: An Introduction*. London: Routledge.

Stockwell, Peter and Sara Whiteley. (eds.) (2014) *The Cambridge Handbook of Stylistics*. Cambridge: Cambridge University Press.

Thorne, Sara. (2012) *Mastering Practical Grammar*. Basingstoke: Palgrave Macmillan.

Vorderer, Peter, Hans Jurgen Wulff and Mike Friedrichsen. (2013) *Suspense: Conceptualizations, Theoretical Analyses and Empirical Explorations.* London: Routledge.

Wales, Katie. (2014) The Stylistic Tool-kit: Methods and Sub-disciplines. In Peter Stockwell and Sara Whiteley. (eds.) *The Cambridge Handbook of Stylistics*, pp.32–45. Cambridge: Cambridge University Press.

斎藤兆史 (2000)『英語の作法』東京大学出版会

斎藤兆史 (編) (2009)『言語と文学』朝倉書店

日本推理作家協会 (編) (2010)『ミステリーの書き方』幻冬舎

バリー・ピーター　高橋和久監訳 (2014)『文学理論講義：新しいスタンダード』ミネルヴァ書房〔Barry, Peter. (2009) *Beginning Theory: An Introduction to Literary and Cultural Theory*. Manchester University Press.〕

廣野由美子 (2005)『批評理論入門―「フランケンシュタイン」解剖講義』中央公論新社

廣野由美子 (2009)『ミステリーの人間学―英国古典探偵小説を読む』岩波書店

堀田知子 (1998)「サスペンスについての一考察」『英語英文学論叢』17: pp.86–98. 龍谷大学英語英文学研究会

山本史郎 (2008)『東大の教室で「赤毛のアン」を読む―英文学を遊ぶ 9 章』東京大学
　　出版会
ロッジ・デイビッド　柴田元幸・斎藤兆史訳 (1997)『小説の技巧』白水社〔Lodge,
　　David. (1992) *Style in Fiction*. London: Penguin Books.〕

情報時代における
英語・英文学をめぐる知識作法

井田浩之

1. はじめに

　本稿では現代の英語・英文学研究において、テクスト、読者、学術コミュニティがどのように特徴づけられるのかを、媒体の変化という視点から分析したい。英語・英文学研究自体が、批評理論、ポストコロニアル文学へと範囲を拡大していく中で、情報時代によって、私たちがいわゆる「テクスト」に触れる方法も多様化してきたことは看過できない。本来であれば、英語・英文学の立場からこの問題を論じた方がふさわしいのかもしれない。しかし、メディア論や図書館情報学的な立場から、現在の英語・英文学研究がメディアの進展にしたがってどのような変化を遂げてきているのかを論じることは、ある意味では英語・英文学研究の位置付けを再考する上でも有益であると思われる。英語・英文学研究がテクストを中心に微視的な分析を重要視する領域だとしたら、視点を変えて媒体の方向から目を向けて見ることは、むしろ新しい視点を提供することができるかもしれない。

　ではここで、なぜ、テクスト、読者、学術コミュニティについて考える必要があるのだろうか。メディアの変化によって、紙媒体で読むことが当然だと思っていたテクストそのものが激変しようとしている。その卑近な例を挙げると、デジタル端末の登場によってテクストの入手形態が変わってきた。デジタル書籍といった形で提供されることで、従来の書店に足を運んで本棚の前でテクストを探さなくても、いつ・どこにいてもオンライン上でダウン

ロードすることが可能になった。この変化に伴って、私たちがテクストを読む方法自体も変わってきたことは言うまでもないだろう。辞書を丹念に引き、テクストに書き込みをして、必要な情報を貼り付ける——この行為自体が無くなったとは言えないものの、画面上でアンダーラインを引く、マーキングをする行為は、決して稀有の経験ではなくなっているのだ。机に座って黙って本を読むことがテクストと向き合う唯一のやり方だとされていた時代から、世界中どこにいてもテクストを読める新しい時代が到来しているのである。

　テクノロジーによる変化の結果、英語・英文学の研究自体はどうなっているのだろうか。この問いに取り組むことは、英語・英文学研究の現状を考える上でも、必要不可欠な視点になっていると考えられよう。

　以上の問題意識に基づいて、本稿ではテクスト、読者、学術コミュニケーションに焦点を当てることで、情報時代における英語・英文学研究のあり方を媒体の変化から検討することにしたい。

2.　情報時代における英語・英文学を考えるために　情報時代、
テクスト、読者、学術コミュニティを手掛かりに

　本節では先に掲げたように情報時代における英語・英文学の現状を探るためにテクスト、読者、学術コミュニティについて考える。本節は概念の定義に終始せざるを得ないものの、当然のように使われている概念を冷静に眺めることにつながることが期待されている。

2.1　情報時代はどのように説明できるのか

　まずは「情報時代」について検討してみたい。「情報時代」はどう記述できるのだろうか。*Oxford English Dictionary* で 'information age' を調べてみると、「とりわけコンピュータ・テクノロジーを利用することによる、情報の探索、管理、そして伝達が主な（商業的）活動となる時代」と説明されてい

る。コンピュータ・テクノロジーを使って、私たちが情報を処理する過程が劇的に変わり、生産性が問われるようになったのである。この定義に倣った情報社会において、英語・英文学研究と教育に関する〈ことば〉や情報に対してどのような影響を及ぼしているのだろうか。利用者（消費者）である私たちが思考し、発信するために使う〈ことば〉や情報そのものにどのような変革を迫っているのだろうか。以降の議論は、このような問いを常に念頭においた上で進めていくことになる。

2.2　英語・英文学の特徴とは？

一方、英語・英文学の研究はどのように特徴付けられるだろうか。Bourdieu（2004: 22）は学術研究の特徴を説明するうえで、学者たちの言語使用域について、「経験主義者の素質」（empiricist repertoire）で「慣習的に客観的な（個人的な感情を出さない）やり方で書く」と説明している。単純ではあるが、サイエンスとヒューマニズムの二項対立的な分類にしたがうとするならば、「客観的ではなく、感情を表出した形で書く」ことが英語・英文学研究の1つの特質だと言える。サイエンスが「物理的世界が文字通り単独で行動し、話しているかのようにテクストを構築する」のだとしたら、英語・英文学が対象とするのは、「テクスト自体が単独では存在することができないような、複雑に絡み合った世界」だと言い切ることができるだろう。

2.3　媒体とは？　メッセージとの関係を手掛かりに

「媒体」とはその定義上、2つの何かをつなぐものだと考えてよいだろう。英語・英文学の研究に話を絞れば、例えば、私たちは作品の背景を調べるために百科事典を使う。単語の意味がわからないので辞典を引く。作品の解釈がわからないので他の人の解釈に耳を傾ける。そういう私たちの解釈を支えてくれているリソースを、総じて「媒体」と呼ぶことができそうである。私たちと〈ことば〉で示された対象の世界をつなぐものと捉えられる。

その一方で、McLuhan（1995: 151）の「メディアはメッセージである」

（Medium is Message）に注目をしたい。水越（2011）によれば、もともと英文学者であったマクルーハンがそれまでの文学研究が小説や詩の中身（メッセージ）、すなわちメッセージだけの研究をしてきたのに対して、中身というものはそれ以上に、それが媒体、大型本といった媒体、すなわちメディアの有り様によって大きく決定されるものだということを主張したようとしたのだと解説する。マクルーハン（2007: 188）はこのエッセイでメディアの特徴を次のように説明している。

> すべてのメディアの特徴は、どのようなものであれ、メディアの「内容」はほかのメディアだということを意味する。書記の内容は話で、印刷の内容は書かれた言葉で、電信の内容は印刷だ。「話の内容は何か」と問われるなら、「それは思考の実際の過程で、それ自体は非言語的なものだ」と言わなければならない
> （エリック・マクルーハン、フランク・ジンクローン編『エッセンシャル・マクルーハン　メディア論の古典を読む』）

マクルーハンの指摘をもとにすれば、私たちの中間にあるものが、私たち自身の拡張（私たちの思考や実際の行為によって作り出されたもの）であり、そこに新しい技術が導入されることで、社会や個人への影響を及ぼしてきていることが考えられる。水越（2011: 117）によれば、「コミュニケーションの内容そのものよりは、コミュニケーションの媒（なかだち）の構造や機能に着目した」ものであると位置付けることも興味深い。私たちの思考を反映したことばと私たちの媒が百科事典、辞典、研究書であり、そこにおける記述自体は、それぞれのメディアが大きく規定することになると解釈することができるのである。そうすると、即座にテクストと私たち（本稿では「読者」とする）の関係へ着目せざるを得ないことになる。

　ここまでをまとめると、「媒体」の変化を1つの現象として捉えたときに、英語・英文学の研究を取り巻く重要な要因となるテクスト（媒体の最終

形態）によって、読者の関係が規定される可能性についても探究していく必要があると言える。そのような関係を支えているコンテクストとなる「学術コミュニティ」は、情報時代の中でどのような特質を持っているのだろうか。その結果、英語・英文学研究の中でどのような役割を果たしているのだろうか。

3.　英語・英文学の知識作法の着眼点
テクスト、読者、そして学術コミュニティ

　テクストの変化と読者の関係を一義的に決定することはできないとする点については、Jonathan Culler による鋭い考察も存在している。英語・英文学の研究の文脈ではそれぞれの要素をどのように説明できるのか。ここでは、①テクスト、②読者、③学術コミュニティの観点から検討を加えていくことにする。

3.1　テクスト

　英語・文学研究と教育におけるテクストとは何を意味するのだろうか。*New Dictionary of the History of Ideas*（2005: 2303）で TEXT/TETUALITY の項目を引いてみると、「これは定義ではない」と断言した上で、「確かに、テクストは1つの考え方として扱われるかもしれないが（中略）そうすることで、テクストが何であるのかについて何か重要なことを見逃すのだ」（2304）との記述がある。一方、*The Columbia Dictionary of Modern Literary and Cultural Criticism*（1995）で「テクスト」の項目にあたってみると、Roland Barthes の「作品からテクストへ」に言及しながら、「テクストとは、終結、意味、そして作者の意図が合致しないような通常の概念に対する言語の構造である」としている。Barthes はこのエッセイでテクストの特徴について7つの点を挙げているが、わけても「テクストには複数の意味が付される」趣旨である「テクストは複数である」（The Text is plural）とする視点にさらなる思考

を加えたい。

　作者が差し出したテクストを、作者の込めた意図を全面的に信頼する形で、テクストそのものだと捉えていいのだろうか。先に見たように、テクストの解釈は複数あり、多義的であるということは、テクストの解釈自体が著者によって一義的に決まるのではなく、読者に解釈の余地が与えられることを意味する。バフチン（1979: 14）は『小説の言葉』の中で、小説の特徴を「社会的多様性」、「多言語の併用」そして「個人のことばの多様性」と説明したうえで小説というジャンルの前提について次のように説明している。

　　言語の社会的多様性とその基盤の上に成長する個人のことばの多様性によって、小説は自分のすべてのテーマを、描写され、表現される自分の対象的意味のすべての世界を管弦楽化する^{オーケストレーション}

1つの作品やテクストを巡って様々な読者が解釈や理解を作り出し、それを更新する形での様々な媒体（書籍、学術雑誌、そしてオンライン上の掲示板やブログにまで）が発表される今日的な文脈にも該当すると言えるだろう。媒体と解釈の多様さ。ここから絶えず生まれる新奇性の中で、私たちのテクストの消費や、テクストの読み、その経験はどのように作り変えられていくのか。紙媒体上でのテクストの解釈を前提だと考えていた場合、オンライン上で発表される解釈自体はどのように考えていけばいいのだろうか。テクストそのものの認識はもちろん、読者である「私たち」はどのように位置づけられることになるのか。

　それだけではない。情報時代の発展によって、私たちは日本という場所で、一体何語で書かれたテクストを消費するのか。例えば、フランス語から日本語に訳されたテクストを読むことと、フランス語から英訳されたテクストを読むことについて、元のテクストの主張を把握することにはどのような違いが生じるのだろうか。情報時代の帰結として、オンラインでのみ刊行される学術雑誌も登場し、オンラインでのみ配信される情報も存在している。

一概に英語で伝達される情報と言っても、その発信源となっている人の母語は英語なのか、それ以外の言語なのか。出版や発信源はどうなるのか。1つだけ確実に言えるのは、「テクストとは何か」とする問いへの答えを得ることが難しくなっているということである。

　この問題を、英語・英文学の視点に焦点を絞って考えてみたい。文学研究において、「キャノン」を問い返す研究は夥しく存在し（Altieri (1984) など）、キャノンを捉え直す動きも様々な形でなされている。その動き自体は「媒体」に最も露骨に現れているらしい。例えば富山（2006: 196）は、近年の文学研究を反映して既存の文学史を書き直した成果が『オクスフォード版英国文学史 *The Oxford English Literary History*』のシリーズに見られると説明する。富山は、文学史を歴史学の一分野としながら、作品の配列順番、作者間、作品間の関係、批評的な価値評価が、文学史を考える上での観点だと切り込む。それを踏まえて興味深いのは以下の指摘である。

> ひょっとすると、文学史の最大の示差特徴とは、時代区分と連動する保守的なジャンルの区分かもしれない。更に言えば、大学なる場で英米文学を研究し教育しているわれわれの臆面もない学者面を支えているのも、文学史の核にある時代区分とジャンルの枠組みであるとしていいのかもしれない。日本英文学会のような総花的な学会にしても同じような構造の上に成り立っているはずである。ただそのことが長年の蓄積によって惰性化しているために、敢えて誰も問い直そうとはしないだけである

特に文学研究のように「ジャンル」が重要な構成要素として学術コミュニティを形成する領域では、既存の枠組みを問い直すために、既存の枠組みを構成している部分が、全体とどのような関係になるのかを把握した上で、巨視的かつ微視的な視点からの問い直しが求められるのだが、富山は、現在はそれ自体が自明と化していて（逆に見えなくって）問われない状態だと指摘す

る。興味深い点は、文学の存立基盤を示す「文学史」という装置を、「媒体」とコンテンツの関係から指摘しつつ、ひいては、それを支えている学術コミュニティの問題に引きつけているところだろう。

　この指摘を手掛かりに、「媒体」の側に視点を移動させてみる。テクノロジーの発展によってオンラインの情報どころか、むしろ「媒体」そのものの認識が大きく変わってきていることがわかる。研究の最先端を伝えるためには「媒体」がその役割を担っている。しかもその最先端が、その領域全体を根底から覆すものであれば、その媒体はシリーズとして大きな規模で提示されることになる。そう考えると、テクストとは何かをめぐって私たちが注目するべきなのは、「書誌媒体」がどのような様相を帯びているのかという点なのかもしれない。私たちが想像もしていなかったリソース群が眼前に出現するということに加えて、私たちが見たことのない形態が、私たちの前にやってくるということが――このようなシリーズが編纂されるのかという知的驚愕も伴うことが――往々にしてあり得る時代なのである。

　私たちの前に転がってくるメカニズムを考えるには、情報の流通という観点も押さえておきたい。情報通信政策研究所調査研究部（2011）によれば、情報流通は「人間によって消費されることを目的として、メディアを用いて行われる情報の伝送や情報を記録した媒体の輸送」と説明している。この視点が意義を持ってくるのは、「媒体の輸送」速度が、従来考えられなかったほどに高まっているからである。これまではペーパーバックで読むことが当然だと思っていたものでも、情報流通のメカニズムが変わることで、電子媒体や、オンライン上で読めるものである。そうなると私たちの考えていた「テクスト」のもつ「媒体らしさ・感覚」までも変わってくる。テクストの概念が、揺らいでいるのである。

　もう１つ、テクストの安定性や媒体に対する感覚に揺らぎを与えているのはテクノロジーの形態の変容が根底にあるためである。テクノロジーの目まぐるしい進展によって、文学研究に資するテクストをまとめた貴重なデータベースが、近年その数を増やしてきている。Literature Online (LION)（図

情報時代における英語・英文学をめぐる知識作法　277

図1　LION のホームページ　　　　図2　ECCO のホームページ

［図1・2 ともに、Senate House Library, The University of London〈http://senatehouselibrary.ac.uk〉2015.5.13］

1) や Eighteenth Century Collections Online（ECCO）（図2）といったデータベースはほんの一例にすぎない。前者は文学テクストのオンライン版、各種レファレンス、論文などが、キーワード検索によって串刺しに使えるデータベースである。後者は 18 世紀に英国で印刷された 2,600 万点以上の資料がスキャナで読み取られており、それがキーワードによって検索可能なデータベースである。歴史上の貴重な資料が——貴重本として扱われてきて、研究者ですらアクセスするのに苦労していたものや、場合によっては留学しなければ読めなかったような資料が——データベースの開発によって、容易にアクセスできるようになっているのである。

　ただし、考えておかなければならない問題が出てくる。第一に、オンライン上のデータの永続性である。すなわち、ひとたびメディアが変われば、オンライン上のデータは使えなくなるのではないかという懸念が存在するのである。紙媒体でしかアクセスできなかった情報が、オンライン上で検索可能になるのは良いとして、果たしてその情報は永続的に使えるのか。もしデータベースが様相を変えてしまったら、資料へのアクセスはどう担保されるのか。MacNeil（2007: 47）は、デジタル上の情報を永続的に保存することは、「図書館員たちやアーキヴィストたちが資料の性質とデジタル情報の管理に

対する最新の慣習を理解すること」のうえに成り立っていると主張する。オンライン上の情報管理を考える上で、図書館員やアーキヴィストの存在も重要になってくる。その一方で、Tanselle（1996: 49）は、テクストの不安定さを考えるにあたって、従来は作品の著者の問題にばかり焦点があたっていたが、近年では「テクストが取る無数の形態のそれぞれの価値を強調する」という観点から、テクストの変容に着目する方向へと認識が変わっているのである。オンラインであろうが、紙媒体であろうが、それぞれの形態の価値を冷静に見極めていくことを訴えかけているのである。

　第二に、「オンライン」という場所が、果たして資料を同定しやすい場所なのかという問題が出てくる。キーワード検索によって関連する資料が一気に目の前に降ってくるのは、確かに、これまでアクセスが難しかった資料の利用を促進するかもしれない。ところが、キーワード検索で抽出された結果は本当に正しいのか。そこに漏れはないのか。手と足とネットワークによって入手していた中での偶発的な発見（セレンディピティ）はどのようにとって変わられるのだろうか。もともとの資料がオンライン用に加工された資料なのだとすれば、それは両者とも本物だと言えるのか。MacNeil（2007: 44）が authenticity（元のテクストと比較したときに、デジタル情報は本物のテクストだと考えられるのか）の観点から論じているのがまさにこの点である。MacNeil は続けて先に議論したテクストの安定性ともあいまって「デジタル環境は従来の安定性という構造に加担することへ抵抗する」と指摘する。デジタル環境で作られる世界が従来の紙媒体の安定性を覆し、そして、デジタル環境で保存された文字情報が様々な文脈でコピーされ再解釈されるからである。さらに MacNeil（2007: 46）は、もし技術的な操作によって生み出される差異化が、従来の情報とデジタル情報の区別を生み出す側面だとしたら、テクストの安定性はさらに揺らぐ可能性があるとも述べている。

　当然のことながら、データベースごとの特性やクセも考慮に入れなければならない。データベース上に資料がアップロードされることで、一見すると、資料へのアクセシビリティの向上が全面的な期待を担っているように思

われる。ところが、様々な情報は、「アクセスの容易さ」とデータベースの「中立性」の観点からしても、それぞれの特質が必ずしも一様であるとは言い難いのである。したがって、これまでに見たことのない情報が大量に目の前に来た時に、それが一体どういう属性のものなのかを裏を取りながら吟味していかなければならないのである。そして、そのための知識をどうやって獲得していけばいいのだろうか。データベースには含まれていない情報をどのように把握し、利用者側がその作業をどのように行っていけばいいのだろうか。情報評価の基盤が利用者側になければ、データベースで検索された大量の情報を無自覚に、鵜呑みにしてしまう可能性は高い。

　このような問題を含んでいる可能性のあるデジタル情報を前にして、1つ確認しておくべき根本的な問題がある。「紙媒体は無くなり、デジタル情報に取って代わられるのか」ということである。ピアソン（2011: 12）は諸般の事情を考慮しつつ、人間の感情的な側面を踏まえて「少なくとも現在言われているような形で書物が死ぬということはありえない」と断言したうえで、以下の洞察を行う。

　　人間は書物をまさに好むものであり、自分の日常生活の中で書物に親しみと信頼を覚えている多くの人々は、それが必要でなくなるという考え方を本能的に拒絶するからだ。具体的に言おう。新たに出版されている書物の数は今もなお確実に増え続けているので、電子ブックはまだ貧弱な代用品でしかない。それでは長期的に見て電子媒体が安定するかというと、それも全くわからないのである。書物が死ぬと言うのは、いわばペーパーレスのオフィスが生まれるというのと似たもので、実現しない誤った予言に過ぎないのだ。

テクストの安定性の問題に加えて、読者の情意面も考えると、今後、紙媒体の本が消滅することはないと推察できよう。確かに、オンライン上の情報に取って代わられる側面があるにしても、紙媒体で構築されてきた世界に、電

子書籍のような新しいタイプの媒体が安定性を保って定着することが難しい、と冷静な指摘を施すのがピアソンである。「媒体らしさ・感覚」の観点についても、私たちは紙媒体を通して、読み・書き・思考することは、今後も続けていくだろうし、この行為がなくなることはないと考えられる。

　ここまでの検討をまとめると、テクスト自体は固定的な概念ではなく、むしろ作者と読者の相互作用によって多様に解釈をされるものである。その上、テクノロジーの発展によりこれまでの紙媒体だけではなく、デジタルになるものも増えてきた。英語・英文学の領域においては、これまで私たちが紙媒体でアクセスしてきたものが、データベースによっていつでも、どこでも入手できる環境が整備されつつあることを確認してきた。しかし、その反面、テクストの安定性の問題が浮上していることも検討をしてきたところである。

　では、各種媒体を消費する「読者」の存在を、一体どのように考えていけばよいのだろうか。次節では、この問題について考察を加えることにしたい。

3.2　読者

　「読者」という名の存在は、テクストとの関係において一体どのように説明したらよいのか。例えば読書を例にとって考えてみたい。1つの形態として、もっぱら楽しみのために読むこともあるだろうし、場合によっては知識や情報を得るという目的のもとに行われる読書もあるだろう。どのような形態をとるにせよ、何かを知らない状態から、読書を通して新しい「理解」を形成することは共通していると言えよう。換言すれば、読書を通して、読者はテクストの意味を解読し、その結果として新しい理解や知識を作りだしているとも言える。

　ここでいう「理解」や「新しい知識」の産出について若干の補足をしておきたい。読者の営みに着目すればわかるように、テクストの解釈を巡って、作者の一方的な意図やメッセージが一方的かつ「支配的に」決定されている

のではなく、それどころかテクストを読む際には作者の意図のいかんに関わらず、読者がその解釈を生み出すのである。したがって、作者の伝えようとした本来の意図が、読者によって新しい斬新的な解釈を生みだすことになるのである。Barthes の「作者の死」が提示した概念は、まさにこの意味での読者の登場を明確に宣言するものだったのである。

Barthes 自体は、作者の側から見たテクストの消費者の観点で「読者」を捉えているように思われるが、本稿においては、英語・英文学研究に従事している私たちの存在を「読者」とみなした上で、英語・英文学研究に従事している私たちの読み・書きの行動自体が、学術コミュニケーション（学界）の文化に倣って、どのように規定されているのかを考えることにしたい。そして学術研究が行われる大学（高等教育）のコンテクストにも注意を払いながら、英語・英文学に関係している「読者像」の構築も目指すことにしたい。

読者に関して、「文献講読」の場面を例にとって考えてみたい。研究者の養成機関である大学院などでの文献講読では、読むべき文献が指定され、最終的にはその理解と独自の知見を融合させた「レポート」（ターム・ペーパー）が、1つのアウトカムとして課されることが多い。読むことの最終的な目的がアウトプットにあることを考えると、テクストの役割は、ある形でのコミュニケーションを成立させる前提になることが指摘できる。

「コミュニケーションのために読む」というのが、ここでコミュニケーションの1つの具現化された形であろう。読みに基づいて、レポート、エッセイの形で「書く」からである。一橋大学英語科（2015）を例にとると、一橋大学の学部生対象の英語の授業では、読んだ内容について「ライティング」の形で発信することが1つの到達点になっている。そのために必要となる技術を教科書として体現しているのである。すなわち「コミュニケーション（書く）のために読む」形をカリキュラムとして実現した1つの例であると言えよう。

ここまでの検討をもとにして、読者像を示すために、メディアとコミュニ

ケーション（発信の形）の組み合わせを反映させると、以下の構造が可能となる。

（1）紙媒体で読んで、
　（a）紙媒体で公表されるものに書く
　（b）オンライン上に公表されるものに書く
（2）オンラインで読んで、
　（a）紙媒体で公表されるものに書く
　（b）オンライン上に公表されるものに書く

学術コミュニケーションにおける「書く」行為が、媒体の選択次第で、捉えどころのない事態になっていることが一目瞭然である。根底には媒体の変化が絡んでいるのだが「紙媒体で読む」ときの「紙媒体」とは書籍、学術雑誌、などを指し「紙媒体で公表されるものに書く」といったときの「紙媒体」とはレポート、論文、ポスターなどを指す。「オンライン上に書く」とはブログ、ホームページ、さらにはオンラインでのみ公刊される（紙媒体を持たない）学術雑誌もここに含めることにしたい。

　確かに私たちが紙媒体で公表されるものに書く場合と、オンライン上に公表されるものに書く場合では、消費されるテクストの種類は違うかもしれないし、書く側の動機も異なるかもしれない。また、今やオンライン上でのみ発表される学術媒体が存在するのは公然の事実であろう。そのような状況だけを見咎めて、テクノロジー読者の行動やモチベーションにも影響していると判断するのは短絡的と言えるかもしれない。

　しかし、媒体の種類が増加したことで、私たちの産出したものが迅速に各種手続き（査読、編集などのプロセス）を経て、公表されるのは事実だろうし、急速に情報が公開、受容される速度が加速していることは認めざるを得ない。だとすれば、私たちが読み、それに基づいて知見を産出する行為自体が、テクノロジーを主軸にその結果生じてくるリソース群にある程度は決定

され、私たちもその営みの中心にいることは強調するまでもないのである。

　高等教育機関での英語・英文学の研究を取り巻く環境は、テクノロジーの変容と高等教育改革の結果、従来のあり方を抜本的に問い直すことを余儀なくされている。Readings (1996) は、大学教育の質の評価の問題に触れながら、本来人文系の研究が「知識」を生み出していたにもかかわらず、今では文化コンテンツの欠如がむしろ「卓越性」(excellence) と結びつく状況が生まれていることを指摘している。高等教育が市場と化することで、学問領域が「学際性」を帯びることになり、カルチュラル・スタディーズのような、歴史、美術史、文学、社会学などの結びつきで、学問の再配置を行う動向が生まれてきたのである。Readings は指摘していないものの、この市場の結びつきの裏には、媒体の問題、私たちが知識を吸収する状況のあり方、消費者である「読者」の意識を巡る問題が潜んでいることも指摘できるのである。

　日本にいると、英語・英文学の研究が衰退しているようにも見えるし、高等教育の政策上は厳しい課題が突きつけられているようにも見える。この状況をどう判断したらよいのだろうか。世の中の動きだから仕方ないと割り切ることも可能だろうし、反論を投げかけることもできる。ただ冷静になって考えてみると、各学問が保持していた境界は新しい領域どうしの結び付きによって、次第に崩れはじめ、想定もしなかったような新しい知見が、あたかも私たちが知っておくべき前提となって出現している実情も述べておきたい。インターネットであれ、データベースであれ、あるいはオクスフォード大学出版局から出版されている『一冊でわかるシリーズ』のような新しい視点で問い直された学問の成果によってであれ、いたるところに、その姿・形が現れているのである。

　媒体の側から英語・英文学の研究を眺めてみると、衰退しているどころか、むしろ研究が急速化し既存の枠では収まりきれないほどに拡張していることがわかる。すなわち、この現象は学問の高度化を意味するだろうし、結果として領域の全貌が掴みににくくなっていることにもつながっているだろう。急いで断っておくべきなのは、その見通しの悪さと学問が役立つか否か

の議論はまた別問題だということである。「英語・英文学の研究」の分析対象となることばが「英語」であり、私たちはその対象を巡って日本語で理解することができるのである。その日本語によって構築された英語・英文学の世界の価値を問い直すことは、極めて重要な意義を持っていることが推察できる。

「英語」で書かれた媒体にテクノロジーやインターネットが絡めば、瞬く間に世界の裏側の情報も入手できる。これまでは目をつぶっていても問題のなかった情報が、途端に私たちのアクセスを要求してくる。英語・英文学の研究が文化や政治との結びつきを高めたのは、こういう現象との関連で説明することができるかもしれない。私たちの行動は、やはりテクノロジーに決定付けられていると考えるべきなのだろうか。

テクノロジーが私たちの生活する社会（ないしは文化）を決定づけるとする概念を「技術決定論」(Technology determinism) と呼ぶ。テクノロジー、その利用、そのリスク分析といった、テクノロジーが規定する社会のあり方を多様な観点から捉える論である。ここでは、媒体側から学術コミュニティの本質を問い直す上でも必要な枠組みとなろう。

その一方で、Braman (2004: 139) はテクノロジーが社会を既定する考えに対して「社会が完全にテクノロジーを決定する」視点は検討されていないと指摘する。テクストを中心に発展してきた英語・英文学の学術コミュニティにおいて、研究上で必要となるテクノロジーは何だろうか。研究遂行上のニーズから、必要な媒体を規定することもいよいよ射程に入れて考える時期なのかもしれない。

3.3 学術コミュニティ

ここまで述べてきた、媒体と読者の相互作用によって構築される学術コミュニティとは、どのような形態をとるのだろうか。1つの着眼点は、学術の成果である。英語・英文学の研究が主に紙媒体で行われていた時代と、紙媒体とテクノロジーのハイブリッドな環境で行われている時代とでは、成果が

発表されるスピードも、形態も、その質までも異なるだろう。このプロセスをどう考えたらよいのだろうか。

　ハイブリッドな環境がもたらした１つの帰結は、既存の領域の打ち壊しである。特定のテーマで探究を進めながらも、その探究が建設的かつ強固なものになるには、異なった領域の学問の成果を見なければならない状況が存在しているのである。Bourdieu (1993: 76) は、フィールドに所属することはその領域の「特定の歴史を習得すること」だと説明し、たとえば「哲学者であることは、哲学の領域で哲学者として振舞うことができるように、哲学史について知ることである」だと言及している。このことは、「自分がどの領域にいるか」という主体形成の重要性を説きつつも、私たちが他の領域との関係をどう保っていけばいいのかについての思考も促してくる。

　では、学術コミュニティはどのようなものとして認識すべきなのだろうか。ここでは、学術コミュニケーションに関する３つの図をもとに考察をすすめたい。図3–5 は、主に科学コミュニケーションや図書館情報学の領域において、学術コミュニケーション（scholarly communication）を研究対象とする場合に引き合いに出されるモデルを体系的に図式化したものである。

　このモデルを考えるにあたって、英語・英文学の位置付けを考えておきたい。学術コミュニケーションそのものは、人文・社会科学、理学、工学、医学、薬学といった学術全体におけるコミュニケーションのありかたを研究するものだといってよい。しかしながら、それぞれの領域における研究のやり方、文化や制度の違いまで考慮すると、果たしてどの程度一般化できるものであるのかは難しいところである。英語・英文学の領域を考えてみても、他の外国語文学とは異なった研究文化を有しているだろうし、研究の進め方においても違いを持っているといえる。その点を念頭におきながら、学術コミュニケーション全般に該当する汎用的な側面と、英語・英文学の研究に見られる特徴的な点を区別しながら論じるように試みる。ただしあくまでも便宜上の区分に過ぎないため、厳密性には欠ける点があることも予め断っておきたい。

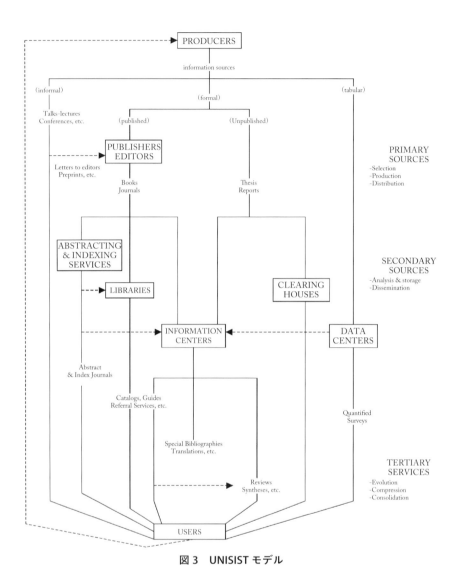

図 3　UNISIST モデル

　図 3 は、ユネスコが科学技術のコミュニケーション向上のために 1971 年に発表した The United Nations Information System in Science and Technology (UNISIST) モデルである。科学技術の世界の全体像を描き出し、知識の生

情報時代における英語・英文学をめぐる知識作法　287

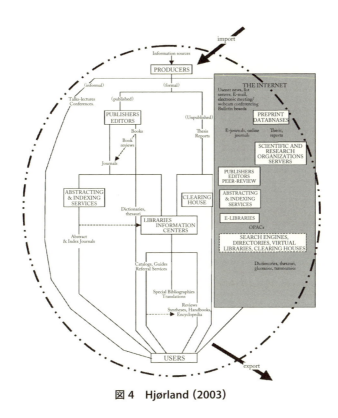

図4　Hjørland (2003)

産者と利用者の関係を様々な組織や文書の単位を含む社会技術の体系として示している。情報資源を「インフォーマル」「フォーマル」のレベルに分類したうえで、インフォーマルな情報（会議での報告など）が出版に値すると第三者に判断された場合、編集者のもとに提案がなされ「フォーマル」な領域に入っていくプロセスが示されている。フォーマルな領域とは査読付きの学術論文が最も典型的な例であろう。その一方で、このモデルでは研究者同士の会話、査読のプロセス、研究成果の実現方法といった細部は看過されている。実は各種学術研究の成果が公表される過程においては、研究者同士の些細なやりとりが重要であることは私たちも経験上分かっていることである。

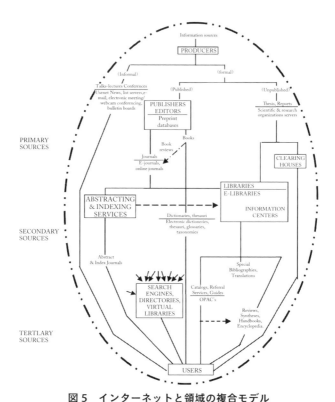

図5 インターネットと領域の複合モデル
［図3–5は Hjørland, Søndergaard, and Andersen（2005）から抜粋］

　UNISIST モデルは、長い間修正されることがなかった。いや、修正することができなかったのかもしれない。ところが、開発の基になったユネスコのプロジェクト自体が既に終了したにも関わらず、学術コミュニティを考えるために有益な指標ともなっていた。

　それからようやく図4にあるように Søndergaard and Hjørland（2003）らがインターネットの影響を反映したモデル（図3の修正版）が提案された。ところが図からもわかるように、インターネットが学術コミュニティから乖離しているようにも見える。インターネット世界を考えるにあたって、その技術的側面に視点が偏っているような面もある。果たしてこのモデルがインタ

ーネットによる学術コミュニティの様相を的確に示しているのかは評価が待たれるところである。ひょっとしたら、インターネットによって構築された世界の複雑かつ流動性の特徴を、逆によく示したものだとも言えるだろう。

このような難点を解決すべく、図5にあるようにインターネットの影響（つまり紙媒体とデジタル情報のハイブリッドな環境）と、学問領域の視点を盛り込んだモデルが示された。ところが、Hjørland, Søndergaard, and Andersen (2005) が懸念事項として挙げているように、媒体の多様性の観点から、一次資料、二次資料の区別が果たして明確にできるのかとする問題がつきまとっている。「電子ジャーナル・オンライン・ジャーナル」「プレプリント」（実際に論文などが掲載される前や、査読の前に配布されるドキュメント。理系の領域で多くみられる）、「灰色文献・未発刊文献」（学位論文、紀要掲載論文）を考えてみるとよい。学問領域によっては紀要論文が研究成果を示す上での中核的な役割を担っていたり、一次資料を解釈して作られた二次資料が、逆に一次資料的な意味を持つ構造の転換も往々にしてありうるだろう。ここには学問領域ごとの価値体系が根底にあるのだ。図5についてもさらなる精緻化が求められると言える。

すなわち、Hjørland, Søndergaard and Andersen (2005) が結論付けているように、インターネットの影響と学問領域の特性を踏まえた上での適切なモデルを構築するためには、それぞれの対応関係を微細に見ていく必要がある。資料の認識方法もここに関係していると言えるだろう。この一連のモデルは、科学コミュニケーションを念頭においたものであるため、人文系のモデルにそのまま適応するかは難しいところである。「科学」の認識についても、サイエンスを目指している研究者間でも認識が異なるだろう。この複雑さを手掛かりにして、各学問の文化的コンテクストを、Bruno Latour が科学が作られる場面を調査した以上の綿密度で、詳らかにしていく必要があろう。

このような変遷を経て構築された各モデルであるが、その中でも、本論文の主張に即して特に注目したいのは、学術の全体像をめぐる示唆機能となる

媒体の存在である。先に見た、図 5 のハイブリッドなモデルでは「百科事典」（Encyclopedia）と「ハンドブック」（Handbook）が明示された点は本論文とも関わって興味深い点である。例えばアフリカについての情報を得たいと思った時に、大学図書館の本棚に行ってみると、オックスフォード大学出版局が刊行している *Africana: The Encyclopedia of the African and African American Experience*（2005）が 3 巻本で並んでいる。カリフォルニア大学出版局の *Encyclopedia of African American History*（2010）も手に取れる。*The Oxford Handbook of African American Citizenship 1865-present*（2012）も電子ブックで読めるようになっている。挙げればきりがないのである。

　しかもこれらが 21 世紀になって刊行されたものであることに驚いてしまう。単なる偶然かもしれないが、アメリカが抱えているコアの研究課題について、アメリカの大学出版局はもちろん、イギリスの大学出版局からも精力的に出版がなされているのである。「アフリカ系アメリカ人のシティズンシップ」のような斬新的なテーマで知識の再配置が起きると、紙媒体やオンラインといった区分に加えて、出版地の地政学的な越境も平然と起きるのである。このような状況を見るにつけ、やはり英語・英文学研究の範囲も広がっていくことを感じざるを得ない。

　仮にオンラインの情報だけで研究を考えようとしたら、むしろ学術研究に携わる場合その世界から取り残される危機に直面する可能性もある。当面は両者を併用していくとしか言いようがないのかもしれない。

　テクノロジーの影響で従来の学問を基盤にしつつ新たな知識や視点が統合され、知識の解釈・再解釈を通して、絶えず学問の枠組みが作り変えられていくのである。英語・英文学と、それを支える教育の側面は、従来の英語研究、文学研究といった筋金入りの領域を実現していくための「教育」という一種の相互作用の方向へもその活性化が広がっている。予測される結果としては、学術コミュニティの内部の多様性を引き起こすだけでなく、外部構造の配置までも規定することにつながるはずである。もちろん、そこへの抵抗から既存の構造の内側をよりいっそう強固なものにする動きもあるだろう。

いずれにせよ、内面的であれ、外面的であれ、1つの発展に繋がっていることが指摘できるのである。

　ここまで、学術コミュニケーションの概略を示したモデルを1つの手掛かりに、学術コミュニティの性質から研究のフィールドに起きていることを考えてきた。

　媒体の多様性を把握することから、英語・英文学の研究の全体を把握してきたとは言い難い。その難しさの背後には、テクノロジーと読者の相互作用が存在し、相互作用の結果生じる予想できない解釈の多義性とそこで作られる世界の予測不可能性が指摘できる。もしテクノロジーと学術コミュニケーションの関係を包括的に考えていくとしたら、概念体系（オントロジー）と認識（エピステモロジー）のダイナミズムに起因する複雑さを微視的に探究していくことが求められるだろう。

4.　結論

　情報時代の成熟に伴い、テクスト、読者、学術コミュニティがどのように激変を遂げてきたのか、媒体の観点から、英語・英文学の研究に一体何が起きているのか。このような問いに対して出し得る回答の1つは、私たちの前に絶えず現れる「媒体」を1つの契機として、英語・英文学の研究がそこにどのような思考を投影していくのか（思考を投影できないのか）を把握した上で、道先を判断していくことであろう。

　もちろん、例えば「英語」1つを取るにしても、誰が、どこで、いつ使っているのかについては、共通認識を汲み取ることも同定することもほぼ不可能に近い。それでも、テクノロジーの変化によって変容を遂げているテクストの性質、読者（私たちのあり方）、学術コミュニティへ注目することで、一見すると研究という活動を無条件に担保している側面を今一度、媒体の観点から問い直すことは、英語・英文学の研究のみならず、人文系の研究のあり方を立ち止まって考えることにもつながるのではないだろうか。

繰り返しになるが、自らが掲げた問いに対する明快な回答を得たわけでは
ない。明快な回答を示すためには、各研究者への調査をはじめとする実証的
な研究も必要であろう。野村（2013）では、英語学のコースを擁する学部の
人事動向に焦点を当てながら、英語学研究の置かれた現状を分析することを
試みている。野村論文の問題意識を転用してみたい。この対象がいささか厄
介なのは、英語・英文学研究という事象が、教育や学術研究をめぐる政策的
な言説に左右され、パラダイムの転換を余儀無くされることも関連してい
る。その一方で、私たちの経験や思考を投影する装置の視点から問い直して
みると、政策上の言説が勢いよく主張しているほどには、英語・英文学の研
究が否定的な側面だけを孕んでいるのではない事実が浮き彫りになるからで
ある。そこにみえてくるのは、新たな可能性の宝庫なのである。これが決し
て大げさな言い方ではないことは、英語・英文学の研究・教育に携わる私た
ちの日常の感覚がいちばんよく知っているはずである。

参考文献

Altieri, Charles. (1984) An Idea and Ideal of a Literary Canon. In Robert von Hallberg
　　(ed.) *Canons*, pp.42–64. Chicago: University of Chicago Press.

Bouridieu, Pierre. (1993) Some Properties of Fields. In Nice, and Bourdieu, Pierre. *Sociolo-
　　gy in Question*, pp.72–77. London: SAGE.

Bourdieu, Pierre. (2004) *Science of Science and Reflexivity*. Cambridge: Polity Press.

Braman, Sandra. (2004) Technology. In Downing, John D.H, Denis McQuail, Philip
　　Schlesinger, and Ellen Wartella. *The SAGE Handbook of Media Studies*, pp.123–144.
　　London: SAGE.

Childers, Joseph, and Gary Hentzi. (1995) *The Columbia Dictionary of Modern Literary and
　　Cultural Criticism*. New York: Columbia University Press.

Hjørland, Briger. (2003) Fundamentals of Knowledge Organization. *Knowledge Organiza-
　　tion* 30 (2): pp.87–111.

Hjørland, Briger, Trine Fjordback Søndergaard, and Jack Andersen. (2005) UNISIST

Model and Knowledge Domains. In Drake, Miriam A（ed.）*Encyclopedia of Library and Information Science*, Second Edition. pp.1–13. New York : Marcel Dekker.

Horowitz, Maryanne Cline.（ed.）（2005）*New Dictionary of the History of Ideas*. London: Thomson/Gale.

MacNeil, H. Marie and Bonnie Mak.（2007）Constructions of Authenticity. *Library Trends* 56（1）: pp.26–52.

Oxford English Dictionary Online.〈http://www.oed.com/〉2015.5.13

Readings, Bill.（1996）*The University in Ruins*. Cambridge: Harvard University Press.

Søndergaard, Trine Fjordback, Jack Andersen, and Birger Hjørland.（2003）Documents and the Communication of Scientific and Scholarly Information: Revising and Updating the UNISIST Model. *Journal of Documentation* 59（3）: pp.278–320.

Tanselle, G. Thomas.（1996）Textual Instability and Editorial Idealism. *Studies in Bibliography* 49: pp.1–60.

エリック・マクルーハン、フランク・ジンクローン編（2007）『エッセンシャル・マクルーハン　メディア論の古典を読む』NTT 出版（McLuhan, Marshall.（1995）The Medium Is the Message. In McLuhan, Marshall, Eric McLuhan, and Frank Zingrone. *Essential McLuhan*. New York: Basic Books.）

情報通信政策研究所調査研究部（2011）『我が国の情報通信市場の実態と情報流通量の計量に関する調査研究結果（平成 21 年度）―情報流通インデックスの計量』〈http://www.soumu.go.jp/main_content/000124276.pdf〉2015.5.13

富山太佳夫（2006）「誰が読むのか、何をかくのか」『英語青年』151（4）: pp.194–196 研究社

野村忠央（2013）「日本の英語学界―現状、課題、未来」『日本英語英文学』23: pp.55–85.

バフチン・ミハイル　伊藤一郎訳（1979）『小説の言葉』新時代社 [Bakhtin, Mikhail Mikhailovic.（1975）*Слово в романе*.]

ピアソン・デイヴィッド　原田範行訳（2011）『本：その歴史と未来』ミュージアム図書（Pearson, David.（2008）*Book as History: The Importance of Books Beyond Their Texts*. London: British Library.）

一橋大学英語科（編）（2015）『英語アカデミック・ライティングの基礎』研究社

水越伸（2011）『21 世紀メディア論』放送大学教育振興会

計算ずくの詩学
―計量的創作文体論とリメリック創作[1]―

北和丈

1. 序論 「簡単な詩型」の容易ならざる壁

今を遡ること90年前、『英語青年』誌上で、文字どおり英語にまつわる四方山話を「英語餘談」として連載していた大橋榮三は、「NONSENSE VERSE-LIMERICK」と題した回の冒頭で次のように述べている。

> 日本の川柳や狂句に似て、誰れにでも一寸手の出せさうな簡単な詩型が英語にもある。形は俗にいふ nonsense verse で行数も少く詩型も大方一定してゐる。…Limerick も Nonsense verse の一種である。…limerick といへば今日では主に Edward Lear (1812–88) によつて名高い nursery rhymes の形を眞似た卑俗な nonsense verse のことを云ふやうになつた。
>
> （大橋 1924: 84）

それから随分と時は流れたが、この「誰れにでも一寸手の出せさうな簡単な詩型」に一寸でも手を出した日本の英語学習者の存在はほとんど報告されていない。この詩型が「簡単」であるという大橋の値踏みがそもそも甘かったのではという見方も、あながち間違いではないだろう。

とは言え、あくまでもこれは結果論である。実際のところ、このリメリック (limerick) なる詩型がどのようなものかを知れば、見た目には確かに簡単で手の出せ「さうな」気がしなくもない。その基本的な韻律構造は次のよう

なものである（×は弱音節、／は強音節を表す）。

×　×　／　×　×　／　×　×　／（脚韻 1–a）
×　×　／　×　×　／　×　×　／（脚韻 2–a）
×　×　／　×　×　／（脚韻 3–b）
×　×　／　×　×　／（脚韻 4–b）
×　×　／　×　×　／　×　×　／（脚韻 5–a）

伝統的な詩学の用語では弱弱強格（anapest）ということになる（志子田 1980:
143–144）が、実例としては行頭と行末の弱音節数にばらつきの見られる場
合も多いので、1・2・5 行目に強音節が 3 つ、3・4 行目に強音節が 2 つず
つ配され、各強音節のあいだに弱音節が 2 つずつ入るリズム形式であると
捉えたほうがわかりやすい。また、強音節数の等しい行同士が脚韻を踏むの
で、脚韻型式は aabba となる。
　原理的に言えば、特定の形式が特定の内容と結びつくことに必然性はない
が、ことリメリックの場合、この詩型を人口に膾炙させた人物として大橋も
名を挙げているエドワード・リアがナンセンスの名手であったことも手伝っ
て、現在でも専ら滑稽を旨としたものと認識されていることが多い。リアの
手による次の作品にしても、なるほど、実にばかばかしい（下線部は強音
節）。

There <u>was</u> an Old <u>Man</u> with a <u>beard</u>,	おひげのじいさま　おりまして
Who <u>said</u>, 'It is <u>just</u> as I <u>feared</u>!―	「ほれ見たことか」と　言いまして。
Two <u>Owls</u> and a <u>Hen</u>,	「あんな鳥やら　こんな鳥
Four <u>Larks</u> and a <u>Wren</u>,	わしのおひげで　暖を取り
Have <u>all</u> built their <u>nests</u> in my <u>beard</u>!'	おまけに巣まで　こしらえて！」

（Jackson 2001: 3; 拙訳）

この詩型が何故日本で普及しなかったのか、などというのは愚問に近い。まず、そもそも外国語で書かれている。また、大半の日本語話者にしてみれば、知らなくて困るほどの実用性もない。あまつさえ、当の英語圏でさえ高く評価されているとは言い難い。それで幅広い読者層を期待するほうが無茶というものである。もちろん、そんなものを英語で創作しようなどという日本語話者がいれば、余程奇特な部類に入る。

　ただし、だからと言って日本語話者がこのような英詩の創作に手を出してはいけないということにはならない。英米では、リメリックが小中学生に対する詩の手ほどきに用いられることも少なくない（e.g. Groves 1944; McGoldrick 1954; Johnson 1961; Elvove 1967; McMurtry 1990; Myers 1997; Labbo 2004）。また、人工知能の分野では、コンピュータに詩を読み書きさせるプログラムの構築という、半ば冗談めいた研究が報告されているが、その素材には、韻律構造の単純さや規則性ゆえにリメリックが選ばれることもあるという（e.g. Manurung, Ritchie, and Thompson 2012）。「簡単な詩型」と評した大橋の目に狂いはないのである。英米の小中学生やコンピュータにできるならば、日本語話者にも少しは希望があるかもしれない。ましてや、腐っても（否、腐ってはいないが）英詩である。日本語話者がものにすれば、その奇特さが希少性という価値に転じないとも限らない。

　当然ながら、日本の英語学習者には、第一言語として自然に英語に触れてきた経験の蓄積もなければ、コンピュータばりの愚直で正確な計算力も期待できない。それでも、学習者はその学習者たること自体が、却って武器になるとも考え得る。つまり、学ぶ対象として英語に接してきた学習者が英詩の創作に取り組みたいのであれば、英詩も徹底的に学ぶ対象にすればよい、という理屈である。そういう異色の創作過程を経た結果として、英語第一言語話者ともコンピュータとも異なる独創的なリメリックにたどり着く可能性がいささかでもあるのだとすれば、試してみる意義はある。

　以上が、筆者の問題意識である。本稿は、日本の英語学習者である筆者が英語創作実践者となることはできるのかという個人的な問いに対する答えの

１つとして、創作目標の綿密な研究に基づく理詰めの手段を以ってすれば不可能ではないとの仮説を立て、それを筆者自身のリメリック創作により立証しようする試みの記録である。一見するとあまりにも学問的な意義の小さいこの研究は、実のところその背後に大きな野心を抱えている。というのも、もしも本稿の終わりに筆者が独創的な自作のリメリックを提示することができれば、「言語による創作は第一言語話者にのみ許された特権である」という神話は、この１つの反証を以って崩壊するからである[2]。

2.　創作理念　言語学習者と創作文体論

　さて、本稿における創作が、目標の詩型であるリメリックの研究を基礎として行われるとすれば、その手法は自ずと文学研究に似通った道筋を辿るはずである。より具体的に言えば、その研究の最終的な目的が、英語を用いた短詩の書き方を模索するところにあるという意味において、本稿の指針を示すものとしては、言語のあり方に着目した文学研究（または文学のあり方に着目した言語研究）としての「文体論」という分野が有望なようにも思われる。

　ところが、文体論の現状を概観すると、上記のような方向性を持った研究は、むしろ例外的ですらある。たとえば、日本の英語学習者を想定読者とした英語文体論の入門書である『英語の作法』のなかで、著者である斎藤兆史は、伝統的な文法が規範的（prescriptive）な方向性を、構造主義以降の文法が記述的（descriptive）な方向性を持つことを踏まえたうえで、次のように述べている。

　　　構造主義以降の言語学の影響を受け、その理論的枠組みを借用することの多い文体論は、すでに完成されたテクストを前提として、それがどのような文体構造を持っているかを分析し、記述することを主な仕事としてきました。ですから、作者がどんなおかしな表現を用いていようと

も、それがおかしいとか、こう書くべきであったというような議論はせず、それは何らかの文学的意匠に基づく逸脱だと説明されてきたのです。テクストはすでに前提条件としてそこに存在するものであり、それを改変するとか、新たに作るという発想はありませんでした。

（斎藤 2000: 173）

言葉を換えれば、文体論の主流で行われている研究は「書かれ方」を問題にしているのであって、「書き方」に注意が向くことはないということになる。誤解のないように急いで付け加えれば、これは 2 つの手法がまったく相容れないものであるという意味ではない。いずれも同じ範疇に収めることはできるが、その指向性が違うというのである（念のためにもう 1 つ言い添えれば、これは「読み方」や「読まれ方」を論じた文学研究についても同様で、言語との関係性で文学を論じるのである限り、それぞれの手法に決定的な断絶を見出すことは難しい）。

　実際、斎藤は先の引用に続ける形で、「書き方」に主眼を置いた文体論研究の可能性を、新たな理念とともに提示している。

文体論の祖先である修辞学において、ある意思を伝達するときにどのような表現が効果的かと議論されてきたことを思い返してみると、文体論が記述主義にいちじるしく偏っていることがわかります。その記述主義への偏向を修正するためには、ある文学的意匠を実現するためにはどのような文体が適当か、そしてどのようなプロセスでテクストを生成していくべきかを論じる新しい規範的な文体論が必要となります。

（斎藤 2000: 174）

現状では斎藤独自のものと言えるこの研究手法が、創作文体論（creative stylistics）である。ここで斎藤が述べているとおり、創作文体論は記述主義への「偏向を修正」するものであって、記述主義を否定するものではない。

（1）何らかの文学的意匠を持った創作の意思を出発点に、（2）その文学的意匠をめぐって蓄積された過去の記述的分析から書き方の規範的指針を炙り出し、（3）それを自らの創作に利用するという点に、この理念の新しさがある（創作の意志を出発点にするという特性上、創作文体論の理念に基づく研究は、あくまでも個人的な目的に資することを第一義としている[3]）。また斎藤は、このような創作文体論の手法に期待される役割の1つとして、「英語を母語としない学習者が、自らの文化的独自性を保持したまま文学的なテクストを生成する手助けをする」（斎藤 2000: 175）ことにも言及している。この点も含めて、創作文体論は先述した筆者の問題意識に合致した理念なのである。

　本稿の試みを、この創作文体論の理念に即して言い換えれば、筆者は（1）何らかの独創性[4]を持ったリメリックを英語学習者としての立場で創作することを企図しつつ、（2）リメリックという英詩の基本的特徴・創作史・批評史などの分析から、独創の余地がどこにあるかを見極め、（3）それを指針として意識した創作を実践しようとしていることになる。以下の各節では、この枠組みに従って論を展開する。

3.　創作目標の研究（1）　リメリックの創作史と批評史

3.1　歴史概説

　本稿冒頭の大橋による記述でも同様だが、リメリックという詩型での創作史を振り返るとき、その端緒をどこに見出すかについては議論が分かれるにしても、少なくともそこからエドワード・リアの名が漏れることは考えられない（なお、本節の歴史記述に当たっては、Reed（1924）、Baring-Gould（1974）、Bibby（1978）を参考にした）。1846 年、画家であり詩人でもあるこの人物がイギリスで出版した滑稽詩画集 *A Book of Nonsense* は、第 1 節で紹介した作品を含む全 112 編のナンセンス詩のすべてがいわゆるリメリックの形式で書かれているという点において、この詩型に対する認識の形成と普

及に大きな役割を果たしたとされている。

　ただし、この段階でリア自身が自らの詩を「リメリック」と呼んでいたという事実はない。実際、*A Book of Nonsense* が再版されることになったのと同じ 1863 年、*Punch* 誌はこの詩画集の人気ぶりに呼応する形で、リアの形式を真似た滑稽詩の募集を開始するが、このときも各作品は「脚韻詩（rhyme）」と呼ばれるにとどまっている（Baring-Gould 1974: 48）。また、*A Book of Nonsense* の続編として 1872 年に *More Nonsense, Pictures, Rhymes, Botany, etc.* が出版された段階でも「リメリック」という言葉は用いられていないので、この呼称の起源をリアに求めるのは誤りだと言ってよい（アイルランドの都市であるリムリック（Limerick）に由来するという見解についても、確たる根拠がないため、俗説として退ける見方がある（e.g. Bibby 1978: 32–41））。

　ひとまず確実にわかっているのは、20 世紀初頭までにはこの「リメリック」という言葉が定着していたということである。イギリスでは 1907 年から 1908 年にかけて、空前のリメリックブームが到来し、懸賞を伴うさまざまな作品募集の企画が登場した。形式としては、最初の 4 行を与えられたうえで、それを締める最後の 1 行の出来を競うものが多かったらしいが、その参加費代わりに必要とされた 6 ペンスの郵便為替が異常な売れ行きを示して国会で問題視されたり、「勝てる 1 行」の書き方を教える指南役のような商売を営む者が多数現れたりしたということからも、その狂乱ぶりが察せられる（Reed 1924: 21–30）。このような興隆を経て世に出た様々なリメリックの傑作に、リア以来の「古典的な」作品や編者自身の作品も加えて 1924 年に出版されたラングフォード・リード（Langford Reed）の *The Complete Limerick Book* は、イギリスのリメリックを語るうえでの記念碑的な書物となっている。

　一方、1863 年の *A Book of Nonsense* 再版以降、リメリックは大西洋を渡ってアメリカにも普及していた。ブームはイギリスより遅れて 1925 年から 1930 年ごろに訪れたと言われている（Bibby 1978: 92–94）が、それ以前にもある程度の人気を獲得していたらしいことは、アメリカで普及するリメリッ

クの秀作をまとめた *Carolyn Wells' Book of American Limericks* が 1925 年に出版されていることからも窺い知ることができる。

最盛期の後、その地位をクロスワードパズルなどに明け渡したリメリックではあるが、英語圏の定型詩では最も短い部類に入るものとして、現在でも活躍の場を残していることは、第 1 節で述べたとおりである。

3.2　創作史と批評史

前節で概観したような歴史のなかで、同じ形式を用いた詩群でありながらも、リメリックは時代ごとの嗜好を反映した形でその内容を様変わりさせている。このような変化のなかでも、批評史において最も（否、専ら）注目を集めてきたのは、各行末の脚韻部、さらに究極的には、5 行目の脚韻部の扱いに関するリアとそれ以降の作家たちの差異である（なお本稿では、リアの作品も含め、作者自身が「リメリック」という呼称を用いていなかったものについても、詩型が同じであることを重要視し、便宜上すべて「リメリック」として扱うことにする）。

第 1 節で引用したリメリックは、*A Book of Nonsense* の最初に置かれている、リアの代表作とも言えるものである。この例でも確認できるように、リアのリメリックには、5 行目の脚韻部で 1 行目の脚韻部の語句をそのまま繰り返すものが多い。特に頻繁に見られるのが、1 行目と 5 行目に何らかの地名を重ねる作品である。この傾向は、次の作品を冒頭に配する *More Nonsense, Pictures, Rhymes, Botany, etc.* のリメリック群においても変わらない。

There <u>was</u> an old <u>man</u> of Hong <u>Kong</u>,	ああ　香港の　あの人かい
Who <u>never</u> did <u>anything wrong</u>;	生まれてこのかた　人畜無害。
He <u>lay</u> on his <u>back</u>,	頭に袋を　おっかぶせ
With his <u>head</u> in a <u>sack</u>,	そのまま地べたに　ねそべって
That in<u>noc</u>uous old <u>man</u> of Hong <u>Kong</u>.	ほらこのとおり　人畜無害。

(Jackson 2001: 172; 拙訳)

こういったリアの脚韻法については、評価が二分している。そのうちの一方を代表するものとしては、次のような見解がある。

> … the best limericks should satisfy us by their unexpected solutions to rhyming problems, and they should delight us with a surprise ending. If the thought can be anticipated before the climax is reached, if the punch comes too early, the limerick is weakened. The real trick is a neat combination of metrical perfection, verbal felicity and a quick turn of wit.
>
> (Baring-Gould 1974: 22)

要するに、作品の最後を飾る5行目の脚韻部は、巧みな言葉選びと機知によって、韻律上の規則を遵守しながらも、なお意外でおもしろい「オチ」になるのが理想的だというのである。この見方によれば、1行目と5行目で同じ語句を繰り返すリアのやり方は、つまらないばかりか一種の怠慢ですらあるという評価が下されることになる（興味深いことに、この種の批評には、価値判断の根拠が不明瞭で独善的な面があるのはさることながら、創作文体論の理念に似た規範主義的な姿勢が垣間見える）。

　リアの作品に対してこのような批評が行われるとき、論者が念頭に置いているのは、リアの後に登場した、たとえば以下のような作品群である。

And that <u>boisterous chappy</u>, Jack <u>St</u>. John;	おいおいまたか　あの兄ちゃん
Was <u>yelling like any</u> wild <u>Injun</u>	でけえ声だな　もうかなわん。
As if <u>frightening bad dreams</u>	相棒がまた　うなされて？
A<u>way</u> from Dick <u>Wemyss</u>,	目え覚ませとか　言ってるぜ。
Whose <u>tipple</u> quite <u>plainly</u> had <u>been</u> gin.	どうせ安酒　飲んだんじゃん？

(Wells 1925: 50; 拙訳)

There's a <u>very</u> mean <u>man</u> of Bel<u>size</u>,　　どケチな野郎が　おりまして

Who <u>thinks</u> he is <u>clever</u> and <u>wise</u>.　　何書かせても　早業で
And, <u>what</u> do you <u>think</u>?　　　　　スラスラ書いて　はい OK。
He saves <u>gallons</u> of <u>ink</u>　　　　　墨もケチって　穴だらけ
By <u>simply</u> not <u>dotting</u> his '<u>i's</u>'.　　スミにおけねえ　御仁だねえ。

（Reed 1924: 118; 拙訳）

前者では、1・5行目の脚韻部が2語にまたがっているだけでなく、いささ
か不自然とも思えるような強勢移動をさせてまで意外性を狙っている。後者
では、5行目の脚韻部を含む「dotting his 'i's'」という句に、「i という文字
に点を打つ」という語義どおりの意味と、「物事を几帳面に行う」という慣
用的な意味を掛けて駄洒落を狙っている。i という文字を複数形で用いてい
るところにも、読み手の予想の裏をかく意図が垣間見える。この2つの例
が、1920年代に出版された傑作選に登場していることからもわかるように、
リア以降のリメリックは、5行目の脚韻部の扱いをめぐる知的な遊びという
側面が強くなっていたのである。

　他方で、リアの手法には、次のような擁護論もみられる。つまるところ、
我田引水のリア評は避けた方がよいのではないかというのである。

His unity of verse and illustration, I suspect, may be one main reason why
Lear usually repeated the person of the first line of his limericks in the fifth.
Since the verse was to illustrate the drawing at least as much as the drawing
was to illustrate the verse, it must have seemed natural enough to concen-
trate attention once more in the final line upon the subject of the unity.

（Bibby 1978: 28）

リアの作品群は、そもそも滑稽詩画集に掲載されていたものであり、いずれ
のリメリックも、その脇にはリアによる滑稽な挿絵が添えられていた（そも
そもそちらが本職なのである）。1行目と5行目の末尾はまさにその挿絵に

描かれた登場人物を描写した部分なのであって、その存在に焦点を当てるためにこそ、この脚韻部には繰り返しが必要なのだというのが、この種の論の要点になる。確かに、作品の発表当時には存在しなかった 20 世紀的な視点を無理やり持ち込んで批評を加えることに、いささか理不尽な面もあるのは否めない。

　とは言え、リアを擁護するにせよしないにせよ、その着眼点がほぼ 5 行目の脚韻部に偏っているのは心許ない。たとえば、先に Wells (1925) から引用した例では、4 行目の脚韻部に綴りから発音を予測しにくい言葉（「Wemyss」）が配されている点から見ても、ひねりを加えようという意図は作品全体に徹底されているのであって、それを批評に含まないとすれば、視野が狭いとの誹りを免れない。また、リアの作品にしても、第 1 作の *A Book of Nonsense* には、すでに次のようなリメリックが含まれているのである。

There <u>was</u> a Young <u>Per</u>son of <u>Smyr</u>na,	その娘さん　生れはスミルナ
Whose <u>Grand</u>mother <u>threat</u>ened to <u>burn</u> her;	その婆さんに「消え失せな」
But she <u>seized</u> on the <u>cat</u>,	とか凄まれて　頭に来たか
And said, '<u>Gran</u>ny, burn <u>that</u>!	「猫でも連れて　出ていきな
You in<u>con</u>gruous old <u>wo</u>man of <u>Smyr</u>na!'	偏屈婆さん　あんたがな！」

(Jackson 2001: 5; 拙訳)

いかにも脚韻を踏む相手を見つけにくそうな地名を 1 行目の末尾に置く遊び心、それに対して 2 語にまたがる言葉で応じる 2 行目の末尾の意外性を見る限り、後世の論者がリア以降の優れた作品を評するときに挙げる巧みな言葉選びや機知といった要素は、リアの作品中で（5 行目の末尾ではないにしても）その範が示されていることになる。そうなると、従来のリア評において、リアのリメリック群は脚韻法の観点からの詳細な分析を受けることなく、ひとまとめのものとして不当に論じられてきたのではないかという疑いすら生じてくる [5]。

リメリックの批評史におけるこの偏向は、本稿にとってはさらに大きな問題を孕んでいる。というのも、上記のようなリメリックの分析記述では、脚韻法の詳細が見えてこないために、どこに独創の余地があるのかを把握することができず、したがって創作上の規範的な指針を引き出すこともできないのである。理詰めのリメリック創作を実現するためには、筆者自身の研究によって、その穴を埋めていく必要がある。

4. 創作目標の研究（2） 脚韻法の指針を見定める

4.1 研究課題

前節で確認したとおり、従来のリメリック批評では、以下のような点について十分な知見を得ることができない。これらの諸点が、筆者に残された研究課題ということになる。

（1）エドワード・リアのリメリックにおける脚韻は、1行目と5行目に繰り返しが見られること以外にどのような特徴があるか。また、脚韻法に代表されるリアの作風に何らかの経年変化は見られるか。

（2）リア以降のリメリックにおける脚韻は、1行目と5行目の繰り返しを避けること以外にどのような特徴があるか。それをリアのリメリックにおける脚韻と比較した場合、何らかの差異は見られるか。また、リア以降のリメリックの作風に何らかの経年変化は見られるか。

（3）新たにリメリックを創作するに当たって、脚韻法に独創の余地はどの程度まで残されているか。

4.2 研究対象

上記の課題に対する解答を得るためには、リアの作品同士の比較（課題1）、リアの作品とリア以降の作品の比較（課題2）、リア以降の作品同士の比較（課題2）を可能にするだけの素材が必要となる。この観点から研究対象に選んだのが、創作史を概観するなかでも書名の挙がった、以下の6種類

の作品群である。対象 1・2 はリアの作品集、対象 3・5 はラングフォード・リードの手によるイギリスの傑作リメリック集から 2 つの章を選んだもの、対象 4・6 はキャロリン・ウェルズの手によるアメリカの傑作リメリック集から 1 つの章を選び、そのなかの作品を半分ずつに分けたものである。

（ 1 ）*A Book of Nonsense*（1846）全 112 編

（ 2 ）*More Nonsense, Pictures, Rhymes, Botany, etc.*（1872）全 100 編

（ 3 ）*The Complete Limerick Book*（1924）'Some Old Favourites' 全 114 編

（ 4 ）*Carolyn Wells' Book of American Limericks*（1925）'Anonymous Limericks' 前半 109 編

（ 5 ）*The Complete Limerick Book*（1924）'Some New Ones' 全 50 編

（ 6 ）*Carolyn Wells' Book of American Limericks*（1925）'Anonymous Limericks' 後半 109 編

リアの作品同士の比較については、出版年が異なる対象 1・2 を用いれば経年変化を追うことができる。リアの作品とリア以降の作品の比較では、対象 1・2 と対象 3、または対象 1・2 と対象 4 を用いることで、イギリスとアメリカの違いも視野に入れつつ分析を行うことができる。リア以降の作品同士の比較に関してのみ、事情がやや複雑になるが、イギリスとアメリカの代表的なリメリック傑作選である Reed（1924）と Wells（1925）のなかで、前者はリメリック群を編者が新旧で章分けしていること、後者はできるだけリメリック群を時代順に並べる努力をしたという編者の記述が序文に見られる（Wells 1925: v）ことから、対象 3 と 5、対象 4 と 6 を比較分析することで、イギリスとアメリカのそれぞれについて、ある程度まで経年変化を確認することは可能である。

4.3　研究方法

　研究課題を特定し、そのために必要な分析対象も確保したところで、問題となるのは、脚韻部に表れる言語的特徴をどう記述するのかということである。批評史を振り返ると、脚韻法に対する評価の決め手は意外性の有無にあ

る（リアへの擁護論にしても、意外性のなさが却って評価されていることになるので、依拠する理屈は同じになる）と言って差し支えなさそうだが、この場合の「意外」性という言葉の意味合いについて、ある程度まで客観的かつ明確な説明ができない限り、そこから新たなリメリック創作を行うための規範的指針を引き出すことはできない。たとえば、3.2節で引用した例を見るだけでも、「意外」性の出所としては、強勢移動（「been gin」）、綴り字と発音の乖離（「Wemyss」）、脚韻を踏ませにくい語彙選択（「Smyrna」「burn her」）、駄洒落の使用（「dotting his 'i's'」）など、言語の様々な側面が利用されていることがわかる。分析の枠組みには、これらすべての要素を漏らさず捉えることのできるものが選ばれなければならない。加えて、どのような脚韻法が「意外」、すなわち非標準的であるかを見極めるためには、その対概念として、どのような脚韻法が標準的であるかについても規定しておく必要があるのは言うまでもない（文体論研究では、標準的な言語使用を「規範」、非標準的な言語使用を「逸脱」とする立場もある（斎藤 2000: 160）が、本稿では「規範」を「記述」の対立項と捉えているので、混乱を避ける意味で、以降も一貫して「標準」と「非標準」という用語法を採ることとする 6)。

　以上の点を踏まえて、本稿ではリメリックの各行末の脚韻部について、音韻、書記法、使用語彙、統語法、意味という5つの面における非標準的な言語使用の有無を確認し、非標準的な場合を1点、標準的な場合を0点として数値化する計量的手法を採用することとした。このとき、脚韻部を非標準的と見なす基準は、それぞれの言語要素ごとに次のとおりである。

（1）音韻：脚韻部が辞書的な発音法とは異なる読み方を要求しているか、完全な脚韻になっていない。

（2）書記法：脚韻部が辞書項目に存在しない綴りを使用しているか、2語以上にまたがっている。

（3）使用語彙：The Corpus of Late Modern English Texts, version 3.0（略称CLMET3.0。1710 ～ 1780 年、1780 ～ 1850 年、1850 ～ 1920 年の各年代について、イギリス人作家が執筆した様々なテクストをそれぞれ

10, 000, 000 語程度まで収集した電子コーパス）において、脚韻部の語彙の使用頻度数が、該当年代の平均使用頻度数（1780 ～ 1850 年は124. 41、1850 ～ 1920 年は 133. 69）を下回っている。ただし、1 編のリメリック中で脚韻語が繰り返される場合は、2 回目以降の頻度数を自動的に 9, 999 とする（使用頻度が高い語彙を配置するのと同じくらいに意外性が低いと判断できるからである）。

（4）統語法：脚韻部が節の途中に現れている（いわゆる「句またがり（en-jambment）」。cf. Leech 1969; 岡崎 2014）。

（5）意味：脚韻部に 2 つ以上の意味が込められている。

すでに引用したリメリックにこの基準を当てはめると、以下のような結果が得られる（便宜上、最高 5 点、最低 0 点として各脚韻部の点数を示しているが、実際の分析では、異なる言語要素間での 1 点の重みが必ずしも等価になるとは言えないので、行ごとに点数を足し合わせることはない）。

There was an Old Man with a beard,　　0 点

Who said, 'It is just as I feared! ─　　0 点

Two Owls and a Hen,　　　　　　　2 点（頻度 116 < 124. 41; 句またがり）

Four Larks and a Wren,　　　　　　2 点（頻度 13 < 124. 41; 句またがり）

Have all built their nests in my beard!'　0 点

And that boisterous chappy, Jack St. John;

　　　　　　　　4 点（強勢変化 ; 2 語脚韻 ; 頻度 0 < 133. 69; 句またがり）

Was yelling like any wild Injun　　2 点（脚韻不完全 ; 頻度 0 < 133. 69）

As if frightening bad dreams　　　　1 点（句またがり）

Away from Dick Wemyss,　　　　　1 点（頻度 0 < 133. 69）

Whose tipple quite plainly had been gin.

　　　　　　　　3 点（強勢変化 ; 2 語脚韻 ; 頻度 0 < 133. 69）

このような分析を、研究対象であるすべてのリメリック群に対して行い、脚韻法をめぐるエドワード・リアの作風、リア以降の作家の作風を計量的に把握することができれば、そこから導き出した規範的指針による、文字どおり「計算ずくの」リメリック創作につながるはずである。

4.4　研究結果

　以上の方法による分析の結果を総合し、6つの分析対象について、各脚韻部で非標準的な言語使用が見られる割合を百分率（非標準的な言語使用が見られる作品数÷各分析対象の全作品数×100）で示したのが、表1・2・3である。この数値が高い脚韻部は非標準的な特徴が多く、低ければ標準的な特徴が多いことになる。

4.4.1　課題1

　第一の研究課題であるリアの作風とその経年変化については、表1から全体像を窺うことができる。対象1と対象2を比較しても数値に大きな変化はなく、また全体的に数値が10パーセント未満の項目が多いことから、リアが一貫して意外性の低い脚韻法を用いていたことはかなり明確な形で示されているが、一方でこの表には、リアのリメリックに対する従来の批評ではほとんど指摘されることのなかった2つの点が顕在化している。1つは、3行目末の脚韻部が節の途中に現れる傾向が強いという統語的特徴である。もっとも、行内の音節数が少なく、それゆえに多くの単語を置くことができない3・4行目は、各行単体で節を構成させるのが簡単ではないので、ひとつなぎの言葉を置くことが多くなるとしてもそれほど不思議ではない。

　むしろ目を引くのは、脚韻部の語彙に使用頻度の高い（意外性の低い）ものを選ぶ傾向が、1行目から5行目に進むにしたがって徐々に強まっている点である。このことは、リアが1行目と5行目で同じ脚韻語を繰り返すことが多い点、そしてその脚韻語が（批評史のなかで指摘されてきたとおり）往々にしてリアのリメリックにおける登場人物の名前・出自・特徴を示すも

計算ずくの詩学　311

表 1　対象 1（左）と対象 2（右）の脚韻部に非標準的な特徴が見られる割合（%）

	音韻	書記法	語彙	統語法	意味
脚韻 1	0	0	71.43	8.93	0
脚韻 2	3.57	6.25	53.57	1.79	0
脚韻 3	0	1.79	35.71	37.50	0
脚韻 4	0	0	30.36	12.50	0
脚韻 5	2.68	0	1.79	0	0

	音韻	書記法	語彙	統語法	意味
脚韻 1	0	0	75.00	5.00	0
脚韻 2	1.00	5.00	46.00	6.00	0
脚韻 3	0	0	25.00	42.00	0
脚韻 4	0	0	29.00	15.00	0
脚韻 5	0	0	0	0	0

表 2　対象 3（左）と対象 4（右）の脚韻部に非標準的な特徴が見られる割合（%）

	音韻	書記法	語彙	統語法	意味
脚韻 1	0.88	0	87.72	17.54	0
脚韻 2	7.89	28.07	61.40	6.14	0
脚韻 3	0.88	2.63	21.05	37.72	0
脚韻 4	0.88	4.39	28.07	27.19	0
脚韻 5	8.77	35.96	60.53	0	2.63

	音韻	書記法	語彙	統語法	意味
脚韻 1	1.83	4.59	77.06	28.44	0
脚韻 2	6.42	25.69	59.63	7.34	0
脚韻 3	0.92	8.26	32.11	51.38	0
脚韻 4	0	11.93	44.95	20.18	0
脚韻 5	9.17	26.61	51.38	0	0

表 3　対象 5（左）と対象 6（右）の脚韻部に非標準的な特徴が見られる割合（%）

	音韻	書記法	語彙	統語法	意味
脚韻 1	4.00	0	68.00	42.00	0
脚韻 2	0	16.00	52.00	12.00	0
脚韻 3	0	4.00	22.00	66.00	0
脚韻 4	0	2.00	20.00	36.00	0
脚韻 5	10.00	14.00	50.00	0	6.00

	音韻	書記法	語彙	統語法	意味
脚韻 1	1.83	4.59	76.15	34.86	0
脚韻 2	1.83	30.28	60.55	8.26	0
脚韻 3	0.92	4.59	22.94	35.78	0
脚韻 4	1.83	7.34	27.52	20.18	0
脚韻 5	4.59	28.44	52.29	0	0

のである点を考え合わせると、さらに興味深い。つまり、リアは 1 行目の末で、簡単には詩の世界に収まりそうにない異端的な存在を登場させ、それを少しずつ馴染みの深い言葉で記述していくことによって無理なく物語に組み込んだうえで、最後にはすっかり飼い慣らしてしまうという展開を、自身のリメリックのなかで多用しているのである。

4.4.2　課題 2

　表 1 に見られる上記のような傾向を表 2 と照らし合わせることによって、第二の研究課題を構成する要素の 1 つである、リアの作品とリア以降の作

品の比較が可能になる。この比較のなかで、5行目末の脚韻部に関する数値の差異に注意が向くのは、批評史を思い返せば当然のことと言えなくもない。それでも、その数値を改めて表全体の文脈に置いて見返すと、リア以降の作品における脚韻法の特徴は、より明確な輪郭を伴って見えてくる。

1つは書記法のひねりである。リア以降の作品において、脚韻部に非標準的な綴字を用いたり、脚韻部を2語以上にまたがらせたりする技法は、2行目末と5行目末のどちらにおいても同程度に高い割合で確認できる。したがって、リア以降の作家は、ただ5行目末だけに意外性の照準を絞っているのではない。2行目であれ5行目であれ、変化を加える機会を虎視眈々と狙っているのである。

もう1つは、脚韻部の語彙の使用頻度である。リア以降の作品において、5行目末の脚韻部には、確かに使用頻度が低めの、つまり意外性が高めの語彙を選ぶ傾向が強いようではあるが、それは3・4行目末の語彙に比した場合の相対的な評価に過ぎない（使用頻度の低い言葉を配する確率のみで見れば、最も数値が高いのは1行目末の脚韻部ということになる）。1行目から4行目まではリアと同じく脚韻語の使用頻度を徐々に上げる方法を採りつつ、5行目にわずかな工夫を加えたというのが、リア以降のリメリック全般に見られる特徴なのである。

これに加えて、5行目とは無関係で起こっている変化も見逃せない。リアの作品では、脚韻部が節の途中に表れる可能性の高いのは3行目末のみだったが、リア以降の作品になると、この傾向が1行目末と4行目末にも広がっているのである。依然として2行目末が大きな切れ目になるという認識は変わらないにせよ、リア以降のリメリックが脚韻部の音韻的な区切りと統語的な区切りの一致を重視しなくなったことは、注目に値する動きと言ってよい。

この句またがりの傾向は、表2と表3を見比べる限り、とりわけ1行目末では時代が進むにつれてさらに強まったものと思われる。一方で、2つの表にはそれ以外に差異の顕著な項目は見られず、全体の傾向にも大きな違い

はないので、少なくとも 1920 年代までに限定すれば、リア以降のリメリックに劇的な経年変化はなかったことになる。そして、この 1920 年代にリメリックが最盛期を迎え、それから下火になっていくことを考え合わせると、表 2 と表 3 に表れる傾向が、リメリックという詩型の完成形の 1 つを提示していると考えることもできそうである。

5. 創作

　前節の研究結果を踏まえると、これまでのリメリック創作史における脚韻の扱いには、以下のような特徴があることがわかる。

（1）音韻上、意味上の非標準的な言語使用は、どの脚韻部においてもまれである。

（2）書記法上の非標準的な言語使用は 2・5 行目末に偏在している。

（3）脚韻部に配する語彙は、1 行目から 4 行目にかけて徐々に頻度の高いものを用いる傾向が強く、したがって 3・4 行目末の語彙は、基本的には意外性の低いものが選ばれる。5 行目に関しては、狙いとする効果によって異なる手法が採られる。

（4）統語的には、1・3・4 行目末で句またがりが許容される場合が多い。

これだけの傾向が確認できれば、独創的なリメリックを作成するための規範的指針は、ほぼ自動的に導き出せる。要するに、筆者が目的を達成するには、ここに記述されている枠組みをはみ出すようなリメリックを書けばよいのである。

　この枠組みによると、どうやら音韻や意味の面で工夫を凝らすことができれば、それだけで希少価値が生じそうであることは推測できるが、過去にも成功例が少ないことからすると、その方向性で創作を試みるのは相当に難易度が高いのかもしれない。そこで筆者は、むしろ使用語彙と統語法に変化をつけることに照準を定め、以下の 2 つの方針を採用することとした。

（1）3行目末に最も使用頻度の低い（意外性の高い）脚韻語を配置する。

（2）すべての脚韻部で、句またがりに近い状況を作る。

これを踏まえて創作した次のリメリックを以て、本稿を閉じることとする。否、この場合、「閉じる」というのは必ずしも適切な表現とは言えない。もちろん、それは拙作に対する解釈と評価が読者諸氏に開かれているからでもあるが、実はご覧のとおり、以下のリメリックは、閉じていないのである[7]。

Just a <u>minute</u>; I'm <u>thinking of what</u>

A good <u>limerick is</u>. Oh you <u>shut</u>

It! To <u>find</u> a great <u>bard</u>

Like <u>me</u> is so <u>hard</u>

And so <u>tough</u>. OK, <u>that</u> is right, <u>but</u>,

まあ待ち給へ。余は優れた詩の何たるかについて講じ…貴様、黙らぬか！余を誰と心得ての蛮行か？ええい、余は帰らぬぞ！何？善からう、但し、

注

1　本稿は、日本国際教養学会 (JAILA) 第4回全国大会 (2015年3月14日、於岡山大学津島キャンパス) における口頭発表の原稿に大幅な加筆・修正を施したものである。

2　一方で、個人的な動機に端を発する本稿の研究には、それゆえの必然的な限界がある。たとえば、筆者は日本語話者を代表する存在ではなく、かと言って英語学習者を代表する存在でもないので、仮に筆者がリメリック創作に成功したとしても、ほかの日本語話者や英語学習者があまねく同様の英語創作を実現できるということには（拡大解釈をしない限り）ならない。したがって、個人的な創作意図の実現という目的を超えた意義が本稿に認められるとすれば、それはむしろ日本語話者や英語学習者による英語創作の可能性を、具体的な方法とともに提示するという面にあることになる。

3　ただし、創作の規範を炙り出す過程での記述的分析は、（余程独善的に行われない限りは）「書かれ方」「読み方」「読まれ方」を指向した一般的な文学研究と大

きく異なるわけではないので、別の研究者がそれをさらに新しい研究への足掛かりとして利用することは十分にあり得る。

4 本稿における「規範」とは「自分が書きたいものを書くための基準」(「記述」とは「他人によって書かれたものに見られる傾向の記録」)を意味するものであって、「独創」の対立項ではないことに留意されたい。むしろ、筆者は「独創」的なものを書きたいと考えて創作に取り組み始めているので、本稿に限って言えば、「独創」的であることこそが筆者の求める「規範」なのである。この点については注釈6も参照。

5 もっとも、挿絵を含めたリアの作品全体については、19世紀イギリス文学のナンセンス的要素を体現したものとして高く評価されている場合が多い (e.g. Hark 1978; Colley 1988; 山田 1988; Rieder 1998; 宮路 2000)。

6 本稿において、「意外」(＝非標準的)であることと「独創」的であることは同義ではない点に留意されたい(いずれも「規範」の対立項ではないことも改めて述べておく)。前者は一般的な言語使用に照らして標準的か否かを述べる語として、後者は特定の文学的意匠を実現する方法として斬新か陳腐かを述べる語として使用している。また、「意外性」と「独創性」は必ずしも両立するものではない。たとえば、ワーズワス (William Wordsworth) は詩語にあふれた従来の詩を批判し、日常の言葉による詩を目指したことで知られているが、これを本稿の用語法で表現すれば、非標準的な言葉を用いた詩を独創性のないものと切り捨て、標準的な言葉を用いた詩を独創的だと評価した、ということになる。

7 繰り返しになるが、本稿は日本国際教養学会 (JAILA) 第4回全国大会における口頭発表の原稿を基にしている。この事実は末尾で提示した拙作のなかにも(脚韻法の工夫とはまったく関係のないところで)暗示されているが、その謎解きは読者諸氏に委ねることにする。

参考文献

Baring-Gould, William S. (1974) *The Lure of the Limerick*. (2nd ed.) London: Granada.

Bibby, Cyril. (1978) *The Art of the Limerick*. Hamden: Archon Books.

Colley, Ann. (1988) Edward Lear's Limericks and the Reversal of Nonsense. *Victorian Poetry* 26 (3): pp. 285–299.

Elvove, Marjorie. (1967) Teaching How a Poem Means. *The English Journal* 56 (9): pp. 1290–1292.

Groves, Ruth. (1944) Poetry: Its Place in the School Curriculum. *The Elementary School*

Journal 44 (5): pp. 289–294.

Hark, Ina R. (1978) Edward Lear: Eccentricity and Victorian Angst. *Victorian Poetry* 16 (1): pp. 112–122.

Jackson, Holbrook. (Ed.) (2001) *The Complete Nonsense of Edward Lear*. London: Faber and Faber.

Johnson, Eric W. (1961) Teaching Poetry to an Unpoetical Age—A Junior High School Unit. *The English Journal* 50 (8): pp. 546–550, 554.

Labbo, Linda D. (2004) Technology in Literacy: Poetry on the Screen. *The Reading Teacher* 58 (3): pp. 308–311.

Leech, Geoffrey N. (1969) *A Linguistic Guide to English Poetry*. London: Longman.

Manurung, Ruli, Graeme Ritchie and Henry Thompson. (2012) Using Genetic Algorithms to Create Meaningful Poetic Text. *Journal of Experimental & Theoretical Artificial Intelligence* 24 (1): pp. 43–64.

McGoldrick, James H. (1954) The Back Door to Poetry. *The English Journal* 43 (5): pp. 257–259.

McMurtry, Maureen. (1990) Reading and Writing Limericks. *The Reading Teacher* 44 (2): pp. 182–183.

Myers, M. Priscilla. (1997) Passion for Poetry. *Journal of Adolescent & Adult Literacy* 41 (4): pp. 262–271.

Reed, Langford. (1924) *The Complete Limerick Book*. London: Jarrolds Publishers.

Rieder, John. (1998) Edward Lear's Limericks: The Function of Children's Nonsense Poetry. *Children's Literature* 26: pp. 47–60.

Wells, Carolyn. (1925) *Carolyn Wells' Book of American Limericks*. New York: G. P. Putnam's Sons.

大橋榮三 (1924)「英語餘談」『英語青年』51 (3): pp. 84–85. 英語青年社

岡崎正男 (2014)『英語の構造からみる英詩のすがた―文法・リズム・押韻』開拓社

斎藤兆史 (2000)『英語の作法』東京大学出版会

志子田光雄 (1980)『英詩理解の基礎知識』金星堂

宮路信弘 (2000)「悲しみのリメリック：エドワード・リアのノンセンス・ワールド」『三重大学教育学部研究紀要　人文・社会科学』51: pp. 63–98. 三重大学

山田泰司 (1988)「エドワード・リアのリメリック」『言語文化』25: pp. 67–88. 一橋大学

精読の授業における文学的テクストの特徴 [1]
―*A Room of One's Own* に対する学習者の関心と反応―

久世恭子

1.　はじめに

　本稿の目的は、文学的テクストを精読する大学英語授業での学習者の関心と反応を分析し、英語教育における文学教材の役割や利用方法の可能性を探ることである。

　言語教育で用いられる文学教材の意義についてはこれまでも様々な視点から研究が行われてきたが、本稿では、Virginia Woolf, *A Room of One's Own* を精読する大学の英語授業を対象とした事例研究を提示する。まず、精読に伴う授業中の発言や発表者のレジュメから学習者の関心の所在を調べ、次に、アンケート調査とフォローアップ・インタヴューを用いてテクストや授業方法についての学習者の反応を分析する。その際には、同じクラスで以前に扱った論説的なテクストとの比較も考慮に入れ文学的テクストの特徴を追究する。

2.　英語教育における文学的テクストと精読

　第二言語・外国語教育における文学は、1980 年前後に主に英米で再評価されて以来、情意、文化、言語などの各観点からその意義が主張されてきた（e.g. Collie and Slater 1987; Carter and Long 1991）。それに対し、「外国語学習・教育において文学に特別な役割はない」（Edmondson 1997）という反論

もなされたが、両者はこの分野における実証的なデータがほとんどないという点で一致している（Paran 2008）。今世紀に入ると、多くの異なる条件下での文学教材の使い方の提案や実践報告がなされ、特に文学を用いた授業・学習過程の記述や学習者の反応などに関心が集まるようになってきた。例えば、Hanauer（2001）は詩（歌詞）の読解過程の発話を、Kim（2004）は文学を読むサークル（literature circle）でのディスカッションの様子をそれぞれ分析し、文学教材を使ったこれらの活動が外国語学習の上で有効であることを主張した。また、Scott and Huntington（2007）は米国の大学で詩を扱うフランス語授業を観察し、初級学習者が教師の効果的な指導と第一言語使用により "the interpretive mode" を発展させていく過程を記述した[2]。日本においても、近年、大学英語授業で文体論の教育への応用を提案した Teranishi, Saito, Sakamoto, and Nasu（2012）など実証的な研究が見られるようになったが、難解な文学テクストを、精読といういわば伝統的な方法で読解する事例の報告は限られている。

　この「伝統的アプローチ」（traditional approaches）について、Hall（2005）は第二言語教育における文学利用の文脈で「コミュニカティヴ・アプローチ」（communicative approaches）と対比させながら説明している。同書によると、伝統的アプローチは、19世紀の正典（canon）の概念に影響を受けたものであること、新批評や文体論研究も採り入れるが言語的要素は比較的軽視される傾向にあること、「外国語」教育や大学などのアカデミックな場面で行われることなどに特徴がある。日本の英語教育では精読や訳読がこの伝統的アプローチに該当すると言えるが、新学習指導要領に高等学校の英語は基本的に英語で行うことが明記されたことからもわかるように、学習者の母語あるいは既得言語を介した教授法は排除される傾向にある。その一方で、訳あるいは訳読の効用を再評価する動きも見られている[3]。

　また、「文学」の定義については、これまで、読者の想像力を要する言語と情報を伝える言語を "representational/referential"（McRae 1991: 2–3）として区別するなど、多くの試みがなされてきたが、決定的なものはない。むし

ろ、文学と非文学のディスコースは種類が異なるのではなく程度の問題であるという主張（e.g. Miller 1992; Kramsch 1993）や、日常言語と文学言語は対立するものではなく文学性が低いテクストから高いテクストへの連続変異であるという考え（e.g. Carter and Nash 1990）が支持されている。それらに従えば、読者に想像力を用いて解釈や推測をしてもらうようなテクストはより文学的であると言えるし、情報を伝えたり事象を解説したりするテクストはより論説的であると言うことができる。

　以上のような経緯を踏まえ、本稿では、大学英語授業における文学的な作品の精読を学習者の関心や反応という観点から分析する。研究課題として、1) 文学的テクストは精読の授業でどのような関心を持って読まれるのか、2) 学習者は文学的テクストの読解やそれに伴う活動をどう感じるか、特に論説的テクストと比べて違いはあるのか、の 2 点を挙げる。

3.　事例研究の概要

3.1　研究対象

　対象とした授業は、首都圏にある大学で筆者が 2014 年度に担当した英文学科 2 年生の通年必修科目 Intensive Reading の後期の部分である[4]。受講生は女子 23 人で、クラスは習熟度別に編成されており、大多数が TOEFL-ITP で 520 点以上と推定される。英文学科という名称ではあるが、学生は 3 年次より英語学、英米文学、英語圏文化、英語教育などの各コースに分かれ、文学を専攻する予定の者はごく少数である[5]。

3.2　教材

　このコースで教材とするテクストは、各授業担当者がコース・コーディネーターから与えられたリストを活用して[6]、前後期 1 冊ずつ選ぶように指示されている。対象授業では、前期に Bauer and Trudgill (eds.), *Language Myths*（以下、Myths）、後期に Virginia Woolf, *A Room of One's Own*（以下、

Room）を選んだ。いずれも、日本語注釈のない原書である。Myths は言語に関する神話（伝説）について言語学者たちが専門知識を用いながら一般の人向けに解説し議論する、極めて論説的な要素の濃い文章のコレクションである。一方、Room は、「女性が小説なり詩なりを書こうとするなら、年に五百ポンドの収入とドアに鍵のかかる部屋を持つ必要がある」（川本訳 1999: 213–214）というフェミニズムの主張で有名な、随筆と見なされることの多い作品で、読者は英文の意味をひと通り理解した上でテクスト内の表現をもとに想像力を駆使して作者の著したいことを探りながら読み進める必要がある。

　上記の理由から、Room は多分に文学の要素を持つと言えるが、本稿でこの作品に「文学的」という曖昧な表現を用いるのは、既に述べたような文学を定義することの難しさによる。事実、対象授業では「原則として文学以外の作品」を用いることがコース・コーディネーターからの指示に明記され、その上でこの作品が候補として挙げられている。つまり、Room はカリキュラム上、文学と見なされていないのである。筆者はこの場合の「文学以外」は「小説以外」を意味していると推測しているが、このことは文学の意味が使う人や状況によって変化し得ることを示している。また、ジャンルという観点から考えても、簡単には「文学」と言い切れないかもしれない。Room の文章は、作者自身も書いている通り、もともとは 2 つの講演の草稿をまとめたものである。その一方で、作品内には fiction という言葉もたびたび登場し、対象授業で読んだ Chapter 1 は Oxbridge という架空の大学を舞台とした物語の形式をとっている。さらに、この作品を広義の随筆と見なしたとして、そもそも随筆は文学に属するのだろうか。例えば、Belcher and Hir-vela（2000: 22）は、個人の書く随筆を文学に含める人もいればそうでない意見の人もいると指摘している。また、Williams（1976/1983）は、「カーライルやラスキンは小説や詩や戯曲を書かなかったが、『英文学』（English litera-ture）に属している」（椎名他訳 2002: 311）と述べ、一部の随筆は文学に入ることを暗示しつつも明言を避けている。本稿では、Room を文学作品の 1 つ

と見なし、その事例研究から得られた結果は文学教材の利用一般に応用できるとする立場を取るが、以上のような議論を踏まえて「文学的」という表現を用いる。それに対し、Myths を「論説的」テクストと位置付ける。

3.3　授業の展開

　授業の目的・内容についてはテクスト選択と同様に大学のコーディネーターからガイドラインが示されており、目的は、専門課程で必要な読解力と分析力の養成である。また、「単なる訳読ではなく、文化的、社会的、歴史的文脈の中で、テキストの内容を正しく理解するとともに分析的に読み解く訓練を行うように」という方針が示されている。

　第1回授業では、授業者である筆者が Woolf とその作品について概要を説明し、その後で彼女の書いた遺書を配布してグループごとに内容や印象について話し合ってもらった。補足説明をした後で、映画 *The Hours* 冒頭のシーンをクラスで鑑賞した[7]。これは、映像や音声の面からも同作家や作品を印象づけ、興味を持ってもらうためである。第2回以降の授業では、毎回2名の発表者を決め、本文1ページ半程度の担当箇所を割り当て、発表をしてもらった。その際、発表者には、読みのポイントとなる箇所に焦点を当てて問題を作成すると共に難解な語句の意味や背景知識については説明を加えるように指示した。授業中は、クラス全員がテクストを精読してきていることを前提に発表担当者を中心に授業を進め、筆者が言語的・内容的に重要と思われる点を補った。前期の Myths は論説的なテクストで文章全体や段落内の構成が整っていたことから段落ごとの要約を中心に授業を進めたが、Room は形式・意味内容の特徴も全く異なっているため同じやり方は適さないと判断し、発表者による問題作成というやり方を試みた。その他、アイディアを整理するためにワークシートを用いたり、イメージがとらえにくい場面では絵を描いたりする活動も取り入れた（ワークシートの様式は資料1を参照）[8]。半期でカバーする範囲については予め決めず、少なくとも Chapter 1 を読み終わることを目標とした。

3.4 データ収集

　筆者のフィールド・ノート、受講生の発表レジュメ、アンケートの結果、フォローアップ・インタヴューの書き起こしからデータ収集を行った（アンケートの様式は資料2を参照）。授業内容と活動を記録したフィールド・ノートと発表者のレジュメは、第2回から第14回までのすべて授業のものをデータ収集の対象とした。また、アンケートとそれに続くインタヴューは第12回授業終了後に教室で行った[9]。インタヴューは希望者のみを対象に自由形式で行い、IC レコーダーに録音して終了後に書き起こしを作成した。

　筆者は、授業中は通常通りに授業を行うことを最優先し、研究のために行う観察などが授業進行の妨げにならないように注意を払った。また、受講生の心理的な負担を避けるために教室談話の録音などは行わなかった。活動内容やアンケート結果を研究目的で使うことは受講生に予め話し許可を得た。

　データ収集に複数の方法を用いることは、一般的に、質的研究において結果分析が研究者の主観に影響され客観性を欠くものになるのを防ぐためによく行われる。Hall（2005）も、言語教育における文学研究（Literature in Language Education）の方法論を提案する中で、重要なのはいくつもの手法を組み合わせた3点観察法（triangulation）であると主張する。

> The best research often uses several methods in *triangulation* to try to get different perspectives and a fuller overall picture of the object of research interest.
>
> (Hall 2005: 189)

（斜字体は原文のまま）

3.5 データ分析

　データ分析の方法としては、まず、フィールド・ノートと発表レジュメの内容をそれぞれ別に調べ、それを Kim（2004）が小説を読む文学サークルでのディスカッションの分析に用いた5つのカテゴリー（literal comprehension, interpretation, personal connections, cross-cultural themes, evaluation）を使って

コード化した[10]。また、アンケート調査では、受講生がこの作品の精読を前期の Myths の精読と比べてどう感じたかを調べることを主な目的とした。回答にある程度の方向性を持たせるために、「むずかしさ」「面白さ」「英語力向上」の観点から Room について感じたことを自由に記述してもらい、さらに、読む際にどのような点に関心を持ったかを、上記の Kim（2004）の5つのコードを与えて選択式で答えてもらった。最後に、発表担当者が問題を作成するという授業の方法についても感想を書いてもらい、今後の授業改善のための参考とした。

4. 事例研究の結果

4.1 授業中の精読に伴う発言に現れるテーマ

本節では、フィールド・ノートをもとに、授業中の精読に伴う受講生からの質問や問題提起、グループやクラス全体での話し合いにおける発言などの内容をテーマ別に分析する。その際に、3.5 で述べた5項目を用いて、このような文学的テクストの精読にはどのような特徴が見られるか議論する。

Literal comprehension

Literal comprehension とは、英文を読んで単語の意味を踏まえながら構文を理解し、文字通りの意味をとることをいう。Room では、次々と出来事が起こったり登場人物の言動を中心にプロットが発展していったりすることは余りないが、作者の言いたいことを理解する前段階としてまず文を丁寧に読みその意味を理解する必要がある。作品中に使われる単語もこれまで知っていたものとは異なる意味を持つ場合がしばしばあり、そのつど辞書を引き、さらに前後の文脈から注意深く意味を選ぶという作業が必要となった。例えば、第3週に読んだ以下の文では、making で始まる挿入句を「小説家の<u>自由と免許をすべて利用して</u>」としたのでは意味が通じず、辞書を引くと liberty には「特権」、licence には「（行動の）自由」という意味が、特に正式な

言語使用の際にはあるということがわかった。

> Therefore I propose, making use of all <u>the liberties and licences</u> of a novelist,
> to tell you the story of the two days that preceded my coming here....
>
> （Woolf 2004: 4）
>
> （下線は本稿の筆者による）

また、構文も倒置や挿入が多く難解なものが多いため、受講生からの質問には英語・英文の意味に関するものが多かった。このように、単語1つ1つの意味や構文をじっくりと考え、読み解いていくという作業は精読の授業においてこそ可能であると言える。

　その一方で、この作品には文字通りの理解ができて日本語に置き換えることもできるが、作者が何を言いたいかわからないという箇所が多いようであった。それは次の interpretation に関連する。

Interpretation

　Interpretation について、Kim（2004: 155）は「読み手は時折テクストの文字通りの意味を超えてもっと深い隠れた意味を見つけようとする」（筆者訳）と説明する。Room は、作者が自己を内省しその思想や心の動きを伝える作品であるので、読み手は作者の細かな心の動きを追いながら読み進め、各場面で言おうとしていることが何なのか理解する必要がある。授業前に各自でRoom を精読して、単語や構文を理解し英語の意味がわかる段階、つまり、literal comprehension をほぼ達成しても、それがどういうことなのか、作者は何を言いたいのかわからないという感想や質問が毎時間大変多かった。そこで、文の前後やテクストの全体を繰り返し読み、教師やクラスメートと意見交換し、自分でさらに深く考えて作者の意図を探ることが必要となった。前期の Myths ではそのようなことは起こらず、文が長く文法が難しいことはあっても、英語を読み解いて文字通りの意味を理解すればそれ以上の疑問

は出てこなかった。次の文がその一例である。

To use one particular group's accent in broadcasting is to give that accent a wider reach than perhaps it had before, but the accent itself is no 'less' of an accent than any other, although it may represent groups and institutions with more political and economic power than groups whose members use another accent.　　　　　　　　　　　　　　　　　　　　　　　(Bauer and Trudgill 1998: 170)

　実際に Room の授業で受講生の読解を観察すると、interpretation にもいくつかのレベルがあることに気づかされた。1 番目は、テクストの特定の箇所にのみ関わり文脈に沿って読めば決まった 1 つの答えに比較的容易にたどり着ける比喩的表現など、2 番目は、抽象的な表現を用いてテクストの広範な内容を指しているもので、文字通りの意味を理解した上で文章の大きな流れをつかみ作者の指しているものを見極めなくてはならないというものである。3 番目は、ある出来事や事象などが象徴的に描かれ、作品全体の重要なテーマにつながるもので、より深く広範な解釈が必要となる例である。以下、1)、2) については本文を引用して例を示し、3) については内容を提示する。

1)　文脈に沿って読めば 1 つの答えにたどり着ける比喩的な表現の例

...a good dinner is of great importance to good talk. One cannot think well, love well, sleep well, if one has not dined well. <u>The lamp in the spine does not light on beef and prunes.</u>　　　　　　　　　　　　　(Woolf 2004: 21)

（下線は本稿の筆者による）

2)　文章の大きな流れ中で作者が指しているものを見極める必要がある例
　　（a. は友人と会話をしている時の主人公の心の動きを表す。b. は Chapter

1 で書いたこと全体を指し Chapter 2 を書く動機・理由を述べている。)

a. While these things were being said, however, I became shamefacedly aware of a current setting in of its own accord and carrying everything forward to an end of its own. 　　　　　　　　　　　　　　　　(Woolf 2004: 22)

b. One must strain off what was personal and accidental in all these impressions and so reach the pure fluid, the essential oil of truth.
　　　　　　　　　　　　　　　　　　　　　　　　　(Woolf 2004: 29)

3)　出来事が象徴的に描かれ、作品全体の主題と大きく関わるもの
　　大学を造る工事の描写／男子寮の午餐と女子寮の夕食の描写／マン島猫
　　の出現

受講生たちは、1)の例に見られる比喩的表現の理解には困難を感じていなかったが、2)については作者が何を意味しているのか、ほとんど理解できていなかったようである。また、授業回が進むに従って、特に第7回以降は、3)のような作品全体の解釈に関する問題提起が受講生の側から多く出されるようになり、同時に、そのような興味を持ちながら読むことが楽しいという声も聞かれた。

　このような interpretation に関わる発言や話し合いは、どれもテクストを繰り返し読み自分の知識や想像力を用いて作者が何を言いたいのか探ろうとする姿勢を読み手に要求するが、これらの発言が前期の Myths を用いた授業ではほとんど見られなかったことを考えると、解釈や推測についての発言を生み出すことは文学的テクストの読解の1つの特徴であると言える。Hall (2005: 48) は第二言語での文学の価値をまとめる中で、"(Literature) promotes interpretive and inferential skills" という主張を紹介しているが、対象授業ではそれを支持する具体的な例が数多く観察された[11]。

Personal connections

　これは、読み手が作品を自分の価値観や体験に結びつける作業である。フェミニズムという本作品のテーマを自分自身の関心としてとらえながら読んだ受講生は実際多かったようで、授業中にもそれに関する発言はしばしば聞かれた。ただ、対象授業では作品についてのディスカッションの時間は限られていたので、授業前に各自がテクストを精読する際にどれくらい自分自身に結びつけながら作品を読み進めたかは明らかにできなかった。後述のアンケート結果で示したい。そのような限られた機会の中でも、フェミニズムに関連して母親など自分の周りの女性の生き方について言及する受講生や、また、作品中に描かれている大学の建物や中庭が自分の大学に似ているということで創立当時の様子などを調べてくる者も見られた。

Cross-cultural themes

　この作品の精読では、literal comprehension, interpretation のいずれの段階においても文化的・社会的な背景に注意を払う必要があった。例えば、作品の舞台である大学の構造や午餐と夕食における食べ物の様子など目に見える文化的要素から、当時の女性が置かれた社会的背景に至るまで、それらを理解せずにこの作品を読み解くことはできない。しかし、対象授業では、各自が授業前に背景知識について調べ、授業中にも発表者の書いた説明を参照していたので、文化的テーマに関する授業内の発言や議論はそれほど多くはなかった。受講生の関心の度合いをアンケート調査で示したい。

　授業前の読解において各自が文化・歴史的な事柄に興味を持ち調べてくる積極的な姿勢は学期を通じて見られた。また、異文化理解のために個々の単語の意味も深く追究していた。一例を挙げると、作品冒頭に出てくる mantelpiece という語について、それが単に暖炉の上の飾り棚を示すだけでなく、そこに飾られるものが居間全体や住む人の品格をも示す重要なものであるという指摘があった。他にも、女性の服装やフェミニズムなどについて、他の授業で得た文化的・社会的な知識や話題などを受講生同士が共有する場

面はよく見られた。

Evaluation of the work

　Evaluation は作品に対する読者の評価である。対象授業では、作品全体の評価というより、場面ごとに表現力の豊かさや構成の巧みさなどについて好意的な指摘がよくなされた。例えば、男子寮の午餐と女子寮の夕食の場面ではそれぞれ「英語の表現」「日本語の意味、解釈など」をワークシートにメモしながら読むという作業を行ったが、いかに細やかで多彩な表現をしかも有効に用いて両者の差を際立たせているか、作者の言葉の使い方の巧みさや表現のゆたかさに気づくことができたという感想が聞かれた。また、下に引用した本文は、思索にふける主人公が大学内の芝生を横切ろうとして止められる場面の描写であるが、男性社会と自分の立場との対比が速いテンポで描かれ、憤りや情けなさを伴って段落最後の文に収束していく構成に感銘を受けたという指摘が複数あった。

　　　Instinct rather than reason came to my help; he was a Beadle; I was a woman. This was the turf; there was the path. Only the Fellows and Scholars are allowed here; the gravel is the place for me... The only charge I could bring against the Fellows and Scholars of whatever the college might happen to be was that in protection of their turf, which has been rolled for 300 years in succession, they had sent my little fish into hiding.　　　(Woolf 2004: 6)

　以上の 5 項目が 1 回の授業でどのように現れたか、第 10 回授業の例を用いて表 1 に示す。精読したテクストの範囲は Woolf（2004）の 18 ページから 21 ページである。

精読の授業における文学的テクストの特徴　329

表1　授業における項目別の発言内容（第10回：2014年12月2日）

テーマ	授業中の精読に伴う発言内容（意見、質問、感想など）
Literal comprehension	p.20　仮定法の意味に注意（One could have seen...） p.20　And if anyone complain that prunes...の訳。主節のhe は誰を指すのか。 p.20　Everybody scraped の everybody とは誰を指すか。 p.20　no more - than - の構文の訳。 p.22　such beginning とはどのようなことを指しているか。
Interpretation	pp.18–19　10月なのになぜわざわざ春の庭の空想をするのか。 p.19　どうして冒頭で soup だけが強調されているのか。 p.20　dinnerの中でcoal-minerはどのような役割を果たしているか。 pp.19–20　dinner の場面で否定的な意味を持つ単語はどれか。luncheon との比較。 p.21　the lamp in the spine とはどのようなものか。 p.21　probably, hope が斜字体になっているのはなぜか。
Personal connections	p.21　"a good dinner is of great importance to good talk. One cannot think well, love well, sleep well, if one has not dined well." に、賛成するかどうか。
Cross-cultural themes	pp.19–20　食事の場面などには文化的な語が多く、意味が分かってもニュアンスを理解するのはむずかしいことがある。
Evaluation	p.21　luncheon と dinner の比較はとても面白い。 （クラス全体の感想）前期のテクストは探しさえすれば答えがどこかにあったが、この作品はそうとは限らない。

4.2　問題作成に見られる発表者の関心

　対象授業では、毎時間2人の発表者に自分が難しいと感じた点や重要だと思う点を問題形式でレジュメにまとめてもらい、それを中心にクラス全体での精読を進めた。そこで本項では、発表担当者たちの関心を探るために、レジュメに作成された問題を4.1と同様の5項目を用いてコード化した。例えば、literal comprehension に区分される典型的な問題は、「～を日本語に訳して下さい」「～の it は何を指しますか」などの和訳や文法に関するもので、言語的な理解を確認する問題である。それに対し、interpretation は、「pp.12–15を読んで、Manx cat は何を象徴していると思いますか」「どうし

て probably, hope がイタリック体で書かれているのか考えてみましょう」など、深く考えて解釈することを必要とする問いを指す。

図1は、レジュメに作成された問題のテーマが授業の進行に従ってどのように変化していったか、示したものである。実際に授業が始まった第2週から第5週まではほとんどの問題が literal comprehension に関するものであったが、次第に interpretation が増えていき、後半ではその数が literal comprehension と同数か、時には上回っていることがわかる。後半で interpretation に関する問題が頻出したことの理由は、授業が進むにつれて受講生が作品に慣れ言語的な意味を理解するだけでなく深く解釈する余裕が生まれたことと、前半でのクラスの読み方を反映させて意識的に解釈への関心を向けるようになったことの両方であると考えられる。

Cross-cultural themes, evaluation に関するものは、発表者が問題としてクラスメートに問いかけるケースは少なかった。しかし、特に文化的事項については、どの発表レジュメにも平均して3点ほど社会背景や歴史を含めた

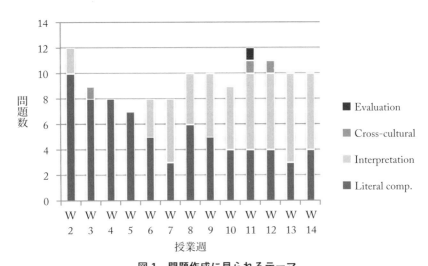

図1　問題作成に見られるテーマ

注1　W2, W8, W 14 は発表者が1人だったため、各テーマに属する問題数を2倍にして表示。
注2　Literal comp. は、Literal comprehension。

解説が記されたので、関心は高かったと推察される。Personal connections も発表者からの問題の形式としては現れなかった。

　次に、1回の発表で発表担当者がどのような点に関心を持ってどんなレジュメを作成したか具体例を示す。表2は、第11回授業の2人の発表者のうち1人のレジュメをまとめたものである。

表2　発表者のレジュメの例（第11回：2014年12月9日）

	発表者が作成した問題	テーマ
Q1	p.23, l.14–16: 'That' と4つの 'it' はそれぞれ何を指しますか。	Literal comp.
Q2	p.23, l.16–17: 'a long struggle' とは具体的に何のことですか。	Literal comp.
Q3	p.23, 脚注：作者が Mary Seaton に2つの書物を引用させているのにはどのような意図があると思いますか。（作者はここで何を訴えたいのでしょうか。）	Interpretation
Q4	p.24, l.4–5: '…we burst out in scorn at the reprehensible poverty of out sex.' にはどのような感情が込められていますか。	Interpretation
Q5	p.24, l.5–8: '?' の連続使用はどんな効果を生んでいますか。	Interpretation Evaluation
Q6	p.24, l.8–9: 'some photographs' とはどんな写真か、文中の名詞・形容詞をすべて使ってイメージして下さい。また、Mary の母親の体型、服装、格好、表情、雰囲気から何が読み取れますか。	Literal comp. Interpretation Cross-cultural
Q7	p.24, l.10–13: 'so' の内容を明らかにしながら文全体を説明して下さい。	Literal comp.
発表者が付記した背景知識のための説明		テーマ
1.Lady Stephon について／2.*Emily Davies and Girton College* について／3.Emily Davies について／4.R.Strachey について／5.*The Cause* について		Cross-cultural

4.3　アンケートとインタヴューが示す学習者の反応

　はじめに、第12回授業の終了後に行ったアンケート調査の結果を示す。質問項目は、Room について感じたこと（Myths との比較において）／それぞれの作品に取り組む際に関心を持った点／両作品について印象に残ったこ

と／学生が担当箇所の問題を作成するというやり方について／教材や授業についてのコメント、の5点である。

まず、Room の特徴として感じたことを、前期に使った Myths との比較において、予め設定した「むずかしさ」「面白さ」「英語力向上」の観点から書いてもらった。多く見られた回答のみを観点別に表3にまとめる。

表3　Room に対する学習者の反応（Myths との比較において）（n=21）

観点	感じたこと、理由、具体例など	回答数
むずかしさ	作者の意図をつかむこと・解釈すること	8
	単語の意味をとること	4
	背景知識がない	4
	意識の流れ（作者の思考が続いていく点）	4
面白さ	作者の意図をつかむこと	9
	背景知識、文化と合わせて読み解くこと	5
	フェミニズム	4
英語力向上	文法力向上（様々な構文に出会ったため）	9
	読解力向上（意味をとるために繰り返し、深く読み込んだため）	4
	訳・日本語への置き換えができるようになった	4
	深く考える姿勢が身につく	3
	表現のゆたかさ	3

「むずかしさ」の観点からは、「作者が何を言いたいのか、理解することがむずかしかった」という回答が多かった。4.1 で議論したように、interpretation にはいくつかのレベルがあるので回答者たちが念頭に置いているものが必ずしも同一であるとは限らないが、全体的な傾向として、言語の問題を解決した後で作者の言いたいことを理解するのに苦労したことがわかる。しかし、同時に、それは「面白さ」に通じていることも示している。「面白さ」の観点では、約半数の受講生が Myths との比較においてこの作品で「作者の意図をつかむこと」が面白かったと回答している。これは、「背景知識、文化」についても同様で、Room では文化や背景の知識を持ち合わせていないために「むずかしい」と感じたが、同時にそれらと合わせて作品を読み解くことを「面白い」点として認識していた。

「英語力向上」の観点からは「文法力の向上」と答えた受講生がもっとも多かった。Room には長い文が多く、特別な文法知識を必要とするような文は少ないものの倒置や挿入が頻出する。そのため、そのようなテクストのスタイルに慣れていない受講生は、Myths に比べて特に文構造が複雑だと感じ、その点での文法力が向上したと実感したのであろう。

次に、それぞれの作品を読む際にどのような点に関心を持って取り組んだか、その結果を表4に示す。両作品とも「英語の意味を理解すること」「解釈すること」が上位を占めているが、Myths では「英語の意味を理解すること」に、Room では「解釈すること」により多くの関心が持たれたことがわかる。「自分の経験に結びつけること」への関心が両方とも低かったことについては、表3で Room の面白かった点として「フェミニズム」と答えていたことと一致しないが、概念として興味は持っても自分の経験とは結びつけられないということであろうか。現代とは時代が違うという点も影響したと考えられる。「外国の文化を学ぶこと」への関心も高く、特に Room では半数を大きく超える受講生がこの点に関心を持ちながら読んだと言える。

表4　それぞれの作品を読む際に関心を持って取り組んだ点 (複数回答可) (n=21)

関心を持った点	Room	Myths
英語の意味を理解すること	14	18
解釈すること (作者の言いたいことなど)	19	12
自分の経験に結びつけること	0	4
外国の文化を学ぶこと	13	6
作品を評価すること	4	1

その他の質問項目の中で、受講生が問題作成をするという授業のやり方については、「(問題に答える側として) 理解が深まった」(7名)、「問題を作るのは難しかったが勉強になった」(5名)、「他の人の作問や視点の違いが勉強になった」(3名) など概ね肯定的な評価を得た。一方で、この方法について「(レジュメを授業直前に配布するので) 予習として取り組めないことが大

変」「試験対策がわからない」（各 3 名）という感想もあった。

　フォローアップ・インタヴューは、授業・アンケート後で自由参加とした
ため、3 名のみの参加であった[12]。また、インタヴューの構成を予め定めな
い自由形式としたので、それぞれがアンケートの回答の理由を説明したり、
授業の感想を述べたりする場となった。

　Room については、「内容はとても面白いけれども難しかった」という感
想を全員が述べた。「今まで読んだ英語の文章の中で一番難しかった」と言
う受講生もいたが、「面白い」と「難しい」は自分の中で両立するものであ
ると説明していた。「概念的なものを問われているので、それをつかむのが
難しい」という感想も聞かれたが、これは「解釈が難しい」というアンケー
ト結果と呼応する。また、「前に書いてあることが後で出てきて、それがわ
かった時がとても嬉しかった」と、この作品には「わかる喜び」があるとい
う感想を述べ、それができたのは細かく正確に読む精読を行ったからだと読
み方に関する発言につながった。読み方については、他の受講生も「この作
品は速読で読んでもわからないと思う」あるいは「本当の良さがわからな
い」と同意していた。言語的には、「単語の意味が今まで知っていたものと
違うことがあり、その発見が楽しかった」という発言があったが、これを苦
労と思う受講生もいただろうことは推察される。また、背景知識が必要とさ
れることについて、「自分は興味を持てたが、イギリスへの興味、文化・歴
史的背景がないとつらいかもしれない」という指摘があり、文学的テクスト
を扱う際の留意点として示唆に富んでいる。その他、「奥が深くて、『ウル
フ、すごいな』と思いながら読んでいた」「ウルフを大学時代に読めたとい
うことが、1 つ意味がある」などの感想も聞かれた。

　Myths との比較では、「Myths はここが説明でここが結論だという論理構
成がはっきりしていた。でも、こちら（Room）は、流れるようで」というよ
うに、Room の文章構成に対する指摘や「意識の流れ」の手法に関する言及
があった。しかし、それ以上に全員が強調していたのは、テクストの性質そ
のものの違いである。参加者たちは「前期は説明文で[13]、書いてあることが

全てという感じだった」と表現していたが、つまり、Myths では文字通り読んだことがそのまま作者の言いたいことであり、また、決まった答えが必ずテクストの中に書かれていたが、Room はそうではなかったということである。内容面の比較では、Myths よりもフェミニズムを扱った Room の方が自分たちの問題として興味を持つことができたと答えており、このケースでは、古い時代の虚構を用いた作品の方が、言語という現代社会の日常的トピックを扱った文章よりも読者の関心を引き付けたということが言える。

5.　事例研究の考察

　本稿では、文学的なテクストは精読の授業でどのような関心を持って読まれ、学習者はそのようなテクストの精読をどう感じるかを探るために、「授業中の発言」「発表者の作成した問題」「アンケート調査及びインタヴュー」の視点から事例研究の結果を示してきた。以下では、この結果を基に、精読の授業で読まれる文学的テクストの特徴について、論説的なテクストの精読との比較も交えながら考察する。

　Room を精読する授業中の話し合いでは、literal comprehension, interpretation に関する発言が頻出し、「テクストの内容を正しく理解する」「解釈する」ことに重点が置かれたことがわかる。また、この「解釈する」という要素は授業を重ねていく中で次第に増加したことが、発表者の作成した問題からも観察された。学習者がより自主的・積極的に作者の意図を推測したり作品のテーマについて解釈したりするようになったと言える。

　解釈することは、「分析的に読み解く」「深く考えさせる」という対象授業の目的にかなうだけでなく、コミュニケーション能力の一部とも関連する。久世 (2012) で議論したように、interpretation は米国の「外国語学習スタンダード」では “Communication” の一要素として位置づけられており、また、Widdowson (1978) も「言語教育の究極の目標は、コミュニケーション能力の習得、つまり、解釈ができるようになることである」(東後他訳 1991：85)

と述べている。読解や現実の様々な場面でテクストや相手とやり取りをして、表面的な語意だけでなくより深いレベルにある書き手や話し手の意図を理解する能力は言語教育の中で身に付けるべき重要なものであると言える。

　このような読み方を可能にするためにはいくつかの条件が揃わなければならないが、まず、テクストの果たす役割は大きい。Room という作品が表面的な英語の意味をとるだけではなく、解釈を含めた深い読みを可能にしたということである。しかも、回を重ねるごとに読者をそのような読みへと誘導する力を持っていたと言える。アンケートやインタヴューに見られる、この作品の読解に対する多くの受講生の反応は、「むずかしいが、面白い」というものであり、それぞれ「むずかしい」「面白い」と感じる理由として約半数の回答者が「作者の意図を理解すること」を挙げている。

　さらに、精読という方法が学習者のテクストへの深い関わりを促したと言える。単語1つ1つの意味にもこだわり、文の構造をつかんで意味をとっていく緻密な読みと、その内容に基づいて作者の言いたいことを探るという一連の作業は精読の中でこそ成し得たものである。Hall（2005: 116）は、第二言語による文学読解では言語的な問題が障害になると指摘し、単語や文の理解を重視せずに文学的な使い方（テーマ、イメージ、アイディアに関する活動など）をすると学習者が戸惑ったり興味を持たなくなったりして推論や解釈というレベルには達しないという報告を紹介している（e.g. Shultz 1981; Davis 1992）が、やはり、難解なテクストを用いて文学的な活動を行うためにはまず言語的な問題を解決し、そこから解釈や推論などの段階へ移行していくべきである。その点で精読は不可欠であると言えるだろう。

　Room の精読を学習者の視点から Myths の場合と比較してもらった結果は、Myths では文字通りの英語の意味を理解することが中心であり、Room では英語の意味を理解した上で作者の言いたいことを推し測ったり解釈したりすることにより多くの関心を持ったということである。文学とそうでないものとの間に境界線を引いて明確な違いを示すことはできないとしても、少なくとも対象授業において学習者たちはこのような異なる関心を持って2つ

のテクストを読んだということは示すことができた。このことが文学的テクストを精読する上での1つの特徴と考えられる。

また、Room の読解においては、予想以上に文化的・社会的背景知識の持つ影響が大きかった。今回の受講生の多くは当時の文化や社会状況に関心を持ちながら読み、そのような作業を難しいが面白いと感じていた。しかし、文学を "culturally authentic texts" (Gilroy and Parkinson 1997: 214) と見なし、言語教育における意義を主張する研究も多い中 (e.g. Collie and Slater 1987; Nostrand 1989; Kramsch 1993)、このような文化的・社会的な要素を多く含むテクストを扱うことが適切かどうかは教材選択の際に授業の目的に合わせて検討する必要があると言えるだろう。対象授業では、文学専攻を予定している受講生はごく一部であったものの、英語圏の文化に興味を持っている人は多かったので、その状況に助けられたということは否めない。

その他、文法力がついたという指摘も授業中やアンケートにおいて多く見られた。これは作品中の文がどれも長く挿入や倒置が頻出するので、文章の読解を通して文法力を養えたと実感したと考えられる。また、そのように複雑な英文であるからこそ、「日本語も鍛えられる」という反応を幾人かが共有したのであろう。翻訳力の向上を目指した授業ではなかったが、それでも訳読を通して日本語と英語の構造の違いに気づき、わかりやすい日本語に訳すために工夫を凝らす過程で日本語の能力も同時に養うことができたと学習者自身が認識したと言える。

このような授業で考慮されるべき問題としては、発表担当者が作成した問題を中心に授業が進められたため、試験のための準備をどのようにすべきか、不安に思う受講生が複数いたということである。これには、試験前に復習シートを配布し授業中にも質問の時間を設けて、読解のポイントがわかるようにして対応した。また、アンケートの Room について感じたことを書く欄に、「（文学作品を扱う）別の授業と同じような問題になる」と懸念するコメントがあった。確かに、言外の意味を追究することや解釈することばかりが過度に強調されるとこの授業の目的から逸れてしまうので、「正確に読

むこと」と「内容を深く考えること」のバランスは十分に考慮されなくては
ならない。さらに、評価についても、Paran（2010: 146–147）が文学作品を外
国語教育で扱う際には「言語的な能力か文学的な能力」（language competence
or literary competence）のどちらを測るのか、ジレンマに陥りやすいと指摘し
ている通り、この2つの能力のバランスは重要な課題であり、評価におけ
る比重も授業の目的に合わせて慎重に検討されるべきである。

6. まとめ

今日、中等教育においても高等教育においても英語の授業で精読をする機
会は限られている。また、文学作品をどう活用するかという研究において
は、コミュニカティヴ・アプローチの中での実践報告が関心を集め、それら
が重要であるのは言うまでもないが、難解な散文を精読する事例については
余り顧みられてこなかった。本稿では、あえて言語的にも内容的にも難しい
文学的なテクストを精読という伝統的な方法で読む授業に注目し、学習者の
関心や反応を複数の視点から分析した。その結果得られたのは、言語的な意
味をつかんだ上で、作者の意図を理解しようとテクストと対話するように読
み進める学習者の姿勢であり、そのような作業を「むずかしいが、面白い」
と感じる反応であった。これらが精読における文学的テクストの特徴の1つ
であり、この点において文学的テクストは、英語教育の中で、情報のみを伝
える論説的テクストとは異なる役割を担えると言えるのではないだろうか。
今後は、このようなテクストの読解が外国語教育のどの点に有効であるのか
をより特定して示すと共に、様々なコンテクストにおける文学的テクストの
特徴をさらに追究していきたいと考えている。

注

1　本稿は、日本国際教養学会 (JAILA) 第 4 回全国大会 (2015 年 3 月 14 日、於岡山大学津島キャンパス) における口頭発表の原稿に大幅な加筆・修正を施したものを部分的に引用している。

2　"The interpretive mode" は、米国の外国語教育のスタンダードである *Standards for Foreign Language Learning in the 21ˢ Century* の 中 で "Communication" の た め の Standard 1.2 として掲げられ、以下のように説明されている。"Students understand and interpret written and spoken language on a variety of topics." (ACTFL)

3　Cook (2010) では、「ひとまとまりの文、実際の使用例、話し言葉、流暢さ、学習者中心の活動など、ないがしろにされている言語使用の諸要素に焦点を当てられるような活動があれば、文法訳読法は補足・修正することができる。」(斎藤・北訳 2012: 29–30) と論じられている。

4　Intensive reading は「精読」が定訳となっているため、本稿では「精読」という用語も併用する。白畑他 (2012: 150) によると、精読とは「外国語学習において、テクストの内容と言語的表現を深く、かつ詳細に分析しながら読むこと」であり、対象授業の目的や方法と一致する。

5　アンケートへの記載によると、今回、研究対象とした学生のうち、3 年次から英米文学コースに進む予定の者は 1 名であった。

6　リストには他に Bertrand Russell, Susan Sontag の作品や随筆集などが挙げられており、場合によってはそれ以外のものもコーディネーターに相談の上使用することができる。

7　この映画は、主に Woolf の *Mrs. Dalloway* をモチーフとして制作されたが、冒頭に Woolf 自身が入水する場面があり、そこに遺書の文言が映像及び音声で重ねられている。

8　発表担当の受講生から主人公の友人の母親の姿・服装を問う問題 (表 2, Q6) が出された時に、筆者が絵を描く活動に切り替えた。

9　これは冬休み前の最後の授業で、後期のテクストに十分に慣れ、かつ前期の教材もまだ記憶にあるというタイミングを狙ったものである。

10　Kim (2004) は、小学校の母語教育の中で文学教材を使って話し合いをする児童の発話を分析した Eeds and Wells (1989) のコーディングに cross-cultural themes を加えて 5 項目を設定した。本稿の分析対象はディスカッションではないが、授業中の発話に見られるテーマを示すためにこの 2 つの先行研究のコーディングを参考にした。

11 解釈は推論とも密接に結びついている。詩の読解過程を学習者の発話から分析した Hanauer（2001: 304）は読み手が明示な情報を超えた情報を加えることを "inferential process" と呼び、読み手が自分の知識や経験やテクストにある証拠をもとにさらなる内容を予測し想像を働かせ仮説を立てることを示す。

12 次年度よりの専攻は、いずれも英米文学以外であった。

13 「説明文」とは、インタヴューにおいて学生が用いた言葉である。

参考文献

ACTFL（1996/1999）*Standards for Foreign Language Learning in the 21st Century.* Retrieved April 14, 2011.（http://www.actfl.org/files/public/StandardsforFLLexecsumm_rev.pdf）

Bauer, Laurie and Peter Trudgill. (eds.)（1998）*Language Myths.* London: Penguin.

Belcher, Diane and Alan Hirvela.（2000）Literature and L2 Composition: Revisiting the Debate. *Journal of Second Language Writing* 9: pp. 21–39.

Carter, Ronald and Michael N. Long.（1991）*Teaching Literature.* Harlow: Longman.

Carter, Ronald and Walter Nash.（1990）*Seeing through Language.* － *A Guide to Styles of English Writing.* Oxford: Basil Blackwell.

Collie, Joanne and Stephen Slater.（1987）*Literature in the Language Classroom.* － *A Resource Book of Ideas and Activities.* Cambridge: Cambridge University Press.

Cook, Gay.（2010）*Translation in Language Teaching: An Argument for Reassessment.* Oxford: Oxford University Press.〔クック・ガイ　斎藤兆史・北和丈訳（2012）『英語教育と「訳」の効用』研究社〕

Davis, James N.（1992）Reading Literature in the Foreign Language: The Comprehension/response Connections. *The French Review* 65（3）: pp. 359–70.

Edmondson, Willis.（1997）The Role of Literature in Foreign Language Learning and Teaching: Some Valid Assumptions and Invalid Arguments. *AILA Reviews* 12: pp. 42–55.

Eeds, Maryann and Deborah Wells.（1989）Grand Conversations: An Explanation of Meaning Construction in Literature Study Group. *Research in the Teaching of English* 23（1）: pp.4–29.

Gilroy, Marie and Brian Parkinson.（1997）Teaching Literature in a Foreign Language. *Language Teaching* 29: pp. 213–25.

Hall, Geoff.（2005）*Literature in Language Education.* Basingstoke: Palgrave Macmillan.

Hanauer, David I. (2001) The Task of Poetry Reading and Second Language Learning. *Applied Linguistics* 22 (3): pp. 295–323.

Kim, Myonghee. (2004) Literature Discussions in Adult L2 Learning. *Language and Education* 18 (2): pp. 145–166.

Kramsch, Claire. (1993) *Context and Culture in Language Teaching*. Oxford: Oxford University Press.

McRae, John. (1991) *Literature with a Small 'l'*. MEP Monographs. London: Macmillan.

Miller, J. Hillis. (1992) Translation as the Double Production of Texts. In Claire Kramsch and Sally McConnell-Ginet. (eds.) *Text and Context: Cross-disciplinary Perspectives on Language Study*, pp.124–134. Lexington, MA: D.C. Heath.

Nostrand, Howard L. (1989) Authentic Texts and Cultural Authenticity: An Editorial. *The Modern Language Journal* 73 (i): pp. 49–52.

Paran, Amos. (2008) The Role of Literature in Instructed Foreign Language Learning and Teaching: An Evidence-based Survey. *Language Teaching* 41 (4): pp. 465–496.

Paran, Amos. (2010) Between Scylla and Charybdis: The Dilemmas of Testing Language and Literature. In Amos Paran and Lies Sercu (eds.), *Testing the Untestable in Language Education*, pp. 143–164. Bristol: Multilingual Matters.

Scott, Virginia M. and Julie A. Huntington. (2007) Literature, the Interpretive Mode, and Novice Learners. *The Modern Language Journal* 91 (1): pp. 3–14.

Shultz, Renate A. (1981) Literature and Readability: Bridging the Gap in Foreign Language Reading. *The Modern Language Journal* 65 (Spring): pp. 43–53.

Teranishi, Masayuki, Aiko Saito, Kiyo Sakamoto, and Masako Nasu. (2012) The Role of Stylistics in Japan: A Pedagogical Perspective. *Language and Literature* 21 (2): pp. 226–244.

Widdowson, Henry G. (1978) *Teaching Language as Communication*. Oxford: Oxford University Press.〔ウイドウソン・ヘンリー　東後勝明・西出公之訳(1991)『コミュニケーションのための言語教育』研究社〕

Williams, Raymond. (1976/1983) *Keywords: A Vocabulary of Culture and Society*. (Revised ed.). New York: Oxford University Press.〔ウイリアムズ・レイモンド　椎名美智・武田ちあき・越智博美・松井優子訳(2002)『完訳：キーワード辞典』平凡社〕

Woolf, Virginia. (1928/2004) *A Room of One's Own*. London: Penguin.

ウルフ・ヴァージニア　川本静子訳(1999)『自分だけの部屋』みすず書房 (Woolf, Virginia. (1928) *A Room of One's Own*.)

久世恭子 (2012)「コミュニケーション能力育成についての一考察―文学教材を用いた英語授業から」『言語情報科学』10: pp. 73–89. 東京大学大学院総合文化研究科言語情報科学専攻

白畑知彦・冨田祐一・村野井仁・若林茂則 (2012)『改訂版英語教育用語辞典』大修館書店

〈資料1〉［ワークシート様式］

A Room of One's Own

　　　　　　　　　　　　　　　　Name _____

1.　Luncheon Party (pp.11–12) と Dinner (pp.19–21) を比べて気づいたことをメモしましょう。

Luncheon Party		Dinner	
英語の表現	日本語の意味、解釈など	英語の表現	日本語の意味、解釈など

2.　作者はこの二つを比較してどのようなことを考えていますか。あるいは、どんな疑問を投げかけていますか。

〈資料2〉［アンケート様式］（回答欄を縮小）

アンケート　　　　　　　　　　　　　　　　　　　　　　　12/16/2014

＜選択肢は該当する□に✓を入れて下さい。＞

3年次より英文学科のどのコースに進まれる予定か、お聞かせ下さい。

□英米文学　　　□英語学　　　□アメリカ文化　　　□イギリス文化
□コミュニケーション　　　　　□その他

1.　後期のテクスト *A Room of One's Own*（"Room"）について、前期の *Language Myths*（"Myths"）と比べて感じたことをできるだけ具体的に書いて下さい。

観点	感じたこと、理由、具体例など
「むずかしさ」の観点から	
「面白さ」の観点から	
「英語力向上」の観点から	
（その他）	

2.　それぞれの作品を読む際にどのような点に関心を持って取り組みましたか。（複数回答可）

Room
□英語の意味を理解すること
□解釈すること
　（作者の言いたいことなど）
□自分の経験に結びつけること
□外国の文化を学ぶこと
□作品を評価すること
□その他（　　　　　　　　　）

Myths
□英語の意味を理解すること
□解釈すること
　（作者の言いたいことなど）
□自分の経験に結びつけること
□外国の文化を学ぶこと
□作品を評価すること
□その他（　　　　　　　　　）

3.　Room、Myths について印象に残っていること（テクストの箇所、行った活動など）があれば書いて下さい。

4.　Room では皆さんに担当箇所の問題を作成していただきましたが、そのようなやり方はどうでしたか。

5.　その他、教材や授業についてコメントがありましたら、自由に書いて下さい。

＊ありがとうございました＊

「コミュニケーション英語I」・「読むことを中心とした活動」と文学教材

―物語文を中心に [1]―

髙橋和子

1. はじめに

　本稿は、2009年版『高等学校学習指導要領』の下で新たに設けられた英語科目の中から、共通必履修科目である「コミュニケーション英語I」に注目し、同科目のおもな検定教科書を分析することを通して、物語を中心とした文学教材 [2] の位置づけを明らかにする。

　分析に際しては、「コミュニケーション英語I」の検定教科書から物語文を中心とした文学教材を選び、各教材の設問を分析し、その問題点を指摘する。その上で、「コミュニケーション英語I」で文学教材を積極的に活用するための具体的な方策を提示する。

2. 「コミュニケーション英語I」・「読むことを中心とした活動」で用いるおもな読解教材　説明文と物語文 [3]

　1989年版・1999年版に引き続き、2009年版『高等学校学習指導要領』（2013年施行）でも、「外国語」の「目標」としてコミュニケーション能力育成が掲げられた。加えて、2009年版『高等学校学習指導要領』では「外国語」の科目構成が刷新された。1999年版『高等学校学習指導要領』では、「オーラル・コミュニケーションI」、「オーラル・コミュニケーションII」、「英語I」、「英語II」、「リーディング」、「ライティング」が置かれていた一

方で、2009 年版では、「コミュニケーション英語基礎」、「コミュニケーション英語 I」、「コミュニケーション英語 II」、「コミュニケーション英語 III」、「英語表現 I」、「英語表現 II」、「英語会話」という新たな科目が設けられた。従来、文学教材は、コミュニケーション能力育成と直接結びつけられることが少なく、読むことを中心とした活動（リーディング）と関連づけられることが多かった。そのため、現行の高等学校英語検定教科書から文学教材が消え去ったと性急に判断されがちである。

　一方、2009 年版『高等学校学習指導要領』を見ると、「コミュニケーション英語 I」・「読むことを中心とした活動」の中に、「説明や物語などを読んで、情報や考えなどを理解したり、概要や要点をとらえたりする。また、聞き手に伝わるように音読する」ことが含まれている（文部科学省 2009a）。「コミュニケーション英語 I」で用いられる読解教材として、文学教材の 1 つである物語が代表的な文章形式の 1 つとして取り上げられている点にまずは注目したい。

　「コミュニケーション英語 I」・「読むことを中心とした活動」で活用すべき文章形式の 1 つとして挙げられている説明文の定義から明らかにすると、『高等学校学習指導要領解説―外国語編・英語編』では「幅広い話題について、主に事実に基づいて書かれた文章を意味している」と記述されている。その上で、同教材の「概要や要点をとらえる際は、特に重要な事実等をとらえることを通じ、全体の要旨を理解することが重要」だと説明している（文部科学省 2009b）。換言すれば、説明文を読解教材として扱う際は、本文で明示された内容を正確に読み取る力の育成が求められていると言えよう。

　一方 2009 年版の『高等学校学習指導要領解説―外国語編・英語編』は、物語の定義と、同教材を扱う際の留意点を次のように説明する。

　　「物語」は、一定の筋をもった文章である。このため、概要や要点をとらえる際は、登場人物の言動やその理由等を文章に即してとらえることが重要である。加えて、単なる文章理解にとどまらず、物語を読むこと

は、実生活では体験できないような新しい世界に触れたり、我が国や外国の文化等の理解を深めたりすることに資するものであることにも配慮し、物語を読む楽しさについても体験的に理解させることが重要である。

（文部科学省 2009b）

上の引用から窺えるのは、物語の読み方として主に 2 つの側面が想定されていることである。第 1 点目は、「文章に即してとらえること」、換言すれば文中に明示されている内容を正確に把握することである。第 2 点目は、「単なる文章理解」の域を超えて「新しい世界に触れたり」、「文化等の理解を深めたり」、「物語を読む楽しさ」を「体験的に理解」することである。言い換えれば、物語を扱う際は文中で明示されている内容理解に加えて、より多面的な読み方が求められていると言えよう。

3. 物語の表記・定義と、文学教材の分析方法

前節では、2009 年版『高等学校学習指導要領』で示されている「コミュニケーション英語Ⅰ」・「読むことを中心とした活動」に注目し、どのように説明文・物語文を扱うことを目指しているのかを確認した。本節では、まず本稿で主に扱う文学教材である、物語の表記方法と定義を示す。次に、「コミュニケーション英語Ⅰ」の検定教科書をどのように分析していくのか、その方法を示す。

3.1 物語と「物語」の表記方法

各教科書付随の指導書等が、ある教材を物語と分類している場合、カギカッコを用いて「物語」と表記する。このように表記する理由は、「物語」と定義づけるための基準が曖昧で、その分類方法に統一性が欠けているためである。指導書等に直接関係しない場合は、括弧をつけずに物語と表す。ある教材を「物語」と見なす基準をめぐるこのような曖昧さについては、本稿第

348 　高橋和子

7節で改めて考察するため、ここでは表記方法のみを示しておく。

3.2 　本稿における物語 　その構成要素と特色

　本稿で物語という場合、前節で引用した『高等学校学習指導要領解説―外国語編・英語編』の定義にならい、「『物語』は、一定の筋をもった文章である」と解釈する（文部科学省 2009b）。一方、「一定の筋をもった文章」と言っても、具体的にどのようなテクストを物語と見なすのか、はっきりとは理解しにくい。物語の意味解釈に関しては諸説あるが[4]、高等学校英語の授業で物語をテクストとして用いるという状況に鑑み、本稿では特にその言語構造に注目して物語を定義したい。具体的には、多くの物語が以下の要素（a–e）から構成されることを念頭に置く。

　　a) setting: when and where the story takes place

　　b) characters: the people or animals who perform most of the action

　　c) problem: the puzzle or issue that the characters must try to solve

　　d) plot: what happens in the story; what the characters do to try to solve the problem

　　e) solution of the problem: the ending, or conclusion of the story; how the characters finally solve the problem

（Hudson 2007: 179–182; *Signature Reading* 2005: 7 を参考に筆者が作成）

上記（c–e）について補足説明をすると、多くの物語では登場人物（characters）が様々な問題（problem）に直面し、これらの問題解決（solution of the problem）に取り組むが、その状況を追うプロット（plot）はクライマックス（climax）を頂点として山を登るように構成されていることが多い（*Signature Reading* 2005: 39; 三森 2002: 117–124 参照）。また、物語を英語学習教材の観点から見た場合、物語は、多くの文学作品と同様に、話が進展していくにつれて文脈（context）を形成するため、「有意味な文脈（"［the］meaning context")」の中で英語を学ぶことができる点も大きな特色である（Lee and Liu 2011: 25）。

　上記の要素（a–e）に加えて、「コミュニケーション英語I」・「読むことを中心とした活動」で物語を扱う際には、物語の中で用いられる視点（point of view）と、時制（tense）にも注意を向けたい。これらの特色については Lodge (1992) の *The Art of Fiction* が参考になる。

f) point of view: "The choice of point (s) of view from which the story is told is arguably the most important single decision that the novelist has to make, for it fundamentally affects the way readers will respond, emotionally and morally, to the fictional characters and their actions."

g) tense: "The past tense is 'natural' for narrative; even the use of the present tense is somewhat paradoxical, since anything that has been written down has by inference already happened."

（Lodge 1992: 26, 135; 見出しのアルファベットと見出し語は筆者が追加）

上の f) は小説を念頭に説明されているが、物語も同様に、誰かの視点に従って話が進んでいく場合が多い。誰の視点に従って話が進んでいるのかを把握すること、たとえばテクストの中で「私 ("I")」と称しているのは一体誰なのかを把握することも、物語を扱う上では大切な点である。また、基本的な文法知識に従って時制をとらえると、過去の出来事は過去形・現在の出来事は現在形で示されると判断しがちだが、g) に示したように、物語の現在は基本的には過去形で記述される点も把握しておきたい。

　一方、説明文を言語構造の面からとらえた場合、たとえば因果関係や、時系列、対比、説明・例示、問題・解決、議論のような形式を踏まえることが多い。加えて、筆者の主張をわかりやすく展開したり、明確に示したりするために、様々な signal words が用いられることも特色としてあげることができる（Hudson 2007; 卯城 2009 参照）。

本稿は、多くの物語が上で示した (a–g) の要素・特色を有していることを前提にして論じていく。「コミュニケーション英語 I」・「読むことを中心とした活動」において、これらの要素・特色に留意しながら物語文を読む活動は、説明文をはじめとした他の文章形式との差異を明らかにする上でも有益だと思われる。

3.3 各検定教科書における文学教材の分析方法

2009 年版『高等学校学習指導要領』の施行に伴い、2014 年度は「コミュニケーション英語 I」の検定教科書が全 25 種類発行された。採択率の高かった同科目の教科書上位 10 種は、以下の通りである。

表 1 「コミュニケーション英語 I」検定教科書 (採択率上位 10 種)

順位	出版者	教科書名	占有率(%)
1	東京書籍	*All Aboard! Communication English I*	11.3
2	三省堂	*Vista English Communication I*	8.9
3	三省堂	*Crown English Communication I*	8.4
4	三省堂	*My Way English Communication I*	6.0
5	数研出版	*Comet English Communication I*	5.8
6	第一学習社	*Vivid English Communication I*	5.6
7	啓林館	*Element English Communication I*	5.2
8	東京書籍	*Power on Communication English I*	5.1
9	啓林館	*Landmark English Communication I*	4.9
10	数研出版	*Big Dipper English Communication I*	4.5
採択率上位 10 種のシェア　　　　計			65.7

出典：(渡辺 2014: 13) をもとに筆者が作成

次節以降、上記 10 種類の教科書に収められた文学教材に注目し、次の手順で分析していく。なお、「コミュニケーション英語 I」の検定教科書で用いられている文学教材は、後に表 2 で示すように「物語」中心であるため、

以下に示す4）では「物語」の分析を中心に行うことをあらかじめ記してお
く。

1) 出版社が公表している資料（教授用指導書等）を基に、各教科書で扱われ
   ている文学教材を抽出する。
2) 1）で示した文学教材には、どのような設問が付されているのかを明らか
   にする。設問を検討する際は、Nuttall（2005）の "Types of question" を援
   用する[5]。
3) 文学教材を扱った箇所の設問は、『高等学校学習指導要領』が求める多面
   的な読みを実現する上でどの程度有効かを検討する。その上で、文学教
   材を「コミュニケーション英語 I」で最大限活用するためにはどのような
   改善が必要かを考察する。
4) 今後残された課題を提示するため、「コミュニケーション英語 I」の教科
   書には、「物語」以外に物語と見なすことができる教材は含まれていない
   のかについて再考する。その上で、物語をはじめとする文学教材が高等
   学校検定教科書から減少しているという認識には疑いの余地がないのか
   を検証する。

4. 「コミュニケーション英語 I」採択率上位 10 種の検定教科書で扱われている文学教材

　本節では、出版社が公表している資料（教授用指導書等）を基に、各教科
書で扱われている文学教材を抽出する。その際、各教科書の正課[6]で扱われ
ている文学教材と、正課以外の文学教材に分けて示す。

　表 2 に示す通り、採択率上位 10 種の教科書において、正課で扱われてい
る文学教材は、「物語」を中心に 6 件である。102 ある正課の総数に対して、
文学教材は全体の 5%程度の課で扱われているに過ぎない。正課以外の場所
では、"Reading" や "Enjoy Reading!"、"Further Reading" などといった名目

表2 採択率上位10種の「コミュニケーション英語I」検定科書で扱われている文学教材

順位	出版社名	教科書名	総数	正課 (Unit や Lesson) 文学教材を扱う課と題材名 「 」内は指導書等で示された文章形式	正課以外の文学教材 「 」内は指導書等で示された文章形式
1	東京書籍	All Aboard! Communication English I	11	0	・Reading 1: 会話形式のテクスト3点「Short Stories」 ・Reading 2: "The Kite"「物語、ストーリー」
2	三省堂	Vista English Communication I*	12	0	・Enjoy Reading:. "The Little Prince"「物語」
3	三省堂	Crown English Communication I	10	0	Reading 1: "Wisdom of a Fool"「寓話」 Reading 2: "The Luncheon"「短編」
4	三省堂	My Way English Communication I*	10	0	・Reading: "The Girl in the Bank"「物語」
5	数研出版	Comet English Communication I	10	0	・Reading 2: "Hachiko"「物語文」
6	第一学習社	Vivid English Communication I*	9	0	・Reading: "Misako's A-bombed Piano"「物語文」
7	啓林館	Element English Communication I	10	・Lesson 2: "Christian the Lion"「物語文」 ・Lesson 5: "Bopsy"「物語」 ・Lesson 9: "Gulliver's Travels"「物語、文学」 ・Lesson 10: "Playing the Enemy"「物語」	・Further Reading 2: "Once upon a Home upon a Home"「物語」
8	東京書籍	Power on Communication English I*	10	・Lesson 10: "Friendship over Time"「物語文の要素も取り入れて構成」	Reading: "Pele's Revenge"「伝説」
9	啓林館	Landmark English Communication I	10		・Reading 1: "A Miracle of Mermaids"「物語」
10	数研出版	Big Dipper English Communication I	10	・Lesson 8: "The Best Christmas Present in the World"「物語」	・Reading: "Owen and Mzee"「物語」
	計		102	6	「物語」8 その他文学教材4

出典：各検定教科書・指導書等をもとに筆者が作成
註：＊印の教科書には、文章形式が明示されていない教材が含まれている。このような場合、各指導書等の内容説明を踏まえて筆者が文章形式を判断した。

で、「物語」を中心とした文学教材を計 12 件採用している。

5. 「コミュニケーション英語 I」・「物語」に付された設問

　本節では、表 2 で示した「コミュニケーション英語 I」・検定教科書の文学教材には、どのような設問が用意されているのかを見ていく。まず、Nuttall (2005) が示した 6 タイプの質問を整理した上で、同タイプに従って各教科書の文学教材を分析する。Nuttall (2005) は外国語としての英語教育において、リーディング・スキルをどのように教えるべきかを主に論じているため、以下に示す質問形式は本稿の中で援用可能な指針だと言える。

5.1　Nuttall (2005) による 6 タイプの質問

　Nuttall (2005) は、質問には表 3 に示す 6 つの型があると説明している。この表で示した質問の型によると、①はテクストに明示されている内容を字義通りに理解できる能力である。Nuttall (2005) が示した例をあげると、"Last week, Rahman's wife Leila had an accident" と書かれたテクストの 1 文を踏まえて、"When did Leila have an accident?" の問いに答える場合が Type ①に当たる。

　②は、Nuttall (2005) によると①よりもやや難しい問題である。例えば "Rahman's youngest child, Yusof" と "Both the other children" と書かれた 2 文を本文から見つけ出して、"How many children had Rahman?" の質問に答える場合がこれに相当する。読者は子供に関する情報を、テクストの複数個所から集めた上で、子供が 1 ＋ 2 ＝ 3 名と答える必要がある。

　③に解答するためには、テクストで与えられた情報を踏まえて、推論する力が求められる。Nuttall (2005) が挙げた例では、妻の危機を救った息子 Yusof の行動が書かれたテクスト全体を読んで、"Why was Rahman proud of his son?" という質問に答える場合がこれに相当する。

　④はテクストの作者が何をどのような立場から主張しようとし、その意図

表3　Nuttall（2005）による質問の6つのタイプ

Types of question*	Explanation for the question type
① Questions of literal comprehension	"These are questions whose answers are directly and explicitly expressed in the text. They can often be answered in the words of the text. . . ."
② Questions involving reorganization or reinterpretation	These "are questions which require the student either to reinterpret literal information or to obtain it from various parts of the text and put it together in a new way, perhaps using elementary inferencing."
③ Questions of inference	"These questions oblige the students to consider what is implied but not explicitly stated. Like Type 2, they may require the reader to put together pieces of information that are scattered throughout the text; the two types are not always distinct, but the inferences demanded in Type 3 are more sophisticated."
④ Questions of evaluation	"Evaluative questions ask for a considered judgement about the text in terms of what the writer is trying to do and how far she has achieved it. The reader may be asked to judge, for example, the writer's honesty or bias . . . , the force of her argument . . . , or the effectiveness of her narrative power. . . ."
⑤ Questions of personal response	"Of all the types, the answers to these ［questions］ depend least on the writer. The reader is not asked to assess the techniques by means of which the writer influences him . . . , but simply to record his reaction to the text."
⑥ Questions concerned with how writers say what they mean	These questions have as their "main concern how the writer say what she means. This kind of question . . . is intended to give students strategies for handling texts in general, rather than simply helping them to understand one particular text."

出典：Nuttall（2005: 187–189）をもとに筆者が作成
＊Nuttall（2005）は、Type 1・Type 2 のように質問の各タイプを表示しているが、本稿では数字を丸で囲んで各タイプを示す。

がどれだけ達成できたと思うか読者の評価を求める質問である。⑤は本文を読み、その内容を理解した上で、読者個人の反応を求める問いである。具体的には "What is your opinion of X's behaviour?" などが同タイプの質問に当たる。最後の⑥は、作者がどのような方法で主張を展開しているかや、テクス

トの構成を問う問題等が含まれる。このような問題は、テクストをより幅広い観点からとらえるための能力育成をねらっている。（以上の例文は、全てNuttall 2005: 187–189, 233 参照）。

　質問によっては、複数のタイプの特色を持つため、①－⑥のいずれかの型に明確に分類できない可能性も十分ある。それでも、表 3 で示した質問の型を考慮することは、テクストの特色を踏まえてバランスよく設問を与えるための目安として有益であろう。

　ここで Nuttall（2005）が提示した質問の型と、「コミュニケーション英語 I」・「読むことを中心とした活動」で求められる読解力を重ね合わせてみたい。タイプ①・②の質問は、説明文を扱う際に「概要や要点」、「特に重要な事実等」を通じて、「全体の要旨を理解する」ための質問と関連する（文部科学省 2009b）。さらにこれらの質問は、物語文を扱う時に「登場人物の言動やその理由等を文章に即してとらえ」ることを通して、「概要や要点をとらえる」ための問題とも関係する（文部科学省 2009b）。

　一方、Type ③の質問に答える場合、学習者には推論する力が求められるため、推論の余地が多く残されているテクストを用いた方が活動を行いやすい。Type ⑤は、テクストを読み、その読み取った内容を踏まえて読者が自分の考えを示すため、学習者が様々な意見を持つことを許容するテクストの方が、より多彩な活動を行うことが可能になる。Type ③・⑤は、教材が物語文でも説明文等でも設定することは可能である。その一方で、本稿第 3 節で示した物語の特性を考えた場合、これら 2 タイプの質問は、物語教材を扱う授業では特に準備したいタイプの問題だと言えるだろう。

5.2　正課で扱われている文学教材と設問

　本項では、「コミュニケーション英語 I」採択率上位 10 種の教科書のうち、正課で文学教材を扱っている 3 種教科書に注目し、それぞれどのような構成の下でどのような設問が置かれているのかを分析する。その際、生徒用の教科書に記載された設問を中心に分析し、必要に応じて各指導書を参照

する。まず、複数の文学教材を用いている *Element English Communication I* を詳細に検討した後、文学教材を 1 点ずつ正課で扱っている *Landmark English Communication I* と *Big Dipper English Communication I* について考察していく。

5.2.1　*Element English Communication I*

　シェア 7 位の *Element English Communication I* は、10 の Lesson と 3 つの "Further Reading" を中心に構成されている。卯城他 (2012: 3) は、同書の「構成・内容」を次のように説明している。

> a) Brainstorming：本課への導入
> b) Keyword Checker：本課のキーワードの確認
> c) Graphic Introduction and Retelling：本課に関連する写真・図表でイメージをつかむ活動と、本課学習後のリテリング活動
> d) 側注：本課の新語、フレーズ、発音 (標準的なアメリカ英語を基本とする) の確認
> e) Comprehension：本課の内容理解と文の構成の確認
> f) Vocabulary：本課の重要語句の確認 (Phrases は本課のフレーズの確認、Tips は本課の語彙についてのコラム)
> g) Grammar and Structure：本課の文法事項の解説 (Try it Out は演習問題)
> h) Listening Practice：本課に関連するリスニング
> i) Communication Activity：本課学習後に自分の意見を述べる活動
>
> （卯城他 2012: 3; a) –i) は筆者が加筆。一部記号は省略）

　上の a) –c) は本文の前に、d) は本文の両脇に、e) 以降は本文を載せた後にそれぞれ置かれている。このような「構成・内容」は、同教科書におけるどのような文章形式の教材に対しても変わることはない。誌面の都合上、す

「コミュニケーション英語 I」・「読むことを中心とした活動」と文学教材　357

表 4 *Element English Communication I*：**Comprehension** と **Communication Activity**

課・作品名（語数）・指導書等で示された文章形式	設問内容	TQ*
Lesson 2 "Christian the Lion" (552 words)「物語文」	**Comprehension** Ａ Fill in the blanks with the words in the box below, and then choose the correct title for each part. Ｂ Choose three correct statements.	①＋② ①＋② ①＋②
	Communication Activity Ａ 1. Have you ever had a pet? 　2. Talk with your partner about pets for one minute. Ｂ Some people say that having pets is good for children.What do you think about that?	（⑤） （⑤） （⑤）
Lesson 5 "Bopsy" (555words)「物語」	**Comprehension** Ａ Fill in the blanks with the words in the box below, and then choose the correct title for each part. Ｂ Choose three correct statements.	①＋② ①＋② ①＋②
	Communication Activity Ａ Read the following sentences. Write about your dream. Ｂ Write a one-minute speech about your dream. Give your speech in your group.	（⑤） （⑤）
Lesson 9 "Gulliver's Travels" (875 words)「物語、文学」	**Comprehension** Ａ Fill in the blanks with the words in the box below, and then choose the correct title for each part. Ｂ Answer T（true）or F（false）	①＋② ①＋② ①＋②
	Communication Activity Ａ Imagine that you are Gulliver and you are in the country of giants. One giant farmer catches you. What do you and the farmer say next? Ｂ You run away from the farmer, and see the queen of the country. She likes you very much, and wants you to be with her and lead a rich life. Do you want to stay with her?	⑤ ⑤
Lesson 10 "Playing the Enemy" (836 words)「物語」	**Comprehension** Ａ Fill in the blanks with the words in the box below, and then choose the correct title for each part. Ｂ Choose three correct statements.	①＋② ①＋② ①＋②

	Communication Activity	
	Ⓐ The photo below was taken in 1969 in South Africa. Describe this picture.	⑤
	Ⓑ Both of the photos below represent the national teams of South Africa. What differences do you notice between these two photos taken in 2010?	⑤

出典：卯城他（2012: 20, 24, 60, 64, 113, 117, 126, 130）
分析に直接関係のない文章は一部省略。表作成上、記号等を一部変更
＊ TQ：表3で示した Nuttall（2005）による質問の6つのタイプを示す。カッコ内の数字、例えば（⑤）は、十分に⑤の要素を備えていないと筆者が判断したことを示す。

べての「構成・内容」を扱うことには限りがあるため、表4でまとめたように、本項では特に "Comprehension" と "Communication Activity" にどのような設問が置かれているかに注目する。

　文学教材を扱った4課のうち、"Comprehension" Ⓐ の前半は、本文に明示された情報に基づいて答える問題（Nuttall 2005; Type ①・②）である。Ⓐ の後半では、あらかじめ4つの Part に分けられた本文に、それぞれタイトルをつける。タイトルの中には、本文からそのまま語彙を拾えない問題が含まれていて、語彙の知識が必要な場合がある。"Comprehension" Ⓑ は内容真偽の問題で、各 Lesson とも8つの文章が与えられている。Lesson 9 のみ各文章の真偽を答える必要があるが、それ以外は本文の内容と合っている文章を3つずつ選ぶ。正解を得るための情報は、本文の1箇所に明示されている場合（Nuttall 2005; Type ①）と複数個所に散在している場合（Nuttall 2005; Type ②）がある。"Comprehension" Ⓑ にも、語彙の知識を要する問題が含まれている。

　"Communication Activity" には、本文の内容と密接に関係がある問題と、あまり関係のない問題がある。たとえば Lesson 9 は、学習者自身に主人公・Gulliver になった場合を想定させて、考えを述べさせようとしている。Lesson 10 は、本文が取り上げたトピック（人種差別）に関連した写真を呈示して、これについて学習者の意見を発表させようとしている（Nuttall 2005; Type ⑤）。一方 Lesson 2 は、ライオンと、それをペットにした人間にまつ

わる「物語文」だが、〈ペット〉というトピックだけを取り出して、学習者にこれに対する意見を述べさせようとしている。Lesson 5 は、ある少年の夢を扱った「物語」だが、〈夢〉という題材のみを取り出して、学習者に自分の夢について書いたり話したりさせようとしている。

　これまで見てきたように、*Element English Communication I* では、比較的多くの「物語」が正課で選ばれている。その一方で、これらに付された設問は、本文で明示された情報の読み取りに関連したものが多く、前節で示したNuttall（2005）・Type ③の設問は見られない。さらに、教科書内の設問をこなすだけでは、物語の構成要素や特色も理解しにくい。Nuttall（2005）・Type ⑤に関して言えば、同教科書には学習者の意見を問う問題も確かに含まれてはいるが、いずれも本文の文脈を十分に反映したものとは言い難い。

5.2.2　*Landmark English Communication I* と *Big Dipper English Communication I*

　シェア 9 位 *Landmark English Communication I* では、Lesson 10 で "Friendship over Time" が採用されている（竹内他 2012: 126–136）。同教材は、「物語文の要素も取り入れて構成した」と説明されている（竹内他・啓林館編集部、2013, vol.1: 235）。この教材には内容を問う "Comprehension" があるが、いずれも本文に明示された情報に基づいて解答可能である（Nuttall 2005; Type ①・②）。"Writing & Speaking" の設問では、"Write an essay with the title 'If I Had Been a Villager on Oshima Island'" の課題があり（竹内他 2012: 137）、本文の内容（難破したトルコ船員を救った島民の友愛精神）と関連した課題になっている（Nuttall 2005; Type ⑤）。"Friendship over Time" に関する設問には、Nuttall（2005）・Type ③の設問は見られない。また、物語の構成要素や特色に関しても、これらを直接扱った質問は与えられていない。

　シェア 10 位 *Big Dipper English Communication I* は、「物語」に分類された（畠山他 2012: 92）、"The Best Christmas Present in the World" を Lesson 8 で扱っている（畠山他 2012: 92–105）。同課は 5 つの Part から構成され、1 つの Part が終わると内容に関する設問・"Read it through" がある。これらに

は、本文で明示された情報をもとに答えられる問題（Nuttall 2005; Type ①・②）と、本文の情報をもとに学習者が推論する必要がある問題（Nuttall 2005; Type ③）が含まれている。各 Part の本文の後には、学習者が自分の意見を述べる問題・"It's Your Turn!" がある。ここには、"Did Mrs. Macpherson really make a Christmas cake for her visitor?"（畠山他 2012: 103; Nuttall 2005; Type ②・③）や、"You are the writer. What will you do with the letter?"（畠山他 2012: 103; Nuttall 2005; Type ⑤）のような問題も含まれ、学習者が本文を踏まえて推論したり、意見を書いたりすることが可能である。

"The Best Christmas Present in the World" を「物語」として扱う際に注意したい点は、"the writer ＝ I" と図式化している点である（畠山他 2012: 95, 103）。このように図式化することは、〈作者＝私〉であると、学習者が何の疑いもなく信じてしまうことに繋がる。実際、この「物語」の中で登場する「私（"I"）」は主要登場人物の 1 人であり、"the writer ＝ I" と言い切ることはできない。

5.2.3　正課以外で扱われている文学教材と設問

前項では「コミュニケーション英語 I」検定教科書の正課で扱われている文学教材の設問について考察した。本項では、正課以外の文学教材を分析していく。表 2 で示したように、正課以外の箇所では「物語」が 8 件、その他文学教材が 4 件用いられている。ここでは、すべての教材を詳細に分析することには限りがあるため、採択率上位の教科書に収められたいくつかの教材に絞って考察したい。その際、生徒用の教科書に記載された設問を中心に分析し、必要に応じて教師用指導書を参照する。

採択率第 1 位の *All Aboard! Communication English I* では、"Reading 1" で "Short Stories" に分類された短い会話形式のテクストが、"Reading 2" で「物語、ストーリー」に分類された "The Kite" がそれぞれ用いられている（清田他 2013: 47–49; 100–106）。本項では、"Reading 2" を中心に分析する。"The Kite" には、3 種類の設問がある。最初の問いは各頁の冒頭にあり、いずれ

も本文の内容について答える問題である（Nuttall 2005; Type ①）。2 種類目の問題は最終頁に置かれ、本文全体に関する内容真偽の問題である（Nuttall 2005; Type ①・②）。これらの問題に解答するためには、学習者は推論をしたり、読み取った内容に対して自分の考えをまとめたりする必要はない。学習者が自分の意見を反映できる問題は各頁の最後に置かれた音読問題で、登場人物の気持ちになって短いせりふを読むように指示されている。同問題には学習者の解釈を入れる余地が多少なりともあり、また表現形式に目を向ける必要もあるため、Nuttall（2005）の Type ⑤・⑥の質問と見なすこともできる。

　採択率第 2 位の *Vista English Communication I* では、"Enjoy Reading!" の項で「物語」に分類された（金子他 2013: 110）、"The Little Prince" が用いられている（金子他 2013: 110–115）。この教材に対する設問は本文最終頁に 2 種類あり、「1. 次の文はどのような気持ちを表していますか。適切なものに○をつけ、読んでみよう」と、「2. 物語を締めくくる最後の文を音読してみよう。語り手の気持ちがうまく伝わるように、声の大きさ、速度、ポーズなどに注意しよう」という指示が与えられている（金子他 2013: 115；Nuttall 2005; Type ⑤・⑥）。後者の問題では、砂漠に不時着したパイロットである「私（"I"）」を「語り手」として扱っている。本書に付随した指導書には、作中の「印象に残った名言」を書く問題が課題例としてあげられている（*VISTA* 編集委員会 2013, vol. 2: 123; Nuttall 2005; Type ⑤）。

　採択率第 3 位の *Crown English Communication I* では、"Reading 1" で「寓話」・"Wisdom of a Fool"（霜崎他 2013: 74–79）、" Reading 2" で「短編」・"The Luncheon"（霜崎他 2013: 158–163）がそれぞれ用いられている（文章形式は *Crown* 編集委員会 2013、vol. 1: 285, 608 参照）。設問は両教材とも同じ形式をとっており、各教材の最後に "Comprehension" と題した問題がある。"Comprehension" は 3 種の問題（A–C）から構成され、問 A は音声を聞いて本文の内容と合致しているか否かを答える問題である（Nuttall 2005; Type ①）。問 B は質問を読んで本文の内容と一致する答えを選ぶ問題だが、本文

に書かれた情報を整理したり推論したりする必要がある問題が含まれる（Nuttall 2005; Type ①・②・③）。

　問 C は、学習者が本文の内容を踏まえて自分の考えを述べる問題である（Nuttall 2005; Type ⑤）。"Reading 1" には、「物語の流れに沿って」主要人物の言動に含まれる「寓意」を理解し（*Crown* 編集委員会 2013、vol. 1: 302 参照）、学習者がその言動に対して賛成か反対の立場に立つ問題がある（Nuttall 2005; Type ②・⑤・⑥）。"Reading 2" には、「物語の文脈をとらえ」、登場人物の「発言の背景にある事情と心情を推論することをねらいとする」問題がある（*Crown* 編集委員会 2013、vol. 1: 627 参照；Nuttall 2005; Type ②・③・⑥）。

　以上分析したように、採択率上位 3 種教科書の正課以外で用いられている文学教材には、教科書によって程度の差はあるものの、同教材の特色を活かした設問が付されている。その一方で、これらの教科書は、正課では文学教材を 1 点も使用していない。このように文学教材を正課以外の場所に置く事実が示唆することは、あくまでも授業時間に余裕がある場合に文学教材を使用したらどうかという提案であり、同教材をじっくり読むことに対する消極的な姿勢ではないだろうか。実際、正課以外の文学教材は、教科書の区切りのよい箇所や巻末に置かれることが多く、新出文法事項も含まれないため、時間調整の役割を与えられているようにも思える[7]。また、正課と正課以外の教材を扱う際に、教員にかかる負担の違いはかなりある。正課の場合、各指導書には、たとえば英語で授業を行うための資料や、授業展開例を示した資料が手厚く用意されている。一方、このような資料は、正課以外の教材に対しては十分に与えられていない指導書が多い。いずれにせよ、文学教材を確実に活用するためには、正課で文学教材を扱う仕組みづくりが欠かせないのではないか。

6. 「コミュニケーション英語 I」で文学教材を活用するための設問例 「物語」を中心に

　本節では、「コミュニケーション英語 I」・「読むことを中心とした活動」で実践可能な活動例を、設問に焦点を置いて考える。表2で示したように、「コミュニケーション英語 I」で扱われている文学教材の大半は「物語」であるため、ここでは「物語」の活用方法を中心に考察したい。

6.1　物語の基本要素に関する設問

　本稿3.2では、物語の基本的な構成要素を示した。まず、このような要素を読み取るための設問を確認したい。背景（setting）、登場人物（characters）と彼らが直面する問題（problem）に関する情報は、物語本文に明示されている場合が多いため、これらを問う質問の多くは Nuttall（2005）の Type ①・②に該当する。質問例としては、背景を読み取る場合は "Where does the story take place?" / "When does the story take place?" のような問いが、登場人物を明らかにする場合は "Who is the main character?" / "Who are the main characters?" が、彼らが直面する問題に関する質問には "What is the problem the character/s must try to solve?" が、それぞれ挙げられる。

　プロット（plot）や問題解決（solution of the problem）に関する情報も、物語本文に明示されていることが多いが、時には書かれた内容を踏まえて推論する必要もある（Nuttall 2005; Type ①・②・③・⑥）。これらを読み取るための設問は、"What is the situation?" / "What happens in Part 〜 ?" / "How does the story turn out?" / "What does/do the character/s discover in the end?" などが考えられる。加えて、すでに指摘したように、プロットはクライマックス（climax）を頂点として山を登るように構成されていることが多いため、どの場面がクライマックスなのかを聞く設問も考えられる。このような質問を与えれば、物語の構造を考える機会にもなる。クライマックスの理解が難しいようならば、"What part of the story impressed you most?" と聞いて、最も印

象深い場面を問う質問に代えてもよいだろう (Nuttall 2005; Type ⑤・⑥に相当)。

　上で挙げた質問例は、多くが物語の 5W1H に関する問題である。前節で見た「コミュニケーション英語 I」の「物語」教材にも、5W1H を明らかにしようとする設問が用意されていた。たとえば、*Element English Communication I* の "Comprehension" Ａには、本文の各 Part にタイトルをつけて全体の構成を考える問題があるが、これはプロットの読み取りに関係している。それでも、物語のおもな構成要素を教科書内の設問だけで明らかにできるとは限らないため、物語を授業で扱う際は、その基本的な構成要素を学習者が確実に読み取っているのかを確認するための発問を準備したい。

6.2　物語の特色に関する設問

　本稿 3.2 では、「コミュニケーション英語 I」・「読むことを中心とした活動」を行う際に、取り上げたい物語の特色として、視点 (point of view) と時制 (tense) を挙げた。

　視点は、教科書の設問に従うと的確に扱えない場合がある。たとえば、*Big Dipper English Communication I* に "the writer = I" と図式化している質問がある点はすでに指摘した (畠山他 2012: 95, 103)。視点を扱う際は、多くの文学作品、特に現代小説が「登場人物の意識を通して事物を描いたり、語り自体を登場人物に完全に任せてしまうことで」、「作者の声を抑制しようと、あるいは消し去ろうとしてきた ("suppress or eliminate the authorial voice")」ことを思い出したい (Lodge 1992: 10; 邦訳は柴田・斎藤 1997: 23)。たとえ「介入的な作者の声 ("the intrusive authorial voice")」が使われたとしても、そこには「作者の自意識を皮肉る」意図が込められてきたのである (Lodge 1992: 10; 邦訳は柴田・斎藤 1997: 23 参照)。"the writer = I" という図式に従ってテクストを読む活動は、誰の視点からどのようなことが語られているのかを考えることなく、「物語」を読み終えてしまう危険性を孕んでいる。このような状況を打破するためには、同じ教科書で用いられているその他の教

材を参照し、どのようなテクストに「私（"I"）」が登場するのか、そして「私」は誰を指すのかを問う課題を取り上げることも一案である（Nuttall 2005; Type ③・⑥に関連）。

　また、前節で取り上げた「コミュニケーション英語 I」の「物語」に対する設問には、時制を直接扱った問いが見られなかった。一方、各教科書に掲載されている「物語」を注意深く読むと、「物語」の現在は基本的には過去形で記述されている。*All Aboard! Communication English I* の "The Kite" を例にとると、地の文章では過去形が中心に用いられ、登場人物の会話部分では現在形や未来形が主に用いられている（清田他 2013: 100–106）。このような時制の特色を学習者に気づかせるためには、個々の文法事項（たとえば不規則動詞の活用）のみに囚われることなく、テクスト全体の文体に目を向けさせる設問が必要だろう。さらに、同じ教科書に収められた「説明文」が用いる時制と比較することによって、各文章形式がどのような時制を多く用いる傾向にあるかを考える機会になる。このような設問は、特定のテクストの読み取りに留まることなく、テクストをより幅広い観点からとらえる能力育成につながっていく（Nuttall 2005; Type ⑥に関連）。

6.3　教科書内の設問を活用する場合　Nuttall（2005）・Type ⑤を中心に

　次に、前節で見た「物語」の設問を活用した質問例を考えたい。*Element English Communication I* の "Christian the Lion" に は、"Some people say that having pets is good for children. What do you think about that?" の問いがある（卯城他 2012: 24）。この設問は、本文で扱われていた〈ペット〉というトピックだけを取り出して学習者の意見を聞いているため、「物語」の文脈を十分に踏まえた問いとは言えない。すでに第 2 節でふれたように、物語は、話が進展していくにつれて文脈を形成するため、「有意味な文脈」の中で英語を学ぶことができる利点がある（Lee and Liu 2011: 25）。そこで、"Christian the Lion" の最後の文章、"The men realized that true friendship and love have no limits"（卯城他 2012: 19）を活かした設問を用意したい。まず、ここ

で示された "true friendship and love" が人間（飼い主）と動物（ペット）の関係を指していることを理解させる（Nuttall 2005; Type ②・③）。その後、"The writer tries to say that 'true friendship and love have no limits' even between men and their pet (Christian the Lion). Do you agree with this idea?" という設問を示せば、本文を踏まえながら〈ペット〉に対する学習者の考えを聞くことができる（Nuttall 2005; Type ⑤に相当）。

Big Dipper English Communication I の "The Best Christmas Present in the World" には、"Write down your favorite sentences from this story" という問題がある（畠山他 2012: 103）。この問いでは「物語」全体から好きな文章を選ぶ指示が与えられているが、話の展開上重要な場面に解答範囲を絞ったらどうか。"Write down your favorite sentences from Part 〜, then explain the reason for your choice" と聞くことによって（Nuttall 2005; Type ⑤・⑥に関連）、学習者が「物語」の構造に注目する可能性が高まる。

本項であげた 2 例のように、教科書内の設問を扱う際に物語の特色を踏まえれば、物語教材を活かした活動を実践することが可能になる。

6.4　新たな設問を作成する場合　Nuttall（2005）・Type ③を中心に

「コミュニケーション英語 I」で「物語」を活用する際には、本文を踏まえて推論する活動も積極的に取り入れたい。このような活動は、Nuttall（2005）の質問形式では Type ③に該当する。一方、前節で示した「物語」に対する教科書内の設問では、推論を行うための問いが多く用意されていたとは言い難い。

推論型の質問方法を具体的に検討する前に、同タイプの質問を積極的に取り入れる意義を考えたい。近年、様々な状況で話題になることが多い「生徒の学習到達度調査（PISA：Programme for International Student Assessment）」（OECD（経済協力開発機構）加盟国を中心に 3 年ごとに実施される学習到達度調査）における読解問題では、以下のような読解力が求められている：

①情報を見つけ出し、選び出し、集める〈情報へのアクセス・取り出し〉

②テキストの中の異なる部分の関係を理解し、推論によりテキストの意味を理解する〈テキストの統合・解釈〉

③テキストと自らの知識や経験を関連付けたり、テキストの情報と外部からの知識を関連付けたりしながら、テキストについて判断する〈テキストの熟考・評価〉 (国立教育政策研究所 2010: 34)

PISA 型読解力向上は、現在、国語科教育が中心になって取り組んでいる課題である。その一方で、同能力向上をはかる取り組みは、グローバル化した現代社会を背景として「国語科教育だけでなく、英語科教育においてもなされることが望ましいのではないか」と指摘する「コミュニケーション英語 I」検定教科書の編者もいる (*VISTA* 編集委員会 2013, vol. 1: 287)。

　推論する力は、上のような PISA 型読解力に含まれる重要な能力の 1 つである。推論に関連した問題は、TOEFL の Reading Comprehension でも質問形式の 1 つとして定着していることや、推論に注目した研究が日本の英語教育界でも進んでいることを考えると(例えば田中・紺渡・島田 2011)、推論は「コミュニケーション英語 I」・「読むことを中心とした活動」にも積極的に取り入れるべき活動形態だと言えるだろう。

　さらに、従来、物語をはじめとする文学作品には、読者が推論し解釈を加える余地が多く残されている点が指摘されてきた。Rosenblatt (1978) が読者反応批評の立場から提唱した "efferent reading" と "aesthetic reading" (Rosenblatt 1978: 27–28)、渋谷 (2003) が国語科教育の立場から主張した「『分析』的な解釈」と「『解釈』的な解釈」もその一例である (渋谷 2003: 122–123 参照)。物語を適切に活用すれば、学習者が推論する力を養い、テクストを深く理解する能力を育成できる可能性が高い。

　それでは、物語を使って「読むことを中心とした活動」を行う際、どのような設問を作成すれば学習者が推論する力を伸ばすことができるのか。

Nuttall (2005) によって提唱された質問の 6 タイプのうち、推論に関係する Type ③の説明を改めて見ると、"These questions oblige the students to consider what is implied but not explicitly stated. . . . ［The］inferences demanded in Type 3 are more sophisticated［than in Type 2］" と示されているだけで（Nuttall 2005: 188）、具体的にはどのような発問を行えばよいのかあまり判然としない。さらに、「コミュニケーション英語 I」・「読むことを中心とした活動」にはテクストという〈的〉があるため、あまりにも〈的外れ〉な考えを学習者から導くような設問は避ける必要がある。

　もちろん、従来の文学研究・文学教育からも、このような悩みを解消する上で多くの示唆を得ることができる。それに加えて、近年、PISA 型読解力向上を目指す国語科教育の知見は参考になる。佐藤（2013）は、読む力の中でも「解釈する力」を高めることを目指し（佐藤 2013: 6）、以下のような流れを持つ「解釈のアブダクション・モデル」を提唱している。

　　　〈根拠〉：「本文」を読み「情報」を集める
　　　　↓
　　　〈理由〉：各自が持つ「既有知識」や「既有経験」に照合して「推論」を
　　　　　　　立てる
　　　　↓
　　　〈解釈〉：何らかの「解釈」を行う

（佐藤 2013: 21 をもとに筆者が整理）

佐藤（2013: 22）によると、上のような「推論過程」を鍛えるためには、「選択式の発問」を与えることが有効だという。さらに佐藤（2013: 6–7）は、授業では選択式発問に対して「〈根拠〉と〈理由〉をできるだけたくさん挙げ」させて、「たくさんの〈解釈〉〈根拠〉〈理由〉のセットを教室で共有」し、すべてのセットを「俯瞰させて、最も蓋然性の高い解釈を考え」、最終的に自分の考えをまとめる授業展開を提案している。佐藤（2013: 22）による

と、このような流れに沿った活動を繰り返し行い、〈根拠〉と〈理由〉は別々のものだと認識させることによって、生徒の〈解釈〉する力を高めることが可能になるという。

　それでは、このような「解釈のアブダクション・モデル」を援用して、「コミュニケーション英語Ｉ」・「読むことを中心とした活動」で推論する力を高めるためにはどのような発問を行えばよいのか。たとえば前節で分析した *Vista English Communication I* には、"The Little Prince" に対して次のような問題が与えられている。

> 1. 次の文はどのような気持ちを表していますか。適切なものに○をつけ、読んでみよう。
> ① When I look up at the stars in the night sky, I think about the little prince.
> ［懐かしい・うれしい・誇らしい］
>
> （金子他 2013: 115；問②は省略）

これを「解釈のアブダクション・モデル」を踏まえて、「選択式の発問」を与える形式に修正すると、次のような発問が考えられる。

> 1) 下の文は懐かしい気持ちを表していますか、うれしい気持ちを表していますか、誇らしい気持ちを表していますか。〈根拠〉と〈理由〉と〈解釈〉をセットで答えなさい。
> 2) 授業で友達が発表した意見を踏まえて、改めて自分の考えをまとめなさい。
> 3) 2) でまとめた自分の考えを踏まえて、下の文を「私（"I"）」の立場に立って音読しなさい。
>
> When I look up at the stars in the night sky, I think about the little prince.

教科書内の「次の文はどのような気持ちを表していますか」という問いを与えた場合、生徒が〈根拠〉と〈理由〉と〈解釈〉すべてを答えるとは限らない。何となく懐かしい感じがする、うれしいように思える、誇らしいような気がするという曖昧な解答を避けるためには、あらかじめ発問を工夫する必要がある。〈根拠〉と〈理由〉と〈解釈〉をセットで答えるように指示を出せば、生徒は自分が選んだ〈解釈〉の〈根拠〉を "The Little Prince" 本文から見つけ出し、それを踏まえて〈理由〉付けをする可能性が高まる。物語を題材にして推論をさせる場合、このように「解釈のアブダクション・モデル」を援用して、推論過程を整えれば、テクストの〈的〉をとらえて解釈する力を伸ばせるのではないか。

7. 「物語」＝物語か
「コミュニケーション英語Ⅰ」検定教科書における「物語」再考

　最後に、「コミュニケーション英語Ⅰ」の検定教科書で用いられている「物語」のとらえ方について改めて考えたい。『高等学校学習指導要領解説―外国語編・英語編』で、「『物語』は、一定の筋をもった文章」であると定義されている点はすでに指摘した（文部科学省 2009b）。さらに本稿 3.2 では、物語には背景や登場人物が書き込まれ、登場人物が様々な問題に直面し、これらの問題解決に取り組む場合が多いと説明した。そして、登場人物の取り組みを追うプロットは、文脈を積み上げながらクライマックスを頂点として構成されることが多い点も指摘した（Hudson 2007: 179–182; *Signature Reading* 2005: 7, 39; 三森 2002: 117–124; Lee and Liu 2011: 25 参照）。加えて、物語は、視点や時制の扱い方においても特色があることも説明した（Lodge 1992: 26, 135）。一方、物語の解釈は「コミュニケーション英語Ⅰ」・各教科書によって様々で、一定の基準があるとは言えない。そこで本稿では、カギカッコ（「　」）をつけて「物語」と記してきた。

　それでは一体、物語は、「コミュニケーション英語Ⅰ」の検定教科書でど

のような文章形式だと見なされているのか。本節では改めてその解釈の仕方に注目したい。例えば *All Aboard! Communication English I* では、"The Kite"（「物語、ストーリー」に分類）を用いている。同書の指導書には、「指導上の留意点」として以下のような説明がある。

> 本課では「あきらめないことの大切さ」をテーマに扱っている。物語という形式をとっているので比較的気軽に読みながら、考えられるだろう。また、ここに描かれているエピソードは日常生活においてだれでも経験するような事柄なので、読後にはぜひ自分たちの経験に突き合せて感想を書かせたい。さらに、物語の形式にも注意を向けさせたい。起承転結や心理描写など、物語特有のスタイルがあることに特に気づかせたい。登場人物の動作の描写と展開が密接に関連していることなども意識させたい。
>
> （*All Aboard! Communication English I* 編集委員会・東京書籍編集部 2013, vol. 1: 218）

ここでは、物語の構成要素の１つ「登場人物」に言及している。「エピソード」や「登場人物の動作の描写と展開」と言われているのは、プロットに該当するだろう。さらに、上の説明では、「物語」＝「比較的気軽」な読み物＋「だれでも経験するような事柄」を扱う＋「起承転結や心理描写など」の「物語特有のスタイル」を持つ、という意味付けもある。

　また、*Comet English Communication I* には、正課外に「物語文」に分類された "Hachiko" がある（西光他 2012: 106–113）。この教材に関する指導書の説明によると、「まずは登場人物の関係や物語の展開を正確に読み取ることが必要」であり、「ストーリー展開を楽しんだり、登場人物に感情移入したり、物語の行間やその後を推測したり、など、物語文で『楽しむ』経験をさせたい」と主張している（西光他 2013, vol. 1: 208）。この指導書も「登場人物」と、プロットにあたる「物語の展開」に着目している。さらに「物語」には、読者が「推測」を行う余地が与えられており、「楽しむ」ことができ

る教材だというとらえ方も示されている。

　Landmark English Communication I の Lesson 10 の「物語」に対する説明では、「いくつかの資料を基に編集委員会で書き下ろし」、「読者に感動を与えられるように、物語文の要素も取り入れて構成した」と書かれている（竹内他・啓林館編集部 2013, vol. 1: 235）。ここでは、「物語文」と「感動」を結び付けている。また、正課外には「物語」・"A Miracle of Mermaids" がある（竹内他 2012: 68–73）。同教材に対しては「登場人物の言葉や言動に注意を払い、各場面での登場人物の気持ちや感情を汲み取れるようにしたい」として（竹内他・啓林館編集部 2013: 125）、「登場人物」の「言葉」・「言動」・「気持ち」・「感情」に注目している。

　以上のように、「物語」のとらえ方には漠然とした枠組みがあるように見えるが、一定の定義づけはない。このような定義づけの難しさは、ことによると文章形式をはっきりと示さない教科書・指導書があることに表れているのではないか（表 2 ＊印の教科書参照）。たとえば *My Way English Communication I* では「世界に靴を贈る高橋尚子さんの活動」と記したり（森住他 2013: 2）、*Power on Communication English I* では「世界のあいさつ」と記載したりしており（浅見他 2013: 8）、文章形式を明示していない場合が含まれている。

　「物語」を規定する定義の曖昧さは、別の角度から見ると、「物語」と表示されていない教材にも、実際は物語と言える教材が含まれていることを暗示している。物語の構成要素やその特色は、人物に焦点を当てて書き進められる「伝記」や「インタビュー」などのような教材にも含まれる可能性が高く、書き手の主張を深く理解するためには物語文を扱う場合と同様に多面的な読み方を実践するべきであろう。

8.　おわりに

　物語は、「コミュニケーション英語 I」・「読むことを中心とした活動」に

おいて明示的な読み取りを行う活動が実践可能な教材であるとともに、推論を行ったり、自分の考えをまとめたりする活動にも適した教材である。今後、高等学校の英語教育に向けて、文学研究者ができる第一歩は、コミュニケーション能力育成を目指す英語教育の中で、文学教材を如何に読むべきかを検討し、同教材の特色を活かしながらも現場に即した授業案を1つ1つ提示していくことではないか。さらに、現行の検定教科書の中には、それと気づかぬうちに物語性が含まれた教材がある可能性を明らかにし、これらの物語性を活かした活動例を示していくことも必要である。このような地道な取り組みが、文学教材に対する学習者の意識を変え、様々な教材を通して英語を学ぼうとする姿勢を育むことに繋がっていくのではないか。

注

1　本稿で言及する資料（学習指導要領や検定教科書に関するデータ等）と分析内容の一部を用いて、筆者は以下で口頭発表をしている：日本英文学会第87回全国大会。2015年5月23日。於 立正大学品川キャンパス。

2　本稿における「文学教材」とは、英語教育のために文学作品を教材化したテクストを指す。この文学作品は、原典が英語で書かれたものに留まらず、原作者によって別の言語で書かれた後に適切に英訳された作品も含まれる。具体的には、英語で書かれた物語、長・短編小説、劇（映画を含む）、詩（歌を含む）の他、寓話、伝説、神話、民話、昔話、俳句の英訳などを、ここでは文学教材として扱う。

3　本稿では、説明文と説明、物語文と物語を、それぞれ同意と見なす。

4　髙橋（2015）では、従来 narrative（物語）・narrativity（物語性）に与えられてきた様々な解釈を踏まえ、narrative・narrativity の意味を考察した。本稿では、コミュニケーション英語 I・「読むことを中心とした活動」で物語を扱うことを念頭に置いて、物語の構成要素と特色を中心に論じる。

5　江口（2013）は、Nuttall（2005）を援用して高等学校英語検定教科書 *New Edition Unicorn English Course I*（文英堂）に収められた文学教材の1つを分析している。同教科書は「英語 I」用の検定教科書であり、現行（2009年版）の学習指導要領下では設定されていない科目である。

6 本稿で言う「正課」とは、Unit 1・Unit 2、Lesson 1・Lesson 2 などのような、各教科書の課を指す。

7 筆者が教員免許更新講習やワークショップで高等学校教員等に話を聞いたところ、正課外の読解教材を扱う時間的余裕はなく、授業ではこれらの教材を扱わないと解答した教員が多かった。

参考文献

All Aboard! Communication English I 編集委員会・東京書籍編集部 (2013) *All Aboard! Communication English I Teacher's Manual.* 5 vols. 東京書籍

Crown 編集委員会 (2013) *Crown English Communication I Teachers' Manual.* 6 vols. 三省堂

Hudson, Thom. (2007) *Teaching Second Language Reading.* Oxford: Oxford University Press.

Lee, Winnie and Betty Liu. (2011). Using Storytelling to Provide Language Input in Task-Based Learning. *Modern English Teacher* 20 (1) : pp. 23–28.

Lodge, David. (1992) *The Art of Fiction.* London: Penguin. (ロッジ・デイヴィッド　柴田元幸・斎藤兆史訳 (1997)『小説の技巧』白水社)

My Way 編集委員会 (2013) *My Way English Communication I Teacher's Manual.* 6 vols. 三省堂

Nuttall, Christine. (2005) *Teaching Reading Skills in a Foreign Language.* 1982. Macmillan Books for Teachers Ser. Oxford: Macmillan.

Power On Communication English I 編集委員会・東京書籍編集部 (2013) *Power On Communication English I Teacher's Manual.* 4 vols. 東京書籍

Rosenblatt, Louise M. (1978) *The Reader, the Text, the Poem: The Transactional Theory of the Literary Work.* Carbondale, IL: Southern Illinois University Press.

Signature Reading: Level G. (2005) New York: McGraw-Hill Glencoe.

VISTA 編集委員会 (2013) *Vista English Communication I Teacher's Manual.* 6 vols. 三省堂

浅見道明他 (2013) *Power On Communication English I.* 東京書籍

卯城祐司編著 (2009)『英語リーディングの科学―「読めたつもり」の謎を解く』研究社

卯城祐司他 (2012) *Element English Communication I.* 啓林館

卯城祐司他・啓林館編集部 (2013) *Element English Communication I Teacher's Manual.* 6 vols. 啓林館

江口誠（2013）「英語教育における文学教材の活用」『愛知教育大学研究報告、人文・社会科学編』第 62 輯：pp. 77–84. 愛知教育大学.〈http://hdl.handle.net/10424/5044〉2015.1.4

金子朝子他（2013）*Vista English Communication I.* 三省堂

清田洋一他（2013）*All Aboard! Communication English I.* 東京書籍

国立教育政策研究所編（2010）『生きるための知識と技能 4　OECD 生徒の学習到達度調査（PISA）2009 年調査国際結果報告書』明石書店

佐藤佐敏（2013）『思考力を高める授業―作品を解釈するメカニズム―』三省堂

渋谷孝（2003）『文学教材の新しい教え方』21 世紀型授業づくり. 明治図書

霜崎實他（2013）*Crown English Communication I.* 三省堂

第一学習社編集部（2013）*Vivid English Communication I Teachers' Manual.* 4 vols. 第一学習社

髙橋和子（髙橋和子）（2015）『日本の英語教育における文学教材の可能性』ひつじ書房

竹内理他（2012）*Landmark English Communication I.* 啓林館

竹内理他・啓林館編集部（2013）*Landmark English Communication I Teacher's Manual.* 7 vols. 啓林館

田中武夫・紺渡弘幸・島田勝正（2011）『推論発問を取り入れた英語リーディング指導―深い読みを促す英語授業―』三省堂

築道和明他（2014）*Vivid English Communication I.* 第一学習社

西光義弘他（2012）*Comet English Communication I.* 数研出版

西光義弘他（2013）*Comet English Communication I Teacher's Manual.* 4 vols. 数研出版

畠山利一他（2012）*Big Dipper English Communication I.* 数研出版

畠山利一他（2013）*Big Dipper English Communication I Teacher's Manual.* 4 vols. 数研出版

三森ゆりか（2002）『絵本で育てる情報分析力』一声社

森住衛他（2013）*My Way English Communication I.* 三省堂

文部科学省（2009a）『高等学校学習指導要領』文部科学省.〈http://www.mext.go.jp/component/a_menu/education/micro_detail/__icsFiles/afieldfile/2011/03/30/1304427_002.pdf〉2015.1.5

文部科学省（2009b）『高等学校学習指導要領解説―外国語編・英語編』文部科学省.〈http://www.mext.go.jp/component/a_menu/education/micro_detail/__icsFiles/afieldfile/2010/01/29/1282000_9.pdf〉2015.1.5

渡辺敦司（2014）「2014 年度高校教科書採択状況―文科省まとめ（下）―」『内外教育』6307：pp. 10–19. 時事通信社

知識構成型ジグソー法を用いた
英詩解釈授業の提案
―多層的な英語表現理解を目指す協同学習として―

和田あずさ・畑アンナマリア知寿江・ショルティ沙織

1. はじめに

　現在、様々な教科において協同[1]学習がますます広まりを見せている一方、英語科に関しては、その導入が困難であることが指摘されている(礒山2013、伏野他2010)。その理由として例えば瀧口(2014: 111)は、英語学習においては英語そのものの理解力が問われる段階と内容の理解力が問われる段階があり、他の教科の多くが母語による内容理解を中心にグループでの議論ができるのに対して、英語においては、英語力の違いがハードルとなって内容理解の議論にたどりつけないケースが多いと述べている。だが、個人では達成や解決が困難な課題に取り組むことを通して小集団の仲間とともに対話的かつ互恵的に学ぶ協同学習の意義は、他の教科同様英語科においても重視されるべきである。また、英語科においても協同学習を取り入れた実践は確実に積み重ねられてきており、徐々にその成果と課題が明らかにされつつあるところである。そこで本稿では、協同学習で扱ううえで適切な教材として文学に着目する。そして、多数ある協同学習の技法のうち、大学発教育支援コンソーシアム推進機構(CoREF)が推奨する知識構成型ジグソー法を用いて英詩の読解と解釈を行った模擬授業の成果と課題を一助として、英語科における協同学習のあり方を検討する。

2. 英語科における協同学習

2.1 協同学習の理念

　日本における小集団を活用した学習活動の隆盛は、デューイの教育観やドルトン・プランなどの影響を受けた児童中心主義思潮の大正自由教育期にさかのぼることができる。主な例としては、個に応じた指導を行うために能力別に学習集団を編成する分団式動的教育法（及川 1912）や、生まれ持った資質能力や生まれ育った環境などの異なる子どもが仲間と切磋琢磨しながら学ぶために学級集団を分団化する「相互学習」（木下 1923）などがある。またそれ以降も、主に 1950 年代から 1980 年代にかけて、小川・国分（1955）の「生活綴方的教育方法」の中で取り入れられた学習集団作りや仲間作りを目指す話し合いや助け合いを重視した活動、6 人ずつの小集団で討議を行うフィリップスのバズ・セッションを日本に導入した塩田・阿部（1962）の「バズ学習」、学習者全員の自発的参加と協同的な学習集団の形成を目的とする「自発協同学習」（末吉・信川 1967）、個による自主学習と能力差に応じて編成される小集団での協同学習を一体的に取り入れた相沢（1970）の「自主的協同学習」、相互支援的な集団形成そのものを学習指導の目的とする「自主協同学習」（高旗 1981）などが行われてきた。

　競争主義から協同主義への転換とともに現在再び随所で取り組まれている協同学習は、上述の集団主義教育を背景とするかつての実践と導入の経緯こそ異なるものの、授業を有機的なものにすることや人間形成を重視する点において、理念としては共通するものがある（瀧口 2014: 111）。また現在でも、異質な他者と共に形成する学習集団で、違いを認め合い協力しながら学ぶことに対して、「協同学習」の他にも、「協働学習」、「共同学習」、「協調学習」、「協力学習」、「cooperative learning」、「collaborative learning」などの用語が存在している。これについて関田・安永（2005）は、心理学、教育工学、教育方法学などの領域により内包する概念が異なることやこれらの用語を用いる研究者間でも定義が統一されていないことを指摘する。さらに杉江

（2011: 16–17）も、実践にとっては「協同」か「協働」か「共同」かという
議論はさほどの意味を持たないとし、協同学習はグループの活用法という手
法の理論ではなく、教育の基本的な考え方を体系的に示す教育の理論ないし
原理であり、個人的な理論や手法の違いよりそれぞれの共通性を理解する方
が有意義であると述べる。加えて Barkley, Cross, and Major（2005）も、各用
語の意味や他の用語との使い分け方には多くの議論があることから、協同学
習については柔軟な定義が望ましいとの姿勢を示している。よって本稿で
は、今日協同学習の理念として日本で広く周知されている Johnson, Johnson,
and Smith（1991）及び Johnson, Johnson, and Holubec（2002）の協同学習理論
と、2000 年以降日本をはじめアジア地域を中心に海外にも普及する「学び
の協同体」（佐藤 1999）を概説し、その共通点から協同学習の大綱を整理す
る。

　Johnson, Johnson, and Smith（1991）や Johnson, Johnson, and Holubec（2002）
の協同学習は、コフカ、レヴィン、ドイッチらが導いてきた集団内で起こる
相互依存の力動や協同と競争に関する理論を拡張した社会的相互依存性理論
に依拠している。そしてその背景には、アメリカ合衆国で 1975 年に全障害
児教育法が制定されたことに端を発する統合教育への欲求の高まりと、障害
児を通常学級に措置する中でいかに人間関係を構築するかという課題意識が
ある（Johnson and Johnson 1981、杉江 2011: 36、涌井 2006）。このように非
等質を前提とする学習者同士で構成される小集団での学習を成立させるため
に、互恵的相互依存関係の構築、対面的で促進的な相互交流の保障、個人の
役割と責任及びグループの責任の確立、社会的技能の育成と活用、活動の評
価と改善、という 5 点が基本的構成要素として示されている。この内容は、
協同学習に関して Johnson らと並んで主要な研究者である Kagan（1994）や
Slavin（1990）が示す成立要件ともおおむね共通している。

　一方、佐藤（1999）の「学びの共同体」は、学びからの逃走、いじめ、不
登校、学級崩壊など、子どもと学校をめぐる危機が渦巻く現代において、子
どもにとっての学びの意味と快楽を取り戻し、学校が学校としての機能を再

生させることを目指して提唱された、子どもの学びを中心とする授業とカリキュラムの改革である。佐藤は、1990年代から行われてきた授業改革の、子どもの自主性や主体性が絶対化されるあまり活動に内容が伴わず活動への態度が重視される傾向、子どもまかせの活動となり教師のかかわりが希薄になる傾向、教育内容の研究や教材の研究がおろそかになる傾向などの課題を指摘したうえで（1999: 99–100）、一斉授業でも個人授業でもない小集団による協同学習を取り入れ、モノや他者と対話する活動の組織と、勉強から学びへの転換を図ったのである。そして佐藤（2013: 18）は、ヴィゴツキーの「発達の最近接領域」と「モニタリング」及びブルーナーの「足場かけ」などの概念を拠り所としながら、全ての子どもに学びの経験を保証するための「協同的学びの3つの条件」として、「真正の学び」（教科の本質に即した学び）、「聴き合う関係」（対話的コミュニケーションの基礎）、「ジャンプのある学び」（教科書に書いてある知識ではなく、仲間や教師の援助によってその知識を活用することで達成できる課題）を挙げる。

　両者の理念を踏まえると、協同学習の骨子は、教室内の机の配置や学習集団の構成（人数、学力、性別など）をどう扱うかにあるのではなく、学習者の全員が学びの主体者として、学習活動に参画すること自体にあると言える。このことから本稿は、「各々が役割と責任を持ち、他者との差異と共通性を認め合い、互いに支え合い補い合いながら、知識を再構成することで理解を深め、課題を達成するための学習活動」の全般を、協同学習という言葉で統一する。つまり、協同学習における参加のあり方、もしくは役割ないし責任とは、必ずしも同質、同量であるわけではなく、ある者は話し、ある者は傾聴し、ある者は疑問を投げかけ、ある者は教え、ある者は自分と他者と教科内容や教材をつなぎ、ある者はそれを記録するという、活動を円滑にし得るそれぞれの役割を担うことを意味する。そしてこのような学びを組織するためには、教科書の内容のみに止まらず、他者と協力しながら多様な知識を関連付けて再構成することで初めて達成可能な課題を設定すること、また、そのような活動が可能な教材を選択することが必要となる。

2.2 英語科に協同学習を取り入れるために

　以上のような協同学習の理念を踏まえれば、英語力の差は本来協同学習を妨げる要因にはならないと言える。英語力の高い学習者に教えられることで英語力の低い学習者の理解が促され、英語力の低い学習者を教えることが英語力の高い学習者の理解の深化にも寄与するという互恵的な関係が成立するからである。むしろ、他教科では本時の課題解決にあたって必要な教科内容に関する知識や技能を他の学習の経験や日常経験が強化したり補ったりすることができるが、英語科の場合は、英語に関する上記のような経験が圧倒的に少ない上に多様でもなく、既有知識の関連付けや再構成にまで至らないことに、協同学習導入の難しさがある。

　しかしApple（2006）は、第二言語習得に関する認知理論や社会文化理論を反映している点、EFLの学習環境で強力なツールとなりうる点から、協同学習を第二言語教育に取り入れることに賛同している。そして、EFL環境では、グループディスカッションのためのモデルダイアログのような事前活動、単語やエッセイ読解などの宿題、リスニング活動の補助となるテクストの提供、グループワークの際にハンドアウトを使い生徒の母語使用を許可することなどで、協同学習を円滑に行うことができると述べている。また江利川（2012）も、協同学習を英語科に導入する際の要点として、授業の目標や内容に応じて一斉授業と協同学習を使い分けることや日本語による話し合いを取り入れることなどを挙げている。特に後者に関しては、現行の高等学校学習指導要領には、「授業は英語で行うことを基本とする」という方針が盛り込まれたが、これは絶対的な原則ではなく、適宜英語と日本語を使い分けることが必要であると指摘したうえで、協同学習を推奨している。

2.3 実践例

　現在英語教育ではCommunicative Language Teachingが主流となり、授業の中で英語を活用しながら学習者同士が情報や考えや思いを伝え合う活動が重視されている。協同学習の実践の中にも、英語を用いて発表、討議、表現

などを行う活動は多く報告されている。ただし、英語でアウトプットを行う際により正確かつ適切に英語を使用するためには、その前提として、少しでも多種多様な言語材料に触れながら、意味、統語、語用などの点において言語に対する理解を深めていることが求められる。なぜなら、母語話者なら誰でも知っている言い回しがその言語の学習者には当たり前ではないことや、文化的・社会的・宗教的な背景が相違うために、たった１つの単語に対する認識のずれが顕在化した結果として、理解の阻害や対立が起こることがあるからである。この観点からすると、言葉を巧みに使いこなすことで多層的な意味世界を表象する、いわば「言語と文化の交差点」である文学テクストを通して各々の表現を吟味・検討していくことは、異質な言語や文化を発見したり認識したりすることを可能にし、後のアウトプットにもつながる重要なインプットの１つであると位置づけられよう。これは、斎藤（2004: 31）が「文学テクストは単に意味を伝達する媒体であるに留まらず、語彙、文法構造、修辞技法の選択、音の配列、さらには表記法に至るまで、意匠に即した緻密な計算に基づいて構成された言語構造体である。したがって学習者の語学的な感性を高めるためには、これ以上優れた教材はない」と主張していることからも窺うことができる。

　もっとも学校英語教育においては、時間や教育課程のうえでの制約があるために、言葉の背景に込められた文脈の全てを理解することが学習者にとって相当の困難を伴う場合もあろうことは、容易に推測される。また髙橋（2015: 195）は、従来の文学教材を用いた授業の課題の１つに、精読に偏り、活動が単純化されていることを挙げている。このような問題の存在を念頭に置くと個人で全てを理解することが困難な文脈や言語文化を踏まえながら、有機的、対話的な文学の読解授業を行ううえで協同学習を取り入れることが有効な手段になり得るのではないかと考えられるのである。そこで、ここでは先行実践として、文学作品の読解に着目した協同学習の実例を提示する。

　まず、質の高い教材を深く読むことを重視した実践としては、沖浜（2012）が中等教育学校５年生（高校２年生）に対して行った、「『独裁者』の演説」

の授業がある。この実践は、グループ活動を導入しながら、各自が自分の「名訳」を完成させることで、教材に対する読解の深まりをねらったものである。この実践から見えてきたこととして、沖浜は2つの点を挙げている。1点目は、教材の質の高さが肝要だということである。沖浜によれば、教材が教師自身にとっておもしろいと思えるもの、生徒に学んでほしいと思えるものでなければ、深い協同は生まれないという。この実践で扱われた「名訳プリーズ」という課題に生徒たちが真剣かつ楽しんで取り組んでいたのも、意訳を考える作業そのものが英語と日本語の違いを意識させる意味のある活動であったことに加え、教材がそれを可能にしていたためだというのが、沖浜の見方である。2点目は、生徒に迫り、聴き合う関係を促す課題設定の大切さである。教材の良さだけに頼り切るのではなく、それをいかすものとして、生徒の生き方や意思決定に迫る課題を設定することが重要だというのである。一方で、沖浜は自らの実践における課題も指摘している。この実践は、全体として作業言語としての日本語の比率が高い授業であったが、同じ内容を学ぶときに英語を多用しながら学ぶことが可能かを考える必要があったのではないか、ということである。この点について沖浜は、全てを英語で行う必要はないが、内容理解のための課題設定、音読や暗唱など音声表現活動を増やすことなどが考慮されるべきだと述べている。

　これに類した実践として、後中（2014）は大学1年生の英語リーディング授業（全30回）における文学教材の有用性を探るとともに、協同学習を取り入れた文学教材のリーディング活動がもたらす実態を把握する研究を行っている。この実践は、協同学習を通じて作品を味読する能力を養成することを目標に設定したうえで、イギリス文学作品を精読していくというものである。授業では、一作品を読むごとに、言葉の意味、作家の特徴、作品の登場などについて協同学習で話し合いが行われたほか、リーディング活動の際には、毎回分担による訳読の発表が取り入れられた。実践後に行った自由記述式の質問紙調査では、文学教材と協同学習の相乗効果を指摘する学習者もあったという。この調査では、学習者が文学は難易度が高いと感じていること

や協同の大切さは理解できてもその実行には難しさを感じていることなども
デメリットとして浮かび上がってきたが、その一方で、想像力豊かに意見を
交換することで、文学の味わいが増し、解釈の可能性の広さに気づくことも
メリットとして示されており、総じて文学を教材とする協同学習は英語学習
に有用であるとまとめられている。

　難解な英文の読解に際して協同学習を取り入れた実践としては、和田
（2013）が大学1、2年生に対して行ったリーディングの授業がある。1年生
においては、授業で行うリーディングストラテジー、単語学習、音読、日本
語訳、内容確認、小テストの勉強の際に、協同学習の理念が導入された。2
年生では、毎回の授業で協同学習の理念が導入されたアクティビティが行わ
れた。また、上級クラスに限った例ではあるが、500語ほどの文章の中か
ら、各グループに5〜6文を割り当て、その中からランダムに学習者を指
名し、クラス全体に対して単語、文法、意味の説明をさせる活動も挙げられ
ている。この活動では、難しい英文を理解したいという同じ目標に向かって
いたため「互恵的な協力関係」が成立していたと述べられている。学習者の
反応については、質問紙調査の結果として、様々な英語力の学習者に協同学
習が肯定的に受け入れられたということが報告されている。一方で、協同学
習は準備に時間がかかることや授業のコントロールが困難であることも課題
として挙げられている。

　上記の先行実践より、英語の授業に協同学習を取り入れる際、内容豊かな
質の高い教材を扱うことや難しいが理解したいと学習者が思える課題を設定
することの重要性が示唆された。一方で、学習者が文学を読み内容を理解す
ることは難しいと感じているという教材の難易度に関する問題、協同の大切
さは理解できても人付き合いの点から難しいと感じる学習者もいることや授
業のコントロールが困難であることから、時間を効果的に利用した授業展開
を構成する必要があるという学習形態に関する問題、作業言語としての日本
語の比率が高くなりやすく、英語を多用しながら学習できるかを考える必要
があるという使用言語の問題が浮かび上がった。そこで本稿では、上記の中

でも特に教材の難易度に関する課題を解決し得る手段として知識構成型ジグソー法を取り上げ、その概念を基に計画した模擬授業を示す。さらに、これらの実践ではいずれも、実践者や授業者の自己内評価から考察がされているが、それぞれの授業で育成・伸長された力は何か、本時の目標が如何に達成されたかなど、協同学習の成果自体に関してはほとんど言及されていない。このことから、実施した模擬授業における参加者の発話と記述を他の学習者との対話を踏まえながら質的に分析することで、文学あるいはそれに準ずる物語的文章を扱う協同学習が学習者の言語に関する理解の深化にいかに関与するかについて考察することを本稿の目的とする。

3. 英語科授業における知識構成型ジグソー法の導入

3.1 知識構成型ジグソー法

　ジグソー学習は、多種多様な人間同士の協調関係を深めることを主眼として、Aronson, Blaney, Stephan, Sikes, and Snapp (1978) が考案した集団活動である。彼らのジグソー学習ではまず、人種、性別、能力などの混成小集団を編成し、全員が達成すべき学習課題を構成する知識や概念などの要素を分割した下位課題を、集団のメンバー間で重複がないように割りあてる。次にメンバーは同じ下位課題を担当する者同士で「専門家集団」を形成し、協同的にそれぞれの課題を理解する。その後各々のグループに戻り、それぞれのメンバーが自ら担当した下位課題を他のメンバーに説明し、全員の下位課題が組み合わさることで課題が解決できる。そのためには、メンバーひとりひとりが自分の下位課題について、グループ内で唯一の専門家として確かに内容を理解し、分かりやすくメンバーに伝えなければならない。この点で、個々の役割責任を明確化し、課題を達成するために全員が協力せざるを得ない仕組みとなっている。CoREF の知識構成型ジグソー法も基本的には上述の手順を踏襲するが、具体的には次のようになる (三宅・三宅 2014: 170–185)。

（1）授業で「解くべき問い」に対し、各々の学習者がまずは自分なりの答えを考える

（2）「一人ひとりの考えていることが違う」状況としてのエキスパート活動[2]に取り組む

（3）各エキスパートから一人ずつ集まってジグソー活動を行い、各エキスパートの内容を統合して問いへの答えを作る

（4）答えができたらクロストークを行い、グループごとに異なる統合結果を交換し合うことで、各々の理解を深める

（5）もう一度（1）と同じ「解くべき問い」に各自が答える

　学習者が意欲的に取り組み得るだけの深みを持った教材は特に、既習の語彙や文法事項だけでは理解することができない、言語の背景にある様々な文化的側面を含んでいる。知識構成型ジグソー活動の導入は、そのような教材を理解し学習課題を達成するうえで個々の学習者に欠けていることの多い多様な背景知識を、エキスパート活動で補うという点にその動機がある。

　ジグソーを取り入れた実践としては、沖浜（2008）が中学校3年生に対して行った "Fly Away Home" という物語の読解の授業がある。この授業では、生徒はグループ内で4種の英文が載せられた資料を分担したうえで、担当した英文の訳とあらすじを書くエキスパート活動を行ったら、自分のグループに戻って自分が担当したパートのあらすじを発表するジグソー活動を行う。これを踏まえて、最終的には全員で4つの英文を正しい順番でつなげるのが授業の目標である。この「ジグソー」を積極的に肯定する意見としては「訳を考えたりする時に、同じ部分の人と話し合えたから良かった」や「自分が思い込んでいた意味とは少し違うような訳し方もたくさんあることが分かるので良かった」などが挙げられている。一方で、「自分で訳していないので、細かい所まで読めませんでした。全部自分でやった方が詳しくできて特殊な言い回しも良くわかると思います」といった否定的な意見も報告されている。このことから、まとまりのある英文を分担するだけでなく、各

エキスパート活動の中で英語特有の知識や技能が活用されたり獲得されたりし、それらがジグソー活動で統合されることで、より深い理解が実感できるということが求められると考えられる。

3.2　授業の目標

　英語学習において、語彙を増やし文法を理解することは重要である一方で、それだけでは十分でないことがある。文学作品においてはそれが顕著で、作品中で作者がなぜその単語や表現を使用したのかを紐解いていくことにより、第 2 節 2 項でも述べたように、そこに広がっている言語の奥深さに触れることができる。

　この様な構想を基に、高校 3 年生を想定した 50 分の模擬授業を計画した。対象は大学院生 9 名（男性 4 名、女性 5 名、うち非英語母語話者留学生 1 名）で、その中に言語学を専攻している者はいなかったが、1 名が中高英語科の教員免許を所持していた。また知識構成型ジグソー法に関しては、全員が事前知識と実際の活動経験を有していた。さらに、模擬授業で得られる各種のデータは、CoREF の研究に用いられる可能性があるほか、院生個人の研究にも自由に活用してよいことが周知されていた。

　実際の授業は、日本語母語話者と英語母語話者の TT（ティーム・ティーチング）で行った。そのうえで、今回の知識構成型ジグソー活動の目標を「一語一訳対応ではなく、英語母語話者特有の語感や言語文化も含めた解釈を通して、文学作品をより深く多層的に読み味わうこと」と設定した。沖浜のジグソー実践を踏まえ、限られた授業時間で扱える適度な分量である点と韻律や脚韻などを通した音声指導を並行して行える点を重視し、今回は文学作品の中でも英詩を扱うこととした。日頃語彙や文法事項が統制された教科書で学習する中で、生徒たちは、1 つの英単語に対して単に辞書の一番先に掲載されている主要な意味を当てはめることに慣れていることが予想される。しかし、Carroli（2008）が述べるように、テクストが書かれている文化とは違う文化を持つ者が 1 つの意味で認識するような単語でも、意味の複

数性は広がっていることがある。とりわけ、1つの単語に複数の意味が込められていたり、駄洒落が含まれていたりする詩を、このような方法で解釈していくことは難しい。また、脚韻やリズムに対して随所に工夫が凝らされている詩の場合、その規則的な音のまとまりを保つためにさまざまな逸脱が見られることあるが、その逸脱を逸脱だと見極めるためにも文法の構造を捉えられることが必要である。さらに、解釈をしていく際に妥当でないものを棄却できる力をつけるためにも、文法事項を確認しながら、精読しなければならない。この授業では、逐語的な読解を超えて、テクストに書かれている文体と文脈からより多層的に言葉の世界を捉えることを目指す。そのためには、文章の構文を文法的に正確に読むことが求められる。

4. 教材

4.1 作品

今回扱った作品は、Tony Harrison の 'Marked with D' である。この詩を選んだ理由としては、授業実践者3名の全員が知っている英詩の中で、日本語母語話者と英語母語話者の間で解釈が大きく異なったことから、今回の授業の目標に適切な題材であると判断したことが挙げられる。各行冒頭の数字は、便宜上筆者が付記している。まずここでは、Verdonk (2012) を参照しながら、文体を通した大まかな解釈を整理する。

Marked with D

1. When the chilled dough of his flesh went in an oven

2. not unlike those he fuelled all his life,

3. I thought of his cataracts ablaze with Heaven

4. and radiant with the sight of his dead wife,

5. light streaming from his mouth to shape her name,

6. 'not Florence and not Flo but always Florric'.

7. I thought how his cold tongue burst into flame

8. but only literally, which makes me sorry,

9. sorry for his sake there's no Heaven to reach.

10. I get it all from Earth my daily bread

11. but he hungered for release from mortal speech

12. that kept him down, the tongue that weighed like lead.

13. The baker's man that no one will see rise

14. and England made to feel like some dull oaf

15. is smoke, enough to sting one person's eyes

16. and ash (not unlike flour) for one small loaf.

Tony Harrison (1987)

　この詩は、ある男の冷たい肉体がオーブンに入れられる場面から始まる。2行目にてこれは男自らが生涯を費やして火をくべてきたものとさほど変わらないと描写されていることと、13行目で男がパン職人であることが明示されていることから、男の体と冷えたパン生地が掛けられていることが推察されるとともに、この場面が、亡くなったパン職人の体が火葬室に入れられているところを表現していることが分かる。話し手は一貫してこのパン職人を彼と呼び、一定の距離によって別たれた関係を保っている。続いて話し手は、死んだパン職人の白濁した目が天国の光と先立った妻との天国での再会という恵みで輝き、彼の口から放たれた光が愛妻の名前、それもFlorenceでもFloでもなく、Florrieという愛称を形作る様子を思い浮かべる。さらに話し手は、死者の硬直した舌が燃え上がる様を想像する。しかしそれは文字通りただ舌が焼かれるだけであり、そこに天国を信じる宗教的な恍惚感などない。そしてそのことにより、話し手はパン職人に対し哀れみを抱いている。なぜなら、話し手にとってはパン職人が信じる天国など存在しないからである。その信条の異なりは、10行目から12行目にてさらに語られる。話し手自身は、日々の生活の糧を全て現実の世界から得ている。それに対しパ

ン職人は、鉛のように重く、自分を押さえつける自分の舌、訛っていて理解されない言葉からの解放という救いを切に願っている。13 行目以降では、話し手の想起から目前の火葬へと場面が戻る。話し手は、パン職人がもう生き返らない、すなわち、彼が起き上がることはなく、体の宗教的な復活もないと述べる。また、イングランドの階級意識によって、彼は愚かな人間だと蔑まれていると感じさせられ続けてきたと語る。そしてその彼は今やもう話し手 1 人の目をしみさせるだけの少しの煙と、小麦粉とそれほどかわらない、ちっぽけなパンにしかならない単なる灰になってしまったと詩は締めくくられる。

4.2　作品の背景

　続いて、作者と作品の背景を記述する。作者 Tony Harrison（1937–）はイングランドの北部リーズにて、パン焼き職人（Harry Harrison）の父と専業主婦の母（Florrie）の間に生まれる。Harrison は労働者階級出身だが、奨学生となり地元のグラマー・スクールを経て、1955 年にリーズ大学に進学し、古典文学を学ぶ。1970 年に出版した *The Loiners* は、詩人として最初の作品にして、彼の様々な経験を反映した本格的詩集となっている。1973 年にはナショナル・シアターでのモリエール作 *Le Misanthrope* を翻訳し、それ以降同劇場でギリシャ劇や中世の進歩劇などの上演に台本を提供している。また彼は、テレビ出演を期に film poems も制作するようになる。時事問題を多く扱い、政治に対しても率直に意見を言う彼は、詩の中で階級や人種に関する事柄を巧みな技術で表現する。そのような彼は、2009 年の PEN/Pinter Prize をはじめ、数々の賞を受けていることでも知られている。

　Harrison は教育によって、言葉の知識、言葉への愛を培い、'articulate voice' が持つ価値と権威の意味を知った（Marshall 2010）。それは、訛なしには話ができない父や家族と自分との違いを顕著にしたという。これについて彼は、Tusa のインタビューに対して、以下のように答えている。

"I was aware of a hunger for articulation. And I think in retrospect, it came from not only the fact that I had an uncle who was deaf and dumb and who stammered but a father who was reticent, shy, and unable to express himself. And that idea of articulation, expression, became for me absolutely vital to existence."

　Harrison の父は天国を信じていたが、彼は "life ends with death, and that is all" (Harrison 1984: 133) と述べていることからしても、父とは違う信条を持っていたと考えられる。教育により自分の家族のいる労働者階級とは違う価値観を持つことになった彼は、家族と疎遠になり、その隔たりは埋まらない (Sundaresan and Sumathi 2014)。Roberts (1999) は、階級は現代イギリス詩の中で未だに論点になり続けており、その点で Tony Harrison という詩人は今も一際目立つ主人公であると述べている。
　このような作者自身の背景に加え、作品自体も独自の背景を有している。英語母語話者の中には、'Marked with D' と聞いた際に、以下のナーサリーライムを想起する者も多いのではないだろうか。

Pat a cake, pat a cake,
Baker's man.
Bake me a cake
As fast as you can.
Pat it and prick it,
And mark it with B,
And put it in the oven
For Baby and me.

Anonymous (1985)

　イギリスの大学にて文体論の授業で 'Marked with D' を扱った Verdonk

(2012) が "All students were quick to sense the cruel irony of the allusion" と述べるように、この遊び歌をはじめとして、ナーサリーライムは、詩や小説などの文学ではもちろん、新聞や広告の見出し、映画や音楽など、あらゆる日常場面で言語表現の下敷きとして用いられることがある、英語母語話者の生活に密着した言語文化である。また、余談であるが、後節で述べる模擬授業の中で ALT 担当の英語母語話者が「アルプス百万尺」を知っているかと参加者に尋ねたところ、ほぼ全員から「（アルプス百万尺ではなく）アルプス一万尺」と即座に指摘された。日本で育った日本語母語話者ならばそのほとんどが、「アルプス〇〇尺」と見聞きすればそこに入る数字は一万であると答えられるだろう。仮に別の数が当てはめられていたとしても、文字通りの意味では受け取らず、「アルプス一万尺」と何かをかけた言葉遊びであることに容易に思い至ることができるはずである。同様にこの遊び歌を背景的知識とすると、'Pat a cake' では "mark it with B" の "B" が "Baby"（またはその Baby の名前）を指していることから、'Marked with D' の "D" も、"D" で始まる何らかの語句を暗示していると読み取ることができる。例えば Verdonk (2012) では、次の語が挙げられている。まず、火葬場面の詩であることから "Death" の "D" であると推測される。同時に 7–12 行目から、話し手が無神論者、もしくは死後の世界に懐疑的であることと関連して、"Damnation" の "D" とも考えられる。さらに、13–14 行目では、階級意識が強いイングランドの中でパン職人がその社会の下層にいると読みとれることから、社会的な "Doom" も有効な仮説となりえる。加えて 11–12 行目からは、パン職人が自分の地方の強い訛りに邪魔されて "Dumb" に感じているという解釈が可能である。そして 3–9 行目でほのめかされる話し手とパン職人との関係性や、火葬の場面に立ち会っていることから、パン職人は話し手の "Dad" だと推察される。

5. 学習活動

5.1 単元構成

　先行実践から、ある程度の分量のある文学を扱うにあたっては文法事項を一通り既習していることが望ましいと判断し、今回は高校3年生1学期に行われる『英語コミュニケーションⅢ』の授業を想定した。

　単元は4時間で構成している。1時間目はリスニングと音読を中心とし、英詩のリズムや押韻に慣れ親しむ活動を行うとともに、'Pat a cake'を導入して'Marked with D'との関連性をほのめかしておく。2時間目では、冒頭2行の読解をまず全体で行い、英詩の基本的な読解について確認した後、各自で辞書を用いて語句を調べる時間を取る。知識構成型ジグソー法を用いた模擬授業は、本単元の3時間目にあたるが、次節で詳述することとする。4時間目は、前時までの解釈を踏まえて、'Marked with D'の"D"は何を意味しているのかを探究していく授業とする。

　実際の模擬授業にあたっては、まず1、2時間目の代替措置として、予め参加者全員に詩を配布し、逐語訳を作成する必要はないが、事前に詩に目を通して大まかな内容を把握した上で参加してほしい旨を伝達した。そのうえで、模擬授業前に15分程度の時間を設定し、単元全体の流れを説明し、'Marked with D'や'Pat a cake'の音読を行った。なお、4時間目に関わる活動は行っていない。

5.2 本時の概要

　単元第3時にあたる本時では、2種類のワークシートをもとに学習活動が展開される。1つは全員が取り組むものであり、13–16行目をエキスパート・ジグソー活動の事前と事後に解釈するという課題が設定されている。同じ箇所を問うことにより、活動を経ることでどのような解釈の深まりがあるかを確認することを目的としている。ただし、事後の問いに対しては、これまでの活動を踏まえて、ひとつひとつの行や語句に込められた意味を具体的

に書くようにという指示を付記している。

　もう 1 つは、グループ内でメンバーが分担するエキスパート課題であり、詩の 3–12 行目を 3 分割し、詩とともに与えられた資料を通して作品の背景や言語表現に関する情報を得ながら問いに答えることで、それぞれの箇所を精読することを意図している。

　まずエキスパート A は、詩の 3–6 行目にあたり、作者の生い立ちに関する資料を記載することで、詩中の話し手とパン職人が作者と作者の父であること、教育の違いから話し手である作者と家族との間には隔たりがあること、そしてイギリスの階級社会と訛りとの関連性を読み取れるようにしている。ここでの問いは、父の天国に対する考え方と、6 行目の "Florrie" が訛りによる呼称であることを理解するためのものとなっている。

　次に、エキスパート B は詩の 7–9 行目を担当するが、8 行目の "literally" の解釈は非常に困難である。"his cold tongue burst into flame" の "literally" ではない意味に気づくこと、換言すればキリスト教を信仰しないものが舌や炎という単語から使徒言行録の聖霊降臨を思い浮かべることは不可能と言ってもよい。しかしこの箇所は、話し手とパン職人の宗教観が対比されている重要な部分である。そこで、聖書の 1 節を資料として提示することで、7 行目の表現に込められた 2 つの意味を考えることと、天国を信じているパン職人をそうではない話し手が哀れんでいることを解釈する問いに答えられるようにしている。

　最後に、10–12 行目について検討するエキスパート C について述べる。ここは、話し手とパン職人との宗教的な信条の対比が他よりいっそう明示されている箇所である。たとえば "Heaven" に対して無冠詞で用いられる "Earth" に注目すると、キリスト教では主から与えられる日ごとの糧（"daily bread"）を、話し手はパン職人とは異なり、まさに日々口にする食べ物であると捉え、それをこの世のものから全て自分の力で得ていると考えていることが分かる。この点に関する問いと、7 行目にもある "tongue" が単なる体の部位もしくは訛りであるか精霊の象徴であるかという詩中の語句による対比

や、前節で紹介した作者のインタビューから垣間見える作者とその父の差異を表で示すことで、父が解放されることを渇望していたのはどのようなことだったのかということを解釈するもう1つの問いに答えられるようにしている。

　知識構成型ジグソー法を用いた今回の模擬授業では、それぞれの担当箇所の具体的な表現に含まれる言語文化を、詩の特定の箇所を解釈するために必要な概念として抽出する段階を設定している。その際、複数のエキスパート活動で重複した観点が扱われることについては、自分の担当した箇所だけでは理解しきれなくても、別の言語事例を用いたエキスパート活動の内容で補完することで解釈を練り上げられるようにすることを意図している。

6.　模擬授業の検討

　本節では、実際に参加者が行った記述を基に、協同の過程で何が起こっていたか、活動を経ることでどのように解釈が深まったか、そして今回のような英語の学習をどのように捉えたかという観点から、授業の省察を行う。検討には、授業の際に教室前方に設置したビデオカメラと各グループに1台ずつ設置したICレコーダーで記録したデータに加えて、授業後に授業作成者と授業参加者が行った検討会での記録を用いた。

6.1　協同の過程

　まず、事前事後の記述の質的な変化を確認するために、各活動の中でどのような対話が行われていたかを、エキスパート班を単位として検討する。

　エキスパートA班では、解釈のまとめの大部分をS1が担った（「rise は上に昇っていくっていう意味で、イギリスではパン屋みたいな労働階級だともう上には絶対上がれない、そういう生活からはもう抜け出せない、最後は灰みたいに誰も気が付かない、みたいな感じかなって思ったんですけど、前の文章で Heaven っていう単語が出てきてるから、本人は天国を望んでるけ

ど、詩を書いた著者は、天国がないって思っているのか、天国に行けないって思っているのかは分からないけど、彼が天国に昇っていく、rise するのは誰も見れない？」、「燃えているとか輝いているっていうのは、パン屋だからかまどの火を使っているから？」、「天国は奥さんがいる場所だから輝いて見える、自分がそこに行きたいな、死んだら天国に行って奥さんに会えるって思ってる」、「（母の呼称と訛りについて）たぶんお父さん自身は自分の出自を隠そうとしないけど、彼自身はそれが嫌だった」など）ものの、S2 が妻の呼称に訛りが反映されていることを指摘したり、S3 がエキスパート資料を用いて本文の I や he と his dead wife の関係に言及したり、あるいは S1 の発言を S2 や S3 が自分の言葉で言い換えつつ説明し直しお互いの理解を確認したりしながら、相補的に解釈を進める。また、cataracts の意味を調べている際、sight という本文中の単語から、視界に関わる語義になることを推測している過程では、S1 の「祖父が白内障なんですけど、よどんじゃうらしいんですよ、ぼんやりしてる状態、その彼が、天国や奥さんを思うと目がらんらんとする」という発言から分かるように、テクストに加えて日常経験が既有知識として活用される様子が確認された。ジグソー活動に移行すると、S1 は和訳を通して詩の担当箇所を説明した後に、エキスパート資料を用いて、この詩が作者とその父について書かれたものであることを言及したうえで、エキスパート活動に対する答えを述べる。ただし、エキスパート活動の最後に話し合われた、作者は父をどう思っていたか、ということについては、「作者はお父さんのことを嫌っていたんじゃないか」と、自分の解釈を述べるに留まり、「どんくさいな、くらいには思ってたかもしれないですね」という S2 の見解には触れないまま終わる。S4 によるエキスパート B の解説に対しても、「宣教師って口達者なイメージだから、弁術が立つ、語彙がいっぱいある？」と、自身の日常経験を基に推測を広げる様子が伺える。それに対して S2 は、エキスパート課題とエキスパート資料の内容と、全員で共有されていた解釈を端的に説明しながら、「労働者階級に生まれたものの、作者はそこから飛び出て、違う視点で家族を見ていたのかな」、「母

の名前を Florrie と呼ぶこと自体が、作者にとっては労働者階級丸出しっていう感じなのかな」など、エキスパート活動で出た他者の言葉を自分の言葉で言い換えながらまとめている。

　エキスパート B は、文法についてもエキスパート資料についても、困惑している対話が記録されている。しかし「冷たい舌が炎に包まれる」ということの意味について、S6「超越するって感じですか？」、S5「ん？」、S6「超越するっていうか、全ての言語を」、S5「ああ」、S4「話せるようになったのかな」と、聴き合う関係が保たれている中で発話を連鎖させながら、少しずつ内容の理解に迫っていることが分かる。ジグソー活動では、エキスパート活動では十分に理解できていなかったことが、他のエキスパートの内容とその担当学生との対話を通して理解されていく様子が確認できる。作者が何に対して哀れに思っているのか、ということについて話す中で、この詩に登場する「彼」が死んでいることや火葬の場面であることなどが S6 によって示唆されるが、この文脈の中で聖霊がどういう意味であるのか、聖書の一節が内容の理解にどう反映されるかまでには至っていない。その後のジグソー活動になると、S4 は、「冷たい舌が炎に包まれるっていうのは、cold に死んでいるっていう意味もあるから、お父さんか誰かが死んでしまったんじゃないか、で、舌が炎に包まれるっていうのは、聖書の一節を踏まえると、様々な言語が話せるようになるっていうのと同じようなことが、この人にも起こってたんじゃないか、でもそれが何なのかは分からない」と話すが、S7 の「この詩では、炎に包まれることで、労働者階級のアクセントが消えたってことを言いたいのかな」という指摘を受け、S4「なるほど、納得」と答えている。また、初めは「sorry」を「お父さんが天国に行けなくて悲しい（お父さん自身が悲しんでいる）」と誤読しているが、S1 の「作者自身が『たどり着く天国がなくて哀れだな』って思ってるんですかね」という意見を聞いて、考えを修正している。一方 S5 は、ヒントの意味がよくわからなかったと前置きしつつ、「flame に舌のような形をしたという意味がある」と、他者の言葉を引用しながら、tongue burst into flame について、「中身をよく解

釈しないままにペラペラ話している」という、独自の解釈を述べている。また、全員に同意された解釈には至らなかった sorry に関する問いについては、エキスパート活動の問いにある「父」が誰なのかが分からなかったために答えられなかったとして、エキスパート活動内で述べていた自分の考えには触れていない。

　エキスパート C では、活動の早い段階から、S7 が宗教や火葬との関連性を予測し、全体の議論を先導している。それに対して S8 は、内容に対する自分の分からなさや曖昧さを切り出すことにより、その後の対話（主に S7 による解説）を引き出している。また、作者は天国などないと思っていること、父と自分は信条が異なっていること、父が現世のしがらみから解放されたがっていてそれが父にとっての精神的な救いであったことなど、S7 が言及していないが解釈に関わる重要な内容を S9 がつけ加えている。さらに、活動の終盤では、1、2行目と関連して内容を理解するにあたり、父がすでに亡くなっているから担当箇所の記述が過去形になっているのではないか、heaven と oven が韻を踏んでいるのではないか、これは火葬の場面ではないか、などについて言及する。ジグソー活動において、S7 は、エキスパート A、B との関連や、詩の1行目から父が亡くなって火葬されるということが連想されていることについて触れながら、エキスパート課題に対する回答を述べている。ただし、この内容は、エキスパート活動内での自身の発言と重複しており、S8 や S9 の意見については触れていない。またジグソー活動の最後には、これまでの話を総括する形として、「13 行目は that no one will see までが主語で rise が動詞になって、『誰も見ることができないパン職人が昇っていく』っていう感じ」と発言している。S8 については、「他のグループで出てきた話と関連していて」、「話し合いの時ははっきり分からなかったけど、今話を聞いて」などの言葉から、エキスパート活動の時に示された S7 の意見が、他のエキスパートの内容を聞いたことによってより明確なものとして理解されたことが伺える。また、その際に「訛りへの恥ずかしさもあったと思う」と、エキスパート活動の際には言及しなかった自分の解釈を

説明に加えていることからも、一連の活動が、S8 の理解に関して有機的に作用している可能性が示唆される。S9 も、「bread は自分にとっては食べ物でしかないが、父にとっては communion である」、「お父さんは神父様みたいなもの」、「現世は天国とは離れている」、「精神世界では、みんなが天国に行くことを望んでいる」など、エキスパート活動での内容に触れつつ、その時には出なかった新しい言葉を使って説明している。

6.2 「解決したい課題」の深まり

　次に、上記の過程を経て、エキスパート活動及びジグソー活動の事前と事後について、課題箇所に関する解釈がどのように深まったかを検討する。表1 は、学生がワークシートに記述した内容を転記したものである。忠実な記載が困難な箇所については、[　] を付けて説明を付記した。また、S9 の活動後の記述は、ワークシートには活動前の箇所に記入されているが、映像では活動後に記述していることが確認できたため、活動前の箇所に転記した。

　辞書で単語の意味を調べる参加者が多かったこともあって活動前は記述自体が少ないこと、設問のあいまいさゆえに活動内での自らの学びや気づきを十分に記述に反映できていない参加者がいることを加味しなければならないが、活動後には、パン職人が作者の父であることやイギリスの階級社会に関する明確な言及、また、それらの作者に対する心情について推測する記述が多く見られる。これらの記述は、エキスパート及びジグソー活動における対話への参加の仕方から 3 つの傾向に分けて考察することができる。S1 と S7 は、それぞれの活動の中での発話時間が長く、他の参加者の発言を修正したり自分の言葉に言い換えたりする場面が多かった参加者である。彼らの記述は、事前に比べて事後がより詳細になってはいるものの、他の参加者の意見や、他のエキスパート資料から新たに得た意見が反映されたものというより、もともとイギリスの階級社会や訛りについての既有知識を有しており、断片的だった理解を、活動を通してより明確なものに強化していったように受け取れる。S2、S3、S4、S6、S8 は、どちらの活動でも、聞く役割と話す

表1 「解決したい課題」に対する活動前後の記述一覧

学生	活動前	活動後
S1（A−1）	・誰も上昇する（天国／階級）のを見たことがない。 ・英国は彼をそんなのろまな奴にするシステム ・でも1人の人間（著者）が泣けるくらいの価値はあった ・1つのパンと同じくらいの灰でしかない	2行目：イギリスの階級社会に対する想い 3-4行目：父に対する想い （ちっぽけな存在かもしれないけど） ①見たくない（哀れ）＋　②大好きだったから死んで悲しい 相反する？　屈折した愛情 1行目：<u>天国に昇る／階級を上昇するのを誰も見ないだろう</u>パン屋（父） 父の死、イギリス階級社会の二重の意味 火葬の煙が上昇する。
S2（A−2）	・The baker's man（人）と England（国）の状況をなにか掛けてる？？ ・smoke/ash と flour	➢ Tony Harrison は父をどう思っていたのか？（あわれみ／さげすみ／かわいそう？） ①誰の目にもとまらない、目にとまることがない父の存在 ②父のような不器用な人をつくりだしたイギリスという国に対する批判、怒り ③父が死んでしまって、いろいろな思い（①、②のような）があって目を刺激（＝涙が出る） ④灰と小麦（＝父の存在のひゆ） ⇒ one small loaf（小さなパン）は息子なのではないか（B班）
S3（A−3）	England、rise 階級社会 天国に昇っていく？	父のちっぽけな存在の死は、誰かの涙をさそうような価値がある？ 父の思いとイギリスの階級社会への思い
S4（B−1）	<u>目をひりひりさせ</u>⇒ for 小さなパン［パンの絵］ <u>灰</u> ［煙突から煙を出す家の絵］ 見ることはない→［パン職人の絵］パン屋	だれも見ることのない父は、煙となり天に昇り、この地（<u>イングランド</u>）は煙がでるだろう。 しかし、一人の人間（自分）の目をひりひりさせまた、灰は、<u>1つの小さなパンのため</u>

S5 (B-2)	誰もほめてくれるわけではないけれど、パン屋のおじさんは今日も汗かいてがんばってる	パン屋の父（誰も見向きしようとしない）が死んだ低階級層はおろかな男のように思われてしまっても小さなパン（自分）のために？ ——————[区切りの線] イギリスの階級社会がそうみせているだけ
S6 (B-3)	パン屋さん せつない	誰も気にとめない　イングランド
S7 (C-1)	誰にも見えないパン焼き職人の男が天に昇っていく rise	パン焼き職人の父は目に見えなくて、つまり亡くなってしまって、天国に昇っていく イギリスの階級では底辺に属している父は少しばかり間抜けに思える 火葬の煙
S8 (C-2)	誰も見ないであろうパン屋の男は 誰かの目や、パンのための灰（小麦粉には似ていない）を傷つけるには十分であった	①　父の死、階級社会へのにくさ？ →煙 　　目をきずつける（私）⇒（皮肉も込められている） →灰 （パン屋として働く） パンのためのもの（父） ⇒（社会への怒りも込められている）
S9 (C-3)		イギリスの階級制 父の死はただ自分だけ しかしそれは真の精神的な糧になりつつある

役割の両方を担いながら、他者の言葉を自分なりに受け止め、解釈を広げているように見なすことができる。最後に S5 と S9 については、対話の中では、他者の声を聴き、受け止めている様子が見られるものの、自身の発話や記述に関しては、対話の中に表れない独自の解釈を行っている箇所が見られる。以上から、大半の参加者にとって当初ほぼ馴染みがなかっただろう宗教的な含蓄をはじめ、父親と語り手との埋めがたい心的隔たりやそれを作る一因である階級社会、授業実践者がこの詩の主題として重視していたもののそこまで理解することは困難だろうと予想していた「皮肉」という観点などを

捉える記述が確認できる点で、全体としては、1つの単語に込められた複数の意味や、英語母語話者が直観的に感じ取る語感や背景を含めて解釈を深めることができたと判断できる。また、場面としては限定的ではあったが、白内障という生活経験の中で得られた知識や、世界史で学習されるイギリスの階級社会に関する知識が活動全体を活性化させたことが記述のうえでも確認された。このことから、英語科においても活用され得る既有知識があると言え、さらにそれは、活動言語が日本語だったことで、1名を除く参加者にとってはよりも深い思考や活発な議論が可能だったことにより導き出されたのではないかと推察できる。

6.3　模擬授業への評価

次に、模擬授業に対する参加者の評価を表2に示す。

今回、予習を促してはいたものの、授業内では語彙や文法に関する説明を行わないまま活動を導入したことで、難しかったという率直な感想が多く見られる結果となった。これに関連し、高校生に対する授業としての評価は、難しすぎる、受験を控えた学年には不適切、文法が苦手な生徒の興味を惹くのでは、など、意見が分かれた。また詩自体の難しさについてだけでなく、複数のパートを再構成して解釈を深めるという活動が高校生には難しいという点も言及された。一方で、「視野が広がって楽しかった」、「新鮮だった」という意見が複数見られた。これはあくまで大学院生を対象とした模擬授業であることから、これらの意見が高校生の実感とどの程度近いかということは不明である。ただし、今回の授業を関東の公立高校2年生に向けて発表した際には、確かに内容が難しいという意見もあったものの、文法や語彙も含めて、自分で考えたり説明を受けたりできる時間が十分に取られるならば、文学を通して言葉の広がりを味わったり、背景にある文化や世界観を知ることで英語を深く読んだり、ジグソー授業に取り組んだりしてみたいという、前向きな意見も複数聞かれた。このことから、時間配分や単元の構成を再検討し、既習の文法事項で理解できる内容の詩を選択すれば、詩の解釈を

表 2 「授業で学んだこと、考えたこと」一覧

学生	本時で学んだこと、考えたこと
S1	・英文の和訳を正解にするだけでは味わうことができないという点では、学ぶ幅が広がる（階級・宗教に関して）仕かけがあって面白いと思います。 ・あとは生徒の実態に合わせて、所要時間、説明内容を調整することが求められると思いますが、構文・文法が苦手な生徒には新鮮に感じられる授業ではないでしょうか。
S2	作者の背景知識（生まれた環境や時代について）が分からないと、詩って解釈できないんだなあ…。
S3	私は英語がとても苦手なので難しかったですが、高校生の時には全く習わなかったような内容でとても新鮮でした。単語・文法の分からない部分にやや時間をとられてしまい、解釈にあまり時間がかけられなかったので、その部分で少しヒントが欲しかった気がします。
S4	詩を読む授業として、非常に面白かったです。
S5	・詩の解釈について、今回は part ごとにわけての実施となった、ということだが、全体をどの程度読んでおくかによってかなり理解差が出たところはあると感じた。 ・キリスト教の思想、イギリスの文化などを踏まえて大きく変化する、という所は面白いと感じた、一方で、これが高3受験期になるとまともに聞いてもらえないのではないか、もう少しハードルの低い話題で高1、2で扱っておくとよいように感じた。
S6	・最初は、難しくて理解できるか不安だったのですが、エキスパート活動して対話するなかで、視界がひろがって楽しかった。 ・解釈を書く、このワークシートが難しいと思いました。詩の味わいを自身で書くには時間がかかるので（単なる和訳ではなく）。たのしかったです。英語のやる気が出ました。（笑）あと、ワークシートB（エキスパート）の問い2で「父」と出てきますが、エキスパートAしか「父」を知らないので、表現を変えた方がいいと思いました。
S7	文法について細かく学習している高校生にいきなりこのレベルの詩を読ませるのは難しいように感じた。しかし、難易度は別にすれば詩を分割して、それぞれに文化的要素が含まれていて、エキスパートを合わせてみた時に理解度が一気に深まったと思う。
S8	・「背景情報を組み合わせて、2つの意味が込められている言葉を解釈していく」という活動を通じて、意味のふくらみを実感することができました。 ・他のエキスパートが持っている背景情報をうまく使って他のパートの訳を補完していくということが高校生には難しそうだと感じました。

| S9 | ①詩を理解するために、背景知識が必要
②外文の詩を訳するのは基本的に無理だ。訳するというより、物語を読むほうが
③理解している時、いつも全体と部分の間でとんだり戻ったりしていました。 |

協同学習で行うことは、中学校や高校でも実現可能なのではないかと期待できる。

　次に、以上のような評価を踏まえて、今回の模擬実践授業について、英語科の授業としての成果と課題を述べる。度々指摘したように、母語が異なるもの同士がある言語を通して見たり感じたりする「世界」には隔たりがあるため、1つの表現を自分の母語のみを通して理解するのは難しい。それを幅広く捉えるためには、その背景にある言語文化（表現・価値観・慣習など）に対する理解が必要である。この点を模擬授業参加者や高校生に感じてもらえたことは成果だったと考えられる一方で、そのことによる弊害も見ることとなったのは否めない。今回、参加者が詩とじっくり向き合う時間が少なかったこともあり、背景知識ばかりに焦点があたり、解釈が広がり過ぎてしまったことに課題の1つが浮かび上がる。この解釈の広がりに関しては、授業後の検討会で、S4が「解釈という場合にどこまでが詩から読み取れることとして許容されるのか。模範的な解釈を聞かされてそれに納得することと、自分の解釈が妥当なのか間違っているのかということは、別の問題である。自分の解釈がもし間違っているのなら修正してほしい。特に、自分で作り上げた世界観を持っている場合は自分の解釈に対するこだわりが強くなってしまう」と指摘している。文学テクストをどう解釈するかということは最終的には読み手に委ねられることではあろうが、その前提として、文体をより的確に理解する力は必須である。テクストを手掛かりに、書かれていることを正確に読むこと、これまで自分の言語文化の中で経験して得てきたことの範囲を超えて、相手（作者）がどんなことを伝えたいかを慮ることの、両方の力を英語の授業で育むことが必要であろう。そのためには、様々な英語

に触れ、その言語で表現されているいろいろな「世界」を体験する経験を積み重ねることが大切である。

7. まとめ

本稿は、英語教育に協同学習を導入するための試みとして、知識構成型ジグソー法を用いた文学解釈の授業を提案した。授業の参加者からは、既習の文法事項や語彙の点から、高校生以下での導入は難しいという意見と教材や指導内容を精選すれば高校生でも理解できるだろうと言う意見の両方があがったことから、教材選定の仕方、指導手順、ワークシートの構成等には多くの修正が必要とされる。他方、ただ英語を日本語に訳すだけでは分からなかった英詩の世界の広がりを垣間見ることができたという意見や、中高生段階であっても何らかの形で同様の授業を取り入れるべきとの評価からは、学校英語教育において文化的な背景も含めた英語という言語に対する理解の深化を目指すという目標に際し、知識構成型ジグソー法がその可能性の一端を担い得るのではないかとの示唆を得ることができた。また、授業準備における教材解釈の過程では、英語母語話者と日本語母語話者が同じ詩を解釈した際に、お互いだけが見ることのできる世界の純然たる差を目の当たりにした。しかしこのことがかえって、言語表現の仕方や文章の解釈の仕方を何度も話し合うことで生まれてくる言語の世界の広がりと言語を介した新しい相互関係に気づくきっかけにもなった。「英詩のどんなことをどこまで理解できることを授業の目標に設定するか」という共通の課題を達成するために、違いを認め合いながら、両者が共有でき得る部分を発見し合うことを通して、異文化理解を体験したのである。この営みがまさに佐藤の述べる教員間の協同に該当すると言えよう。教材研究を行う際には、日本語母語話者と英語母語話者、どちらの存在も大切であり、お互いにどう解釈しているのかを伝え合うことで、より作者の文体の意図に迫ることができるだろう。英語科における協同学習の積極的な導入には、このような付加的な価値も見出すことがで

きる。

　現在英語教育では「コミュニカティブ」な活動が重視されており、プロジェクト型や発信型の活動が盛んに行なわれている。しかしながら、教室という仮想空間の枠を超えてしまえば、不正確で不適切な言語使用は母語を異とする他者との交流を大きく阻害することにもなり得る。したがって、アウトプット活動ももちろん必要ではあるが、そのためにも、良質な英語のインプットは不可欠である。自分と他者がこれまでどのように言葉に触れてきていて今それを使っているのか、お互いが交わった時何が生まれたりぶつかったりするのか、という本質にじっくりと触れられる教材として文学を取り入れ、その多層的な理解のために協同学習を取り入れることについては、今一度十分に検討する必要がある。

謝　辞

　模擬授業の作成と実践に多大なご尽力を賜りました教職開発コースの阪下ちづるさんと、各活動に積極的に取り組み、忌憚のないご意見を下さいました模擬授業参加者の皆様に、厚く感謝申し上げます。また CoREF の皆様におかれましては、本研究を高校生に発表する機会を頂き、誠に有り難うございました。そして、執筆にあたり随所で貴重なご助言を賜りました斎藤英学塾の先生方と塾生の皆様に、深謝いたします。最後に、知識構成型ジグソー法をご教示くださり、この度授業実践の場を提供してくださったことをはじめ、本研究を全面的にご支援いただきました三宅なほみ先生が、2015 年 5 月 29 日にご逝去されました。末筆ながら、謹んで哀悼の意を表するとともに 3 年間の温かいご指導に心より御礼申し上げます。

注

1　今日的な定義や理念に基づいて行われる小集団学習を指す用語に対して、本稿ではこの表記に統一する。詳細は第 2 章の 1 節参照。なお、CoREF は知識構成型ジグソー法を指して「協調学習」という用語を使っている。

2　ここでの課題を、エキスパート課題と呼ぶ。

参考文献

Anonymous（1985）. *Mother Goose Nursery Rhymes.* Illustrated by Hilda Offen. London: Octopus Books.

Apple, Matthew T.（2006）Language Learning Theories and Cooperative Learning Techniques in the EFL Classroom. *Doshisha Studies in Language and Culture*9（2）: pp.277–301.

Aronson, Elliot., Nancy T. Blaney, Cookie Stephan, Jev Sikes, and Mattew Snapp.（1978）. *The Jigsaw Classroom.* California: Sage Publications.

Barkley, Elizabeth F., Patricia K. Cross, and Claire H. Major.（2005）. *Collaborative Learning Techniques: A handbook for college faculty.* San Francisco: John Wiley & Sons, Inc.〔安永悟監訳（2009）『協同学習の技法：大学教育の手引』ナカニシヤ出版〕

Carroli, Piera.（2008）*Literature in Second Language Education: Enhancing the Role of Texts in Learning.* New York: Continuum.

Harrison, Tony.（1987）. *Selected Poems*（2nd edn）. London: Penguin Books.

Johnson, David W. and Roger T. Johnson.（1981）. The Integration of the Handicapped into the Regular Classroom: Effects of Cooperative and Individualistic Instruction. *Contemporary Educational Psychology* 6: pp.344–353.

Johnson, David W., Roger T. Johnson, and Edythe J. Holubec.（2002）. *Circles of Learning: Cooperation in the Classroom*（5th edn）. Edina, MN: Interaction Book Company.〔石田裕久・梅原巳代子訳（2010）『学習の輪：学び合いの協同教育入門（改訂新版）』二瓶社〕

Johnson, David W., Roger T. Johnson, and Karl A. Smith.（1991）*Active Learning: Cooperation in the College Classroom*（1st edn）. Edina, MN: Interaction Book Company.〔関田一彦監訳（2007）『学生参加型の大学授業：協同学習への実践ガイド（オンデマンド版）』玉川大学出版部〕

Kagan, Spencer.（1994）*Cooperative Learning.* San Clemente, CA: Kagan Publishing.

Marshall, Hallie R.（2010）Banging the Lyre: The Classical Plays of Tony Harrison. PhD Thesis, The University of British Columbia, Vancouver, Canada.

Roberts, Neil.（1999）*Narrative and Voice in Postwar Poetry.* London: Longman.

Sandaresan, Sulekha. and K. Sumathi.（2014）A Lengthened Epitaph Reverberating the Elegiac Tone in Tony Harrison's Poems about His Parents. *International Journal of Literature and Arts*, 2（3）: pp.69–75.

Slavin, Robert E.（1990）*Cooperative Learning: Theory, Research, and Practice.* Boston: Allyn

& Bacon.

Tusa, John. (on-line) Transcript of the John Tusa Interview with Tony Harrison. 〈http://www.bbc.co.uk/radio3/johntusainterview/harrison_transcript.shtml〉

Verdonk, Peter. (2012) 'Paraphrase as a Way to a Contextualized Stylistic Analysis of Poetry: Tony Harrison's 'Marked with D' in Burke, Michael., Csábi, Szilvia., Week, Lara., and Zerkowitz, Judit. (eds) (2012), *Pedagogical Stylistics: Current Trends in Language, Literature and ELT*, pp.11–23. London and New York: Bloomsbury.

相沢保治 (1970)『自主的協同学習入門』明治図書出版

礒山馨 (2013)「授業づくり実践 8：英語ライティング～「英文構造分析法」を武器に学び合う」佐藤学・和井田節子・草川剛人・浜崎美保 (編)『授業と学びの大改革：「学びの共同体」で変わる！高校の授業』pp.138–144. 明治図書出版

後中陽子 (2014)「協同学習をとりいれた文学教材を用いたリーディング授業の実践報告」『関西大学外国語教育フォーラム』(13)：pp.79–98.

江利川春雄 (2012)「英語授業での協同学習の進め方」江利川春雄 (編)『協同学習を取り入れた英語授業のすすめ』pp. 25–41. 大修館書店

及川平治 (1912)『分団式動的教育法』弘学館書店

小川太郎・国分一太郎編 (1955)『生活綴方的教育方法』明治図書出版

沖浜真治 (2008)「Fly Away Home を『ジグソー』で読ませてみたら…」『新英語教育』10, 12–13.

沖浜真治 (2012)「教材を深く読みとる―『独裁者』演説を使って」. 江利川春雄 (編)『協同学習を取り入れた英語授業のすすめ』pp. 102–111. 大修館書店

木下竹次 (1923)『学習原論』目黒書店

斎藤兆史 (2004)「文学を読まずして何が英語教育か」『英語教育』53 (4)：pp.30–32.

佐藤学 (1999)『教育改革をデザインする』岩波書店

佐藤学 (2013)「高校改革の課題」佐藤学他『授業と学びの大改革 「学びの共同体」で変わる！高校の授業』明治図書

塩田芳久・阿部隆 (1962)『バズ学習方式：落伍者をつくらぬ教育 (理論と実践を結ぶ教育 叢書 4)』黎明書房

末吉悌次・信川実 (1967)『自発協同学習』黎明書房

杉江修治 (2011)『協同学習入門：基本の理解と 51 の工夫』ナカニシヤ出版

関田一彦・安永悟 (2005)「協同学習の定義と関連用語の整理」『協同と教育』1: pp.10–17.

髙橋和子 (2015)『日本の英語教育における文学教材の可能性』ひつじ書房

高旗正人編著 (1981)『講座自主協同学習 1：自主協同の学習理論』明治図書出版

瀧口優 (2014)「英語教育における小集団学習の今日的意義と課題―協同学習を視野に入れて」『白梅学園大学・短期大学紀要』50: pp.99–114.

徳長誠一 (2012)「進学校での協同学習―苦労と工夫」江利川春雄 (編)『協同学習を取り入れた英語授業のすすめ』pp. 112–121. 大修館書店

伏野久美子・舘岡洋子・Gehrtz 三隅友子 (2010)「言語教育における協同の意味を考える (大会報告：シンポジウム)」『協同と教育』

丸山修 (2014)「トニー・ハリソン―古典的教養と庶民的スタイルの同居」石塚久郎 (編)『イギリス文学入門』三修社

三宅芳雄・三宅なほみ (2014)『新訂教育心理学概論』放送大学教育振興会

涌井恵 (2006)「協同学習による学習障害児支援プログラムの開発に関する研究」平成 14 年度～平成 17 年度科学研究費補助金 (若手研究 (B)) 研究成果報告書、課題番号：14710117

和田珠実 (2013)「協同学習理念を取り入れた英語リーディング授業」『愛知県立大学大学院国際文化研究科論集』(14)：pp.25–44.

第3部　創作

「…教育的（英語）文体論を帝国主義的として退け、比較的文化や思想の影響を受けない文法教育だけにしてしまうのは極端でしょうし、英語帝国主義を怖れて英語教育を止めてしまうわけにもいきません。「国際語」や「世界語」として位置づけるかどうかは別にして、英語が当面のところ国際社会においてもっとも便利な共通語として機能し続けるであろうことは多くの人が認めるところでしょう。英語帝国主義の脅威と国際化、このジレンマを解消するには、英語が英語圏においてどのように用いられてきたか、そして現実に用いられているかを理解すると同時に、英語を用いて自分たちの文化的独自性を表現する能力を養う必要があります。」

(斎藤兆史『英語の作法』2000, pp.174–175)

Prof.

Kazutake Kita

Since then, o'er ten years' time it's slowly grown
And now we find its fruits have ripened well
In such a way as no one could foretell.
The First Apostles, or the seeds then sown
Of varying shapes, of varying tendencies,
You watered, cared and sheltered day and night;
Or, more correctly put, you shed a light
So that the seeds could find their chemistries.
Hence, later, when you chose to plough new fields,
It was for us to stimulate each other;
For us, both new and old, to further grow
Until at last we met with massive yields.
May I enjoy the crops with you together
In hope that we'll have more than now we know?

The Country of Fallen Blossoms

Saito Yoshifumi

When I got off the train at the Station of Gekko, a chilly breeze filled with a strangely familiar scent of damp mouldy wood blew upon my face, reminding me that this was a highland town located on the northernmost border of the Kanto region. Although it was already early April, cherry trees around the station were in full bloom, just starting to be scattered in the swinging wind. My mother had once told me that, in her younger days, back in the 2010s probably, they would enjoy *sakura* blossoms in mid-April in her village, which was still some ten kilometres away from this town centre. They tended to bloom much earlier recently than they used to, she said, owing to global warming. It's really shocking to know how the human-caused emission of so-called 'greenhouse gas' from all over the globe has affected the local flowering of *sakura*, one of the long-cherished symbols of Japan, deeply rooted not only in its soil but also in its people's sentiment.

In the bus terminal just outside the station I found a Route D3 bus, which my mother had advised me to take to get most quickly to her parents' village, or the Village Preservation Area, and got on it just in time for departure. The bus was almost empty with only two old ladies sitting snugly side by side and chatting with each other, and I took one of the right-hand single seat so that I could enjoy a full view of the Gekko Mountain Range. The gently waving green ridges of the mountains looked like the backs of huge green dinosaurs, though less so now than they used to. When I was four or five, as we passed through the main road to the village, my mother would often tell me, in order partly to prevent my carsickness, the regional tale of the three sleeping dragons who were the guardian gods of their village. The dragons might look just like mountains, she said, but once they realized in their divine dreams that the village was in serious danger, they could wake up at any moment and come down to its rescue. I asked her if she had ever seen them move. She said no, but her great-grandfather had; towards the end of the Pacific War, he did see them shaking almost to rise to their feet. He also heard their deep roars reverberating in the valley. I believed the story, but now, I had some difficulty visualizing those three guardian dragons. Something looked different outside the window. That menacing global warming possibly had changed the whole vegetation of the area, and the factory development by a couple of global corporations had somewhat changed the landscape at the foot of the mountain range.

No matter how rapid and large-scale changes may be taking place globally, however, there is one thing, to the best of my knowledge, they can never affect: our cultural identity. True, I was one of those 'Super-Global kids'—so called around the 2020 Tokyo Olympic Games when a sudden outbreak of all-English 'Super-Global' educational programs took place in Japan in direct response to the government's policy of Anglicizing the medium of education—but I'm very proud of being a Japanese to the backbone, being able to fully appreciate the evanescent beauty of cherry blossoms. They make me really sentimental, especially so this spring because of my recent failure at the entrance examination for Tokyo Super-Global University. The failure was all the more shocking because I had won a 'Super-Global Student Award' for academic excellence just before the exam; so much so that I decided to visit my mother's parents after more than ten years' interval to go back to my cultural and ethnic roots and refresh myself for a renewed attempt at taking the exam again next year.

When I told my mother about my plan to visit them, she was extremely pleased but at the same time a little bit concerned about how her parents and I would understand each other, whether conversations would 'flower'—though I didn't understand the metaphor—among us. I am a perfect bilingual speaker of English and Japanese, but the way I speak and understand Japanese, she sometimes tells me, is not always the same as the way monolingual speakers of Japanese do, much less those of her parents' generation do. Indeed, some of my monolingual Japanese friends seem to be amused at the way I mispronounce or misunderstand some Japanese words or phrases. One of their favourite jokes concerns my name Eigo being a homophone of the Japanese word *eigo* which literally means the 'English language'. They like to tease me by saying that, the moment I was born and

The Country of Fallen Blossoms   417

named Eigo, I was destined to be a speaker of English, as if labelled 'English' on
my back. I know they don't mean what they say and enjoy their banter together,
which really spices up our communication.

The sudden deepening of the verdure on either side of the road suggested that
the bus was drawing close to my destination. I was delving into the side-pocket
of my rucksack for my debit card to pay the bus fare, when one of the two old
ladies, who were sitting on the long seat to my left, spoke to me. This plump lady
had been leaning towards me for the last couple of minutes so that I had had an
inkling that she might have some message to convey to me. '*Oniisan*,' she said in
a friendly voice, '*zukku no himo ga hodokete masuyo*.'

'Eh?' I returned. I couldn't catch what she said.

'*Zuk-ku no hi-mo*,' she said, this time with a stress on each syllable.

'Zuck?' I asked. She had such a strong regional accent that I didn't understand
what she meant.

'*Zukku, zukku*' she repeated the word.

The thin old lady sitting next to her then leaned forward, saying '*Kutsu no
himo*,' and pointed to my left shoe. Oh, the string of my 'duck' shoe! I understood
that she had rephrased the message of the first lady, who was trying to inform me
that my left shoe had become unlaced. I thanked them politely and hurriedly
laced it up, when the first lady asked me in halting English, 'Where─are─you─
from?'

'Oh, I'm Japanese,' I answered. '*Watashi wa nihon-jin desu*.'

The plump lady looked surprised and uttered a few quick words of awkward
apology to me. She then turned smilingly to the second lady, who just smiled
back without saying anything. When I was reassuring the plump lady that there
was nothing she should feel sorry for, that I was rather grateful to her for her
kindness─for I might possibly have tripped and fell over in the bus─the bus
came to a halt at Ishinokura Iriguchi, which was the bus stop nearest to my
grandparents' house. I said good-bye to those two gentle ladies and alighted from
the bus. There I sent my grandparents a text message to let them know I would
arrive in ten minutes and drew a long deep breath.

I started walking on the narrow bushy lane leading to their house, which was
one of the oldest houses preserved as prefecturally-designated cultural property
in the Village Preservation Area. The scent of damp mouldy wood got stronger,

mixed with more peculiarly rustic smells of charcoal, young leaves, and muddy soil. Below the Gekko Mountain Range, which now rose right in front of me, I saw the village, then my grandparents' straw-thatched house, and my grandma herself walking restlessly to and fro just inside the hedge. She recognized me and started waving her hand fervently. As I drew near, her eyes widened. She seemed to be pleasantly surprised to see how I had grown up. On the contrary, she looked small, much smaller than I had imagined her to be. In my memory, she had always been someone to run up to, cling to, and look up at. I couldn't believe I was now looking down at her. Indeed, the house itself looked as if it were a miniature of the big house as I remembered it.

I followed her and went into the dark front entrance of the house to find my grandpa waiting for me there. He also looked much smaller and more wrinkled than I remembered him to be. He was extremely pleased to see me again and uttered some words of hearty welcome, some of which, however, I couldn't understand owing to his strong regional accent. I wondered how I had understood his speech in my childhood, or if I had ever been able to understand it at all and vaguely grasped the meaning of my mother's apprehension.

Grandpa cheerfully ushered me into the parlour, where Grandma served me a cup of hot kelp tea, which she remembered was my favourite drink. Warmed up and rather enlivened by the tea, we started to talk much more smoothly, catching up on what had happened since my last visit. We talked about my one-year stay in England as an exchange student, about the days Grandpa spent in hospital for the treatment of the injury he suffered when he was shovelling snow off the roof, and the Village Preservation Project which was launched just a couple of years ago. It was a prefecture-led project with the special aim of attracting more foreign visitors to Gekko. It was a great irony, they said, that the outdatedness of the region, which had always been regarded as a serious hindrance to the modernization of the prefecture, was now artificially preserved or even highlighted as one of the major attractions of the town. Although, to be honest, there were many parts in their talks that I didn't catch, I pretended all the way that I understood everything they said, that their regional dialect wasn't much of an obstacle to our communication, while patching up those information gaps with the pieces of knowledge I preacquired from my mother.

Grandpa then asked me how the entrance examination had gone, or I just thought he did, and I honestly told him the result. He cast down his eyes and muttered, '*sakura-chiru, ka* ...' At this moment, I was quite at a loss what to say, for I had no idea how this sudden mention of falling cherry blossoms could be relevant to the previous talk about the exam result. Or were we really talking about it? Since I was perfectly convinced of what Granpa said this time, I looked out of the window and surely saw cherry blossom petals dancing in the wind!

In order to get the conversation back on track, I expressed my admiration for their beauty by saying, '*Kirei desu ne*'. Grandpa raised his puzzled eyes and then looked at Grandma. Grandma also looked at him. They looked at each other for a few seconds and whisperingly exchanged some words, of which all I could catch was my name—or did they mean 'English'?—and the Japanese words for 'age' and 'education'. Grandma then turned to me with a somewhat pensive smile and said, '*Rainen wa, sakura saku to ii-wane.*'

Was she wishing to see cherry trees bloom next year? Of course, they will bloom next year again. Japan is the country of cherry blossoms.

付録 I　斎藤英学塾のあゆみ

回数	開催日	内容種別	発表者/講演者	内容
#01	2005 年 4 月 16 日	読書会		『平泉渡部論争』
#02	2005 年 6 月 18 日	修士論文中間報告	友田路・城座沙蘭	
#03	2005 年 7 月 16 日	読書会		Joseph Conrad, *Heart of Darkness*, 1899
#04	2005 年 8 月 20 日	講習会		パワーポイント講習会
#05	2005 年 9 月 24 日	ゲスト講話	奥聡一郎先生	「英語とコンピュータ」
#06	2005 年 10 月 15 日	研究発表	北和丈	「An Invitation to the Limerick: the Very First Step toward English Humour」
#07	2005 年 11 月 19 日	討論会		衆議院調査局資料「小学校の英語活動の現況」
#08	2005 年 12 月 17 日	読書会＋映像鑑賞		Charles Dickens, *A Christmas Carol*, 1843
#09	2006 年 1 月 21 日	研究会		Communicative Language Teaching
#10	2006 年 2 月 17 日	研究発表	城座沙蘭	「World Englishes をめぐる諸問題」
#11	2006 年 3 月 18 日	ゲスト講話	田尻三千夫先生	
#12	2006 年 4 月 15 日	読書会		George Bernard Shaw, *Pygmalion*, 1913
#13	2006 年 5 月 21 日	学会参加		日本英文学会全国大会
#14	2006 年 6 月 17 日	修士論文中間報告	久世恭子・森川慎也	
#15	2006 年 8 月 19 日	読書会		鳥飼玖美子『危うし！小学校英語』
#16	2006 年 9 月 18 日	研究発表	城座沙蘭	「Japanese English: A virtual variety」
#17	2006 年 10 月 7 日	研究発表	水野稚	「戦後日本の英語教育政策と経済界」
#18	2006 年 11 月 18 日	ゲスト講話	山本史郎先生	「『赤毛のアン』の翻訳」
#19	2006 年 12 月 9 日	ゲスト講話＋読書会	山田雄一郎先生	『日本の英語教育』
#20	2007 年 1 月 13 日	学会参加		日本英文学会関東支部英語教育・学習研究会
#21	2007 年 2 月 24 日	映像資料＋討論会		Channel 4, "The linguistics of writing," 1986
#22	2007 年 3 月 17 日	研究発表	安原章・山口孝一郎	「文法・和訳再考」
#23	2007 年 4 月 21 日	研究発表	森川慎也	「カズオ・イシグロ *The Remains of the Day* を読む」
#24	2007 年 5 月 26 日	研究発表	久世恭子	「英語教育における文学教材利用の可能性」
#25	2007 年 6 月 16 日	修士論文中間報告	松尾映里	「文学作品のタイトルはいかに翻訳されてきたか」
#26	2007 年 7 月 28 日	読書会		Edward Said, *Orientalism*, 1978
#27	2007 年 9 月 22 日	学会参加		日本英文学会関東支部英語教育・学習研究会
#28	2007 年 10 月 20 日	講話＋読書会	斎藤兆史先生	『日本人と英語』
#29	2007 年 11 月 10 日	ゲスト講話	アルヴィ宮本なほ子先生	
#30	2007 年 12 月 8 日	読書会		Roland Barthes, "The Death of the Author," 1967
#31	2008 年 1 月 19 日	研究発表	柾木貴之	「日本文学の英訳から見えてくる世界」

#32	2008 年 2 月 23 日	読書会		R. Rubdy & M. Saraceni (Eds.), *English in the World*, 2006
#33	2008 年 3 月 22 日	博士論文報告	平賀優子	「日本の英語教授法史」
#34	2008 年 4 月 19 日	研究発表	斎藤浩一	「日本の学校文法発達史」
#35	2008 年 5 月 17 日	研究発表	北和丈	「神もミューズもない―「創造性」の言説と英語教育」
#36	2008 年 6 月 21 日	研究発表	友田路	「帰国子女の第二言語保持への取り組みの変遷」
#37	2008 年 7 月 19 日	研究発表	柾木貴之	「「論理的」という言葉の落とし穴」
#38	2008 年 9 月 10 日	ゲスト懇親会	鳥飼玖美子先生	
#39	2008 年 10 月 18 日	講話	斎藤兆史先生	「論文と翻訳における日本語の使い方」
#40	2009 年 2 月 7 日	研究発表	柾木貴之	「国語科＆英語科コラボレーション授業」
#41	2009 年 3 月 14 日	研究発表	友田路	「帰国子女の第二言語喪失」
#42	2009 年 4 月 18 日	研究発表	髙橋和子	「文学教材を授業で活かす試み」
#43	2009 年 5 月 16 日	研究発表	久世恭子	「文学教材を使った授業―実証的研究の現状と試み」
#44	2009 年 6 月 13 日	修士論文中間報告	井田浩之	「語学学習／教育における情報メディア活用の意義」
#45	2009 年 7 月 11 日	修士論文中間報告	田畑きよみ	「明治初期の公立小学校における英語教育事情」
#46	2009 年 8 月 24 日	合宿・読書会		William Golding, *Lord of the Flies*, 1954
#47	2009 年 9 月 19 日		水野稚	（英国留学後　帰朝報告）
#48	2009 年 10 月 24 日	研究発表	柾木貴之	「国語教育と英語教育の連携史」
#49	2009 年 11 月 21 日	研究発表	水野稚	「Teachers' beliefs, perceptions and practice concerning Communicative Language Teaching in Japanese Secondary Education」
#50	2009 年 12 月 19 日	読書会		James Joyce, "The Dead," 1969　（ゲスト：中尾まさみ先生）
#51	2010 年 2 月 13 日	研究発表	山口京子	「動詞の現在形と過去形のアクセントの違い」
#52	2010 年 3 月 20 日	実践報告	橋本瑶子・柾木貴之	「国語科と英語科のコラボレーション授業」
#53	2010 年 4 月 17 日	研究発表	城座沙蘭	「日本の英語教育の地域特性―国際英語論の観点から」
#54	2010 年 5 月 15 日	修士論文中間報告	廣幡晴菜・北潟大真	「Virginia Woolf, *Orlando* と *The Waves* における越境の表現分析」「Evelyn Waugh の作品における反転世界」
#55	2010 年 6 月 26 日	修士論文中間報告	関口貴央・松居佳奈	「英文法・語彙の指導における認知言語学的手法の可能性」「Collocational knowledge of Japanese learners of English」
#56	2010 年 7 月 10 日	講話	斎藤兆史先生	「外国語学習法としての英文解釈法のすばらしさ」
#57	2010 年 9 月 18 日	修士論文構想	河内紀彦	「英語教科書と文法」
#58	2010 年 10 月 16 日	読書会＋講話	山本史郎先生	「J・オースティンの作品とその時代：『マンスフィールド・パーク』を中心に」
#59	2010 年 11 月 27 日	研究発表	髙橋和子	「Japanese English Teaching and Reading Materials from the Early 1980's to the Early 2000's」
#60	2010 年 12 月 18 日	映像資料＋討論会		「様々な『マクベス』を見る」

#61	2011 年 1 月 29 日	修士論文発表	関口貴央・松居佳奈・廣幡晴菜・北潟大真	
#62	2011 年 2 月 19 日	ゲスト講話	菅原克也先生	『英語と日本語のあいだ』
#63	2011 年 4 月 16 日	研究発表	久世恭子	「コミュニケーション能力育成と文学教材」
#64	2011 年 5 月 28 日	修士論文中間報告	河内紀彦	「中学校英語教科書における文法の扱われ方」
#65	2011 年 6 月 25 日	研究発表	伊藤摂子	「小学校英語活動における 文字提示の検討」
#66	2011 年 7 月 23 日	実践報告	柾木貴之	「国語科と英語科のチームティーチング」（ゲスト：山田雄一郎先生）
#67	2011 年 9 月 17 日	読書会		David Lodge, *The Art of Fiction*, 1992
#68	2011 年 10 月 15 日	研究発表	塚田雄一	「堕ちる軍神・凱旋する母─『コリオレイナス』の五幕五場について」
#69	2011 年 11 月 19 日	ゲスト講話	笠原順路先生	「英詩ワークショップ─文法構造を考える愉しみ、音読する愉しみ」
#70	2011 年 12 月 17 日	修士論文中間報告	秋山詩央里・小沼樹里・竹内まりや	（ゲスト：山内久明先生）
#71	2012 年 1 月 28 日	ゲスト講話	山内久明先生	
#72	2012 年 3 月 24 日	博士論文報告	北和丈	「Creativity in Second Language Writing: Ludic Linguistic Creativity in a Japanese Context」
#73	2012 年 4 月 21 日	研究会	田畑きよみ・伊藤摂子	「小学校英語教育の今昔」
#74	2012 年 5 月 19 日	修士論文中間報告	松本佳奈子	
#75	2012 年 6 月 23 日	修士論文構想	生谷大地・麻生有珠・和田あずさ	
#76	2012 年 7 月 21 日	修士論文構想	ショルティ（川﨑）沙織・畑アンナマリア知寿江	
#77	2012 年 9 月 15 日	ゲスト講話	山内久明先生	
#78	2012 年 10 月 20 日	ゲスト講話	森田彰先生	「経験科学としての英語教育」
#79	2012 年 11 月 24 日	読書会	斎藤兆史先生・北和丈	「創作文体論実践編─『My Home, My English Roots』─」
#80	2012 年 12 月 8 日	研究発表	柾木貴之	「言語力育成の観点から─英語科・国語科の教科横断メタ文法能力指導の試み─」
#81	2013 年 1 月 12 日	研究発表	伊藤摂子	
#82	2013 年 2 月 23 日	読書会	斎藤兆史先生	Rudyard Kipling, "The Ballad of East and West," 1889
#83	2013 年 3 月 23 日	研究発表	久世恭子・柾木貴之	「英語絵本を用いた言語横断的授業─ことばへの気づきと解釈する力を育むために─」
#84	2013 年 4 月 20 日	博士論文報告	髙橋和子	「日本の英語教育と文学教材─1980 年代初頭から 2000 年代初頭までを中心に─」
#85	2013 年 5 月 18 日	ゲスト講話	大津由紀雄先生	
#86	2013 年 6 月 15 日	修士論文構想	麻生有珠・ショルティ（川﨑）沙織・畑アンナマリア知寿江・和田あずさ	

#87	2013 年 7 月 27 日	研究発表	黒田洋平・佐々木陽子・藤後仁美	
#88	2013 年 9 月 21 日	研究発表	青田庄真・池田桃子・菊池絵美・山田雄司	
#89	2013 年 10 月 26 日	読書会	北和丈	Raymond Williams, *Keywords: A Vocabulary of Culture and Society*, 1976
#90	2013 年 11 月 30 日	ゲスト講話	行方昭夫先生	「人、我を精読主義者だと呼ぶ」
#91	2013 年 12 月 21 日	読書会＋講話	斎藤兆史先生	T. Hardy, *Tess of the D'Urbervilles*, 1891
#92	2014 年 1 月 11 日	研究発表	鈴木哲平	
	2014 年 2 月 8 日			(大雪のため中止)
#93	2014 年 3 月 29 日	研究会		文部科学省資料『グローバル化に対応した英語教育改革実施計画』
#94	2014 年 4 月 19 日	読書会	柾木貴之	藤村作「英語科廃止の急務」1927
#95	2014 年 5 月 17 日	修士論文構想	青田庄真・池田桃子・菊池絵美・黒田洋平・山田雄司	
#96	2014 年 6 月 28 日	修士論文構想	早瀬沙織・大井香・丸山俊一郎	
#97	2014 年 7 月 19 日	博士論文報告	城座沙蘭	「WE and Us: The Transplantation and Transformation of the World Englishes Paradigm in the Japanese Context」
#98	2014 年 9 月 20 日	修士論文発表	畑アンナマリア知寿江・麻生有珠	
#99	2014 年 10 月 11 日	修士論文発表	ショルティ（川﨑）沙織・和田あずさ	
#100	2014 年 11 月 15 日	学会参加		Kazuo Ishiguro 国際学会
#101	2014 年 12 月 20 日	研究発表	林田祐紀	
#102	2015 年 1 月 24 日	読書会	柾木貴之・佐々木陽子	H. E. Palmer, *The Principles of Language-Study*, 1921
#103	2015 年 2 月 21 日	研究発表	柾木貴之・ショルティ（川﨑）沙織	「映画を用いた大学英語授業－2014 年度授業（パイロット実践）の分析方法と結果について」
#104	2015 年 3 月 28 日	最終講義参加	高橋和久先生	「小説における作中人物のふるまい」
#105	2015 年 4 月 18 日	修士論文報告	青田庄真・菊池絵美	
#106	2015 年 5 月 23 日	学会参加		日本英文学会全国大会
#107	2015 年 6 月 20 日	修士論文構想	黒田洋平・大井香・丸山俊一郎	
#108	2015 年 7 月 18 日	修士論文構想	矢崎智之・陳歓	

付録II　歴代幹事名と任期

水野稚（2005.4–2008.8）

城座沙蘭（2008.9–2011.4）

柾木貴之（2011.5–2012.3）

河内紀彦（2012.4–2013.3）

生谷大地（2013.4–2014.3）

藤後仁美（2014.4–2015.3）

ショルティ（川﨑）沙織・畑アンナマリア知寿江・早瀬沙織・和田あずさ（2015.4–）

執筆者紹介

監修

斎藤兆史（さいとう・よしふみ）

東京大学大学院教育学研究科教授

（主著）『英語達人列伝―あっぱれ、日本人の英語―』（中央公論新社、2000）、『英語の作法』（東京大学出版会、2000）、『英語の教え方学び方』（東京大学出版会、2003）、『翻訳の作法』（東京大学出版会、2007）、『教養の力―東大駒場で学ぶこと―』（集英社、2013）

執筆者（掲載順、＊は編者）

山内久明（やまのうち・ひさあき）

東京大学名誉教授

（主論文・主著）The Mind's Abyss: A Study of Melancholy and Associated States in Wordsworth and Coleridge, and in Some Late Eighteenth-Century Writers (Cambridge University Ph.D. dissertation in English [1975], unpublished), *The Search for Authenticity in Modern Japanese Literature* (Cambridge University Press, 1978)、『ヨーロッパ・ロマン主義を読み直す』（岩波書店、1997）（共著）、『対訳ワーズワス詩集』（岩波書店、1998）

笠原順路（かさはら・よりみち）

明星大学教育学部教授

（主著）『対訳バイロン詩集』（岩波書店、2009）（編訳）、『地誌から叙情へ―イギリス・ロマン主義の源流をたどる―』（明星大学出版部、2004）（編著）

森田彰（もりた・あきら）

早稲田大学商学部教授

（主著）*Perspective English Expression I, II*（文部科学省検定教科書［英語表現］）（第一学習社、2013、2014）

奥聡一郎（おく・そういちろう）

関東学院大学建築・環境学部教授

（主論文）A Stylistic Approach to Digital Texts: Teaching Literary Texts through New Media. (*Literature and Language Learning in the EFL Classroom*, Palgrave Macmillan, 2015)、「文学言語の計量化とその展望」（『シリーズ朝倉〈言語の可能性〉10　言語と文学』、朝倉書店、2009）

生谷大地（いくたに・だいち）

東京大学大学院教育学研究科博士課程

（主著）『World Wide English on DVD（高等教育用教科書）』（成美堂、2013）（共著）

早瀬沙織（はやせ・さおり）

東京大学大学院教育学研究科博士課程

（主論文）「小学校英語教育における4技能の視点からの「教科書」分析」―韓国・中国の事例を参考にして―」（『小学校英語教育学会紀要』14、2014）、「発達段階を考慮した日本の小学校英語教育における「教科書」の提案―韓国・中国の現状を踏まえて―」（『九州英語教育学会紀要』43、2015）

山田雄司（やまだ・ゆうじ）

開成中学校・高等学校英語科教諭

（主論文）「日本の国会における英語教育政策過程―時代区分・アクター・特徴語―」（*KATE Journal* 29、2015）（共著）

河内紀彦（こうち・のりひこ）

東京大学大学院総合文化研究科博士課程

（主論文）The Treatment of the Contact-Clause as an Index to Changing Trends in Grammar Teaching Reflected in Junior High School English Textbooks in Japan. (『言語情報科学』11、2013)、「中学校英語教科書における文法提示―接触節を中心として―」（『中研紀要　教科書フォーラム』10、2012）（共著）

小泉有紀子（こいずみ・ゆきこ）

山形大学人文学部准教授

（主論文）Non-syntactic Factors in Processing the Not-because Ambiguity in English. (*Proceedings of Eighth Tokyo Conference on Psycholinguistics* ひつじ書房、2007）、「大学共通英語におけるライティング授業の教育効果について」（『東北英語教育学会研究紀要』35、2015）

鈴木哲平（すずき・てっぺい）

江戸川大学メディアコミュニケーション学部講師

（主論文）「サミュエル・ベケットの〈切断〉の詩学―1940年代の〈メディア的思考〉―」（博士論文（東京大学）、2011）、「'Daffodils' から見えるもの―（大学）英語教育における文学テクストの raison d'être―」（『日本英文学会 第89回 Proceedings』、2014）（共著）

青田庄真（あおた・しょうま）

東京大学大学院教育学研究科博士課程

（主論文）「日本の国会における英語教育政策過程―時代区分・アクター・特徴語―」（*KATE Journal* 29、2015）（共著）、「戦後日本の英語教育政策における論点とその変容」（『日本英語教育史研究』30、2015）

城座沙蘭（しろざ・さらん）＊

東京大学教養学部グローバルコミュニケーション研究センター特任講師

（主論文）"Japanese English": A Virtual Variety. (*Linguapax Asia: A Retrospective Edition of Language and Human Rights Issues*, Linguapax Institute, 2011）、English Language Teaching in Japan as a localized pedagogy: The Implications of the World Englishes Perspective. (*Komaba Journal of English Education* 1(1), 2010）

柾木貴之（まさき・たかゆき）

東京大学大学院総合文化研究科博士課程・東京理科大学非常勤講師

（主論文）「国語教育と英語教育の連携前史―1901年から戦前までを対象に―」（『言語情報科学』13、2015）、「国語科が英語科と連携する意義について―「国語科と英語科のチー

ム・ティーチング」を例に─」（『国語科教育』71、2012）

麻生有珠（あそう・ありす）
東京大学大学院教育学研究科修士課程（修了）

林田祐紀（はやしだ・ゆうき）
東京大学大学院総合文化研究科修士課程（修了）

井田浩之（いだ・ひろゆき）
UCL, Institute of Education, University college London, MPhil/PhD in Education（在籍中）
（主論文）「「知識創造型」の情報リテラシー教育の構築に向けて」（『情報の科学と技術』64
（1）、2014）、「受賞者はどのように振り返っているか」（『探究学習と図書館 調べる学習コ
ンクールがもたらす効果』学文社、2012）

北和丈（きた・かずたけ）＊
東京理科大学工学部准教授
（主論文）「コミュニケーションが止まらない─電子コーパスで読む 1980 年代イギリスの
英語教育言説」（*JAILA Journal* 1、2015）、*Creativity* in English Writing Instruction: Tracing
the Discursive History of the Key Word.（*KLA Journal* 1、2014）

久世恭子（くぜ・きょうこ）
上野学園大学音楽学部准教授
（主論文）「コミュニケーション能力育成についての一考察─文学教材を用いた英語授業か
ら─」（『言語情報科学』10、2012）、Using Short Stories in University Composition Class-
rooms.（*Literature and Language Learning in the EFL Classroom*, Palgrave Macmillan, 2015）

髙橋和子（たかはし・かずこ）＊
明星大学教育学部教授
（主著・主論文）『日本の英語教育における文学教材の可能性』（ひつじ書房、2015）、Liter-

ary Texts as Authentic Materials for Language Learning: The Current Situation in Japan. (*Literature and Language Learning in the EFL Classroom*, Palgrave Macmillan, 2015）

和田あずさ（わだ・あずさ）

東京大学大学院教育学研究科博士課程

（主論文）「小学校外国語活動における歌活動事例の音韻論的分析」（『東京大学大学院教育学研究科紀要』54、2015）

畑アンナマリア知寿江（はた・あんなまりあ・ちずえ）

東京大学大学院教育学研究科博士課程

ショルティ沙織（しょるてぃ・さおり）

東京大学大学院教育学研究科博士課程

英語へのまなざし─斎藤英学塾10周年記念論集

Viewing English from Japan:
Essays in Celebration of the 10th Anniversary
of Saito's School of English Studies
Supervised by SAITO Yoshifumi
Edited by KITA Kazutake, SHIROZA Saran and TAKAHASHI Kazuko

発行	2016 年 5 月 26 日　初版 1 刷
定価	6000 円＋税
監修者	© 斎藤兆史
編者	北和丈・城座沙蘭・髙橋和子
発行者	松本功
装丁者	渡部文
印刷・製本所	亜細亜印刷株式会社
発行所	株式会社 ひつじ書房
	〒 112-0011 東京都文京区千石 2-1-2　大和ビル 2 階
	Tel.03-5319-4916　Fax.03-5319-4917
	郵便振替 00120-8-142852
	toiawase@hituzi.co.jp　http://www.hituzi.co.jp/

ISBN978-4-89476-787-4

造本には充分注意しておりますが、落丁・乱丁などがございましたら、
小社かお買上げ書店にておとりかえいたします。ご意見、ご感想など、
小社までお寄せ下されば幸いです。